역사가
기억하는
세계 100대
전쟁

리저 편저　송은진 옮김

끄벅

서 문

  고대 인류는 거친 자연환경 속에서 자력 생존하기 위해 끊임없이 주변을 탐색하고 무언가 새로운 것을 발견하고자 했다. 이러한 발견의 여행은 인류 특유의 호기심과 맞물려서 그 범위가 점점 넓어졌는데, 비록 고되고 끝이 보이지 않았지만 언제나 재미있는 이야기로 가득했다. 이 책은 인류가 탄생한 이후 계속된 발견의 여행과 그 안의 다채로운 이야기를 독자들의 눈앞에 펼쳐줄 것이다.

  기원전 3500년에 최초의 인류 문명이 출현했을 때 문명의 충돌 역시 시작되었다. 그러므로 인류 문명의 역사는 곧 전쟁의 역사라고 해도 지나친 말이 아니다. 전쟁이라는 독특한 사회 현상은 인류 역사의 시작과 끝을 관통하고 있으며 단 한 번도 멈춘 적이 없다.

  이 책은 기원전 1290년에 이집트와 히타이트가 서아시아의 패권을 두고 싸운 전쟁에서부터 시작해서 미국과 이라크의 전쟁으로 끝을 맺는다. 그 사이에 고대의 페르시아 전쟁, 마케도니아 전쟁, 그리스와 로마의 충돌 및 전쟁의 역사, 그리고 이슬람 제국의 부상과 발전, 몽골 제국의 정복 활동이 유럽과 아시아 대륙에 미친 영향 등의 내용을 모두 포함했다. 따라서 이 책을 읽은 독자들은 총 4000년에 달하는 세계 전쟁의 발전 역사를 큰 흐름으로 이해하게 될 것이다.

  역사의 발전 과정을 살펴보면 전쟁은 인류의 생존을 크게 위협한 동시에 문명 발전을 촉진해왔다는 사실을 알 수 있다. 고대에는 작은 부락들 사이에 갈등이 발생해서 전쟁이 일어났고 이를 통해 부락들이 서로 융합하면서 국가가 탄생했다. 또 국가 안에서 다시 민족 간 갈등이 발생하면서 각 민족이 독립하거나, 정치 파벌 사이에 분쟁이 일어나 정권이 교체되기도 했다. 이 모든 일은 무자비하고 처참한 전쟁을 통해 이루어졌으며 이와 함께 인류 문명도 발전했다.

중세에 들어서자 유럽 대륙의 전쟁은 더욱 빈번해졌다. 십자군 전쟁, 영국과 프랑스의 백년전쟁, 오스만 제국의 흥망성쇠는 인류의 전쟁 역사에 멋진 한 페이지를 남겼고, 후세 사람들은 각각의 전쟁들에 다양한 평가를 내렸다.

그 후 프랑스 대혁명이 일어나면서 유럽 대륙은 자본주의 시대에 들어섰다. 유럽의 전제군주들은 이런 변화에 불안감을 감추지 못했고 결국 오스트리아와 프로이센이 먼저 프랑스를 공격했다. 이후 유럽 대륙에서는 대 프랑스 동맹이 두 차례 결성되었지만, 시대의 변화를 막을 수는 없었다.

당대 유럽의 영웅호걸로 부상한 나폴레옹은 수많은 전장에서 엄청난 승리를 거두었다. 후세의 역사학자들은 이러한 전쟁을 총칭해서 나폴레옹 전쟁이라 하고, 그가 활약한 시기를 나폴레옹 시대라고 불렀다. 이렇게 나폴레옹이 유럽에서 전쟁을 벌일 때, 지구 반대편의 미국에서는 남북 전쟁이 벌어지고 있었다.

1914년 '유럽의 화약고' 발칸 반도의 사라예보에서 한 발의 총성이 울리며 제1차 세계대전의 서막이 열렸다. 유럽 대륙의 무력 충돌에 점점 더 많은 나라가 참가하면서 이 전쟁은 곧 세계대전으로 확대되었다. 제1차 세계대전 중 벌어진 마른 강 전투, 베르뎅 전투, 솜 강 전투, 브리튼 요새 전투는 모두 전쟁 역사에서 영원히 기억될 사건으로 남았다.

이제껏 경험해본 적 없는 엄청난 규모의 제2차 세계대전은 전 세계 인류에게 충격과 공포를 안겨 주었다. 이 전쟁은 수많은 나라가 참전하고, 가공할만한 위력을 드러냈으며, 오랜 기간 계속되어 국제 정치구조에 지대한 영향을 미쳤다. 이 책은 뎅케르크 철수, 브리튼 공방전, 노르망디 상륙작전, 라인 강 전투, 스탈린그라드 공방전, 미드웨이 해전, 류큐 제도 전투, 오키나와 전투 등 제2차 세계대전 중에 벌어진 주요 전투들을 모두 상세하게 다루었다. 또한 이 전쟁을 통해 식민지 지배를 받으며 수탈당하던 여러 민족이 독립해서 새로운 국가가 세워졌는데 이 역시 자세히 설명했다.

이 책은 수많은 전쟁 중 각 시기를 대표하는 주요 전쟁과 전투를 중심으로 그 원인과 경과, 그리고 결과를 각각 설명했다. 또 내용과 관련된 다양한 화보를 제공해서 독자들이 전쟁 역사의 흐름을 정확하고, 입체적으로 파악할 수 있도록 했다. 독자들은 이 책을 통해 전쟁으로 가득한 인류 역사를 더욱 명확하게 이해할 수 있을 것이다.

차 례

제3장   르네상스 시대의 전쟁

제4장   전제정치 시대의 전쟁

제5장 혁명과 독립의 전쟁

제6장 제국주의 시대의 전쟁

제7장 제1차 세계대전

제8장 제2차 세계대전

제9장 현대 전쟁

제 1 장

고대 전쟁

동서고금을 막론하고 전쟁은 무엇과도 비교할 수 없는 재앙이며 한 시대의 축소판이자 각종 갈등이 충돌한 결과다. 그럼에도 인류의 역사가 시작되었을 때부터 지금까지 전쟁이 사라진 적은 단 한 번도 없었다.

초기의 전쟁은 주로 각 부락 간의 충돌이어서 규모가 작고 기간도 짧았으며 매우 단순한 무기를 사용했다. 이후 사회가 발전하고 생산력이 향상되면서 '상비군'이 생겼으며 이에 따라 전쟁의 규모도 크게 확대되었다. 고대에 로마와 마케도니아 같은 군사 강국은 영원히 끝나지 않을 것 같은 기나긴 전쟁을 치르며 끈질기게 생존했고 고대 전쟁의 수준을 크게 올렸다.

이후 금속으로 만든 무기가 보편화되면서 전쟁은 더욱 참혹해졌다. 고대인들은 군대의 이동과 보급이 원활하지 않았음에도 점점 더 먼 곳까지 가서 오랜 기간 전쟁을 계속했다. 특히 로마는 지중해를 장악해서 이동 경로가 확보되자 쉬지 않고 전쟁을 벌였다. 또한 고대인들은 전쟁 도중에도 빠른 속도로 성곽, 도로, 교량 등을 만들었을 정도로 뛰어난 군사 기술을 보유했고 보병과 기병을 구분해 훈련했으며 말이 끄는 전차도 갖추었다. 그리하여 로마 제국이 멸망할 즈음에는 이미 기병이 보병을 대체해서 뛰어난 작전 수행 능력을 보였다. 그뿐만 아니라 전술 역시 점점 치밀하고 교묘해져서 알렉산드로스 대왕이나 한니발 같은 탁월한 군사 전략가가 출현했다.

이집트와 히타이트의 서아시아 전쟁

고대 문명의 발상지인 이집트 지역은 기원전 3100년 전후에 고대 이집트 왕국으로 통일되었다. 위대한 파라오 투트모스 3세Thutmose III는 평생 쉬지 않고 정복 전쟁을 벌여 여러 나라를 제압함으로써 이집트와 시리아 지역에 대한 통치를 공고히 다졌다. 그런데 기원전 14세기경, 이집트가 국내의 종교 개혁에 집중하느라 대외 확장을 잠시 멈춘 사이 아나톨리아Anatolia 지방의 히타이트Hittite가 빠르게 부상하더니 어느새 시리아 전체를 장악하게 된다. 이는 이집트가 누리던 각종 이익에 큰 타격을 주었다. 이에 고대 이집트와 히타이트는 기원전 14세기 말부터 13세기 중엽에 들어설 때까지 시리아 지역의 패권을 놓고 다투면서 끊임없이 충돌했다. 그중 '카데시 전투Battle of Kadesh'는 역사상 문자로 기록된 최초의 전쟁 중 하나였다.

카데시 전투

기원전 1290년, 이집트에 새로운 파라오 람세스 2세Ramesses II가 즉위했다. 그는 히타이트로부터 시리아를 되찾아서 떨어진 이집트의 위상을 다시 세우겠노라 마음먹고 이를 위해 병력과 군비를 확충하는 등 철저하게 전쟁을 준비했다. 그리하여 기원전 1286년에 처음 출병한 이집트 군대는 남부 시리아의 여러 지역을 공격해 하나씩 점령해나갔다. 다음해에는 람세스 2세가 직접 병사들을 이끌고 북쪽으로 올라갔다. 그들은 거의 한 달에 걸쳐 행군한 끝에 카데시Kadesh 부근에 도착했다. 카데시는 지금의 텔알나비만도Tell al-Nabi Mando로 시리아의 남북을 연결하는 전략적 요충지다. 이곳의 지형은 절벽이 깎아지른 듯 높이 솟고, 강물이 세차게 굽이치는 등 무척 험준했다. 하지만 이집트가 시리아 전체를 되찾으려면 반드시 이곳을 장악해야 했다.

이집트가 북으로 진격하는 동안 히타이트 역시 전쟁을 준비하고 있었다. 히

전차를 타고 전투를 벌이는 람세스 2세. 그림 속의 사자는 화가의 상상일 뿐 실제 전투에는 투입되지 않았다.

타이트의 왕 무와탈리 2세Muwatalli Ⅱ는 첩자로부터 이집트가 곧 시리아 원정을 시작한다는 정보를 듣고 즉시 왕실 회의를 열어 다음과 같은 전략을 세웠다. 우선 이집트군이 시리아에 들어오더라도 별다른 반응을 하지 않고 그들이 카데시까지 올라오도록 유인한다. 그동안 히타이트의 병력 대부분

아부심벨Abu Simbel 신전의 벽화. 람세스 2세가 전차 위에 서서 작전을 지휘하고 있다. 길을 안내하는 병사가 앞에 서고, 그 옆에는 훈련된 표범이 있다.

을 카데시에 투입해서 몰래 숨어 있다가 오랜 이동 탓에 극도로 피곤해진 이집트 병사들이 포위망 안으로 들어오면 습격하는 것이다.

람세스 2세는 히타이트의 전략을 전혀 눈치 채지 못한 채 직접 1개 군단을 이끌고 계속 북으로 이동했다. 그 뒤를 이어 2개 군단이 따라오고 있었는데 그중 하나는 이동 속도가 느려 람세스 2세가 이끄는 선발대와 자꾸만 멀어졌다. 어느 날 람세스 2세는 아주 우연하게 히타이트의 탈영병 두 명을 생포했다. 그들은 히타이트군이 카데시에서 북쪽으로 40킬로미터 정도 떨어진 곳에 주둔 중이며 대부분 병사가 이집트군을 두려워해서 사기가 크게 떨어졌다고 말했다. 람세스 2세는 이를 듣고 크게 기뻐하며 더 빠르게 이동해 카데시 바로 앞까지 갔다. 하지만 그가 붙잡은 히타이트의 탈영병들은 무와탈리 2세가 보낸 첩자로 그들의 말은 모두 거짓이었다.

무와탈리 2세는 이집트군이 카데시에 들어온 것을 확인하고 즉시 정예군을 움직여 신속하고 은밀하게 이집트군을 겹겹이 포위했다. 얼마 후 람세스 2세는 함정에 빠진 것을 알아차리고 뒤따라오는 2개 군단에 전령을 보내어 빨리 와서 지원하라고 명령했다. 하지만 2개 군단 중에 속도가 빠른 1개 군단이 먼저 카데시 남쪽의 울창한 숲에 도착하자 이미 매복 중이던 히타이트군이 측면에서 맹렬하게 공격을 퍼부었다. 히타이트군은 곧이어 람세스 2세가 이끄는 군단까지 공격했다. 깜짝 놀란 이집트 병사들은 사방으로 도망갔고 람세스 2세는 호위군의 보호를 받으며 여러 겹의 방어벽을 뚫기 위해 온힘을 다해 싸웠다. 혼전이 거듭되는 와중에, 2개 군단 중에서 속도가 느린 1개 군단이 간신히 카데시에 도착했다. 그들이 투입되자 전투는 더욱 격렬해졌다. 결국 밤이 되어 히타이트

군이 요새로 퇴각하면서 승자도 패자도 없는 전투로 마무리되었다.

최초의 평화조약

기원전 1273년, 히타이트에서 정변政變이 일어났다. 무와탈리 2세의 남동생인 하투실리 3세Hattusili III가 아버지의 뒤를 이어 왕위에 오른 무르실리 3세Mursili III의 왕위를 빼앗고 조카를 이집트로 내쫓은 것이다. 하투실리 3세는 이렇듯 도리에 어긋나는 일을 저질러 왕위에 올랐지만 뛰어난 외교 전략으로 역사에 이름을 남겼다.

카데시 전투로부터 16년 후, 하투실리 3세는 전령에게 은판銀板을 주며 이집트의 파라오에게 전하라고 명령했다. 당시 이미 반백半百이었던 이집트의 파라오 람세스 2세는 스물여덟 번째 히타이트 공격을 준비 중이었다. 그러던 어느 날, 한 병사가 "히타이트인이 왔다!"고 큰 소리로 외쳤다. 람세스 2세는 저 멀리 전령이 맷돌같이 생긴 번쩍이는 물건을 들고 걸어오는 것을 보고 '이번에는 또 무슨 신무기를 만들었을까?'라고 생각했다.

그러나 뜻밖에도 히타이트의 전령은 예의를 갖추어 절하더니 은판을 바쳤다. 람세스 2세는 그 위에 새겨진 평화조약을 읽고 크게 감동했으며 흔쾌히 이를 받아들였다.

전쟁의 영향

이집트와 히타이트 사이에 벌어진 전쟁은 고대 역사에서 무척 중요한 사건이다. 이 전쟁이 오랜 기간 이어진 탓에 양국 모두 국력이 크게 떨어졌다. 이 때문에 람세스 2세의 후계자들은 내부적으로 수많은 정적政敵의 도전을 받았으며, 외부적으로도 에게 해Aegean Sea와 소아시아Asia Minor 일대의 해상 민족과 리비아 부근에 있는 여러 부락의 침입을 받아서 이를 해결하느라 골머리를 썩였다. 이런 일들은 모두 파라오의 통치 기반을 흔들었고 결국 강성하던 고대 이집트를 와해시켰다. 히타이트 역시 한때 시리아의 대부분 지역을 차지하는 등 서아시아에서 맹위를 떨쳤지만, 오랜 전쟁 탓에 경제적인 손실이 커지면서 급격히 쇠락했다. 그러다가 기원전 13세기 말, 해상 민족이 보스포루스 해협Strait of Bosporus에 침입하고, 소아시아와 시리아의 점령지들까지 저항하기 시작하면서 결국 히타이트는 기원전 12세기부터 붕괴되기 시작했다. 이후 기원전 8세기에는 몇 개 남지 않은 작은 도시들마저 아시리아Assyria에 의해 완전히 사라졌다.

아시리아의 정복 전쟁

아시리아는 기원전 8세기부터 기원전 7세기까지 중동의 메소포타미아Mesopotamia에서 크게 번영했다. 더 정확한 위치를 설명하자면 지금의 이라크 국경 안으로 티그리스 강Tigris River과 유프라테스 강Euphrates River의 북부에 있는 지역이다. 동북쪽으로는 자그로스 산맥Zagros Mountains, 동남쪽으로는 소小 자브 강Zab River, 서쪽으로는 시리아의 초원과 접했다.

■ 아시리아의 보병

제국의 부상

아시리아인은 이민족에 둘러싸인 특수한 지리적 환경 탓에 항상 적대적인 민족의 위협과 침략을 받았으며 토지와 자원을 사용하는 데도 제한이 많았다. 이런 상황을 해결하려고 애쓰는 과정에서 그들은 점차 호전적으로 변했고 계속 새로운 지역으로 진출해야만 이미 가진 것을 지킬 수 있다고 굳게 믿게 되었다. 그들은 정복 전쟁이 신의 뜻으로 매우 신성한 일이라고 믿어 의심치 않았고, 전쟁에서 승리할수록 무력으로 더 많은 땅을 차지하고자 하는 열망이 커졌다.

아시리아는 기원전 9세기부터 기원전 8세기에 가장 활발하게 정복 전쟁을 벌였는데

■ 성을 공격하는 아시리아 병사들

이는 당시 주변에 아시리아에 대항할만한 상대가 없었기 때문이다. 한때 강성했던 이집트는 이미 쇠락했고, 히타이트 역시 해상 민족의 침입에 무너지고 있었다. 또 남쪽의 바빌로니아Babylonia는 분열했고 동방의 메디아Media와 페르시아는 아직 부상하지 않은 때였다. 반면에 아시리아는 히타이트로부터 철기를 들여온 덕분에 사회와 경제 분야에 혁명이라 불릴 만한 변화가 일어나는 중이었다. 무엇보다 철기는 호전적인 아시리아인에게 더욱 날카로운 무기를 제공했다.

정복 전쟁은 아슈르나시르팔 2세Ashurnasirpal Ⅱ 시대에 더욱 활발해졌다. 그들은 수년 동안 전쟁을 벌여 티그리스 강과 유프라테스 강의 북부, 시리아의 여러 지역, 큰 도시들을 모두 정복했다. 이렇게 해서 아시리아는 마침내 기원전 8세기 후반에 거대한 군사 제국이 되었다.

아시리아의 정복자들

아시리아의 정복 전쟁에서 탁월한 성과를 거둔 왕으로는 티글라트 필레세르 3세Tiglath-Pileser Ⅲ, 사르곤 2세Sargon Ⅱ, 센나케리브Sennacherib, 에사르하돈Esarhaddon을 꼽을 수 있다.

아시리아의 용맹한 장군이던 티글라트 필레세르 3세는 기원전 746년에 왕위에 올랐다. 그는 개혁을 통해 강력한 중앙 집권 체제를 확립하고 중앙에서 지방까지 미치는 거대한 관료 제도를 만들었다. 또한 군대의 전투력을 키워 정복지에 대한 통치와 수탈을 강화했다. 개혁을 마친 후에는 새로운 땅으로 눈을 돌려 아시리아에 적대적인 우가리트Ugarit와 시리아 전체를 정복했으며 바빌로니아까지 합병했다. 티글라트 필레세르 3세는 아시리아가 강력한 군사 제국으로 거듭나게 한 장본인으로 그를 기리는 석비石碑 위에는 다음과 같은 말이 쓰여 있다. "나는 용사들을 이끌고 멀리 원정을 떠났다. 호수에 빠져 보기도 했고 온갖 보물을 차지하기도 했다. 이런 일은 하늘의 별처럼 셀 수없이 많았다. 감히 반항하는 자들이여! 반드시 너희들을 불살라 재로 만들 것이다."

사르곤 2세는 원래 하급 군관이었으나 전쟁에서 여러 번 큰 공을 세우면서 계속 신분이 상승하여 마침내 왕의 자리에까지 오른 사람이다. 후세 사람들은 그를 아시리아의 나폴레옹이라고 불렀다. 그는 이스라엘과 이집트를 무찔렀으며, 시리아와 페니키아Phoenicia 등지의 반란을 성공적으로 진압했다. 그뿐만 아니라 국내에서도 탁월한 정치적 역량을 발휘해서 군사, 관료, 귀족 집단을 지지하는 정책을 채택하고 도시의 자치권을 부여하는 등의 개혁을 단행했다. 또 직접 신전에 제사를 올려 신관들의 신임을 얻는 동시에 왕권을 강화했다. 그러나 그는 기원전 705년에 이란과 전쟁을 벌이던 중에 사망했다.

사르곤 2세의 큰아들인 센나케리브는 통치 기간 내내 아버지가 이룬 성과를 확대하는

데 집중했다. 그는 바빌로니아의 번영과 사치스러운 생활을 시기한 나머지 그곳의 모든 건축물과 예술품을 부수거나 불살라 재로 만들었는데 이러한 무자비한 행동으로 후대에 크게 지탄받았다.

에사르하돈은 기원전 671년에 이집트로 원정을 떠났다. 이후 그는 이집트의 수도 멤피스Memphis를 점령하고 '이집트와 아비시니아Abyssinia의 왕'이라는 칭호를 받았다. 그가 통치하던 시기의 아시리아는 서아시아, 북아프리카를 전부 아울러 거의 모든 고대 문명을 차지했다. 하지만 이렇듯 크게 번영했던 아시리아는 이후 급격하게 쇠락했다.

잔인한 정복자

아시리아의 정복 전쟁은 잔인함으로 특히 유명하다. 병사들은 정복지의 땅을 황폐하게 만들고 대부분의 주민을 무참히 죽였다. 또 순순히 투항하지 않으면 더욱 잔인하게 보복했는데 이런 경우에는 죽이는 것으로도 모자라 머리를 내리쳐서 두개골을 부수고 목구멍을 난도질했다. 더하여 성 안의 모든 집을 불태우고 재물을 약탈했으며 여자와 아이들을 노예로 끌고 갔다.

기원전 743년, 아시리아가 시리아의 수도인 다마스쿠스Damascus를 공격하자 성 안의 병사와 주민들은 죽기를 각오하고 저항했다. 얼마 후 성을 무너뜨린 아시리아 병사들은 성 안 사람들을 무참히 죽였는데 이때 잘린 머리들이 쌓여서 작은 산처럼 보일 정도였다고 한다. 그뿐만 아니라 날카로운 나무 기둥을 세운 후 전쟁 포로를 산 채로 그 위에 꽂아 천천히 고통스럽게 죽였다. 그들의 잔악함은 어린 아이들도 예외는 아니었다. 이러한 야만적인 행위는 널리 전해져 주변 지역을 공포로 떨게 만들었다.

제국의 멸망

아시리아의 잔인하고 엄격한 통치는 정복지 주민들에게 큰 불만과 저항을 불러 일으켰다. 기원전 7세기 후반, 아시리아는 오랜 전쟁 탓에 경제가 크게 쇠퇴했고 군사력 역시 바닥으로 떨어졌다. 그러자 기원전 605년, 새롭게 부상한 신 바빌로니아New Babylonia와 이란 고원의 메디아 왕국이 연합해서 아시리아를 공격했다. 약해질 대로 약해진 상태였던 아시리아는 저항 한 번 하지 못하고 무너졌으며 왕은 궁전에서 불타 죽었다. 신 바빌로니아와 메디아 왕국은 아시리아의 땅을 모두 합병하고 사람들을 노예로 끌고 갔다. 이로써 메소포타미아에서 위용을 떨친 아시리아는 후세 사람들이 그 흔적을 찾기 어려울 정도로 완전히 사라졌다. 이는 가장 번영했던 시기에서 고작 50년 지났을 때의 일이었다.

페르시아 전쟁

기원전 500년, 페르시아의 통치를 거부하던 이오니아Ionia에서 대규모의 반란이 일어났지만, 페르시아가 매우 빠르고 잔혹하게 진압하면서 실패로 돌아갔다. 페르시아는 이 반란으로 타격을 받기는커녕 오히려 서쪽으로 영토를 확장할 기회로 보고 그리스의 다른 도시국가들까지 공격하기로 결정했다.

그리하여 기원전 492년, 페르시아의 다리우스 1세Darius 1가 트라키아Thracia 해안을 따라 서쪽으로 진격하면서 페르시아 전쟁Greco–Persian Wars이 발발했다. 이것은 인류 역사상 처음으로 벌어진 유럽과 아시아 두 대륙의 충돌이었다. 하지만 페르시아의 첫 번째 그리스 원정은 결코 순탄하지 않았다. 폭풍을 만나 전함을 모두 잃고 자칫 전멸할 위기에 처하자 다리우스 1세는 하는 수 없이 함대를 다시 불러들였다. 다음 해, 다리우스 1세는 그리스의 여러 도시국가에 각각 전령을 보내 "땅과 물을 바쳐라!"고 요구했는데 이것은 '페르시아에

도자기 위에 그려진 페르시아 전쟁의 한 장면. 공격을 받고 넘어진 그리스 병사가 끝까지 포기하지 않고 페르시아 병사와 싸우고 있다.

무릎을 꿇고 항복하라'는 의미였다. 이에 아테네와 스파르타는 페르시아의 전령을 우물 속에 가두어 죽이는 것으로 대답을 대신했다.

마라톤 전투

기원전 490년 봄, 다리우스 1세는 두 번째 그리스 원정을 시작했다. 그는 우선 에게 해를 가로질러서 에레트리아Eretria를 점령하고 약탈했으며 계속 남쪽으로 진격해 아테네에서 동북쪽으로 약 40킬로미터 떨어진 마라톤 평원에 도착했다.

일촉즉발의 상황에 놓인 아테네는 황급하게 마라톤 평원으로 군사를 보내어 페르시아군과 대치하는 한편, 스파르타에 지원군을 요청했다. 아테네의 전령 페이디피데스Pheidippides는 한밤중에 출발해서 이틀 동안 쉬지 않고 달려 무려 150킬로미터를 횡단한 끝에 마침내 9월 9일, 스파르타에 도착했다. 이러한 노력에도 스파르타는 지원군을 보내기는 하겠지만, 종교 행사가 끝나고 보름달이 뜨는 11일 이후에야 병력을 이동할 수 있다고 말했다. 결국 아테네는 혼자 힘으로 페르시아를 대적해야 하는 상황이 되었다.

9월 12일 새벽, 마라톤 전투가 시작되었다. 이곳의 지형에 익숙한 아테네군은 우선 정예군을 양쪽 측면에 배치하고 중앙에는 일부 병력만 남겨 두었다. 페르시아의 기병 일부가 아직 전장에 도착하지 못한 것을 알고 있었기에 우선 중앙 병력만으로 소규모 교전을 벌이고 정예군은 숨겨두려는 전략이었다. 아테네 진영의 중앙 병력만 본 페르시아는 자

신들이 수적으로 우세하다고 믿고 과감하게 중앙 돌파 전술을 채택했다. 아테네군은 페르시아의 공격에 대응해서 싸우는 동시에 조금씩 뒤로 물러나서 페르시아군이 진영 안쪽으로 더 깊숙이 들어오도록 했다. 페르시아군이 승리가 눈앞에 있다고 생각할 무렵, 오랫동안 숨죽이고 있던 아테네 정예군이 양쪽 측면에

■ 마라톤 전투

서 나타나서 순식간에 적들을 둘러싸고 맹렬하게 공격을 쏟아 부었다. 허를 찔린 페르시아군은 감히 맞서 싸울 엄두도 내지 못한 채 허둥지둥 사방으로 흩어져 도망갔다. 이에 아테네군은 해안 끝까지 추격해서 페르시아군을 완전히 몰아냈다. 마라톤 전투는 소수의 병력으로 다수의 적을 무찌른 아테네 전술의 승리였다.

피로 물든 테르모필레

마라톤 전투 후 10년 동안, 페르시아와 그리스 도시국가들은 서로 긴장을 늦추지 않고 계속 전쟁을 준비했다. 페르시아는 수많은 병사와 물자를 모으고, 대규모 함대를 구축했으며, 다리를 놓고, 운하를 만들어 이동과 보급 경로를 확보하는 등 그리스 원정을 철저하게 준비했다. 그리스 역시 방어 시설을 짓고, 해군의 훈련을 강화했다. 기원전 481년, 스파르타와 아테네를 중심으로 하는 그리스의 30여 개 도시국가 대표들이 코린토스Korinthos에 모였다. 그들은 이 회의에서 그리스 연합군을 조직하고, 막강한 전투력을 보유한 스파르타에 연합군의 지휘를 맡기는 등 페르시아와의 전쟁을 구체적으로 준비했다.

마침내 기원전 480년 봄, 페르시아의 왕 크세르크세스 1세Xerxes I가 군대를 이끌고 세 번째 그리스 원정을 시작했다. 이 소식을 들은 스파르타의 왕 레오니다스Leonidas 역시 그리스 연합군을 이끌고 전략적 요충지인 테르모필레Thermopylae로 갔다. 이곳은 지형이 험

하고 골짜기가 매우 좁았기 때문에 잘 방어한다면 페르시아군의 진격을 저지할 수 있었다. 그런데 레오니다스는 병사들을 좁은 골짜기에 일렬종대로 배치해서 전방 방어진을 튼튼히 구축했지만, 후방 방어에는 크게 신경 쓰지 않는 치명적인 실수를 저지르고 말았다. 한편, 테르모필레에 도착한 크세르크세스 1세는 계속해서 공격을 시도하면서 앞으로 나아가려고 했다. 그는 몇 번의 실패를 겪고 나서야 골짜기가 너무 좁은 탓에 많은 병사가 한꺼번에 진격할 수 없다는 것을 깨달았다. 이틀 후, 그는 테르모필레의 지형을 잘 아는 그리스인을 매수해서 그리스 연합군의 후방을 공격할 수 있는 새로운 길을 알아냈다. 후방 기습 공격을 받은 그리스 연합군은 순식간에 무너졌고 레오니다스는 정예군을 보호하기 위해 즉시 퇴각 명령을 내렸다. 그리고 자신은 스파르타의 전사 300명과 남아서 함께 페르시아군에 끝까지 맞서 싸우다가 장렬하게 전사했다. 페르시아는 병사 2만 명을 잃는 만만치 않은 대가를 치른 후에야 테르모필레를 완전히 장악할 수 있었다.

살라미스 해전

테르모필레를 점령한 페르시아 육군은 빠른 속도로 진격해서 아테네까지 점령하고 약탈을 일삼았다. 한편 페르시아의 해군은 아티카Attika 반도의 남단을 둘러싼 폭이 좁은 살라미스 해협Strait of Salamis에 도착했다.

기원전 480년 9월 하순, 살라미스에서 전쟁의 승패를 가를 해전이 시작되었다. 그리스 연합군에 비해 월등히 많은 전함을 보유한 페르시아는 살라미스 해협을 겹겹이 둘러싸고 공격하려 했지만, 선체가 너무 큰 탓에 움직임이 무척 둔했다. 또 좁은 해협에 많이 모여 있다 보니 아군 전함끼리 부딪혀서 침몰하는 일까지 발생했다. 반면에 선체가 작은 그리스 연합군의 전함들은 속도와 방향 전환이 모두 빨라서 적함을 습격하는 데 무척 유리했다. 이런 이유로 페르시아는 살라미스 해전에서 크게 패했으며 크세르크세스 1세는 후방이 완전히 차단되기 전에 간신히 빠져나와 황급히 페르시아로 돌아갔다.

▌ 살라미스 해전

기원전 479년 8월 중순, 남쪽으로 진격한 페르시아 육군은 플라타이아이Plataiai에서 그리스 연합군과 다시 한 번 결전을 벌였다. 이 전투에서 그리스 연합군은 수적 열세를 딛고 승리를 거두어 페르시아의 세 번째 그리스 원정을 완전히 끝냈다.

승자와 패자

세 번째 그리스 원정까지 실패로 돌아가면서 페르시아는 국제 사회에서 점차 고립되었다. 반면에 아테네가 중심이 된 그리스 도시국가들은 승리의 기세를 몰아 해상에서의 세력을 더욱 확장했다.

기원전 449년, 아테네는 크세르크세스 1세와 '칼리아스 평화조약Peace of Kallias'을 맺고 페르시아가 에게 해, 다르다넬스 해협Strait of Dardanelles, 보스포루스 해협에서 물러날 것과 소아시아와 그리스 도시국가들의 독립을 승인할 것 등을 요구했다. 이로써 아테네는 에게 해의 맹주로 떠올랐으며 연안의 전략적 요충지를 모두 장악해서 흑해Black Sea를 오가는 길까지 확보했다.

거의 반세기 동안 계속된 전쟁이 끝난 후, 운 좋게 살아남은 그리스 도시국가들과 달리 페르시아는 다시 부상하지 못하고 역사 속으로 사라졌다.

펠로폰네소스 전쟁

기원전 432년, 펠로폰네소스 동맹Peloponnesian League의 일원인 코린토스와 케르키라Cercyra 섬 사이에 분쟁이 일어났다. 그런데 여기에 아테네가 갑자기 끼어들더니 케르키라 섬이 델로스 동맹Delian League의 일원이므로 코린토스가 케르키라 섬에서 물러나야 한다고 주장했다. 이에 격분한 코린토스와 펠로폰네소스 동맹국들은 아테네에 델로스 동맹의 지휘권을 포기할 것을 요구했다. 아테네는 당연히 여기에 불응했고 그 결과 펠로폰네소스 전쟁Peloponnesian War이 시작되었다. 이 전쟁은 모든 그리스 도시국가의 정치, 사회, 경제에 거대한 충격과 혼란을 가져왔으며, 나아가 사상, 문화에도 매우 큰 영향을 미쳤다.

┃ 그리스의 중장보병

십년전쟁

오랫동안 계속된 펠로폰네소스 전쟁의 첫 단계는 십년전쟁으로 기원전 431년에 펠로폰네소스 동맹의 일원인 테베Thebes가 델로스 동맹에 속한 도시국가들을 공격하면서 시작되었다. 이후 거의 10년에 걸쳐 전쟁을 벌이던 양측은 기원전 422년에 암피폴리스Amphipolis에서 최후의 결전을 벌였다. 이 전투는 아테네의 사령관 클레온Kleon과 스파르타의 사령관 브라시다스Brasidas가 모두 전사할 정도로 매우 치열했다. 결국 두 동맹은 다음 해에 '니키아스 평화조약Peace of Nikias'을 체결하면서 휴전했다.

시칠리아 원정

기원전 415년, 아테네의 장군 알키비아데스Alcibiades는 시칠리아 섬의 도시국가들 간에 분쟁이 일어났으니 출병해서 시라쿠사Siracusa를 공격하자고 제안했다. 시라쿠사는 펠로폰네소스 동맹의 일원으로 스파르타의 지원을 받고 있었다. 그의 연설에 고무된 아테네인들은 시칠리아 원정을 결정하고 3층짜리 함선 100척으로 구성된 대규모 함대를 만드는 등 원정 준비에 돌

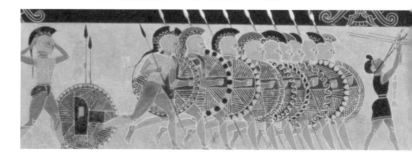

┃ 스파르타의 중무장한 장창병長槍兵들이 적군의 전진을 막고 있다.

입했다. 아테네 의회는 알키비아데스, 니키아스Nikias, 라마코스Lamachus를 시칠리아 원정군의 공동 사령관으로 결정했다.

그런데 원정 하루 전날, 아테네에서 헤르메스Hermes 신상神像이 훼손되는 사건이 발생했다. 이에 원정을 반대하는 사람들은 신을 믿지 않는 알키비아데스가 벌인 일이 틀림없다고 수군거리며 유언비어를 퍼트렸다. 하지만 명예를 중시하고 항상 자신만만했던 알키비아데스는 조금도 위축되지 않았다. 그는 자신을 비난하는 사람들과 논쟁을 벌이고 이 사건을 공개적으로 수사해 달라고 요구했다. 그러면서 만약 자신이 신을 믿지 않는다는 것을 증명하면 기꺼이 벌을 받겠지만 그렇지 않으면 자신을 모함한 사람들을 모두 고발하겠다고 말했다. 당당한 그의 모습은 아테네인들을 감동시켰고 시칠리아 원정은 계획대로 진행되었다.

그런데 알키비아데스가 시칠리아 섬에 도착하고 얼마 지나지 않았을 때 그가 신상 훼손 사건에 연루되었다는 증거가 나왔으니 아테네로 당장 복귀하라는 명령이 떨어졌다. 한창 전투를 준비 중이던 그는 무척 화가 났지만 하는 수 없이 아테네로 돌아가서 자신을 변호하기로 마음먹었다. 그러나 이내 자신이 무척 불리한 상황이라는 사실을 알고 아테네로 가는 도중에 도망쳤다. 한편, 아테네에서는 알키비아데스 없이 재판이 열렸으며 재판부는 그에게 사형을 선고했다. 알키비아데스는 이 판결을 듣고 크게 화를 내더니 뜻밖에도 적국인 스파르타로 망명했다. 스파르타인들은 그를 두 팔 벌려 환영하면서 "신께서 아테네의 패배를 바라고 있다"고 기쁘게 말했다.

전쟁의 끝

스파르타로 망명한 알키비아데스는 울분과 복수심을 참지 못하고 조국을 배반했다. 그는 스파르타에 매우 중요한 조언 두 가지를 건넸는데 첫째, '즉시 시칠리아로 병력을 보내서 시라쿠사를 도울 것', 둘째, '아테네에서 북쪽으로 20킬로미터 떨어진 데켈리아Dhekelia 고원을 점령할 것'

이었다. 이 두 가지 조언은 아테네에 매우 치명적이었다. 기원전 413년 가을, 시칠리아 섬의 아테네 원정군은 스파르타군의 습격을 받고 완전히 몰살당했다. 아테네는 전함 200여 척을 잃었으며 병사 3만 5,000명이 사망했다. 같은 해, 스파르타는 육지에서 아티카를 공격하고 알키비아데스의 조언대로 데켈리아 고원을 장악했다. 이로써 아테네는 외부로 오가는 길이 끊어져 완전히 고립되었고 설상가상으로 가뭄과 기아, 전염병까지 유행했다. 게다가 혼란한 와중에 거의 2만여 명에 달하는 노예가 스파르타로 도망갔다.

기원전 405년, 다르다넬스 해협에서 스파르타의 유인 공격에 당한 아테네는 해상에서의 패권마저 완전히 잃었다. 결국 기원전 404년 4월, 해상과 육지를 모두 빼앗긴 아테네가 스파르타에 투항하면서 기나긴 펠로폰네소스 전쟁이 끝났다. 이 전쟁에서 승리한 스파르타는 그리스 세계의 맹주로 발돋움했다. 하지만 오랫동안 계속된 전쟁 탓에 아테네와 스파르타뿐 아니라 참여한 대부분 도시국가가 막대한 손실을 입었고, 이런 상황은 페르시아가 그리스 도시국가의 일에 간섭하는 빌미가 되었다.

군사학으로 본 펠로폰네소스 전쟁

펠로폰네소스 전쟁은 고대 군사 역사에서 매우 중요한 부분을 차지한다. 해상의 이동 경로 쟁탈, 봉쇄, 공격 등 모든 것이 전례 없이 큰 규모로 벌어졌다. 그뿐만 아니라 적군의 요새를 공격할 때도 수몰水沒, 화재, 땅굴 등 새로운 전략과 기술이 동원되었다. 전투 대형은 아직 초보적인 단계였으나 보병은 대체로 밀집대형을 유지하며 험준한 지형에서 기민하게 움직였다. 또 최초로 직업 군인이 출현하기도 했는데 이러한 변화들은 모두 고대 군사 역사에 큰 영향을 미쳤다.

알렉산드로스 대왕의 동방원정

마케도니아의 부상

그리스의 도시국가들이 쇠락하던 때, 북쪽에서는 마케도니아가 강성해지고 있었다. 기원전 4세기 중엽에 마케도니아의 왕위에 오른 필리포스 2세Philippos Ⅱ는 국내에서뿐 아니라 그리스 전체를 통일해서 그리스 문명 세계의 왕이 되고자 했다. 이를 위해 수많은 개혁을 단행한 마케도니아는 곧 강력한 군사 강국으로 변모했다.

기원전 336년, 필리포스 2세가 꿈을 다 이루지 못하고 암살되자 그의 아들인 알렉산드로스Alexandros가 스무 살의 나이

티레에서 전투 중인 알렉산드로스 대왕

로 왕위에 올랐다. 사람들은 이 젊은 왕이 아버지의 동방원정 계획을 실현하기에 역부족이라고 생각했지만, 알렉산드로스는 곧 자신의 능력을 증명해 보였다. 그는 이내 군사 지휘권까지 공고하게 장악하고 아버지의 뜻에 따라 세계를 제패하겠다고 마음먹었다.

알렉산드로스는 어렸을 때부터 유명한 철학자인 아리스토텔레스Aristoteles를 스승으로 모시고 공부했다. 아리스토텔레스가 들려주는 그리스 문화에 매료된 그는 단순히 세계

기원전 334년, 알렉산드로스 대왕 가운데 칼을 든 사람이 마케도니아 기병을 이끌고 페르시아 군대를 향해 돌격하고 있다.

를 정복하는 것이 아니라 전 세계를 '헬라화(化)Hellenization', 즉 그리스화하고자 했다. 소년 시절 알렉산드로스는 가장 좋아하는 책인 《일리아스Ilias》에 나오는 아킬레우스Achilles처럼 전장에서 화려한 업적을 세우기 바랐다. 그는 열여섯 살 때부터 아버지를 따라 원정을 다니며 전쟁터에서 수많은 전쟁 기술과 전략, 군사적 지식을 배웠다. 또 카이로네이아Chaeronea에서 벌어진 전투에서는 열여덟 살의 어린 나이로 마케도니아군의 왼쪽 날개 병력을 지휘해 탁월한 성과를 거두기도 했다.

왕위에 오른 알렉산드로스는 우선 그리스 도시국가를 본떠 군사 개혁을 단행해서 보병, 기병, 해군으로 구성된 상비군을 만들었다. 또 귀족의 자제들로 구성된 중장보병重裝步兵을 중앙에 밀집해 세우고, 그 양쪽에는 경장보병輕裝步兵, 선봉과 후미에는 기병을 배치하는 이른바 '마케도니아 방진Macedonian Phalanx'을 고안했다.

필리포스 2세에 정복당한 그리스 도시국가들은 그가 사망하자 마케도니아의 압제에서 벗어날 기회가 왔다고 여기고 하나둘씩 반란을 일으켰다. 하지만 그들이 얕잡아본 젊은 알렉산드로스는 강력한 마케도니아 군대를 지휘해 겨우 2년 만에 반란을 잠재웠다. 이후 그는 그리스 도시국가들에 대한 통치를 강화하고 세계를 제패하기 위해서 광활한 영토와 풍부한 자원을 가진 페르시아에 눈을 돌렸다.

알렉산드로스의 원정전쟁

기원전 334년, 알렉산드로스의 페르시아 원정이 시작되었다. 그는 우선 군대를 이끌고 소아시아Asia Minor로 가서 그곳에 주둔 중이던 대규모의 페르시아군을 무찔렀다. 그리고 이소스Issos에서 다리우스 3세Darius III가 이끄는 페르시아 정예군을 격파하고 그의 어머니, 아내, 두 딸까지 포로로 잡았다. 알렉산드로스는 다리우스 3세의 호화로운 궁전을 보고 "이것이야말로 왕이 된 자가 누리는 것이다!"라고 감탄했다고 한다.

그 후로도 알렉산드로스의 원정은 계속되었다. 그는 남南

■ 기원전 325년, 알렉산드로스 대왕의 병사들이 인도군과 싸우고 있다.

시리아와 페니키아를 향해 진격하는 동시에 부대를 파견해서 시리아의 다마스쿠스를 점령하도록 했다. 이 전투에서 마케도니아군은 다리우스 3세의 군비 창고를 습격해서 엄청난 양의 전리품을 얻었다. 이후 알렉산드로스는 직접 부대를 이끌고 남쪽으로 계속 진격했으며 7개월 동안 고된 전투를 벌여 티레Tyre를 장악하고 주민 3만 명을 노예로 팔았다.

기원전 332년, 알렉산드로스는 페르시아의 육군과 해군 함대의 연결고리를 끊은 후, 곧장 이집트로 진격했다. 그는 스스로 태양신 아몬Amon의 아들이라고 말하며 이집트의 통치자가 되었다. 또 나일 강 삼각주의 서부에 직접 설계한 도시를 세우고, 알렉산드리아Alexandria라고 이름 지어 자신의 위업을 기념했다. 어느 날 이집트의 제사장들이 알렉산드로스에게 정식으로 '파라오'라는 명칭을 주고 그를 찬양하는 연회를 열었다. 이날 그는 흥분을 감추지 못하고 "영웅은 끊임없이 영토를 개척하고, 권력을 키우기에 위대하다. 또 온 힘을 다해서 산해진미와 여성의 아름다움을 누리기에 위대하다."라고 말했다고 한다.

기원전 330년 봄, 알렉산드로스는 군사를 이끌고 북쪽으로 가서 다리우스 3세를 추격했다. 그러던 중 다리우스 3세가 자신의 부하에 의해 암살되었고, 결국 화려했던 고대 페르시아 제국은 멸망하고 말았다. 이렇게 해서 마케도니아 군대는 페르시아 전체를 장악했는데, 이는 곧 유럽, 아시아, 아프리카 대륙을 아우르는 알렉산드로스 제국의 시작을 알리는 일이었다.

야심만만한 알렉산드로스는 페르시아만으로 만족할 수 없었다. 기원전 327년, 그는 군사를 이끌고 카스피 해Caspian Sea 남쪽에서부터 동쪽으로 진격했다. 그들은 파르티아Parthia, 아리아Aria, 드란기아나Drangiana를 거쳐 힌두쿠시Hindu Kush 산맥을 넘어서 마침내 박트리아Bactria와 소그디아나Sogdiana까지 도착했다.

마케도니아군은 기원전 325년에는 인도를 침공해서 인더스 강Indus River 유역을 모두 점령했다. 알렉산드로스는 계속해서 갠지스 강Ganges River 유역까지 정복하려 했지만, 군관과 병사들의 거센 반대에 부딪혔다. 그들은 오랫동안 고향을 떠나서 전쟁을 계속한 탓에 몸과 마음이 모두 크게 지친 상태였다. 설상가상으로 병영에 말라리아가 유행하고 독사가 출몰해서 피해가 커지자 이제 그만 원정을 포기하고 하루 빨리 가족의 품으로 돌아가기를 간절히 바랐다. 결국 알렉산드로스는 전진을 포기하고 페르시아로 돌아가기로 결정했다. 기원전 325년 7월, 인도에서 마케도니아군이 철수하면서 알렉산드로스의 대원정이 마무리되었다. 그는 10년에 걸친 이 대원정을 통해서 서쪽의 발칸 반도와 나일 강으로부터 동쪽의 인더스 강까지 이어지는 전무후무한 거대한 제국을 세우고 '알렉산드로스 대왕Alexandros the Great'이 되었다. 사실 10년은 당시의 다른 전쟁에 비하면 결코 긴 기간이 아니었다. 오히려 상대적으로 짧은 기간인데도 이러한 성과를 거둔 것은 알렉산드로스만의 독특한 공격 방식, 기동력이 돋보이는 전략 덕분이었다.

제국의 분열

알렉산드로스 대왕은 인도에서 페르시아로 돌아간 다음부터 거의 1년에 걸쳐서 제국의 통치 방식 및 정치 개혁을 단행했다. 또 강력한 군대를 만들어 다시 한 번 원정을 떠날 생각으로 군사 개편도 함께 진행했다. 그는 이미 페르시아의 북쪽, 인도 전역, 로마, 카르타고Carthago, 그리고 지중해 서안까지 정복할 계획을 세우고 있었다. 그런데 기원전 323년 6월, 알렉산드로스 대왕은 말라리아에 감염되어 발병 후 정확히 열흘 만에 서른세 살의 젊은 나이로 사망했다. 그가 미처 후계자를 정해놓지 않은 탓에 얼마 후 마케도니아에서는 치열한 권력 투쟁이 발생했다. 그 바람에 알렉산드로스의 어머니, 아내, 아이들이 모두 암살당했으며 함께 원정을 다니던 장군들은 수하의 병력을 기반으로 스스로 왕이 되었다. 결국 유럽, 아시아, 아프리카의 세 대륙을 가로지른 마케도니아 대제국은 겨우 13년 만에 분열되었다.

포에니 전쟁

포에니 전쟁Punic Wars은 기원전 264년부터 기원전 146년까지 로마와 카르타고가 서지중해를 둘러싸고 벌인 전쟁이었다. 카르타고는 페니키아인들이 건설한 도시국가이고 '포에니'는 라틴어로 페니키아인을 의미하기 때문에 이 전쟁을 '포에니 전쟁'이라고 부른다. 100여 년 동안 이어진 수차례의 전쟁 중, 처음 두 차례는 지중해의 패권을 차지하고 영토를 확장하려는 전쟁이었으며, 나머지 한 차례는 로마가 강한 국력을 바탕으로 벌인 침략전쟁이었다. 특히 제2차 포에니 전쟁이 가장 치열했는데 이때 카르타고의 명장 한니발Hannibal은 뛰어난 전략과 전술로 후세에 널리 이름을 날렸다.

기원전 218년 4월, 한니발은 보병 9만 명, 기병 1만 2,000명 및 전투용 코끼리 37마리를 이끌고 알프스 산으로 향했다. 그들은 수많은 난관을 헤치고 알프스 산을 넘어서 같은 해 9월, 이탈리아 평원에 도착했다.

제1차 포에니 전쟁

로마는 기원전 3세기 전반에 이탈리아 반도 전체를 통일하고 지중해 주변으로 세력을 확장하기 시작했다. 하지만 서西지중해에는 북아프리카의 카르타고가 버티고 있었기에 두 나라의 충돌은 피할 수 없는 일이었다.

기원전 288년, 시라쿠사에 고용된 이탈리아 용병들이 시칠리아 동북부 메사나Messana를 강제 점령했다. 이후 이들과 시라쿠사 사이에 무력 충돌이 발생하자 각각 카르타고와 로마에 지원을 요청했다. 이에 로마와 카르타고는 풍부한 곡물이 자라는 시칠리아를 장악하기 위해 군대를 보내 메사나에서 충돌했는데 이것이 바로 '제1차 포에니 전쟁'이다.

카르타고는 이탈리아 용병들의 요청을 받은 즉시 군대를 파견해서 메사나를 장악했다. 그러자 로마군도 기원전 264년에 바다를 건너 시칠리아로 가서 카르타고 군대를 무찌르고 메사나를 점령했다. 로마군은 계속해서 아그리젠토Agrigento를 공격하는 등 시칠리아의 대부분 지역, 특히 서남부에 있는 카르타고의 주요 거점을 모두 공략해 차지했다.

그런데 육지에서 벌어진 몇 차례 전투에서는 로마군이 연이어 승리한 반면, 해상, 즉 시칠리아 주변 바다와 서부 연해의 요새들은 여전히 카르타고가 점령한 상태였다. 그래서 로마는 해상에서도 카르타고를 몰아내고자 거대한 규모의 함대를 조직하기로 결정했다. 이때 로마인들은 특유의 모방과 응용 솜씨를 발휘해서 좌초된 카르타고 전함을 끌고 와 연구하고 그리스의 자문까지 받아가며 비슷한 전함을 만들어냈다. 이 전함은 카르타고의 것과 전체적인 구조가 비슷했는데, 로마인은 여기에 현수교懸垂橋, 즉 코르부스corvus를 달았다. 이것은 기다란 나무판자 끝에 거대한 송곳이 달린 장치로 전투 중에 적의 전함에 내리꽂아서 꼼짝 못하게 만들 수 있었다. 그러면 대기하고 있던 보병이 이 다리를 통해 적의 전함으로 넘어가서 전투를 벌이는 것이다. 이렇게 하면 비록 갑판 위이기는 하지만 땅 위에서 전투를 벌이는 것과 크게 다르지 않으니 해상 전투에 익숙하지 않은 로마군에게 매우 유리한 작전이었다. 과연 이 작전 때문에 원래 해상 전투에서 로마보다 우세했던 카르타고는 기원전 260년 밀레Mylae 해전, 기원전 256년 에크노무스Ecnomus 해전에서 모두 패하고 말았다.

한편 로마는 기원전 256년에 카르타고 원정군을 아프리카로 보냈지만 별다른 성과를 거두지는 못했다. 따라서 이 전쟁의 주요 전장은 여전히 시칠리아였다. 기원전 241년, 로마 해군은 새로 만든 전함 200척으로 에가디안 군도Aegadian Islands 부근에서 카르타고를 크게 물리쳤다. 더 이상 대응할 힘이 없었던 카르타고는 결국 로마와 평화조약을 체결하고 시칠리아 북쪽의 에올리에 제도Aeolian Islands와 우스티카Ustica 섬을 로마에 넘겨주고 보상금까지 지불했다. 로마는 이후 기원전 238년에 다시 한 번 출병해서 사르데냐Sardegna와 코르시카Corsica까지 점령했다.

제2차 포에니 전쟁

로마는 제1차 포에니 전쟁에서 승리했지만 만족스럽지 않았고, 카르타고 역시 실패를

로마군은 기원전 217년에 벌어진 트레비아 전투Battle of the Trebia에 처음으로 전투용 코끼리를 동원했다.

인정하기를 거부했다. 결국 두 나라는 이스파니아Hispania, 즉 지금의 이베리아Iberia 반도에서 다시 한 번 충돌했는데 이를 '제2차 포에니 전쟁' 혹은 한니발 전쟁이라고 부른다.

전쟁 초기, 카르타고의 장군 한니발은 깜짝 놀랄만한 과감한 결정을 내렸다. 바로 대규모 군대를 이끌고 알프스 산을 넘어서 해상이 아닌 육지로 이탈리아 반도 본토를 공격하기로 한 것이다. 기원전 218년, 카르타고에서 출발한 한니발은 수많은 난관과 예상치 못한 어려움을 겪으면서도 병사들을 지휘해서 험준한 알프스 산을 넘어 마침내 북이탈리아의 평원에 도착했다. 허를 찔린 로마인들은 손도 제대로 써보지 못하고 허둥대다 속수무책으로 무너졌고 한니발이 지휘하는 카르타고군은 이탈리아 반도를 관통해서 빠른 속도로 쉬지 않고 남하했다.

기원전 216년 봄, 이탈리아 남부의 칸나에Cannae가 카르타고군에 점령당했다. 이곳은 로마의 중요한 식량 공급 지역으로 전략적으로 매우 중요한 곳이었다. 이곳을 잃으면 전쟁의 승리를 내어주는 것과 다름없었기에 로마는 어떻게 해서든지 되찾으려고 했다. 그리하여 얼마 후 칸나에 부근 평원에서 한니발과 로마군의 세계전쟁 역사에 길이 남을 '칸나에 전투Battle of Cannae'가 시작되었다.

전투 전, 한니발은 매일 오후, 이 평원에 동남풍이 분다는 사실을 알아차리고 즉시 군대를 재배치해서 병사들이 바람을 받는 쪽에 서도록 했다. 또 전체적으로 커다란 초승달 모양처럼 세웠는데 이는 로마군을 유인해서 안쪽으로 깊이 들어오면 겹겹이 포위해서 몰살하려는 계획이었다. 이것은 역사상 처음으로 보병과 기병을 활용한 포위 섬멸 작전으로 한니발의 탁월한 군사적 역량을 드러낸 작전이었다.

칸나에 전투에서 크게 승리한 한니발은 이탈리아 반도 남부의 도시들을 하나씩 차례로 점령했다. 하지만 전쟁이 장기화되면서 상황은 로마에 더 유리한 쪽으로 변화했다. 보급품의 운송이 원활하지 않은 데다 본국의 지원마저 흐지부지해지자 한니발의 군사들도 사기가 크게 떨어지고 내부 분위기가 어수선해졌던 것이다. 반면에 이탈리아 반도 중부의 여러 도시들은 여전히 로마의 지휘에 따르며 대량의 보급품 및 기타 전쟁에 필요한 각종 물자를 끊임없이 제공했다. 이에 로마는 점차 지키는 전쟁에서 공격하는 전쟁으로 전략을 수정했다. 반면에 고립무원孤立無援의 처지가 된 한니발과 그의 병사들은 이탈리아 남부까지 후퇴했다.

기원전 202년, 로마군이 카르타고 서남부의 자마Zama를 공격했다. 소식을 들은 한니발은 급히 돌아와 로마군과 결전을 벌였으나 대패하고 말았다. 이로써 카르타고는 군사와 외교적 자주권을 모두 잃었으며 반면 로마는 서지중해의 패권을 차지했다.

제3차 포에니 전쟁

카르타고는 제2차 포에니 전쟁에서 크게 패한 후, 군사적으로는 로마에 대항할 수 없게 되었지만 경제가 크게 발전했다. 차츰 번성하는 카르타고를 시기하던 로마는 이러다가 카르타고가 경제력을 바탕으로 부활해서 다시 로마를 공격할까 봐 두려움을 느꼈다. 그래서 그들은 카르타고를 아예 없애버리기로 마음먹었다. 이러한 이유로 기원전 149년, 로마가 카르타고를 공격하면서 제3차 포에니 전쟁이 시작되었다.

너무 갑작스런 공격에 카르타고는 어찌할 바를 몰랐다. 그들이 할 수 있는 일이란 그저 로마에 제발 전쟁을 멈춰달라고 간청하는 것뿐이었다. 그러자 로마는 모든 무기를 바치고, 어린이 300명을 인질로 내놓으라고 요구했고, 아무런 힘이 없었던 카르타고는 별수 없이 시키는 대로 했다. 그러나 로마는 또다시 카르타고를 공격해서 거의 폐허로 만들더니 이번에는 주민들에게 해안에서 15킬로미터 떨어진 내륙으로 이주하라고 명령했다. 더 이상 참지 못한 카르타고인들은 로마에 저항하여 반란을 일으켰다. 이미 로마에 모든 무기를 넘긴 그들은 나뭇가지나 돌, 그리고 무기가 될 만한 것을 닥치는 대로 모으기 시작했다. 장기전에 대비해서 창고에 양식을 채웠으며 부녀자들은 머리카락을 잘라 꼬아서 끈으로 만들어 밧줄 대신 사용하도록 했다.

로마군은 카르타고를 포위했지만, 카르타고인의 거센 저항에 부딪혀 2년이 넘도록 성안으로 진입하지 못했다. 그러던 중 기원전 146년 봄, 카르타고에 가뭄이 들고 성 안에 전염병이 발생했다. 로마군은 이 혼란한 틈을 타서 마침내 성 안으로 들어갔으며, 이후 여섯 날, 여섯 밤 동안 잔혹한 학살이 계속되었다. 로마군은 도시를 무자비하게 파괴하고 땅에 소금을 뿌려서 앞으로 농사를 지을 수 없는 불모지로 만들었다. 로마 원로원의 지시대로 도시 전체에 붙인 불은 16일이나 계속 활활 타올랐다. 간신히 살아남은 카르타고인 5만 명은 노예로 팔려갔으며 카르타고는 그야말로 풀 한 포기 남지 않고 모두 불에 탔다. 이후 로마가 이곳에 행정기구를 설치해서 속주屬州로 만들면서 카르타고는 더 이상 존재하지 않는 나라가 되었다.

마케도니아 전쟁

로마는 기원전 3세기 전반에 이탈리아 반도 전체를 통일하고 지중해 주변으로 세력을 확장하기 시작했다. 서지중해에서 카르타고와 전쟁을 벌인 그들은 동지중해에서도 마케도니아와 충돌했다. 로마와 마케도니아는 그리스 지역을 장악하기 위해 세 번의 전쟁을 벌였고 모두 로마의 승리로 끝났다.

제1차 마케도니아 전쟁

알렉산드로스 대왕이 말라리아에 걸려 갑작스럽게 사망하자 그와 함께 동방원정을 다녔던 장군들 사이에 치열한 권력 투쟁이 일어났다. 그 바람에 알렉산드로스 대왕이 세운 대제국은 세 나라로 분열되었다. 바로 안티고노스 1세Antigonus I가 마케도니아와 그리스 지역에 세운 마케도니아 왕국Kingdom of Macedonia, 셀레우코스 1세Seleukos I가 소아시아, 메소포타미아, 시리아 북부에 세운 시리아 왕국Syrian Kingdome, 프톨레마이오스 1세Ptolemy I가 이집트와 시리아 남부에 세운 이집트 왕국이다.

기원전 217년, 로마가 카르타고의 한니발과 벌인 전투에서 참패했다는 소식이 마케도니아 왕국에 전해졌다. 이 소식을 들은 마케도니아의 왕 필리포스 5세Philippos V는 속으로 무척 기뻐하며 이 기회에 어쩌면 오랫동안 꿈꿔왔던 세계 정복을 이룰 수 있을지도 모른다고 생각했다. 그래서 즉시 가볍고 민첩하게 움직이는 전함들로 대규모 함대를 조직하고 기원전 216년 봄에 아드리아 해Adriatic Sea로 원정을 시작했다. 그러나 로마군 함대의 강력한 저지에 부딪혀 곧 철수해야만 했고 이번에는 카르타고의 한니발과 동맹을 추진하기 시작했다.

기원전 215년 여름, 필리포스 5세의 전령을 붙잡은 로마는 비밀문서를 입수해서 마케도니아가 곧 카르타고와 동맹을 체결할 것이라는 정보를 얻었다. 깜짝 놀란 로마 원로원은 즉시

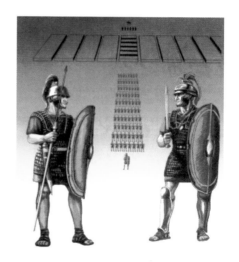

레기온Legion이라고 불리는 고대 로마의 군단은 현대 군대의 사단과 상당히 비슷하다. 로마 군단은 10개 대대, 4,500~5,000명 병사로 구성되었으며 그중 300명은 기병이다. 각 군단은 기병 900명을 포함한 9,000~1만 명으로 구성된 예비군단이 있었다. 또 군단 2개를 합쳐 하나의 야전군을 만들었는데 이를 집단군이라고 불렀다. 집단군은 집정관 두 명 중 한 명이 직접 지휘했고 예비군단까지 더해서 대체로 1만 8,000~2만 명 정도였다. 집단군은 2,500미터에 달하는 전선에서 약 60만 평방미터 정도의 면적으로 대형을 유지하며 전투를 벌였다. 이는 같은 규모 그리스군 대형의 3배에 달했다.

타란토Taranto의 행정장관 라에비누스Laevinus에게 필리포스 5세와 마케도니아 군대의 움직임을 주시하라고 명령했다. 그리고 그에게 전함 50대를 내어주어서 필요하면 언제든지 바다를 건너 일리리아Illyria로 갈 수 있도록 했다.

라에비누스는 기원전 211년에 아이톨리아Aetolia와 동맹을 맺고 그들이 필리포스 5세와 전쟁을 벌이면 로마가 지원하고 여기에서 얻은 영토, 재산, 노예, 가축 등 전리품을 나누어 가지기로 약속했다. 얼마 지나지 않아 그리스의 도시국가들이 하나둘씩 이 동맹에 참여해서 마케도니아 왕국과 싸우겠다고 전의를 불태웠다. 결국 필리포스 5세의 무모한 원정은 카르타고와 동맹을 맺어 한니발의 이탈리아 원정을 돕기는커녕 오히려 그리스 세계의 창끝이 자신을 향하게 만든 꼴이 되었다.

기원전 207년, 한니발의 남동생 하스드루발Hasdrubal이 군대를 이끌고 이탈리아 반도로 진격하자 로마인들은 이를 막느라 마케도니아 왕국을 신경 쓸 정신이 없었다. 아이톨리아인들은 로마의 지원 없이 단독으로 마케도니아 왕국에 대항할 힘이 없었다. 이렇게 서로 눈치만 보고 견제하던 아이톨리아와 마케도니아는 기원전 206년에 마침내 평화조약을 체결했다. 이어서 기원전 205년에는 로마가 마케도니아 왕국과의 전쟁을 포기하고 필리포스 5세와 평화조약을 맺었다. 제1차 마케도니아 전쟁은 이렇게 마무리되었다.

제2차 마케도니아 전쟁

기원전 205년, 이집트 왕국의 프톨레마이오스 4세Ptolemy Ⅳ가 사망하자 치열한 권력 투쟁이 벌어졌다. 이집트가 불안한 정국 탓에 나날이 쇠락해지자 이를 본 다른 두 세력, 즉 마케도니아 왕국과 시리아 왕국은 정복욕이 불타올랐다. 그리하여 마케도니아의 필리포스 5세와 시리아의 안티오쿠스 3세Antiochus Ⅲ는 비밀리에 동맹을 맺고 이집트를 나눠 가지기로 약속했다.

기원전 202년 봄, 안티오쿠스 3세는 자신의 몫으로 정해진 시리아 남부 지역을, 필리포스 5세는 이집트 왕국의 나머지 반을 차지했다. 이때 필리포스 5세가 정복 전쟁을 멈추지 않고

■ 시리아 왕국의 안티오쿠스 3세가 전장에서 병사들을 지휘하고 있다.

키오스Kios까지 공격하자 키오스가 속한 아이톨리아 동맹Aetolian League은 크게 분노했다. 이후에도 마케도니아가 로도스Rhodes를 비롯한 주위 여러 도시국가를 위협하자 이 도시들은 로마에 도움을 요청했다. 그렇지 않아도 필리포스 5세를 눈엣가시처럼 여기던 로마 원로원이 즉각 참전을 결정하면서 제2차 마케도니아 전쟁이 시작되었다.

전쟁 초반 2년 동안, 마케도니아와 로마는 어느 한 쪽도 별다른 성과를 거두지 못했다. 그러다가 아이톨리아 동맹이 관망하던 자세를 버리고 로마 편에 선 반면 아카이아 동맹은 필리포스 5세를 지원하지 않으면서 판도가 바뀌기 시작했다. 아이톨리아 동맹의 지원을 받은 로마는 큰 힘 들이지 않고 마케도니아 서부를 차지했으며 에게 해와 마케도니아 연해 지역의 재물을 약탈했다.

기원전 197년, 필리포스 5세는 키노스세팔라이Cynoscephalae에서 로마와 결전을 벌였다. 하지만 그는 이 전투에서 병력의 절반을 잃으면서 대패했고 이제 무조건 로마의 요구에 따를 수밖에 없는 처지가 되었다. 얼마 후 마케도니아 왕국은 로마와 평화조약을 맺고 소아시아, 트라키아, 그리스 등지의 영토 및 함대를 모두 로마에 내놓았으며 육군 병력을 5,000명으로 크게 축소했다. 무엇보다 가장 큰 타격은 더 이상 그리스 도시국가들에 영향을 미치지 못하게 된 것이다. 이제 그리스 세계 대부분은 로마가 장악하게 되었다.

제3차 마케도니아 전쟁

기원전 179년, 필리포스 5세의 아들인 페르세우스Perseus가 마케도니아의 새로운 왕으로 즉위했다. 그는 왕위에 오르자마자 귀족들의 반란을 제압하고 경제적 기초를 세웠으며 이를 바탕으로 대규모 군대를 조직했다. 또한 로마에 적대적인 나라들과 우호적인 관계를 쌓는 데 집중했는데 카르타고도 그중 하나였다. 로마 원로원은 마케도니아의 이런 행보가 제2차 마케도니아 전쟁이 끝난 후 체결한 조약을 위배한 것이라며 크게 비난했다. 그리고 기원전 171년에 마케도니아에 선전포고하고 그리스 원정을 시작했다.

전쟁 초반, 양측은 교전을 벌이며 서로 승패를 주고받다가 기원전 168년 6월 22일에 피드나Pydna에서 결전을 벌였다. 로마군은 선발대가 무너지자 급하게 산 위로 도망갔고 마케도니아군은 특유의 마케도니아 방진을 유지하며 추격했다. 하지만 지형이 워낙 험준해서 완벽한 방진을 만들기가 쉽지 않았다. 로마의 장군 파울루스Paullus는 바로 이점을 간파하고 마케도니아군의 틈새를 찾아내어 맹공격을 퍼부었다. 깜짝 놀란 마케도니아군은 허둥대다가 대패했으며 페르세우스는 미처 비밀문서를 태울 시간도 없이 급하게 도망갔다.

승기를 잡은 로마는 마케도니아를 점령하고 거침없이 재물을 약탈했으며 수많은 전리품을 챙겼다. 이후 로마 원로원은 마케도니아를 크게 네 구역으로 나누고 잔혹한 통치를 시작했다.

스파르타쿠스의 노예 반란

인류가 벌인 전쟁 중 상당 부분은 자신이 속한 계급에서 벗어나려는 것이
었다. 이런 전쟁의 지도자들은 영웅으로 추앙받았으며 대부분 비장한 최후
를 맞이했다. 기원전 73년, 스파르타쿠스Spartacus가 일으킨 반란은 서방 세계
전체를 뒤흔들었다. 자유를 갈망하는 그의 투쟁 정신은 다음 세대, 그리고
그다음 세대의 노예들에게 큰 영향을 미쳤다.

대규모의 장원莊園을 중심으로 구성된 고대 로마 사회에서 귀족들은 말할
수 있는 도구인 노예를 이용해서 장원을 경영했다. 노예주들은 쾌락을 얻
기 위해 커다란 검투장을 만들고 노예를 훈련시켜 창과 검을 쥐여주고서
서로 싸우고 죽이도록 했다.

❚ 스파르타쿠스

카푸아에서 베수비오 화산까지

원래 발칸 반도 동북부의 트라키아 사람인 스파르타쿠스는 로마의 그리스 원정 당시
포로로 끌려가서 검투사용 노예로 팔렸다. 이후 그는 카푸아Capua에서 비인간적인 대우
를 받으며 검술을 배웠다. 스파르타쿠스는 견디기 어려운 시련 속에서도 항상 동료들에
게 "자유를 위해 싸우다가 모래밭에서 죽을지언정 늙은 귀족들의 즐거움을 위해 검투장
에서 죽을 수는 없어!"라고 말했다. 어느 날 그는 동료들과 함께 주방에서 칼과 포크를
숨겨 나와서 탈출했다. 그들은 무기를 운반하는 마차를 습격해서 무장한 후 멀리 베수비
오Vesuvio 화산까지 가서 반란을 모의했다. 반란의 지도자가 된 스파르타쿠스는 이곳에 근
거지를 세우고 병사들을 모으기 시작했다.

얼마 후 소식을 들은 주변 지역 노예들이 하나둘씩 베수비오 화산으로 모여들었다.
순식간에 1만 명 가까이 늘어난 반란군은 로마군과 소규모 교전을 벌이거나 귀족을 죽
이고 빼앗은 재물을 빈민에게 나눠주는 등의 활동을 했다. 이처럼 반란군의 세력이 커질
수록 귀족들은 두려움에 떨었다.

이탈리아를 가로지르다

기원전 72년, 스파르타쿠스의 노예 반란이 더 이상 무시할 수 없는 규모로 커지자 깜
짝 놀란 로마 원로원은 군대를 보내서 제압을 시도했다. 그런데 이때 반란군 내부에 갈
등이 발생했다. 스파르타쿠스를 포함한 대부분 노예는 로마와 전쟁을 벌여서 이탈리아
반도에 자신들의 나라를 세우는 것은 객관적으로 보아 불가능하다고 생각했다. 그래서
알프스 산을 넘어 로마의 세력이 닿지 않는 갈리아Gallia로 가서 새로운 나라를 세우거나

고대 로마의 검투사들. 그들은 황제와 귀족들의 즐거움을 위해서 죽을 때까지 싸워야 했다. 검투는 원래 종교적인 성격이 강했지만, 점차 잔인한 오락 활동으로 변질되었다.

각자 고향으로 돌아가자고 주장했다. 반면에 노예는 아니지만, 반란에 참여한 이탈리아 유목민과 빈농은 이탈리아 반도에서 계속 로마군과 전쟁을 벌이기를 바랐다. 이러한 의견 충돌 탓에 반란군 중 3만 명이 따로 움직이다가 아프릴리아_Aprilia 북부에서 로마군의 공격을 받는 일이 발생했다. 스파르타쿠스는 소식을 듣고 급히 지원하러 갔지만, 너무 늦어 동료들을 구할 수 없었다. 화가 난 그는 로마 포로 300명을 처형하고 죽은 전우들의 넋을 기리는 제사를 지낸 후 다시 병사들을 인솔해서 북쪽으로 이동했다.

기원전 72년, 스파르타쿠스의 군대가 아드리아 해안을 따라 마침내 이탈리아 반도를 가로질렀다. 그들은 북이탈리아의 메시나_Messina에서 로마군을 크게 물리치고 승리의 기쁨을 누렸다. 이제 남은 것은 단 하나, 알프스 산만 넘으면 자유를 얻을 수 있었다. 하지만 많은 인원이 험준한 산을 넘는 것은 결코 쉬운 일이 아니었다. 결국 스파르타쿠스는 과감하게 계획을 수정하고 방향을 틀어서 다시 이탈리아 반도 남쪽으로 내려갔다.

목숨을 건 혈전

북쪽으로 갔던 반란군이 다시 내려오고 있다는 소식에 로마의 통치 집단은 크게 당황했다. 얼마나 놀랐는지 감히 집정관 선거에 나서는 사람이 없을 정도였다. 원로원은 긴급 사태를 선포하고 고심 끝에 대농장 노예주인 크라수스_Crassus를 진압군의 지휘관으로 임명했다.

기원전 72년 가을, 스파르타쿠스의 군대는 칼라브리아_Calabria에 집결해서 메시나 해협 Strait of Messina을 건널 준비를 하고 있었다. 그런데 배를 빌려주기로 한 해적들이 돈을 받고

검투장이 한 번 열릴 때마다 사자나 호랑이 같은 맹수 5,000마리와 검투사 3,000명이 동원되고 거의 100여 일간 처참한 살육을 계속했다. 검투사들은 대부분 일대일로 싸웠지만, 맹수들과 검투사 여러 명이 한꺼번에 검투장에 들어가는 경우도 있었다. 배고픈 맹수들은 검투사를 향해 달려들고 검투사들은 죽을힘을 다해 칼을 휘두르며 맹수들을 죽였다. 이런 경기에서 살아남는 검투사는 극히 드물었으며 설사 살아남았다 하더라도 대부분 검투 중에 입은 상처가 감염되어 죽었다.

도 약속을 지키지 않았다. 다급해진 스파르타쿠스는 나무 뗏목을 만들어서 해협을 건너보려고 했지만 역시 불가능했기에 다시 육로를 이용하는 수밖에 없었다. 한편 크라수스는 반란군의 병영 후방에서 퇴로를 끊는 작업을 했다. 그러나 반란군은 포기하지 않고 흙과 나무로 도랑을 메워서 새로운 길을 만든 후 접전 끝에 포위망을 뚫는 데 성공했다. 하지만 스파르타쿠스는 이 전투에서 무려 절반 이상의 병력을 잃었다.

최대한 빠르게 반란군을 진압하고 싶었던 로마 원로원은 이스파니아와 트라키아에 주둔 중이던 부대까지 동원해 크라수스를 지원하기로 결정했다. 이에 스파르타쿠스는 지원군이 오기 전에 로마군을 쳐야 한다고 생각하고 빠른 속도로 이동해서 크라수스와 대치했다. 그들은 브룬디시움Brundisium 항구(지금의 브린디시Brindisi) 부근에서 결전을 벌였다. 반란군은 로마군에 비교도 안 될 만큼 적었지만 모두 용맹한 검투사였다. 스파르타쿠스는 말을 타고 가장 앞에 서서 종횡무진 전장을 누비면서 먼저 로마 군관 두 명을 처치하고 크라수스를 죽이려고 했다. 그러나 안타깝게도 허벅지에 중상을 입고 장렬하게 전장에서 희생되었다. 이후 지도자를 잃은 반란군은 이탈리아 반도 각지에 분산되어 산발적으로 전투를 벌이며 10여 년가량 자유를 위해 투쟁했다.

검투사

검투사는 전문적인 훈련을 거쳐 사람이나 동물을 대상으로 싸우는 사람으로 최초의 기록은 기원전 264년으로 거슬러 올라간다. 검투사들은 대부분 전쟁 포로, 죄인, 그리고 박해받은 기독교인이나 파산한 자유민이었는데 일반적으로 노예보다 사회적 지위가 높았다. 만약 뛰어난 검투 기술까지 보유했다면 대중의 인기를 얻어 스타가 될 수도 있었다. 검투사들은 현대의 운동선수와 마찬가지로 혹독한 체력 훈련과 식단 조절을 병행했으며 각종 무기, 예를 들어 단검, 장검, 그물, 쇠사슬 등의 사용법을 배웠다. 매일 고된 훈련을 받은 그들은 검투장에 들어가서 수만 명에 달하는 관중의 열광적인 함성을 들으며 칼, 창, 비수 같은 무기를 들고 죽음을 각오한 싸움을 벌였다. 주로 일대일로 싸웠으며 경기 말미에 승자가 장검을 들어 패자의 목에 내리꽂으면 경기가 끝났다. 그러면 검투장의 모든 관중이 환호성을 지르며 뛰어올라 분위기가 최고조에 달했다. 이렇듯 경기는 한쪽이 죽으면 끝나지만 그렇다고 승자가 모두 무사히 검투장을 나갈 수 있는 것은 아니었다. 경기가 끝난 후, 관중들은 경기 내용에 따라 엄지손가락을 위나 아래로 향하게 해서 승자의 생사를 결정했다. 관중을 만족시키지 못한 검투사는 맹수의 먹잇감으로 던져졌다. 무엇보다 '네가 죽어야 내가 살 수 있다'는 생각이 검투사들을 더욱 처참하게 만들었다. 반면에 관중들은 검투사들의 피가 더 많이 흐르고, 뼈가 더 많이 부러질수록 흥분했다. 그들은 하늘과 땅이 울릴 만큼 함성을 지르면서 무엇과도 비교할 수 없는 즐거움과 만족을 얻었다. 고대 로마의 검투는 피 비린내가 진동하고 잔혹하기 그지없는 광기의 오락이었다.

갈리아 정복 전쟁

갈리아는 지금의 이탈리아 북부, 프랑스, 룩셈부르크, 벨기에, 독일 및 네덜란드, 스위스의 일부분을 전부 포함한 지역이었다. 광활한 토지와 풍부한 자원을 보유한 이곳은 언제나 고대 로마인의 관심의 대상이었다.

▌ 갈리아 기병

제1차 삼두정치

기원전 1세기, 로마 정계에 세 명의 정치가 크라수스, 카이사르Caeser, 폼페이우스Pompeius가 두각을 드러냈다. 카이사르는 고모부인 가이우스 마리우스Gaius Marius가 이끄는 민중파 출신으로 평민들의 지지를 얻었다. 그다지 부유하지 않은 명문가 출신인 그는 더 많은 지지를 얻기 위해 그나마 있는 재산마저 모두 내놓은 바람에 큰 빚까지 졌다. 그래서 기원전 62년에 많은 부수입을 얻을 수 있는 이스파니아의 총독에 임명되었는데도 불구하고 빚이 많아서 갈 수 없었다. 이때 큰 부호인 크라수스가 나서서 보증을 서주고 일부를 갚아주면서 간신히 부임할 수 있었다.

카이사르는 이스파니아 총독으로 많은 업적을 세우고 기원전 60년에 로마로 돌아왔다. 떠날 때보다 훨씬 야심만만해진 그는 크라수스, 폼페이우스와 비밀 협약을 맺었는데 이것이 바로 '제1차 삼두정치'다. 이 협약에 따라 크라수스와 폼페이우스는 기원전 59년의 선거에서 카이사르가 집정관으로 선출되도록 했다. 집정관이 된 카이사르는 폼페이우스의 동방 정책을 비준하고, 기사騎士 집단에 유리한 법안을 통과시켰다. 이 과정에서 원로원의 반대가 있었지만 아랑곳하지 않고 일을 추진해서 정계에서 입지를 공고히 했다. 또 그는 자신이 평민을 대변한다고 적극적으로 선전해서 대중적 인기를 얻었는데 이

카이사르는 갈리아 원정에서 숲 속에 철 기둥을 세우거나 함정을 파고 그 안에 날카롭게 깎은 나무를 세워두는 등 다양한 장해물을 설치했다. 그런 다음 장해물을 감추기 위해 뾰족한 잔가지가 많은 나무를 빽빽이 심었다.

는 민중파와 개혁파의 명성을 빌려 정권을 차지하려는 야심에서 비롯된 행동이었다.

카이사르는 삼두정치의 다른 두 사람을 밟고 권력 투쟁에서 승리하려면 강력한 군대와 큰 재산이 있어야 한다는 것을 깨달았다. 이때 그의 눈에 들어온 것이 바로 많은 부수입을 얻을 수 있는 갈리아 총독이었다. 그는 집정관으로 임기를 마친 후 갈리아로 가서 병사를 모으고 영토를 확장해서 더 큰 권력을 얻기 위한 발판으로 삼아야겠다고 마음먹었다.

기원전 58년, 카이사르는 크라수스와 폼페이우스의 지지를 얻어 5년 임기의 갈리아 총독이 되었다. 바로 카이사르의 갈리아 정복 전쟁이 시작된 것이다.

갈리아 원정

기원전 58년, 카이사르는 4개 군단을 이끌고 갈리아 남부로 갔다. 그는 체계적인 훈련을 통해 강력한 갈리아 원정군을 만들고 아직 로마의 손이 닿지 않은 황무지 갈리아를 침략하기 위해 준비했다. 당시 갈리아는 원시 사회 수준을 벗어나지 못하고 각 부락 내부 혹은 부락 사이의 갈등이 심각한 상태여서 카이사르는 우선 갈리아의 내부 분쟁에 개입하기 시작했다.

카이사르는 각 부락을 공격하고 영토를 차지할 때마다 정복지에 병력을 남겨 두어 갈리아인의 반란을 진압하고 주변의 더 많은 영토를 빼앗도록 했다. 분노한 갈리아인은 북부에서부터 연합하기 시작해서 로마인들을 알프스 산 너머로 쫓아내고자 했다. 그러나

■ 갈리아 정복 전쟁 중의 카이사르

카이사르는 갈리아인 내부의 부족 갈등을 이용해서 반란 시도를 철저하게 무너뜨렸다.

카이사르는 군사적 수단으로 여러 지역을 정복한 후 조약 체결을 강요하거나 회유해서 기원전 53년까지 갈리아 대부분을 점령했다. 그는 군사적으로 중요하거나 교통의 요충지인 곳에 모두 병사를 주둔시켜 인질과 공물을 요구했으며 로마의 통치에 복종할 것을 강요했다.

그러나 갈리아인은 결코 그대로 무너지지 않았다. 그들은 기원전 52년에 반로마 반란을 일으켜서 카이사르를 당황하게 만들었다. 이에 카이사르가 이끄는 갈리아 원정군은 진지

를 구축해서 방어선을 만든 후 반란군을 포위했다. 갈리아는 여러 번 맹공격을 감행했으나 카이사르의 포위망을 뚫지는 못했다. 시소게임이 계속되던 전쟁에서 갈리아 반란군은 결국 로마 기병의 공격을 버티지 못하고 전멸했다.

카이사르의 10개 군단에 용감하게 맞선 갈리아의 반로마 반란은 이렇게 1년도 채 되지 않아 진압되었다. 이후 몇 번의 작은 전투가 있었지만, 기원전 50년까지 반로마 갈리아 집단은 풍부한 경험과 고도의 전략을 갖춘 로마군에 완전히 무너지고 말았다.

카이사르는 정복 전쟁을 통해 갈리아 지역을 장악했으며 막대한 부와 강력한 10개 군단을 얻었다. 갈리아 정복 전쟁은 카이사르 일생의 전환점이었다. 이후 카이사르의 정치적 입지가 공고해지고 명성이 사방으로 크게 뻗어나갔으며 이는 그가 로마에 1인 독재 체제를 수립할 수 있는 밑거름이 되었다. 이로써 로마에서는 공화정 해체와 제국 체제 수립이 더욱 가속화되었다.

갈리아

기원전 7세기에 갈리아로 온 켈트족은 갈리아 원시 부족민들과 끊임없이 충돌과 융합을 계속했다. 그러다가 기원전 1세기에 비로소 커다란 세 개의 세력, 즉 중부의 갈리아인, 북부의 벨기에인, 서남부의 아키텍Aquitaine인이 형성되었다. 그중 갈리아인은 상대적으로 순수한 켈트족으로 가론 강Garonne River 이북에서부터 센 강Seine River에 이르는 넓은 지역을 차지했다. 이 세 개의 세력은 모두 켈트족의 후손이어서 언어, 문화, 종교 및 생활 풍습의 뿌리가 같았지만, 각각 고유의 언어를 사용하고 신체적으로도 서로 다르게 발달했다. 또 60여 개 지역에 흩어져 살았으며 원시 부락의 형태를 벗어나지 못했다. 각각의 인구는 모두 달랐는데 많은 곳은 인구가 거의 수십 만에 달했다.

제1차 로마 내전

제1차 삼두정치

카이사르가 7년에 걸쳐 갈리아 전체를 정복해서 명성을 얻자 로마의 폼페이우스는 점점 긴장하기 시작했다. 그러던 중 이 두 사람 사이의 균형을 유지하던 크라수스가 기원전 53년 파르티아에서 사망했다. 설상가상으로 기원전 52년에 카이사르의 외동딸이자 폼페이우스의 아내인 율리아Julia까지 출산 중 사망하면서 두 사람의 관계는 급속도로 악화되었다.

카이사르는 갈리아 정복 전쟁을 통해 막대한 부와 명성을 얻었고 무엇보다 강력한 군대를 거느리고 있었다. 반면에 폼페이우스는 원로원을 기반으로 로마 정계 및 갈리아를 제외한 지역의 지지를 받고 있었다. 두 사람 모두 믿는 구석이 있었기에 서로를 저격하는 데 두려움이 없었다.

카이사르는 갈리아 정복 전쟁이 끝난 후 《갈리아 전기Commentarii de Bello Gallico》를 쓰고 이를 배포해서 로마인들에게 자신의 뛰어난 공적을 선전했다. 그의 뒤를 받쳐준 10개 군단과 많은 재물 역시 추종자를 모으는 데 큰 역할을 했다. 그러나 카이사르의 대중적 인기가 높아질수록 이를 시기한 원로원과 폼페이우스의 관계는 더욱 긴밀해졌다.

파르티아의 기병. 크라수스는 파르티아와 전쟁 중에 사망했다.

기원전 50년, 원로원과 폼페이우스는 카이사르의 두 번째 갈리아 총독 임기가 마무리되면 해임해서 군사 지휘권을 빼앗고 소환하기로 결정했다. '제1차 삼두정치'는 바로 이렇게 결렬되었다.

소식을 들은 카이사르는 오히려 폼페이우스가 군사 지휘권을 내놓아야 할 것이며, 그렇지 않으면 전쟁을 각오하라고 회신했다. 원로원은 이것을 선전포고로 보고 기원전 49년 새해 첫날, 카이사르를 해임했다. 이때 카이사르의 추종자 중 한 명인 호민관護民官 안토니우스Antonius가 거부권을 행사하다가 비난받고 급히 카이사르가 있는 갈리아로 도주했다. 상황이 이렇게 되자 로마의 내전은 불가피한 일이 되었다. 얼마 후 원로원은 카이사르를 '로마의 적'으로 규정하고 긴급 사태를 선포했고 폼페이우스 역시 군대를 소집해서 로마를 방어하도록 했다.

카이사르와 폼페이우스

먼저 움직인 쪽은 카이사르였다. 기원전 49년 1월 10일, 카이사르가 군대를 이끌고 로마를 공격하면서 로마 내전이 시작되었다. 아직 제대로 준비하지 못한 로마 원로원의 귀족들과 폼페이우스는 허둥지둥 그리스로 도망갔다.

로마를 장악한 카이사르는 이스파니아에 있는 폼페이우스의 군대를 무력화해서 혹시 모를 후방 공격에 대비했다. 그리고 계속해서 기원전 48년에 바다를 건너 그리스로 가서 폼페이우스와 결전을 벌이기로 결정했다.

그런데 카이사르의 군대가 그리스에 상륙했을 때 그들이 타고 온 배가 폼페이우스의 공격을 받고 침몰했다. 이탈리아 반도로 이동할 수단을 잃은 카이사르는 하는 수 없이 군대를 이끌고 북쪽으로 이동해서 디라키움Dyrrhachium(지금의 알바니아 두레스Durres)을 포위 공격했지만 실패했다. 그래서 이번에는 적을 보급 기지로부터 먼 곳으로 유인하기 위해서 동남쪽으로 이동했다. 얼마 후 카이사르는 테살리아Thessalia로 가서 파르살루스Pharsalus 근처의 평원에서 폼페이우스와 결전을 벌였다. 이때 카이사르의 병력은 기병 1,000명을

▌카이사르의 죽음. 18세기에 그려진 유화 작품이다.

포함해 약 2만 2,000명이었고 폼페이우스의 병력은 기병 7,000명을 포함해 약 4만 5,000명이었다. 카이사르와 폼페이우스는 에니페우스 강Enipeus River 북안을 따라 각각 동남쪽과 서북쪽에 진지를 구축했다. 더 많은 병력을 보유한 폼페이우스는 유리한 지형까지 차지했지만, 카이사르의 진지는 후방으로부터 멀어서 보급이 원활하지 않아 장기전에 불리했다. 이런 이유로 폼페이우스는 공격보다 수비에 공을 들이는 전략을 채택했다. 카이사르는 몇 번이나 공격을 시도했지만 적이 좀처럼 진영 밖으로 나오지 않자 결국 양동작전을 펼치기로 했다. 이에 후방의 보급선이 끊길까 봐 걱정한 폼페이우스가 마침내 공격에 나섰다.

카이사르는 최정예 병사 3,000명으로 폼페이우스군을 맹공격해서 오른쪽 날개를 무력화시켰다. 그다지 조직적이지 않은 폼페이우스군은 제대로 반격해보지도 못하고 힘없이 무너지고 말았다. 이후 폼페이우스는 이집트로 도망갔으나 얼마 지나지 않아 암살되었다.

폼페이우스 사망 3일 후, 그 잔당을 추격하던 카이사르가 이집트에 상륙했다. 이때 그는 이집트 왕실의 내부 분쟁에 개입해서 프톨레마이오스 13세의 부대를 격파하고 클레오파트라Cleopatra를 다음 왕으로 옹립했다. 그리고 군대를 동원해 로마 영토를 점령하고 있던 파르티아인까지 모두 내쫓았다.

기원전 46년 카이사르는 다시 한 번 아프리카에 상륙해서 탑소스Thapsus 부근에서 폼페이우스와 원로원의 잔당에 대승을 거두었다. 또 기원전 45년에는 이스파니아의 문다Munda에서 폼페이우스의 두 아들과 싸워 승리함으로써 내전을 마무리 지었다.

카이사르는 이 승리로 로마에 1인 독재 체제를 수립했다. 그는 종신 독재관이 되었으며 이외에 '로마 총사령관', '대신관大神官' 및 '조국의 아버지' 등의 칭호를 받는 등 국가의 모든 권력을 차지해서 명실상부한 군사 독재자가 되었다. 이로써 카이사르는 사실상 로마 최초의 황제와 다름없는 권력을 누렸지만, 오랫동안 계속된 공화정 세력을 완전히 없애지는 못했다. 기원전 44년 3월 15일, 카이사르는 원로원 회의에서 믿었던 브루투스Brutus와 카시우스Cassius의 검에 23번이나 찔려 죽었다. 한 시대의 위대한 영웅이 이렇게 허무하게 죽음을 맞이한 것이다.

제2차 로마 내전과 로마 제국의 탄생

제2차 삼두정치

카이사르가 사망한 후, 안토니우스Antonius가 카이사르파派의 주요 인물이 되었다. 그는 카이사르의 장례식 문제로 일어난 평민과 노예의 반란을 성공적으로 진압해서 정치적 실력을 인정받고 큰 명성을 얻었다. 하지만 안토니우스가 이끄는 카이사르파는 강력한 구심점이 없었기에 정권 투쟁에서 키케로Cicero가 이끄는 원로원파에 뒤졌다. 이 와중에 열여덟 살의 옥타비아누스가 나타나 카이사르 유족으로부터 유일한 계승자로 인정받으며 유산의 4분의 3을 물려받게 되었다. 안토니우스와 다른 카이사르파는 이 젊은 청년을 무시하며 비난했지만, 그는 매우 대담하고 비범했으며 정권을 차지할 준비가 잘 되어 있었다. 옥타비아누스는 카이사르의 명성과 재산, 그리고 개인적인 매력을 이용해 추종자들을 모으고 민중의 환심을 얻었으며 어느새 안토니우스의 세력과 맞먹을 정도로 자리 잡았다. 그러자 키케로와 원로원까지 슬그머니 옥타비아누스를 이용해서 안토니우스에 대항하려고 했다.

기원전 43년 봄, 안토니우스는 갈리아 총독으로 임명해달라는 요구를 거절당하자 무력을 사용하기로 결정했다. 그는 군대를 동원해 원로의원들을 위협하고 당시 갈리아 총독을 무티나Mutina에서 포위했다. 깜짝 놀란 원로원은 옥타비아누스와 손을 잡고 무티나로 출병해서 포위를 풀었다. 계획대로 되지 않자 당황한 안토니우스는 갈리아 북부로 이동해서 카이사르파 장군인 레피두스Lepidus와 연합했다.

한편 옥타비아누스는 여러 번 집정관이 되려고 시도했지만, 원로원의 견제를 받아 번

옥타비아누스 시대의
로마 군단

번이 거부당했다. 그래서 하는 수 없이 병력을 동원해 로마로 진격한 후 마침내 집정관에 올랐다. 이런 배경 아래 옥타비아누스, 안토니우스, 레피두스는 기원전 43년에 원로원 세력을 누른 후, '제2차 삼두정치'를 시작하기로 결정하고 로마와 그 속주를 5년씩 나누어 다스리기로 합의했다. 그래서 옥타비아누스는 아프리카, 시칠리아, 사르데

▌ 악티움 해전

냐를, 안토니우스와 레피두스는 갈리아와 이스파니아를 각각 차지했다. 로마와 이탈리아 반도 전체는 세 명이 공동으로 통치하기로 했다. 이 협상은 로마 민회의 비준을 받아 세 사람은 5년 동안 각자 국무를 처리하게 되었다. 이로써 로마의 공화정은 실제 권력을 잃고 그 이름만 남게 되었다.

삼두정치에서 양두대치로

세 사람은 정권을 장악한 후 즉시 공화파를 탄압해서 많은 원로의원을 암살했다. 또 기원전 42년, 안토니우스와 옥타비아누스는 그리스로 가서 카이사르를 암살하고 도망간 브루투스와 결전을 벌였다. 대패한 브루투스가 자살하면서 공화파는 로마 정계에서 사실상 완전히 사라졌다.

기원전 40년, 세 사람은 다음 5년을 위해 세력 범위를 다시 나누었다. 이 협상에서 옥타비아누스는 이탈리아 반도와 갈리아를, 안토니우스는 동방의 속주를, 레피두스는 북아프리카를 통치하기로 했다. 그중 로마를 근거지로 한 옥타비아누스는 이전의 원로 귀족들, 기사 및 통치 계급에 유화 정책을 펴며 좋은 관계를 유지하고 로마의 지도자로서 신뢰와 명성을 쌓았다.

기원전 36년, 옥타비아누스는 시칠리아와 사르데냐에서 폼페이우스의 아들인 그나이우스 폼페이우스Gnaeus Pompeius 세력을 제거했다. 또 레피두스의 군대를 무력화시키고 그에게는 대신관이라는 이름뿐인 자리만 남겨주었다. 이로써 삼두정치는 점차 옥타비아누스와 안토니우스의 양두대치로 바뀌었다.

한편 동방원정에 주력하던 안토니우스는 이집트의 클레오파트라와 결혼하고 자신이 통치하는 영토를 모두 클레오파트라의 아들에게 주겠다고 선포했다. 본국인 로마가 납득하기 어려운 이런 행동들은 옥타비아누스가 안토니우스를 공격할 수 있는 좋은 빌미

가 되었다.

기원전 32년, 옥타비아누스와 안토니우스의 갈등은 점점 더욱 첨예해졌다. 옥타비아누스는 무력으로 안토니우스의 편에 선 집정관 두 명과 원로의원 300명을 동방으로 내쫓았다. 또 원로원과 민회는 안토니우스를 로마의 적으로 규정하고 이집트 여왕 클레오파트라에도 역시 선전포고를 했다. 바로 두 번째 로마 내전이 시작된 것이다.

로마 제국의 탄생

기원전 31년 9월, 옥타비아누스와 안토니우스는 그리스 악티움Actium에서 결전을 벌였는데 초반에는 양측 병력이 비슷해서 승패가 쉽게 나지 않았다. 그런데 전투가 가장 치열해졌을 때 직접 작전을 지휘하던 클레오파트라가 돌연 이집트 함대를 철수하고 돌아갔다. 이때 안토니우스까지 그녀를 쫓아가면서 승리는 옥타비아누스의 것이 되었다. 옥타비아누스는 악티움 해전의 승리를 통해 주변 지역을 모두 장악했고 카이사르의 진정한 계승자임을 만방에 알렸다.

기원전 30년 여름, 옥타비아누스가 이집트의 알렉산드리아를 포위하자 안토니우스는 자살하고 클레오파트라는 생포되었다. 클레오파트라는 옥타비아누스를 유혹하려 했으나 그는 한때 양아버지의 연인이었던 그녀의 유혹에 넘어가지 않았다. 망연자실한 클레오파트라는 비통함에 잠겨 독사를 풀어 자신을 물게 해서 자살했다. 이로써 프톨레마이오스 왕조가 멸망했으며 이집트는 로마에 합병되었다.

기원전 27년, 옥타비아누스는 원로원이 부여한 '아우구스투스Augustus'라는 칭호를 받았다. 이제 로마 공화정은 역사 속으로 사라지고 로마 제국이 탄생했다.

군사학으로 본 갈리아 정복 전쟁

로마 내전은 군사적으로도 큰 발전을 이끌었다. 로마의 가장 걸출한 장군이자 군사학자인 카이사르는 로마의 군사 수준을 최고봉에 올려놓았다. 카이사르는 전략적 측면에서 적의 허점을 찾는 데 능수능란했다. 그는 언제나 무척 교묘하게 적들을 분산시켰으며 대담하고 신속하게 적군의 한쪽 날개를 무력화시켰다. 또한 후방에 예비부대를 남겨 두어서 주력 부대를 지원하고 공격력을 강화했으며 전쟁의 성과를 확장하는 데 큰 도움이 되도록 했다. 그의 예비부대는 매우 창의적이며 군사 역사상 새로운 발전의 한 페이지를 열었다. 카이사르는 탁월한 식견을 바탕으로 정치, 경제, 군부의 상황에 따라 다양한 전략으로 전쟁을 지휘하는 데도 능했는데 이는 그의 계승자인 옥타비아누스도 마찬가지였다. 옥타비아누스는 민감한 정치적 두뇌를 활용해서 정치 목표와 군사 수단을 완벽하게 결합해냈다.

유대 로마 전쟁

유대인은 머리가 좋고 용감하며 단결력이 강한 민족으로 유명할 뿐 아니라 비극적인 운명으로도 잘 알려져 있다. 로마 제국의 통치에 불만을 품은 그들은 두 번의 위대한 전쟁을 일으켰다.

백마를 타고 성전을 바라보는 티투스. 그의 병사들이 반란에 가담한 유대인들을 무참히 죽이고 있다.

제1차 유대 로마 전쟁

기원전 63년, 로마는 팔레스타인 지역을 속주로 만들어서 유대인들을 잔혹하게 통치하고 종교를 탄압했다. 이에 유대인들은 강한 불만을 품고 반발했다.

기원후 66년 5월, 로마에서 파견된 행정관 플로루스Florus는 일부러 유대인을 도발했다. 당시 카이사레아Caesarea 부근에서 제사를 지내는 그리스인과 유대인이 충돌했는데 카이사레아가 그리스인의 땅이라며 별다른 조처를 하지 않은 것이다. 그러자 이 지역의 긴장감이 크게 고조되었다. 이 와중에 플로루스는 속주세稅의 명목으로 예루살렘 신전의 창고에 있던 금화까지 몰수해서 유대인들을 분노하게 만들었다. 격분한 시카리오이sikarioi파가 반란을 일으키고 로마군을 공격하자 당황한 플로루스는 시리아에 파견된 로마 행정관에 도움을 요청했다. 그러나 그가 보낸 지원군 역시 반란을 제압하지 못했다. 반란을 일으킨 유대인들이 예루살렘을 거의 모두 장악하자 행정관은 다시 한 번 로마 황제 네로Nero을 향해 도움을 요청했다. 얼마 후 네로가 파견한 베스파시아누스Vespasianus가 대규모 군사를 이끌고 팔레스타인으로 들어왔으며 67년에는 북쪽의 갈릴리Galilee까지 진군했다.

로마군은 다시 남쪽으로 이동해서 사마리아Samaria를 비롯한 유대 지역 전역을 점령했고 예루살렘과 반란군의 근거지를 모두 위협했다. 그런데 이때 로마에서 네로 황제가 사망(68년 6월 9일)했다는 소식이 전해졌다. 로마의 정세는 급속도로 불안해졌으며 많은 사람이 왕위를 노렸다. 야심만만하던 베스파시아누스 역시 원정을 멈추고 이집트의 알렉산드리아로 돌아가서 로마의 상황을 주시하기로 결정했다.

69년 7월, 이집트에 있던 베시파시아누스가 로마의 새로운 황제로 추대되어, 70년에 정식으로 황위에 올랐다. 유대 지역의 혼란은 이렇게 네로의 사망으로 1년 반 넘게 조용

네로의 횃불. 로마 황제 네로 는 반란을 일으킨 유대인들 을 나무에 묶고 불을 붙었다.

히 지나갔다. 그러나 로마 황제가 된 베스파시아누스가 아들인 티투스Titus를 파견하면서 상황은 다시 급박해졌다. 그는 아들에게 유대인의 반란을 진압하고 예루살렘 주변의 근 거지를 점령한 후, 예루살렘을 완벽하게 포위하라고 명령했다. 예루살렘을 수호하던 반 란군은 무기가 부족하고 조직적이지도 못했다. 설상가상으로 로마군에 포위되면서 외부 세계와 단절되어 먹을 것이 부족해서 기아에 시달려야 했다.

반란군은 예루살렘의 성벽이 무너지고 나서도 수십 일이나 버티며 목숨을 다해 성을 지켰지만, 로마군을 상대하기는 역부족이었다. 성 안은 곧 잿더미가 되었고 로마 병사들 은 유대인을 잔인하게 학살했으며 반란군을 십자가에 못 박았다. 이때 처형당한 사람이 어찌나 많았는지 나중에는 십자가를 만들 나무도 떨어지고, 십자가를 세울 자리도 없을 정도가 되었다. 이때 대략 7만 명의 유대인이 노예로 끌려갔으며 간신히 살아남은 반란 군 수백 명은 사해死海 서쪽 해안의 마사다Masada 요새로 도망쳤다. 그들은 끝까지 저항하 며 73년까지 버티다가 양식이 떨어지고 더 이상 보급을 받지 못하자 대부분 자살했다. 로마군이 이 요새에 들어갔을 때 성 안에는 여성 2명과 어린아이 5명만 남아있었다고 한다.

로마로 귀환한 티투스는 승리를 기념해서 대규모 개선 행진을 거행했다. 이 행진에는 유대인 반란군 포로들과 예루살렘 성전에서 약탈해온 금과 은, 철기로 된 전리품도 포함 되었다.

제2차 유대 로마 전쟁

118년, 로마 황제 하드리아누스Hadrianus는 통치를 강화하기 위해 지난 전쟁에서 폐허가 된 예루살렘에 로마식 도시와 신전을 건축하기로 결정했다. 이 결정은 예루살렘을 성지 로 여기면서 이 폐허 위에 언젠가 다시 성전을 세우겠다는 유대인의 희망을 완전히 무너뜨리는 것이었다. 또 하드리아누스가 유대인의 오래된 풍습인 할례割禮까지 금지시키자 유대인은 비할 데 없는 슬픔과 분노를 느끼고 곧 반란을 도모했다.

유대인의 정신적 지도자이던 랍비 아키바Akiva는 로마 황제 하드리아누스와 평화적으로 협상했으나 도시 건설을 멈추지는 못했다. 그러자 반란의 불씨는 점점 커졌고 다윗의 후손인 시몬Simon이 가장 먼저 행동을 시작했다. 랍비 아키바 역시 협상이 실패하자 반란을 지지했다. 그는 구약성서 민수기民數記의 "한 별이 야곱에게서 나오며 한 홀이 이스라엘에게서 일어나서……"(24장 17절)을 인용하면서 시몬을 '바르 코크바bar Kokhba'로 지칭했다. 바르 코크바는 히브리어로 '별의 아들'이라는 뜻으로 랍비 아키바는 시몬 바르 코크바가 지휘하는 반란이 성서의 예언을 실현할 것이라고 말했다. 이와 같은 이유로 사람들은 제2차 유대 로마 전쟁을 '바르 코크바의 반란'이라고 부르기도 한다.

▌통곡의 벽Wailing Wall

반란 초기, 기원전 132년에 유대인 반란군은 잠시 예루살렘을 되찾았다. 성전은 불에 타서 이미 없어졌지만, 수천에 달하는 유대인이 이곳으로 와서 기도했으며 교회 복원 공사를 시작했다. 이후 그들은 완전한 독립을 위해 계속 투쟁했지만 결국 로마에 진압되고 말았다. 135년에 일어난 유대인의 마지막 반란은 실패로 돌아갔다.

하드리아누스 황제는 원래 계획대로 예루살렘에 새로운 도시를 세운 후 외부 민족을 이주시킨 반면 유대인은 단 한 명도 들어오지 못하게 했다. 유대인이 신성시하던 예루살렘은 이제 외부인의 도시가 되었고 이때부터 유대인은 전 세계를 떠돌기 시작했다.

제 2 장

중세 전쟁

한 역사학자는 "유럽은 전쟁이라는 모루 위에서 만들어졌다."고 말했다. 그의 말처럼 유럽 대륙의 역사는 전쟁의 역사로 설명하는 것이 이해하기 쉽다. 로마 제국이 무너진 후, 유럽 대륙은 몰려 온 침입자들 때문에 몸살을 앓았다. 4세기에 야만인들이 처음 침입한 이후로 10세기 말까지 거의 600년 동안 침입자들의 후손은 동화되거나 배척되었다. 이후 유럽인은 동쪽으로 확장을 시도했고, 더 나은 항해 기술을 보유하면서 남쪽과 서쪽으로도 세력을 키우고자 했다.

오랫동안 지속해오던 지중해 무역이 무슬림의 계속된 방해 탓에 급격히 쇠락했기 때문에 봉건제를 선택한 것은 정치적, 경제적으로 필연적인 결과였다. 희귀한 향료와 토지를 욕심낸 바이킹과 마자르족Magyars은 각각 거대한 배와 작은 말을 타고 유럽으로 몰려왔다. 카롤링 왕조Carolingian dynasty는 이들의 위협에 맞서기 위해 항상 긴장하고 언제든지 출동할 수 있는 상태를 유지해야 했다. 그래서 말을 탈 줄 아는 것은 중요한 기술이 되었고, 등자鐙子는 8세기 프랑크 왕국Frankenreich에서 필수품이 되었다. 기사들은 기다란 창을 겨드랑이 아래에 낀 채 말을 타고 빠른 속도로 전장에 나가 적과 싸웠다. 걸어서 이동하는 것과 말을 타고 이동하는 것은 1,000년 후 손에 창을 쥔 사람과 총을 쥔 사람의 차이만큼이나 컸다.

중세 시대의 전쟁을 주도한 사람은 대부분 말 위에 올라탄 전사, 즉 '기사'였다. 그들은 직업 군인으로서 전투와 관련된 군사 기술을 연마하고 각종 전투에 참여했다. 이외에 다른 기사와 무예를 겨루는 것 역시 무척 중요한 일이었다.

중세 서유럽의 기사들은 대체로 투구를 쓰고, 갑옷을 입고, 허리에 기다란 검을 찼다. 이렇게 완벽하게 무장한 기사는 중세 유럽의 여러 전쟁에서 수많은 공을 세웠다. 영주領主, 즉 각 지방의 부유한 권력자들은 왕으로부터 땅을 하사 받아 기사들에게 나누어주고 그 대가로 충성을 얻었다. 이것이 점차 규모가 커지면서 영주들은 사병을 거느리게 되었고 기사는 전장의 주요 병력이 되었다.

중세 말기, 중앙 집권 체제가 수립되면서 영주가 거느린 사병 조직이 국가의 상비군으로 대체되었다. 그 결과 보병이 다시 전장의 주요 병력이 되었다.

로마 페르시아 전쟁

고대 로마는 테오도시우스 1세Theodosius I가 사망 한 후, 동서로 분열되었다. 그중 동쪽을 비잔티움 제국Byzantium Empire 혹은 동로마 제국이라고 하며, 서쪽을 서로마 제국Western Roman Empire이라고 부른다. 국력이 약한 서로마 제국과 달리 비잔티움 제국은 정치적으로 고대 로마의 이념과 제도를 이어받고, 강력한 중앙집권적 국가로 성장했다.

콘스탄티노플은 비잔티움 제국의 중심지로 언제나 가장 강력한 제왕이 통치했다.

제국의 갈등

비잔티움 제국은 수공업과 상업이 발달해서 도시가 크게 번영한 나라였다. 원래 농노제 국가였던 비잔티움 제국은 5세기에 야만족의 침입을 받고 개혁을 거쳐 점차 봉건제 국가로 변모했다. 정치적으로는 전제 정치체제였으며 많은 행정기구와 뛰어난 상비군 및 거대한 규모의 용병을 보유했다. 또 국방이 튼튼한 동시에 매우 효과적이고 발전한 외교 수단을 구사한 덕분에 외부 민족의 침입을 잘 막아냈다. 그러면서도 주변 지역의 영토를 빼앗는 정복 전쟁을 끊임없이 계속했다.

비잔티움 제국의 동쪽에 있는 페르시아 제국은 메소포타미아, 팔레스타인, 서아시아와 중앙아시아를 모두 포함하는 넓은 지역을 통치했으며 인도, 중국과 접했다. 인도와 중국 역시 당시의 군사 강국이었지만 내부적으로 분열이 심해서 외부 세계에 신경 쓸 겨를이 없었다. 이 지역에서 비잔티움과 페르시아는 모두 호전적이며, 군사력이 강한 대국이었기에 서로 끊임없이 견제했다. 두 나라는 각각 독특한 정치체제와 사고방식이 있었고 비잔티움은 기독교, 페르시아는 조로아스터교로 종교도 달랐다. 이와 같은 이유로 두 제국의 접경 지역은 단 한 번도 평안한 적 없이 영토를 뺏고 빼앗기는 무력 충돌이 빈번하게 일어났다.

487년, 카바드 1세Kavadh I가 페르시아의 새로운 황제에 올랐다. 그는 전쟁터에서 공적을 세워 먼 옛날 조상들의 휘황찬란한 시대를 재현하는 것이 꿈이었다. 그래서 페르시아인, 흉노족, 아랍인으로 구성된 연합군을 지휘해서 비잔티움 제국이 장악하고 있던 메소포타미아와 아르메니아Armenia를 차지했다. 얼마 후, 두 제국은 평화조약을 맺고 비잔티

유스티니아누스 1세(왼쪽에서 세 번째)는 야심만만
한 황제였다.

움 제국이 황금 약 450킬로그램을 지불하고 아미다Amida를 되찾아 오는 것으로 전쟁이
일단락되었다. 이후 양측은 이전의 국경을 유지하면서 20년간 별다른 분쟁 없이 평화롭
게 지냈다.

527년, 비잔티움 제국의 황제 유스티누스 1세Justin I가 사망하고 그의 외조카 유스티니
아누스 1세Justinian I가 즉위했다. 새로운 황제는 예전 로마 제국이 다스리던 세계를 재현
하고자 대대적인 개혁을 단행해서 중앙 집권 체제를 강화했다. 또 대외적으로 동서 양쪽
으로 모두 출병하는 등 적극적인 확장 정책을 펼쳤다. 비잔티움 제국의 이런 행보는 페
르시아를 긴장시켰고 결국 두 제국은 다시 전쟁을 시작했다. 이후 100여 년 동안 비잔티
움 제국과 페르시아 제국은 총 다섯 차례의 대규모 전쟁을 벌였다.

다섯 번의 전쟁

527년에 일어난 첫 번째 전쟁은 이제 막 황위에 앉은 유스티니아누스 1세가 스물두살
의 벨리사리우스Belisarius를 원정 지휘관으로 임명하면서 시작되었다. 페르시아의 선발대
는 맹렬한 공격을 퍼부어서 벨리사리우스의 군대를 니시비스Nisibis에서 무너뜨렸다. 531
년, 양측은 칼리니쿰Callinicum에서 다시 한 번 전투를 벌였는데 이번에도 역시 페르시아가
큰 승리를 거두었다. 이 전쟁은 532년에 평화조약을 체결하면서 마무리되었다.

두 번째 전쟁은 540년에 벌어졌다. 페르시아의 황제 호스로 1세Khosrau I는 대규모 병력
을 지휘해서 비잔티움 제국의 유프라테스 강 방어 진지를 습격했다. 여러 차례 전투를
벌인 끝에 양측은 545년에 정전 협정을 맺었다.

얼마 후 547년에 세 번째 전쟁이 일어났다. 호스로 1세는 또 대군을 이끌고 비잔티움
제국의 요새를 공격했다. 비잔티움 제국은 첫 번째 전투에서 승리한 후, 연이어진 두 번

의 전투에서 모두 페르시아에 패했다. 그리하여 562년, 양측은 다시 한 번 평화조약을 맺었으며 비잔티움 제국은 이후 50년 동안 페르시아에 매년 황금 8톤을 바치기로 했다.

571년, 비잔티움 제국의 황제 유스티니아누스 2세Justinianus II가 더 이상 황금을 바치지 않겠다고 선포했다. 그러자 페르시아의 호스로 1세는 약속을 어겼다며 대군을 이끌고 비잔티움 제국의 영토를 공격해서 네 번째 전쟁을 일으켰다. 페르시아는 약 5개월 동안 끔찍한 살육을 벌이고 황금 18톤을 빼앗은 후에야 철수했다. 589년, 페르시아에 내란이 발생했을 때 비잔티움 제국의 황제가 대군을 파견해서 호스로 2세가 황위를 차지하도록 지원했다. 이에 감동한 호스로 2세는 곧 아르메니아의 대부분과 이베리아의 절반을 비잔

페르시아 제국군의 전투 대형은 활을 든 궁병弓兵, 창을 든 창병槍兵, 전차, 기병을 여러 겹으로 세운 형태였다. 주요 병력인 기병은 철로 만든 비늘 갑옷을 입고 활과 화살, 짧은 창과 검을 가지고 전장에 나섰다.

티움 제국에 넘겨주고 영구적인 평화조약을 체결했다.

그러나 평화는 그리 오래가지 않고 606년에 다섯 번째 전쟁이 일어났다. 호스로 2세는 비잔티움 제국에서 내란이 발생하자 대군을 이끌고 원정을 시작했다. 그는 병력을 둘로 나누어 각각 다른 지역으로 진격했다. 호스로 2세는 그중 한쪽을 지휘해서 비잔티움 제국을 향해 나아갔다. 내전으로 혼란했던 비잔티움 제국은 속수무책으로 당했으며 호스로 2세는 거침없이 앞으로 나아가더니 619년에 마침내 거의 모든 지역을 정복했다. 한편 둘로 나눈 병력 중 다른 한쪽은 소아시아를 정벌하고 곧장 보스포루스 해협으로 나아가서 콘스탄티노플Constantinople(지금의 이스탄불Istanbul)까지 위협했다. 617년, 페르시아군은 야만족들과 연합해서 함께 콘스탄티노플을 공격했다. 그런데 이때, 승리가 눈앞에 있다고 생각한 페르시아가 잠시 숨을 돌리는 사이 빠르게 전쟁을 준비한 비잔티움 제국이 기습 공격을 감행했다. 628년, 비잔티움 제국과 페르시아는 다시 한 번 평화협정을 맺었다. 협정에 따라 페르시아는 그동안 빼앗아간 영토와 재물을 모두 돌려주고 포로를 석방했으며 예루살렘에서 가져간 '성십자가聖十字架, True Cross'를 되돌려 놓았다. 또 수년에 걸쳐서 보상금을 지불하기로 약속했다. 끊임없이 전쟁을 벌인 페르시아는 결국 남은 것 하나 없이 빈손이 되었다.

비잔티움 제국과 페르시아 제국은 해상 무역 경로와 소아시아의 패권을 두고 거의 1세기 넘게 전쟁을 벌였다. 오랜 기간에 걸친 두 나라의 전쟁은 마침내 끝났지만, 양측 모두 국력이 크게 소모되어 비잔티움 제국은 나날이 쇠락했으며 페르시아는 곧 멸망했다.

비잔티움 제국

바다에 접한 비잔티움은 원래 그리스인이 살던 도시였으나 330년에 로마 황제 콘스탄티누스 1세 Constantinus I가 이곳을 제2의 수도로 삼고 콘스탄티노플로 이름을 바꾸었다. 콘스탄티노플은 흑해와 에게 해를 연결하는 보스포루스 해협의 남쪽 입구에 있어서 전략적으로 무척 중요했다. 이후 이곳은 동로마 제국의 수도가 되었고 이런 이유로 동로마 제국을 비잔티움 제국이라고 부른다. 476년, 서로마 제국이 흉노족과 게르만족에 멸망하면서 비잔티움 제국은 로마인의 유일한 나라가 되었다.

아라비아 반도의 통일과 정복 전쟁

아랍인들은 무함마드Muhammad의 지휘 아래 반도의 통일을 이룬 후 대규모의 대외 확장을 시작했다. 그들은 이슬람교의 교리 아래 단결해서 거침없이 나아가 마침내 아시아, 유럽, 아프리카를 가로지르는 군사 대제국인 이슬람 제국Islam Empire을 건설했다. 이슬람교는 아랍인들의 종교였으나 정복전쟁을 통해 널리 전파되어 세계적인 종교가 되었다.

아라비아 반도의 통일

중세 초기인 5~6세기에 아라비아 반도Arabian Peninsula의 대부분 지역은 여전히 원시 사회 말기의 모습으로 가축, 토지, 수자원이 모두 부락의 공동재산이었다. 그러나 곧 빈부와 계급이 분화되면서 부락 사이에 종종 물과 초원, 가축의 소유권을 두고 충돌이 발생했다. 아라비아 반도의 서쪽 해안은 당시 사람들이 아시아와 유럽을 관통할 때 이용한 길이었다. 동방의 상품이 바닷길로 예멘Yemen에 도착한 후, 이곳을 통과해서 지중해 동안을 거쳐 유럽으로 팔려나가는 것이다. 그러다보니 점차 이 길을 따라 메카Mecca, 메디나Medina 같은 상업 도시가 크게 발달했다. 특히 남북을 잇는 교통의 요충지에 위치한 메카에는 성스러운 '카바Al-Kaba'가 있었다. 이것은 정육면체라는 의미로 안에 성물聖物인 검은 돌이 있으며 무슬림들의 정신적 중심이라고 할 수 있다. 이 때문에 무슬림들이 카바를 향해 기도하기 시작하면서 메카는 아라비아 반도의 종교, 경제, 문화의 중심지가 되었다.

메카의 성지를 찾아가는 이슬람교도의 행렬

6세기 말, 페르시아는 아비시니아Abyssinia와 예멘을 놓고 전쟁을 벌이며 페르시아 만에서부터 지중해까지 가는 통상로를 봉쇄했다. 그런데 이 전쟁이 장기화되면서 서쪽 통상로가 심각한 불경기에 빠져 아라비아 반도 전체가 커다란 경제적 타격을 입었다. 각 부락의 귀족들은 위기를 해결하기 위해서 고리대금업에 손을 뻗기 시작했으며 나중에는 농촌에까지 흘러들어 가고 규모도 점점 커져서 원금의 2배를 이자로 받는 경우까지 생겼다. 그러자 이전에 통상로 경제에 기대어 살던 지게꾼, 길 안내인, 경비원 등은 모두 생계 수단을 잃고 빚에 허덕이며 생활해야 했다. 살기 힘들어진 그들의 불만이 점점 커져가면서 사회에 불안한 기운이 감돌았다. 이에 귀족들은 자신의 이익을 보호할 수 있는 강력한 국가를 건립하고 새로운 영토와 통상로를 확보하길 원했다. 또 사회 전체의 빈곤, 씨족 부락의 장벽을 없애서 외부의 적으로부터 안전하게 살 수 있기를 희망했다. 이런 이유로 아라비아 반도의 각 부락들이 서로 연합하기 시작했는데 그 가장 첫 번째 단계는 바로 유일신을 세우는 것이었다. 이것이 바로 이슬람교의 탄생 배경이다.

유일신은 아라비아 반도의 정치적 통일, 사회적 안정, 튼튼한 국방, 민족의 생존 등을 위해 꼭 실현해야 하는 일이었다. 이때 나타난 무함마드는 아라비아 반도 각 부락의 여러 종교를 없애고 이슬람교를 유일신으로 세우면서 통일 국가를 건립하기 위한 사상적 기초를 다졌다. 그러나 그 과정은 결코 순탄하지 않았다. 끊임없이 박해를 받으면서도 무함마드는 메디나에서 이슬람교를 전파하는 동시에 무장 조직을 만들어 622년 마침내 정교합일政教合一의 정권을 수립하는 데 성공했다. 이후 무함마드가 사망한 후 아라비아 반도는 통일을 완성했다.

정복 전쟁

하나로 통일된 이슬람 제국은 차례로 시리아, 팔레스타인, 이집트, 북아프리카 북안 및 에스파냐 등지를 정복했다. 이어서 중앙아시아까지 진출해 아프가니스탄, 인도 서북부를 점령해서 8세기 중엽에는 아시아, 유럽, 아프리카를 가로지르는 군사 대국으로 발돋움했다. 이 대제국은 동으로 인더스 강 유역, 서쪽으로 대서양, 북으로 흑해와 카스피해 남안을 아우르며 남쪽으로 나일 강 하류까지 닿았다.

이슬람 제국의 확장 전쟁

서쪽으로

무함마드 사망 후, 이슬람 교단 내에서 최초의 칼리프Caliph 네 명이 잇따라 선출되었는데 이 네 명의 칼리프가 통치하던 때를 '정통 칼리프 시기'라고 한다. 이슬람 제국은 정통 칼리프 시기에 국가의 기초를 확립하고 확장 정책을 펼쳤다. 칼리프들은 이슬람교 아래 단결한 국민과 강한 국력을 바탕으로 '성전聖戰'을 내세우며 무력 확장을 계속했다. 특히 그동안 쌓아온 사막에서의 전쟁 경험이 큰 역할을 했다. 이슬람 제국의 서정西征, 즉 서쪽 정벌 중에 다마스쿠스 전투Battle of Damascus와 콘스탄티노플 전투Battle of Constantinople가 가장 유명하다.

다마스쿠스 전투는 이슬람 제국이 시리아를 차지하기 위해 벌인 대규모 전투였다. 633년, 이슬람 제국이 시리아를 공격하자 이곳을 장악하고 있던 비잔티움 제국 역시 군대를 보내 격전이 벌어졌다. 칼리프는

로마식 튜닉 갑옷을 입고 가슴 보호대와 투구를 착용한 비잔티움 제국의 병사. 기다란 창을 들고 전투를 준비하고 있다.

신께서 뽑아든 검이라고 불리던 대장군 칼리드 이븐 알 왈리드Khalid Ibn al-Walid를 지휘관으로 임명했다. 칼리드 이븐 알 왈리드는 직접 800명의 정예부대를 이끌고 사막을 횡단해서 곧장 시리아의 수도인 다마스쿠스Damascus로 향했다. 그들은 비잔티움 제국군의 후방을 급습하고 계속 13일 동안 행군해서 다마스쿠스의 동북쪽에 다다랐다. 이곳에서 칼리드 이븐 알 왈리드는 시리아 국경 내에서 전투를 벌이던 이슬람 제국군까지 모두 통솔하게 되었다. 634년부터 635년까지 칼리드 이븐 알 왈리드가 이끄는 이슬람 제국군은 비잔티움 제국군을 두 차례 격파했다. 반년 후, 성문을 걸어 잠그고 완강히 저항하던 다마스쿠스가 투항하면서 이슬람 제국이 시리아 전체를 차지하게 되었다.

콘스탄티노플 전투는 이슬람 제국 옴미아드 왕조Umayyad dynasty 시대에 벌어진 전투다. 717년, 이슬람 제국은 육군과 해군 약 20만 명, 전함 약 2,600여 척을 동원해 콘스탄티노플을 13개월 동안 포위했다. 이에 비잔티움 제국은 유인 작전을 채택했다. 그들은 불을 붙인 화살과 창, 그리고 물 위에서도 꺼지지 않고 계속 타오르는 '그리스 불Greek Fire'을 이용해서 이슬람 해군을 격파한 후 불가리아와 연합해서 이슬람 육군, 후방 지원 부대까지

모두 물리쳤다. 비잔티움 제국은 이에 그치지 않고 콘스탄티노플 주위에 남아 있는 이슬람 병사 17만 명과 전함 2,000여 척을 모두 전멸시켰다. 이렇게 되자 이슬람 제국은 하는 수 없이 콘스탄티노플에서 철수했으며 서쪽 정벌이 마무리되었다.

동쪽으로

동정東征, 즉 동쪽 정벌의 주요 목표는 바로 페르시아 제국이었다. 637년, 이슬람 제국이 페르시아 제국의 수도 크테시폰Ctesiphon을 공격해 점령하고 642년에 다시 한 번 전쟁을 일으켜 페르시아를 멸망케 한 후, 이란으로 나아갔다.

동쪽 정벌의 또 다른 목표는 중국이었다. 당시 이슬람 제국이 중국 당唐나라와 벌인 전투 중 가장 유명한 것이 바로 탈라스 전투Battle of Talas인데 그 배경은 다음과 같다.

7세기 초, 이슬람 제국은 동정을 통해 이미 영토가 크게 확대된 상태였지만 더 많은 땅을 차지하기 위해 계속 전쟁을 벌었다. 당시 중앙아시아의 여러 나라는 당나라의 황제를 신성시하며 우러러본 반면 이슬람 제국에 대해서는 강한 적대감을 보였다. 그러므로 이슬람 제국이 중앙아시아에서 영토를 차지하고 세력을 확장하려면 당나라와의 결전을 피할 수 없는 상황이었다.

하지만 안타깝게도 당시 당나라의 황제 현종玄宗은 가무와 여색에 빠져서 매일 같이 처소에 파묻혀 있었다. 정사에 태만한 그를 대신해서 간신 이임보李林甫가 정치를 좌지우지한 지 이미 19년이나 되었기에 조정은 극도로 혼란했다. 그중에서도 가장 큰 문제는 외교였다. 페르시아 및 중앙아시아 대부분 지역은 이슬람 제국의 공격을 받고 버텨내지 못하자 급히 당나라에 지원을 요청했다. 741년, 중앙아시아의 여러 나라에서 당 현종에게 상소를 올렸다. "돌궐突厥은 천자天子의 것인데 아랍인들 때문에 여러 나라가 국환에

▌이슬람 병사들

들어 있습니다. 이를 다스려 주십시오." 그러나 전쟁을 벌일만한 명분과 실력이 있음에도 당 현종은 거절하며 받아들이지 않았다. 이후 이 나라들이 여러 번 전령을 보내고 공물을 바쳐도 소용없었다. 그런데 750년, 안서 사진安西四鎮의 절도사節度使 고선지高仙芝가 중앙아시아의 타슈켄트 Tashkent 지역이 '신하의 예를 갖추지 않는다'며 출병을 허락해 달라고 하자 이는 허락했다. 고선지는 병사를 이끌고 중앙아시아의 여러 나라를 공격하고 많은 진귀한 보물과 좋은

이슬람 제국의 무어인Moors 군대. 이슬람 제국의 에스파냐 원정군은 대부분 아프리카의 무어인이었다. 그들은 주로 경장기병으로 표창, 단검을 주로 사용했고 일부만 투구를 썼다. 무어인들은 기동성이 뛰어나 오랫동안 빠른 속도로 공격할 수 있으나 방어 능력이 부족했다.

말들을 가져갔다. 또 중앙아시아의 나라들의 국왕 여러 명을 포로로 잡아 당나라의 수도 장안長安으로 압송해서 처결했다. 당나라의 이런 이해할 수 없는 행동은 중앙아시아 국가들의 큰 반발을 불러 일으켰다. 게다가 탐욕스러운 고선지가 전리품으로 얻은 보물들을 모두 독차지하자 병사들의 불만까지 커졌다. 상황이 이렇게 되자 중앙아시아 여러 나라의 왕자들은 거꾸로 그동안 적대시했던 이슬람 제국으로 가서 당나라에 복수해달라고 요청했다. 호시탐탐 기회를 노리던 이슬람 제국은 즉시 출병해서 751년 7월에 고선지가 이끄는 당나라 군대와 탈라스Talas에서 결전을 벌였다.

기록에 따르면 이 전투는 꼬박 닷새 동안 벌어졌다. 처음에는 당나라 정예 보병의 실력이 뛰어나서 유리했으나 병력이 부족한 탓에 승자도 패자도 없는 전투가 계속되었다. 이후 당나라 일반 병사들의 실력이 예상만큼 뛰어나지 않자 분위기가 이슬람 제국 쪽으로 흘러갔다. 설상가상으로 당나라의 정예 보병부대가 주력군과 연락이 끊겨 우왕좌왕하는 일이 발생했는데 이슬람 제국은 이때를 놓치지 않고 중장기병 주력군을 동원해 당나라 정예 보병에 맹공격을 퍼부었다. 고선지는 이슬람 제국군과 중앙아시아 여러 나라

의 연합군에 둘러싸여 제대로 힘을 써보지도 못하고 크게 패했다.

북쪽으로

이슬람 제국은 북쪽, 즉 유럽 서남부로도 적극적으로 확장 정책을 폈다. 그들은 북아프리카에서 비잔티움 제국 세력을 완전히 몰아내고 베르베르인Berbers의 저항을 잠재웠다. 그리고 713년에 바다를 건너서 서부 켈트 왕국을 멸망시키고 북부 산악 지역을 제외한 이베리아 반도 전체를 차지했으며 에스파냐 사람들을 통치하기 시작했다. 이후 확장 전쟁을 계속하던 중 732년 초, 이슬람 제국의 에스파냐 총독 압드 알-라흐만Abd al-Rahman이 병력 5만 명을 이끌고 갈리아 남부의 아키텐Aquitaine을 공격했다. 그는 갈리아 남부의 아키텐을 장악한 후, 프랑크 왕국과 이탈리아로 가는 길을 확보해서 콘스탄티노플까지 가고자 했다. 이에 아키텐 공작 오도Odo와 프랑크 왕국의 샤를 마르텔Charles Martel은 연합군을 조직하고 10월에 투르 푸아티에Tours-Poitiers에서 이슬람 제국군을 맞을 준비를 했다.

그들은 이슬람 제국의 기병이 수적으로 우세하지만 대체로 방어 기술이 떨어진다는 약점을 노리고 '방어 후 공격' 전략을 채택했다. 다시 말해 적은 수의 기병을 출동시켜 적을 견제하고 주력군은 유리한 지형의 요지에 밀집대형으로 세워서 방어를 튼튼하게 하는 것이다. 양측은 꼬박 엿새 동안 대치하다가 이레째 되는 날, 압드 알-라흐만이 먼저 경장기병을 동원해서 프랑크 왕국 진지를 공격하기 시작했다. 하루 종일 이어진 격렬한 전투에 엄청난 사상자가 발생했다. 해질 무렵, 프랑크 왕국의 오른쪽 날개에서부터 반격이 시작되었다. 생각지도 못한 강한 반격에 압드 알-라흐만은 전사하고 이슬람 제국은 모든 전선에서 참패하면서 북쪽 정벌이 마무리되었다. 투르 푸아티에 전투는 서유럽을 향한 북진을 저지하는 결정적인 전투였다.

이렇게 이슬람 제국은 사방으로 끝없이 확장 전쟁을 벌여 8세기 중엽에 엄청난 규모의 이슬람 제국을 완성했다. 이 대제국은 서쪽으로 유럽의 에스파냐, 프랑크 왕국과 접하고, 동쪽으로 아시아의 파미르Pamirs 고원, 중국 당나라와 접했다. 또 남쪽으로는 북아프리카까지 진출해서 아시아, 아프리카, 유럽 세 대륙을 가로지르는 거대한 국가였다.

바이킹의 침략

8세기 말, 잔인하고 호전적인 해적들이 서유럽 해안의 거점도시를 위협하기 시작했다. 유럽 북부의 머나먼 스칸디나비아 반도Scandinavian Peninsula에서 온 이 해적들은 큰 배를 타고 와서 해안을 기어올라가 무자비한 약탈을 일삼았다. 그뿐만 아니라 사람들까지 잡아가서 노예로 팔거나 인질로 잡고 돈을 요구했다. 유럽인들은 이들을 해적이라는 의미의 '바이킹Viking'이라고 불렀다.

무자비한 해적

바이킹은 노르웨이, 스웨덴, 덴마크 등지에서 온 무자비한 해상 강도들이었다. 800년부터 1100년까지 그들은 기다란 배를 타고 다니며 서유럽의 해안 도시를 위협했으며 약탈할만한 물건을 보면 거침없이 가져갔다. 서유럽 국가들은 바이킹의 잔인한 공격과 무자비한 약탈 행위에 깜짝 놀라 감히 전쟁을 벌일 시도도 하지 못했다. 당시 사람들이 얼마나 바이킹을 두려워했는지 다음과 같은 기도문이 유행했다고 한다. "저희를 구원하시옵소서. 신이시여! 스칸디나비아인들이 제발 우리에게 오지 않도록 해주십시오. 그들은 우리의 토지를 황폐하게 하고 여자와 아이들을 죽일 것입니다." 하지만 간절한 기도와 달리 바이킹의 세력은 점점 커졌다. 그들은 대담하고 거침없는 자신들을 자랑스럽게 여겼으며 스스로 전사라고 생각했다. 실제로 그들은 손에 칼과 창, 도끼 등을 들고 마치 전쟁하듯이 노략질을 계속했다. 만약 배에서 내려 육지에서 말을 탔다면 흡사 돌격 부대 같아 보였을 것이다. 반면에 서유럽인들은 바이킹을 야만스럽다고 생각했다. 대부분 바이킹이 갑옷을 입지 않고, 붉은 몸을 나체로 드러내며, 큰 그릇에 술을 따라 벌컥벌컥 마시다가 갑자기 미친 듯이 화를 내거나 싸움을 벌였으니 야만스럽게 보일 만도 했을 것이다. 하지만 사실 그들은 모두 고향에서 농부, 어부, 상인, 기술자로 일하던 평범한 가장에 불과했다.

어찌 되었든 야만인이자 이교도인 바이킹은 영국, 스코틀랜드 아이슬란드 및 유럽 대륙의 해안 지역에 와서 수도원을 공격하고 그 안에 있는 보물들을 가져갔다. 이런 일들은 9세기까지 계속되었고 나날이 빈번해졌다. 노르웨이에서 온 바이킹은 아이

▌ 북유럽의 해적선

슬란드와 스코틀랜드를 주로 공격했고, 덴마크 바이킹은 영국과 현재의 프랑스, 벨기에, 네덜란드, 독일 등지의 연해를 주요 공격 대상으로 삼았다. 또 스웨덴 바이킹은 지금의 러시아와 우크라이나 등을 공격했다. 그들의 활동 범위 역시 점점 넓어져서 나중에는 비잔티움 제국과 이탈리아 반도에까지 진출했다.

■ 바이킹을 가득 실은 배가 유럽으로 몰려왔다.

파리 공방전

885년 11월, 돛대를 높이 세운 바이킹 해적선 700척이 붉은 깃발을 휘날리며 센 강Seine River을 따라 곧장 파리로 진격했다. 당시 서프랑크 왕국은 이탈리아 원정에 주력하고 있었기에 대부분 병력이 이탈리아에 집결해 있었고 파리에는 겨우 기병 200명과 약간의 보병만 남아 있을 뿐이었다. 바이킹이 몰려온다는 소식에 파리에 남아 있던 병사들은 황급히 도시 경비를 강화하고 시민들까지 방어물 구축 공사에 투입되어 분주하게 움직였다. 저녁 무렵, 바이킹 3만여 명이 성 바로 앞까지 왔다. 그들은 처음에 겨우 200여 명의 병사가 지키는 파리를 얕잡아 보았지만, 성벽 아래에 도착하자마자 비 오듯 머리 위로 쏟아지는 화살, 돌과 나무 기둥 같은 투척물을 피하느라 곤욕을 치러야 했다. 그제야 정신이 든 바이킹은 몇 차례 공격을 시도하기도 했으나 끝내 완강하게 저항하는 파리 경비대와 시민들을 무너뜨리지는 못했다. 그래서 하는 수 없이 성을 포위하기로 결정하고 성 밖에 참호를 파고, 외부와 소통하는 길을 모두 차단하는 등 성을 포위해서 성 안으로 물자가 들어가는 것을 불가능하게 만들었다. 또 성 밖 근교에 사는 사람들을 죽이고 재물을 빼앗았다. 파리 성 안의 병사와 시민들은 이렇게 완벽하게 고립된 상황에서도 단결해서 절대 투항하지 않았으며 죽음을 각오하고 무려 1년을 버텼다.

886년 2월, 강물이 불어나 파리 남쪽에 방어물로 만들어 놓았던 다리가 수몰되어 끊기는 일이 발생했다. 바이킹은 이 기회를 놓치지 않고 센 강과 루아르 강Loire River 사이로 진격해서 성 안으로 들어오려고 했다. 절체절명의 순간에 오도Odo 백작이 포위가 허술한 틈을 타 성벽을 넘어서 이탈리아 원정군을 지휘하고 있던 카롤루스 뚱보왕Charles the Fat, 카를 3세에게 파리의 상황을 전했다.

파리의 상황을 전혀 모르고 있던 왕은 깜짝 놀라서 급하게 군사를 돌려 파리 근교로 왔다. 그는 바이킹의 포위를 풀기 위해 몇 차례 전투를 벌였으나 좀처럼 승패가 나지 않았다. 결국 카롤루스 뚱보왕은 황금 3톤을 바이킹에게 주고 파리에서 물러날 것을 회유했다. 그러나 바이킹들은 파리를 떠나고서도 센 강을 따라 올라가 부르고뉴Bourgogne에서 다시 노략질을 했다.

유럽 대륙의 중심으로

바이킹은 재물을 약탈하는 것을 넘어 이제 정착할 만한 땅을 얻고자 했다. 896년, 롤로Rollo가 지휘하는 바이킹이 다시 한 번 서프랑크 왕국을 공격했다. 혼비백산한 국왕은 바이킹을 두려워해서 싸우기보다는 노르망디를 내어주고 다시는 오지 말라고 간청했다. 911년, 바이킹들은 이곳에 노르망디 공국Normandie dukedom을 세웠다. 9세기 말, 이번에는 영국을 공격한 바이킹이 런던과 케임브리지Cambridge를 근거지로 삼아 끊임없이 주변 지역을 약탈하기 시작했다. 얼마 후 결국 덴마크 국왕 스벤 1세Sweyn I가 영국을 정복하고 이곳의 주인이 되었다.

역시 9세기 말에 동유럽을 공격한 스웨덴 바이킹 올레그Oleg는 슬라브인의 작은 마을을 하나씩 차지하더니 제법 커다란 영토를 획득했다. 그는 계속해서 확장 전쟁을 벌여서 순식간에 러시아 남부와 북부까지 모두 포함한 키예프 공국Kievskaya을 세웠다. 988년에 비잔티움 제국의 황제가 키예프 공국을 방문하면서 대공 블라디미르Vladimir와 비잔티움 제국의 황녀 안나Anna의 결혼이 성사되었는데 이를 계기로 러시아에 기독교가 전파되었다.

바이킹의 침입과 약탈은 유럽의 여러 민족과 지역에 커다란 재앙이었으나 역사와 문명 발전에 큰 영향을 미쳤다.

바이킹

바이킹들은 보통 기다란 창과 예리한 칼, 전투용 도끼를 무기로 사용했다. 그들은 배를 타고 스칸디나비아 반도에서 출발해서 사냥감을 찾아 바다를 건넜으며 육지에 상륙해서는 주로 걸어서 이동했다. 말을 타는 것에 익숙하지 않은 그들은 몇 차례 기병과 맞붙어 싸우고 나서, 기병에 맞설 새로운 전투 방식이 필요하다고 생각했다. 적어도 속도는 기병과 비슷해야 했기에 말을 도입하기로 했는데 여전히 말을 타는 것에 익숙하지 않았다. 그래서 목표 지점까지는 말을 타고 빠르게 이동하지만 도착해서는 말에서 내려 싸우는 방식을 택했다.

초기에 바이킹은 대체로 작은 땅, 혹은 50~60명가량을 태울 수 있는 배 한두 척 정도를 빼앗는 데 만족했지만, 점점 그 규모가 커졌다. 그래서 850년대에는 수백 명에 달하는 바이킹이 한꺼번에 유럽 연안 지역에서 게릴라식 공격을 감행하기도 했다.

영국과 노르망디 공국

중세 시대에 영국과 프랑스는 매우 밀접한 관계를 유지한 동시에 항상 충돌이 끊이지 않았다. 영국은 유럽 대륙의 서쪽 바다 위에 있는 섬나라로 두 나라 사이에는 폭이 아주 좁은 영국 해협English Channel이 놓여 있다. 영국 해협은 바다라고는 하지만 지금은 수영해서 건너는 사람도 있을 정도니 배로 이동했을 때 그다지 먼 거리가 아니었다. 이처럼 지리적으로 가까운 영국과 프랑스인들은 긴밀한 관계를 유지하며 서로 영향을 주고받았다.

영국의 왕

영국은 유럽 대륙의 북서쪽 대서양에 있는 브리튼 제도British Isles를 가리킨다. 이곳은 유럽 대륙과 떨어져 있지만, 카이사르가 통치하는 로마 군단이 공격한 이후로 유럽 역사의 일부분이 되었다.

일반적으로 유럽 대륙에서 건너온 앵글로 색슨Anglo-Saxon 민족이 브리튼 제도에 정착해 살았던 때부터 영국 역사가 시작되었다고 본다. 그들은 이곳에 민족 국가를 형성하고 봉건체제를 건립했다. 8세기 이후, 스칸디나비아 반도와 페르시아의 연안을 중심으로 활동하던 바이킹, 즉 노르만인들이 확장 정책을 펼치기 시작했을 때 영국 역시 그들의 목표물 중 하나였다. 그들은 787년에 영국을, 800년 전후에 프랑스를 침공하고, 이어서 아이슬란드까지 공격했다. 9세기 중엽, 노르만인은 영국 동북부 지역을 장악하고 이주해서 살았으며, 911년에는 프랑스로부터 노르망디 땅을 넘겨받아 노르망디 공국을 건립했다.

1002년, 영국 국왕 에설레드 2세Ethelred II는 노르망디 공작의 여동생 엠마Emma를 아내

노르만 정복의 이야기를 담은 바이외 태피스트리Bayeux Tapestry의 일부분. 전투마를 탄 노르만 기사들이 영국군을 공격하고 있다.

로 맞이했다. 그런데 1013년에 덴마크 국왕 스벤 1세와 그의 아들 크누드 1세Knud 1가 영국 전체를 정복하자 무력한 에설레드 2세는 아내와 함께 황급히 노르망디로 도망갔고 이후 한동안 덴마크 왕실이 영국을 통치했다. 그러다가 덴마크 왕국이 급속도로 쇠락하면서 할아버지와 아버지, 그리고 형의 뒤를 이어 영국을 통치한 하르데크누드Hardeknud의 뒤를 이을 사람이 없었다. 이로써 이렇게 해서 영국의 덴마크 왕조가 끝나고 다시 앵글로 색슨 왕조가 복위된 것이다. 영국 귀족들은 노르망디로 망명한 에드워드Edward 왕자를 합법적인 계승자로 내세우며 왕으로 옹립했다. 1043년에 왕위에 오른 에드워드는 웨섹스와 켄트 백작Earl of Wessex & Kent인 고드윈Godwin의 딸 에디스Edith를 아내로 맞이해서 영국 귀족들과 좋은 관계를 유지하고자 했다. 하지만 오랫동안 노르망디에서 생활한 그가 왕실에 노르만인을 중용하려고 한 탓에 고드윈을 대표로 하는 영국 귀족들은 점점 왕에 대해 반감을 품게 되었다.

1051년, 에드워드는 고드윈 일가를 모두 추방하고 노르망디 공작 윌리엄을 런던으로 초청했다. 그런데 이듬해, 앵글로 색슨인들의 지지를 받는 고드윈 부자가 대규모로 사병을 모으고 전쟁을 준비 중이라는 소식이 들려왔다. 다급해진 에드워드는 어쩔 수 없이 고드윈 가족의 권위를 회복해주었다. 이때 왕과 벌인 전쟁에서 승리한 고드윈은 병이 나서 회복되지 못했고, 그의 지위는 모두 큰아들인 해럴드Harold에게 계승되었다. 이렇게 해서 영국의 귀족들은 노르망디에서 온 외부 세력을 모두 내쫓는 데 성공했다. 하지만 얼마 지나지 않아 노르망디 공작 윌리엄과 생사를 건 결전을 벌여야 했다.

윌리엄은 이미 오래전부터 영국의 왕위를 탐내고 있었다. 1051년에 런던을 방문했을 때, 그는 사촌 형제인 영국의 왕 에드워드와 왕위 계승 문제에 대해 논의했다. 아들이 없었던 에드워드는 다음 영국 왕이 되고 싶다는 윌리엄의 요구에 큰 이의를 제기하지 않고 승낙했다. 해럴드 역시 윌리엄에게 영국의 왕위를 넘겨주는 것에 반대하지 않았다.

그런데 1066년 1월, 병에 걸린 에드워드가 임종 직전, 해럴드를 왕위 계승자로 지목하는 일이 발생했다. 다른 영국 귀족들 역시 그를 합법적인 왕위 계승자로 인정했다. 얼마 후, 해럴드는 웨스트민스터 사원Westminster Abbey에서 대관식을 올리고 영국의 새로운 왕 해럴드 2세Harold Ⅱ가 되었다. 바다 건너 윌리엄은 이 소식을 듣고 무척 화가 났다. 분을 참지 못한 그는 무력으로 왕위를 빼앗기로 결정하고 영국을 정복해서 자신의 왕국을 건립하겠다고 선포했다.

윌리엄은 전쟁에 앞서 외교적 수단을 이용해서 지지자들을 모았다. 우선 사절단을 로마로 파견해서 당시 유럽 대륙에서 막강한 영향력을 미치고 있던 로마 교황 알렉산데르 2세Alexander Ⅱ와 신성로마제국Holy Roman Empire의 황제 하인리히 4세Henry Ⅳ에게 자신의 입장을 설명했다. 교황은 윌리엄의 말을 믿고 공개적으로 지지하며 그에게 성스러운 깃발까지 건네주었다. 또 하인리히 4세 역시 출병해서 윌리엄을 돕겠다고 말했다. 윌리엄은 또 덴마크 국왕을 설득해서 우호 동맹을 맺음으로써 유럽 대륙에 헤럴드 2세를 반대하는 여론을 조성했다. 마침내 모든 준비를 마친 윌리엄은 본격적으로 전쟁을 준비했다.

노르망디 공작

노르망디 공작Duke of Normandy은 프랑스의 작위 명이다. 역대 노르망디 공작들은 명목상으로 프랑스 왕에 복종과 충성을 맹세했지만 스스로 강력한 군사를 보유하고 영향력을 행사했다. 911년, 서프 랑크 왕국의 카롤루스 단순왕Charles the Simple이 파드칼레Pas-de-Calais를 점령한 노르만인을 달래기 위해 영토를 떼어 주었는데 이때 노르만인들이 세운 나라가 바로 노르망디 공국이다. 최초의 노르망디 공작은 노르만 침략자들을 지휘하던 롤로였다. 공작을 의미하는 'Duke'라는 칭호는 리처드 2세 Richard Ⅱ가 처음으로 사용했으며 이전의 세 명은 여전히 북유럽의 귀족 칭호인 'Earls'나 'Jarls'를 이름 앞에 붙였다. 1066년, 노르망디 공작 윌리엄이 영국을 정복한 이후부터는 노르망디 공작이 영국의 왕을 겸하기 시작했다. 1204년 프랑스의 필리프 2세Philippe Ⅱ가 노르망디 공국을 합병한 이후에도 영국의 왕들은 여전히 자신이 노르망디 공작이라며 권리를 주장했다. 이런 상황은 1259년까지 계속되다가 그 해 '파리 조약'을 체결하면서 영국이 노르망디에 대한 권리를 공식적으로 포기했다. 이후 이 지역은 완전히 프랑스의 일부분이 되었다.

노르만 정복

10세기, 서유럽의 대부분을 차지한 서프랑크 왕국이 여러 개의 공국으로 나뉘었는데 노르망디 공국은 그중에서 가장 번영한 곳이었다. 1066년, 노르망디 공작 윌리엄이 바다를 건너 영국을 정복해 왕위에 올랐다. 이 사건은 유럽 역사에서 매우 큰 영향을 미쳤으며 후세 사람들은 이를 '노르만 정복Norman conquest'이라고 부른다.

영국 해협을 건너서

바다를 건너는 원정에 성공하기 위해 윌리엄은 준비에 만전을 기했다. 그는 노르망디에서 동원 가능한 병사와 말을 모두 준비했으며 부하들에게 정복에 성공하면 막대한 양의 토지와 황금을 나눠 주겠다고 약속해서 사기를 높였다. 1066년 봄과 여름에는 쉬지 않고 배를 만들고 각종 군수품을 모았다. 모든 준비를 마친 8월, 전함 700여 척, 병사 7,000명이 완벽하게 장비를 갖추고 노르망디 해안에서 출발 명령을 기다렸다. 이제 그들에게 필요한 것은 영국으로 데려다 줄 순풍뿐이었다.

하지만 무슨 일이든 예기치 못한 상황이 발생하기 마련이다. 윌리엄의 군대가 영국 해협을 무사히 건너려면 남풍이 불어야 했는데 당시는 여름이 끝나고 가을이 시작될 때라 계속 북동풍이 불고 있었다. 이런 상황에서는 건너편 해안에 무사히 도착할 리 없었다. 완벽하게 준비된 윌리엄의 군대는 그저 멍하니 앉아서 바람을 기다리는 것 외에는 다른 할 일이 없었다. 그들은 그렇게 꼬박 6주를 기다렸다.

그런데 또 하나의 돌발 상황이 발생했다. 윌리엄이 남풍을 기다리는 동안 영국에서 또 다른 왕위 쟁탈전이 벌어진 것이다. 9월 중순, 노르웨이의 왕 하랄드 하르드라다Harald

노르망디의 병사들과 전투마는 배를 타고 영국 해협을 건넜다. 그들은 적이 흉내 낼 수 없을 정도로 뛰어난 수송 방식, 전략과 전술을 보유하고 있었다.

9월 중순, 노르웨이의 왕 하르드라다가 대군을 이끌고 영국 북부에 상륙하자 해럴드 2세는 직접 군대를 지휘해서 북쪽으로 나아가 적과 맞섰다. 스탬포드 다리Stamford Bridge에서 벌어진 격전에서 해럴드 2세가 대승을 거두었으며 하르드라다는 사망했다.

Hardrada가 자신이야말로 영국의 왕이 되어야 한다며 대군을 이끌고 영국 북부에 상륙했다. 그는 런던을 향해 내려오면서 사람들을 죽이고 마을을 불태우는 등 온갖 약탈을 일삼아서 영국인들을 공포에 떨게 만들었다.

하르드라다가 영국에 상륙하고 이틀 후, 영국 해협에 드디어 남풍이 불기 시작했다. 9월 28일, 윌리엄은 마침내 대군을 이끌고 항해를 시작해서 순조롭게 해협을 건너 영국 해안에 도착했다. 그런데 윌리엄이 위풍당당하게 배에서 내려 영국 땅에 첫발을 딛는 순간, 그만 발을 헛디뎌 넘어지고 말았다. 깜짝 놀란 장군과 병사들은 모두 이것이 불길한 징조라고 생각했으나 윌리엄은 큰 소리로 웃으며 말했다. "좋은 징조다! 보거라! 내 두 팔로 이미 영국을 감싸 안은 것이다!"

윌리엄은 해안 사방을 둘러보고서 주변이 이상하리만큼 조용하고 사람의 흔적이 없다는 것을 알아차리고서 혹시 영국인들이 함정을 설치한 것이 아닐까 싶어 순간 긴장했다. 이때 미리 보내놓은 첩자가 지금 영국인들은 노르웨이인과 싸우러 북쪽으로 이동했기 때문에 런던 이남으로는 병력이 거의 없다고 알려 주었다. 윌리엄은 그제야 안도의 한숨을 쉬고 손을 뻗어 하늘을 가리키며 신에게 감사를 표했다.

헤이스팅스 전투

헤이스팅스 전투Battle of Hastings는 노르만 정복의 승패를 결정한 전투로 영국 역사상 가장 중요한 사건 중 하나다.

1066년 9월 28일, 윌리엄은 의용군, 기사, 기병을 포함한 병력 1만 2,000명을 이끌고 영국 남부 해안에 상륙했다. 국왕 호위대, 보병, 의용군으로 구성된 해럴드 2세의 병력은 규모 면으로는 윌리엄의 군대와 비슷했지만, 장비가 조금 부족한 편이었다. 영국군이 주로 사용한 무기는 돌도끼와 화살뿐이었으며 기병도 없고 전체적으로 훈련 상태가 좋지 않았다.

10월 14일, 해럴드 2세가 군대를 이끌고 헤이스팅크 부근의 센래크Senlac에 진지를 구축했다. 그는 군대를 배치하고 정면에 날카롭게 깎은 나무 기둥을 촘촘하게 세워 울타리를 만들었다. 이곳은 언덕의 끝 자락으로 비스듬하게 기울어서 적이 공격하기에 쉽지 않았다. 윌리엄은 궁병, 보병, 기병 순서로 세 줄로 병력을 배치했다. 가장 앞에 선 궁병들이 먼저 약 100미터 전방에 있는 영국군을 향해 활을 쏜 후 보병과 기병이 돌격하려는 계획이었다. 하지만 영국은 결코 호락호락한 상대가 아니었다. 그들은 용감하게 진지를 지키고 노르망디 군대의 공격을 막으며 쉽게 무너지지 않았다. 그러자 윌리엄은 기병대에 양동작전을 명령해서 노르망디의 기병이 퇴각하는 척했다. 그의 예상대로 영국군 역시 전투를 마무리하려고 했는데 이때 숨어 있던 노르망디 보병과 기병이 갑자기 튀어나와 영국군에 맹공격을 퍼부었다. 이때 영국군을 지휘하던 해럴드 2세가 전사하면서 영국군은 지휘관을 잃고 우왕좌왕했다.

승기를 잡은 윌리엄은 파죽지세로 런던까지 진격했다. 런던은 별다른 저항 없이 투항했으며 곧 그를 받아들여 영국의 왕으로 인정했다. 1066년 12월 25일, 마침내 윌리엄이 웨스트민스터 사원에서 대관식을 올리고 영국의 왕 윌리엄 1세, 바로 정복왕 윌리엄 William, the Conqueror이 되었다.

노르만 정복이 윌리엄 1세의 승리로 끝나면서 이때부터 영국의 노르만 왕조가 시작되었다. 노르만 정복은 노르망디 공국의 발달한 사회와 문화가 상대적으로 낙후한 영국 사회에 전해지는 계기가 되었다. 윌리엄 1세는 서유럽의 봉건제를 영국에 뿌리내렸을 뿐만 아니라 경제, 사회, 문화, 군사 등 다양한 방면에서 영국의 발전을 이끌었다. 이후 영국과 서유럽 대륙은 더욱 긴밀한 관계가 되었다.

십자군 전쟁의 배경과 시작

십자군 전쟁은 1096년부터 1291년 사이에 발생한 여덟 차례의 종교 전쟁을 가리키는 말이다. 서유럽의 천주교 국가들은 성지인 예루살렘이 이슬람교도의 수중에 들어가자 이를 되찾기 위해 지중해 동안의 국가들을 상대로 전쟁을 벌였다. 교황은 전쟁에 참여하는 모든 병사에게 붉은색 십자가를 주며 그들을 십자군Crusade이라고 불렀다.

배경

지중해 및 그 연안은 인류 문명의 발상지 중 하나로 전 세계에서 가장 발달한 과학, 경제, 문화가 존재했던 곳이다. 그래서 고대와 중세 시대에 이곳을 차지하기 위한 쟁탈전이 항상 끊이지 않았다. 7세기, 이슬람교를 믿는 셀주크투르크Seljuq Turks 민족이 예루살렘을 점령했다. 이후 그들은 기독교 상인의 활동을 방해하고 팔레스타인 왕조의 기독교도를 잔혹하게 박해해서 종교 갈등을 키웠다.

11세기 말, 수공업이 농업과 분리되면서 도시가 번영하고 서유럽의 경제가 크게 발전했다. 유럽의 봉건 영주들은 이미 가지고 있는 재물만으로 만족하지 못했고 점점 더 많은 토지와 재물을 원했다. 또 당시에 장남이 아닌 귀족은 유산을 받을 수 없었기 때문에 대부분 빈털터리의 허울 좋은 기사가 되었는데 이들 역시 전쟁에 참여해서 재물을 얻고자 했다. 도시의 빈민들도 외부 세계로 나가면 땅과 재물, 자유를 얻어서 편하게 살 수 있을 거라고 생각했다. 마지막으로 유럽 교회의 최고 통치자인 로마 교황청은 세계 교회를 세워서 전 세계에 교황의 권위와 명성을 떨치고자 했다. 이러한 각계각층의 서로 다른 다양한 이유 때문에 유럽인들은 지중해 동안의 국가들에 주목하기 시작했다.

전투 중인 십자군. 궁병들이 이미 연기가 자욱한 적진을 향해 활을 쏘고 있다. 왕이 검을 휘두르며 병사들을 지휘하고 병사들은 왕을 보호하고자 한다. 멀리 주교가 성전의 모형을 높이 든 채 기도하고 있다.

한편 중앙아시아에서는 종교 갈등이 점점 더 커지고 있었다. 비잔티움 제국의 황제 알렉시우스 1세Alexius 1는 로마 교황청의 교황 우르바누스 2세Urbanus Ⅱ에게 동방 제국과 천주교를 도와달라고 요청했다. 이것은 마침 천주교를 전 세계로 확장하려는 교황의 생각과 정확히 일치하는 것이었다. 그들은 셀주크투르크를 축출하고, 성지 예루살렘을 되찾기 위해 십자군 전쟁을 일으켰다.

시작

1095년 11월, 교황 우르바누스 2세는 프랑스에서 열린 클레르몽 회의Council of Clermont에서 이렇게 말했다. "동방에서 이슬람교도들이 우리의 예루살렘 성지순례를 방해하고 있으니 이제 나는 하나님의 뜻을 받들어 너희에게 명령하고 호소한다. 어서 움직여서 그 사악한 종족들을 우리 형제의 땅에서 불태워버려라! 예루살렘은 세계의 중심이며 그곳의 풍부한 생산물은 무엇과도 비교할 수 없다. 예루살렘은 또 다른 천당이니 하나님의 인도하에 용감하게 정복의 길을 나서자!"

이어서 교황은 "신도들이여! 그 동방의 나라는 꿀과 우유가 넘쳐나고 황금과 보물이 손에 잡히는 곳이니 그곳에서 부유하지 않은 자 누구이겠는가? 가자! 십자가를 붉게 물들이자! 이제 너희는 십자군이다. 주께서 너희를 보호하고 너희가 닿는 곳마다 승리를 주실 것이다!"라고 힘주어 말했다.

교황의 말에 흥분한 사람들은 그 자리에서 벌떡 일어나 "동방의 형제들을 구하러 가자!", "이교도를 청산하러 가자!", "성지를 해방하자!"라고 외치기 시작했다. 이 함성은 마치 전염병처럼 빠른 속도로 널리 퍼져 기사, 봉건 영주, 평민들이 앞다투어 교황과 그 일행 앞으로 나아가 붉은 천으로 만든 십자가를 받아 들었다. 그들은 붉은 십자가를 가슴이나 어깨 위에 달았는데 이것은 하나님의 길을 걷는다는 의미로 십자군의 일원이라는 표식이었다. 그들은 모두 당장이라도 동방으로 뛰어갈 것 같이 흥분했다.

▌철갑옷을 입은 십자군이 중동 지역의 성벽을 무너뜨리기 위해 공격 중이다.

이후로도 교황은 감동적인 호소를 멈추지 않았으며 이제 유럽 전역에 십자군 전쟁의 명분이 확고해졌다. 특히 배고픔과 가뭄에 허덕이던 농민들, 동방의 금은보화를 갈망하는 기사들, 정치, 경제적 세력을 더욱 확장하고 싶은 영주들은 모두 십자군 전쟁을 대환영하며 기꺼이 참여했다.

소년 십자군

십자군 중에는 오직 소년들로만 구성된 부대도 있었다. 1212년, 교황과 봉건 영주들은 하나님이 아무 죄도 짓지 않은 소년들을 더욱 보호할 것이며, 그렇기에 어쩌면 기적이 이루어질 수도 있다고 생각했다. 그래서 그들은 소년 3만여 명을 모아 군대를 조직하고 즉시 참전시켰다. 소년들은 대부분 농민의 아들로 열두 살이 넘지 않았다. '소년 십자군 Children's Crusade'은 프랑스 남부 마르세유에 집결한 후 목선 여러 척에 나눠 타고 바다를 건너 동방으로 갔다. 그중 몇 척은 폭풍을 만나서 침몰했고, 천신만고 끝에 이집트에 도착한 배에 타고 있던 소년들도 선주船主에 속아 노예로 팔려갔다. 독일에서도 2만여 명의 소년이 알프스 산을 넘었는데 그중 절반 이상이 배고픔에 시달리다 죽었다. 살아남은 수천 명도 이탈리아에 도착하고 나서 노예로 팔려갔다. 소년 십자군은 유럽의 천진무구한 아이들 5~6만 명을 잃은 대재앙이었다.

십자군 전쟁

여덟 번의 전쟁

1096년 봄, 프랑스 북부와 중부, 독일 서부의 가난한 농민과 도시 빈민으로 구성된 십자군이 십자군 전쟁의 첫발을 내디뎠다. 월계수로 장식한 옷을 입은 그들은 부유한 성지로 가서 안락한 생활을 하겠다는 달콤한 환상에 빠져 있었다. 그러나 이 오합지졸과 다름없는 '군중 십자군Peopleʼs Crusade'이 온갖 고생 끝에 소아시아의 초원에 도착했을 때 그들이 상대해야 할 적은 훌륭한 장비를 갖추고 훈련이 잘되어 있는 셀주크투르크 철기병이었다. 이 전투에서 군중 십자군은 거의 전멸하다시피 했다. 몇 사람이 간신히 살아남아 고향으로 돌아왔지만, 그들이 가지고 온 것은 금은보화가 아니라 슬프고 괴로운 기억뿐이었다.

가을, 이번에는 기사들로 구성된 십자군이 프랑스, 이탈리아, 독일 서부에서 동방을 향해 출발했다. 봉건 영주들이 지휘하는 그들은 장비 준비가 잘 되어 있고 꽤 조직적이었으며 총 병력이 약 4만 명가량 되었다. '웬드 십자군Wendish Crusade'이라고 불린 이들은 소아시아 반도를 거쳐 예루살렘을 향해 전진했다. 당시 소아시아와 팔레스타인 등지는 모두 셀주크투르크인의 통치 아래 있었지만 실제로는 작은 나라들로 분리된 상태였다. 이 작은 나라들은 외부 공격을 저지할 만한 실력을 갖추지 못했기에 십자군은 큰 힘 들이지

1099년 7월, 제1차 십자군의 지휘관이 예루살렘을 함락시킨 후, 자랑스러운 표정으로 성지를 바라보고 있다.

않고 순조롭게 전진할 수 있었다. 그들은 1099년 7월에 마침내 예루살렘을 장악했다. 1차 목표를 이룬 십자군 병사들은 이제 잔혹한 학살과 대규모 약탈을 시작했다. 알 악사 Al-Aqsa 사원에서만 아무 잘못도 없는 평민 1만여 명이 죽었으며 그들의 피가 작은 강을 이루어 흘렀다.

▌ 안티오크 성으로 향하는 십자군

십자군은 궁전, 사원, 민가 등 사방에서 닥치는 대로 약탈을 일삼았다. 그들은 어디든 먼저 들어간 사람이 그곳을 차지하기로 하는 규정까지 만들어가며 도시 전체를 도둑질했다. 십자군 병사들은 하룻밤 사이에 큰 부자가 되었다.

이들은 점령지에 수십 개에 달하는 십자군 국가를 세웠다. 그중에서 가장 큰 것이 예루살렘 왕국Kingdom of Jerusalem이며 이외에 안티오크 공국Principality of Antioch, 트리폴리 자치주 County of Tripoli 등이 있었다.

하지만 이런 십자군 국가들은 모두 방어가 튼튼하지 않았다. 예루살렘을 빼앗기고 잠시 숨을 고르던 동방인들은 살라딘Saladin의 지휘 아래 십자군 국가를 하나씩 무너뜨리더니 1187년에 마지막 십자군까지 격퇴하고 예루살렘을 되찾았다. 이후 독일 황제와 영국, 프랑스의 왕은 다시 제2차, 제3차 십자군을 조직했으나 모두 실패로 끝났다.

13세기 초, 제4차 십자군이 조직되었다. 이들은 원래 베네치아에서 배를 타고 이집트에 상륙할 계획이었으나 도중에 베네치아 상인들의 꼬드김에 넘어가 뜻밖에도 공격 대상을 비잔티움 제국으로 전환했다. 이교도를 제압하겠다는 원래의 목표를 잊은 채, 같은 종교를 믿는 나라를 공격한 것이다. 이것은 그들의 목적이 더 이상 '성지 수복'이나 '이교도 정벌'이 아니라는 의미였다. 이때의 공격으로 허를 찔린 비잔티움 제국은 거의 1,000년에 걸쳐 쌓아온 문화 예술 유산을 모두 강탈 혹은 훼손당했다.

십자군 원정은 200년에 걸쳐 모두 여덟 차례나 계속되었다. 그러다가 1291년에 십자군이 점령한 마지막 도시인 아크레Acre가 이슬람교도에 의해서 함락당하면서 십자군 전쟁이 막을 내렸다.

실패의 원인

십자군 전쟁이 실패로 끝난 가장 큰 원인은 조직력과 통일성 부족을 들 수 있다. 십자군에 너무 많은 계층의 사람들이 참여한 바람에 같은 적을 맞이해 싸우면서도 끝까지 단결하지 못했다. 또 구성원들의 경제적 사정이 모두 다르다 보니 각자 보유한 장비 역시 모두 달랐다. 예를 들어 갑옷을 입은 기사는 기다란 검과 날카로운 표창을 사용했지만, 기마병과 보병은 날카로운 송곳이나 창, 혹은 도끼를 들었다. 또 농민과 시민들은 단검, 손도끼, 장창 등을 들고 싸웠다. 그럼에도 지휘관들은 기사나 기병을 활용한 전략, 전술만 채택한 탓에 적과 일대일로 맞붙었을 때 서로 유기적으로 협동하지 못했다.

반면에 십자군과 싸운 아랍인과 터키인들은 주로 경장기병으로 전투를 벌일 때 우선 엄청난 양의 화살을 쏘고 나서 포위하고 맹공격을 퍼부었다. 그렇게 적을 분산해서 고립시킨 후 다시 공격해서 격퇴하는 전술을 채택했다.

전쟁 이후

1096부터 1291년까지 거의 200년 동안 계속된 십자군 전쟁은 지중해 지역 사람들에게 엄청난 재앙인 동시에 서유럽인의 큰 희생을 요구했다. 하지만 십자군 전쟁은 동방 무역 시장을 개척했으며 유럽의 상업, 은행, 화폐 경제 등에 혁명에 가까운 발전을 일으키는 계기가 되었다. 이것은 이후 자본주의를 탄생시키는 데 유리한 조건을 제공했다. 또한 동서양 문화 교류가 활발해져서 아라비아 숫자, 대수학代數學, 나침반, 화약, 제지製紙 기술 등이 모두 이 시기에 유럽으로 전해졌다.

십자군 전쟁은 군사와 전쟁 기술의 발전에도 큰 의미가 있다. 유럽인들은 인화물질, 화약, 화기에 대해 알게 되었으며, 나침반을 사용하면서 해군이 더욱 발전하게 되었다. 노를 저어 움직이는 전함이 범선을 대체했으며 전장에서 경장기병의 활용과 역할이 더욱 중요해졌다.

몽골 제국의 정복 전쟁

몽골 제국은 13세기 전반부터 중앙아시아와 동유럽으로 나아가 정복 전쟁을 벌였다. 칭기즈칸 Chingiz Khan과 그의 계승자들은 타고난 용맹함과 뛰어난 전투력으로 유럽과 아시아 대부분 지역을 정복했다. 그들은 몽골을 중심으로 칩차크Qipchaq, 차가타이Chagatai, 오고타이Ogotai, 일한국Ilkhanate으로 이루어진 거대한 제국을 건립했다.

칭기즈칸과 그의 신하들

몽골 제국의 부상

몽골족은 고대 중국의 북방 민족 중 하나다. 그들은 오랫동안 원시 유목 생활을 해오다가 12세기에 들어 만리장성 이북, 바이칼 호수Lake Baika 이남, 그리고 동서로 각각 다싱안링大興安嶺 산맥과 알타이Altai 산맥에 둘러싸인 광활한 지역에 여러 개의 부락을 형성했다. 이후 시간이 흐르면서 원시 씨족사회가 해체되고 사유제가 탄생했으며 12세기 말부터 13세기 초까지 민족 통일의 기반을 다졌다. 그리고 얼마 후 테무진鐵木眞이 몽골 부락의 통일을 주도해서 차례로 타타르Tatars, 케레이트Keraits, 나이만Naimans, 메르키트Merkits 등 모든 부락을 통일했다.

1206년, 몽골 각 부락의 부락장들이 오논 강Onon River 부근에서 회의를 열었다. 그들은 테무진을 대칸大汗, Khagan으로 추대하고 칭기즈칸이라 부르기로 했다. 이렇게 건립된 몽골 제국은 영토를 확장하기 위해 끊임없이 전쟁을 벌였는데 남쪽으로는 중국 남송南宋과 금金나라, 서쪽으로는 중앙아시아와 동유럽 국가들이 그들의 주요 목표가 되었다.

몽골 제국의 서쪽 정벌은 크게 칭기즈칸의 정벌1217~1225, 바투칸Batu Khan의 정벌1235~1244, 그리고 훌라구칸Hulagu Khan의 정벌1253~1260로 나눌 수 있다.

칭기즈칸의 정벌

1217년, 칭기즈칸은 장군 무칼리Muqali에게 남쪽으로 내려가서 금나라를 멸망시키고 영토를 빼앗으라고 명령했다. 동시에 자신도 병사를 이끌고 서쪽으로 이동했다. 당시 메르키트와 나이만 부락의 잔당이 추하楚河 유역으로 도망가서 씨족 세력을 모으며 재기할 기회를 노리고 있었기 때문이다. 1217년 가을, 칭기즈칸은 장군 수부타이Subutai에게 메르키트의 잔당들을 소탕하라는 명령을 내렸다. 그는 대규모 병사를 지휘해 쑹산嵩山을 넘어 추하에 다다르고서, 전쟁을 벌여 임무를 완수했다.

다음해, 칭기즈칸은 이번에는 장군 제베Jebe에게 병사 2만 명을 내어주고 나이만의 잔당을 소탕하라고 명령했다. 나이만족의 지도자 쿠츨루크Kuchluk는 알말리크Almalik와 전쟁 중이었는데 몽골군이 자신의 세력 기반인 카라 키타이Kara Kitai(서요西遼)로 몰려온다는 소식을 듣고 깜짝 놀라 급히 서쪽으로 도망갔다. 제베는 계속 서쪽으로 진격해서 카라 키타이군을 제압하고 수도 발라사군Balasaghun까지 점령했다. 한편 카슈가르Kashgar까지 간 쿠츨루크는 그곳 주민들의 배척을 받아 하는 수 없이 그곳을 떠나 더 서쪽으로 이동했다. 이후 제베는 바다흐산Badakhshan, 와칸Wakhan 등 쿠츨루크가 가는 곳마다 끝까지 쫓아가서 마침내 그를 죽이고 카라 키타이를 멸망시켰다.

칭기즈칸의 다음 목표는 이슬람 세계의 강국 호레즘Khorezm이었다. 호레즘과 화친和親을 맺기 위해 보낸 사절단이 무참히 죽임을 당하자 칭기즈칸은 복수를 다짐하고 1219년에 정벌에 나섰다. 여기에는 그의 네 아들 주치Jochi, 차가타이Chagatai, 오고타이Ogotai, 툴루이Tului와 장군 수부타이, 제베도 동행했다. 위풍당당한 몽골군은 중앙아시아를 가로지른 후, 1220년에 호레즘의 도시 사마르칸트Samarkand를 공격했다. 호레즘 왕인 샤Shah 무하마드 2세Muhammad Ⅱ가 도망가자 칭기즈칸은 수부타이와 제베에게 그를 끝까지 추격하라고 명령했다. 이에 몽골군은 서쪽으로 카스피 해와 흑해 사이의 캅카스Kavkaz, 러시아까지 진격했으며 1223년에는 킵차크Kipchak족과 러시아 연합군까지 제패했다. 칭기즈칸은 따로 호레즘의 태자 잘랄 웃딘 멩구베르디Jalal al-Din Menguberdi를 끝까지 추격해서 인더스 강 유역에서 전투를 벌이고 그를 처치했다. 1225년, 칭기즈칸은 동쪽으로 되돌아오면서 그동안의 정복지를 모두 살피고 새로 얻은 땅을 네 아들에게 나누어 주었다.

▌ 훈련 중인 몽골 기병

바투칸의 정벌

1227년, 칭기즈칸이 탕구트 Tanguts(서하西夏)를 정벌하고 얼마 지나지 않아 사망하자 그의 아들 오고타이가 칸의 자리에 올랐다. 오고타이는 1235년에 형 주치의 둘째 아들 바투Batu에게 군사 50만 명을 내주고 서쪽으로 정벌하라고 명령했다. 바투가 이끄는 원정군은 곧 호레즘을 무너뜨리고 샤 잘랄 앗딘 밍부루누Jala ad-Din Mingburnu를 죽였다. 또 이어서 러시아로 진격해서 모스크바를 함락시키고, 키예프의 여러 성을 무너뜨렸다.

동유럽에서 전쟁을 벌이는 몽골 제국의 철기병

이후 바투는 병력을 두 개로 나누어 유럽 대륙의 중심부를 향해 나아갔다. 1241년, 북쪽 방향으로 가던 몽골군이 폴란드 서남부의 레그니차Legnica에서 폴란드와 유럽 각국의 연합군을 제패했다. 바투가 직접 지휘한 정예군은 헝가리로 들어가서 대승을 거두었으며 곧장 이탈리아의 베네치아를 향해 진격해서 유럽 대륙을 두려움에 떨게 만들었다. 그런데 바로 이때, 오고타이가 사망했다는 소식이 전해지자 바투는 원정을 멈추고 회군을 결정했다. 그는 1243년에 킵차크한국Kipchak Khanate을 세웠다.

훌라구칸의 정벌

몽골 제국의 제4대 칸으로 몽케칸Möngke Khan이 즉위한 후, 그의 동생 훌라구가 서쪽으로 정복 전쟁을 떠났다. 그의 주요 목표는 서남아시아로 지금의 카스피 해 남안의 이란 북부 지역에 있는 이슬람 국가를 멸하는 것이었다. 1257년, 훌라구가 이끄는 몽골군은 알무라이al-Mura'i를 장악한 후 계속 서쪽으로 나아갔다. 이후 그들은 바그다드Baghdad를 점령하고 80만 명을 죽였으며 압바스 왕조Abbasids를 멸망시켰다.

1260년, 훌라구는 다시 이슬람의 성지 메카와 다마스쿠스까지 모두 점령했다. 이렇게 승승장구하며 다음 목표로 향하려던 그에게 몽케칸의 사망 소식이 전해졌다. 그는 즉시 회군하기로 결정하고 대신 장군 키트부카Kitbuqa에게 병력 2만을 주면서 계속 시리아 각지를 점령하라고 명령했다. 키트부카가 이끄는 몽골군은 카이로를 점령한 후 이집트의 투항을 기다렸으나 파라오는 끝까지 저항하는 쪽을 택했다. 얼마 후 다마스쿠스 남쪽에서 벌어진 결전에서 몽골군이 크게 패했고 키트부카 역시 이 전투에서 사망했다. 승기를 잡은 이집트는 다마스쿠스 등 몽골 점령지로 가서 그곳에 남아 있던 몽골 관리들을 모두 죽였다. 몽골이 잠시 점령했던 시리아는 이집트의 영토가 되었으며 이로써 이집트와 아프리카 대륙까지 모두 정복하려는 몽골 제국의 정복욕이 한풀 꺾이게 되었다.

몽골 제국의 멸망

강력한 칸이 통치하는 몽골 제국은 1217년부터 1260년까지 거의 반세기 동안 역사상 전무후무한 대제국을 건설했다. 그들의 성공 비결로는 가까운 곳을 차례로 점령하면서 점차 먼 곳으로 나아간 것, 점령지에 오래 머무르지 않고 빠른 속도로 진격한 것 등을 들 수 있다. 몽골의 주요 군사 기술과 전략은 주로 한나라의 것을 따랐으며 특히 한나라에서 배운 대포 제작 기술을 전장에서 매우 유리하게 사용했다. 또 무척 많은 병력을 동원한 것으로 유명한데 예를 들어 바투칸은 나라의 장남들을 모두 전쟁에 투입했다. 오고타이칸 역시 "장남을 출정시키면 그 수와 위력이 하늘을 찌를 것이다."라고 말했다. 그뿐만 아니라 오랜 유목 생활을 통해 신출귀몰한 기마 기술을 지닌 기병들은 전투력이 상당히 뛰어났으며 장거리 작전에서 크게 활약했다. 몽골 제국이 정복 전쟁을 벌인 당시 유럽과 아시아의 여러 나라는 여러 개의 작은 공국으로 분열해서 갈등을 빚고 있었던 탓에 외부 세력의 공격을 받고도 단결해서 대응하지 못했다. 예를 들어 호레즘은 이슬람 세계의 대국이었으나 병력이 곳곳에 분산되어 있었으며 소극적으로 방어했기 때문에 몽골군의 공격을 버텨내지 못하고 멸망했다.

백년전쟁의 시작

11세기의 노르만 정복 이후, 영국은 결혼으로 맺어진 복잡한 혈연관계를 근거로 프랑스에 많은 영지를 차지했다. 이런 상황은 유럽 대륙의 패권국이 되고자 하는 프랑스의 입장에서 정말 치욕스러운 일이었다. 그래서 프랑스는 영토를 되찾을 방법과 기회를 꾸준히 모색했으며 그럴수록 영국과 갈등을 빚었다. 이 갈등은 14세기 초에 극도로 첨예해져서 무력 외에는 해결할 방법이 없는 지경이 되었다. 양측은 가장 먼저 풍요로운 플랑드르Flandre 지역을 두고 양보할 수 없는 싸움을 시작했다. 이곳은 방직업이 발달했으며 원자재인 양모를 모두 영국에서 수입해서 사용해서 영국에 큰 이익을 안겨주었다. 그런데 1328년, 프랑스가 돌연 이 지역을 점령하자 영국의 왕 에드워드 3세Edward Ⅲ는 양모 수출을 금지하는 것으로 맞불을 놓았다. 진퇴양난에 빠진 플랑드르는 원자재의 산지를 잃을 수는 없는 노릇이라 영국을 지

1346년 8월에 벌어진 크레시 전투에서 영국은 자영농으로 이루어진 새로운 보병 부대를 투입했다. 그들은 주로 기다란 활과 예리한 화살을 사용했다.

지하며 에드워드 3세를 플랑드르의 영주이자 프랑스의 왕으로 인정했다. 이 일은 양국의 갈등의 골을 더욱 깊게 만들었다.

전쟁의 도화선

전쟁을 벌이게 된 직접적인 계기는 바로 프랑스의 왕위 계승 문제였다. 1328년, 프랑스 왕 샤를 4세Charles Ⅳ가 계승자 없이 사망하자 프랑스 귀족 회의는 샤를 4세의 가장 가까운 친족인 발루아Valois 백작 필리프Philippe를 왕으로 추대해 필리프 6세Philippe Ⅵ로 옹립했다. 그러자 영국의 에드워드 3세가 반대하고 나서면서 자신이 프랑스의 이전 왕인 필리프 4세Philippe Ⅳ의 외손자이므로 자신이야말로 프랑스 왕위의 합법적인 계승자라고 소리 높여 말했다. 필리프 6세는 에드워드 3세의 거만하고 기고만장한 모습에 무척 화가 나서 반드시 보복하겠다고 마음먹었다. 1337년 5월 24일, 절치부심한 필리프 6세가 에드워드 3세의 땅인 귀엔Guyenne을 몰수하겠다고 선언했다. 영국은 당연히 이를 받아들이지 않았고 같은 해 10월, 출병해서 프랑스로 진격했다.

계속되는 전투

1337년 11월, 영국 왕 에드워드 3세가 대규모 군대를 이끌고 프랑스로 진격하자 프랑

스는 전투마다 연이어 패하면서 많은 영토를 잃었다. 1340년 6월, 슬루이스Sluys 인근 해역에서 벌어진 해전에서 영국은 프랑스에 큰 타격을 입히고 주변 해역을 모두 장악하게 되었다.

1346년 8월 26일 해질 무렵, 영국과 프랑스가 크레시Crécy에서 대치했다. 당시 영국의 보병은 대부분 자영농으로 구성되었으며 주로 기다란 활과 예리한 화살을 사용했다. 총 병력 약 1만 정도인 영국군은 화기와 경장기병을 모두 투입해서 다양한 전술을 채택했고 전투력이 강한 편이었다. 이에 반해 프랑스의 병력은 수적으로 우세했지만 대부분 이탈리아 용병이었다. 프랑스의 정예군은 봉건 지주 출신의 중장기병으로 구식 기마술을 사용했는데 단독으로는 전투력이 뛰어날지 몰라도 서로 유기적으로 협동 작전을 구사하는 데는 관심조차 없었다.

이 전투에서 영국은 기병들을 모두 말에서 내려 싸우도록 했으며 양쪽 날개에는 장창을 든 보병을 세웠다. 프랑스는 제노바Genova 궁병들이 최전방에 서고 그 뒤에 기병을 세웠다. 궁병들은 적을 향해 무조건 많은 화살을 쏘는 데만 집중했을 뿐 명중률은 그다지 높지 않았다. 반면에 영국군의 기다란 활은 사정거리가 350미터에 달해서 멀리 있는 적에게까지 닿았으며 명중률도 상당히 높았다. 전투가 벌어지고 얼마 지나지 않아 프랑스군에서 엄청난 사상자가 발생했다. 전투 대형이 무너지자 이번에는 기병이 앞에 나섰지만, 영국의 방어선을 뚫는 일은 쉽지 않았다. 영국군은 프랑스 기병 가까이 와서 쉴 새 없이 화살을 쏘았다. 프랑스는 이 전투에서 막대한 손실을 입으며 대패했고 영국은 해상에 이어 육상에서까지 유리한 고지를 차지했다.

크레시 전투 중의 에드워드 3세

크레시 전투에서 승리를 거둔 후, 영국군은 파죽지세로 계속 북쪽으로 나아갔으며 에드워드 3세는 의기양양해서 더 큰 규모의 공격을 준비했다. 그런데 칼레Calais에 입성한 영국군 중 상당수가 흑사병에 걸리는 일이 발생했다. 에드워드 3세의 계획은 뜻하지 않은 전염병으로 물거품이 되었고 전쟁은 이후 10년 동안 휴전했다.

1356년 9월, 영국과 프랑스는 푸아티에Poitiers
에서 맞붙으며 다시 전쟁을 시작했다. 이 전투
에서 에드워드 3세의 아들인 흑태자Black Prince
에드워드가 직접 지휘한 영국군은 프랑스군을
거의 전멸시키다시피 했다. 프랑스 국왕 장 2
세John Ⅱ를 비롯한 많은 귀족, 대신이 포로가
되었고 영국은 이를 빌미로 거액의 배상금을
요구했다. 프랑스에서는 계속되는 패배에 경제
가 무너지고 국민들의 부담이 가중되었다. 불
만과 분노에 가득 찬 파리 시민들이 반란을 일
으켰으며 지방 곳곳에서도 농민 반란이 발생했
다. 곤경에 빠진 프랑스는 하는 수 없이 1360년
에 치욕적인 '브레티니 조약Treaty of Bretigny'을 체
결했다. 조약에 따라 영국 왕이 프랑스 왕위를
포기하는 대신 프랑스의 칼레 및 서남부의 대
부분 영토를 차지하면서 백년전쟁의 첫 단계가
끝났다.

1356년 9월의 푸아티에 전투. 에드워드 3세의 아
들인 '흑태자'가 직접 군대를 지휘해서 프랑스군을
물리쳤다. 이 전투에서 프랑스 국왕 장 2세를 비롯
한 많은 귀족, 대신이 포로가 되었으며 영국은 이
를 빌미로 거액의 배상금을 요구했다.

다시 시작된 전쟁

1364년, 프랑스의 장 2세가 사망하고 샤를 5세Charles V가 왕위에 올랐다. 얼마 후 그는 궁정회의에서 "지금이야말로 사악한 영국인들을 굴복시켜야 할 때라고 생각하오! 짐은 모든 신하와 백성을 이끌고 우리 것을 모두 되찾아 오겠소!"라고 말했다. 샤를 5세는 이전 전쟁에서 형편없는 전투력으로 연이어 패배한 기사 부대를 해체하고 보병을 모집했으며 야전포병과 해군 함대도 새로 건립했다. 마침 영국에 흑사병이 크게 유행해 사회가 크게 혼란해지자 샤를 5세는 이 기회를 놓치지 않고 영국에 빼앗겼던 땅을 하나씩 되찾기 시작했다.

프랑스의 도전

1372년, 프랑스 함대는 라로셸La Rochelle에서 영국 함대를 격파하고 서북부 연해를 장악한 것을 시작으로 1370년대 말까지 영국 해군을 연해의 후미진 곳까지 밀어붙여 무력하게 만들었다. 이렇게 해서 프랑스는 영국에 패배하지 않을 것이라는 자신감을 얻었다. 그런데 다시 한 번 힘을 내서 잃어버린 땅 전체를 되찾기로 결정했을 때 그만 샤를 5세가 사망하고 말았다.

1380년에 왕위를 계승한 샤를 6세Charles VI는 정신적으로 미약해서 나라를 제대로 통치할 수도 없었으니 전쟁을 지휘하는 것은 불가능한 일이었다. 영국의 입장에서 샤를 6세의 즉위는 잠시 숨을 돌릴만한 기회였지만 영국은 여전히 흑사병에서 완전히 벗어나지 못한 상태로 전쟁 준비를 할 여력조차 없었다. 결국 1396년, 영국과 프랑스는 '20년 정전 협정'을 맺었다.

헨리 5세의 반격

흑사병 유행이 어느 정도 진정되자 영국인들은 최근의 전투에서 프랑스에 연이어 패배한 것에 대해 깊이 생각하고 복수를 도모하기 시작했다. 1399년, 랭커스터Lancaster의 공작 헨리Henry가 리처드 2세Richard

1415년 10월 25일, 영국과 프랑스는 아쟁쿠르에서 단병 접전을 벌였다. 이 전투에서 영국의 보병 부대는 뛰어난 전략, 전술을 구사해서 프랑스의 철갑기병과 싸워 이겼다.

Ⅱ를 퇴위시키고 의회의 추대를 받아 왕으로 옹립되었다. 그는 헨리 4세Henry Ⅳ가 되어 영국에 랭커스터 왕가House of Lancaster를 열었으며 1413년에는 그의 아들 헨리 5세Henry Ⅴ가 즉위했다.

헨리 5세는 즉위하자마자 프랑스와의 전쟁을 준비했다. 그는 1414년 8월에 대군을 이끌고 센 강 하구에 상륙해서 9월 하순에 프랑스의 거점 항구 도시 중 하나인 르아브르Le Havre를 공격해 점령했다. 이어서 그는 직접 중장기병과 궁병 약 5,000명으로 조직된 부대를 이끌고 육로로 칼레를 향해 진군했다. 영국과 프랑스는 1415년 10월 25일에 아쟁쿠르Agincourt에서 단병short sword 접전, 즉 서로 칼을 가지고 맞붙어 싸우는 전투를 벌였다. 전투가 벌어지는 동안 영국의 궁병은 프랑스 기병을 향해 활을 쏘아 아군을 엄호했다. 영국은 아쟁쿠르 결전에서 훌륭한 전략과 전술을 구사해 승리를 거머쥐었으며 이 전투는 헨리 5세의 명성을 널리 떨치는 기회가 되었다. 1417년 8월, 헨리 5세는 다시 한 번 프랑스를 공격했다. 그는 병사들과 함께 노르망디에 상륙한 후 소규모 전투를 치러가며 빠르게 진격해서 1419년에 루앙Rouen을 함락시켜 마침내 프랑스의 중심으로 들어가는 문을 열었다. 그런데 존망의 위기에 처한 프랑스에서 대형 봉건영주인 오를레앙Orléans과 부르고뉴Bourgogne 사이에 심각한 갈등이 발생했다. 1419년 9월, 프랑스의 황태자 샤를이 부르고뉴 공작인 장John을 가리켜 영국의 공격이 계속되는데 국가에 힘을 보태지 않고 개인적인 실속만 차리니 반역과 다름없다고 질책했다. 장은 이 말을 듣고 항의하면서 두 사람은 목소리를 높이며 서로 비난하고 언쟁을 벌이기 시작했다. 그런데 이때 샤를 뒤에 숨어 있던 기사 한 명이 갑자기 뛰어나오더니 예리한 검으로 공작을 찔러 죽였다. 이 사건으로 부르고뉴 가문은 큰 충격을 받고 반드시 보복하겠다고 마음먹고 우선 영국의 헨리 5세를 찾아가 함께 프랑스에 대항하겠다고 말했다. 그렇지 않아도 사기가 높은데 부르고뉴의 지원까지 받은 영국군은 매우 빠른 속도로 프랑스 북부를 점령했다. 승리는 이미 영국의 것이나 다름없었다. 1420년 5월 21일, 다른 방도가 없었던 프랑스는 '트루아 조약Treaty of Troyes'에 서명했다. 이 조약에 따르면 프랑스는 영국 프랑스 연합국의 일부분으로 헨리 5세는 프랑스의 섭정왕이 되었다.

헨리 5세는 프랑스에 대한 통치를 공고하게 하기 위해서 샤를 6세의 딸인 카트린Catherine 공주를 아내로 맞이했다. 그러나 운명이 모든 것을 가진 군주를 시기한 것인지 1422년, 헨리 5세는 전장에서 감염된 병으로 세상을 떠났다. 2개월 후에는 프랑스의 샤를 6세까지 사망했다. 그리하여 만 한 살도 되지 않은 아기 헨리 6세Henry Ⅵ가 영국의 왕이자 프랑스의 왕이 되었다.

백년전쟁의 끝

아직 어려서 나라를 통치할 수 없는 헨리 6세가 즉위했을 때 영국 정계에 치열한 세력 다툼이 일어
난 것은 어찌 보면 지극히 당연한 일이었다. 프랑스 남부 봉건 영주들은 영국이 국내 사정 때문에
프랑스에 신경 쓰지 않으니 이 기회에 따로 프랑스 왕을 세우기로 합의했다. 그들은 샤를 6세의 아
들인 황태자 샤를을 새로운 왕으로 옹립하고자 했다. 황태자 샤를은 원래 합법적인 왕위 계승자였
으나 헨리 5세의 위협을 받고 시농 성Chateau de Chinon으로 피신한 상태였다. 샤를이 왕이 되려고 한다
는 소식을 들은 영국은 1428년 10월에 프랑스의 남부로 가는 길목인 오를레앙 성을 공격했다. 외부
의 적을 마주한 프랑스인들은 국가와 민족을 위기에서 구하기 위해 애국심을 불태웠다. 농민과 성
안의 빈민들은 영국의 점령지 곳곳을 급습했으며 전국에 영국인을 몰아내자는 함성이 울려 퍼
졌다.

프랑스를 구한 성녀 잔 다르크

1429년 봄, 소녀 잔 다르크Jeanne d'Arc가 황태자 샤를을 알현해서 충성을 맹세하고 황태
자를 위해 온 힘을 다해 영국에 맞서 싸우겠다고 맹세했다. 같은 해 4월, 잔 다르크는 오
를레앙으로 가서 전투에 참여하라는 명령을 받았다. 그녀는 전선 가장 앞에 서서 용감하
게 병사들을 이끌었고 거침없이 적군을 물리쳤다. 잔 다르크의 고귀한 희생정신과 애국
심은 프랑스인들의 신뢰를 얻었고 그녀의 희생 덕에 샤를은 마침내 왕위에 올라 샤를 7
세Charles Ⅶ가 되었다. 잔 다르크의 명성은 나날이 드높아졌고 프랑스인은 그녀를 영웅시
했다. 그러자 잔 다르크의 인기를 시샘한 봉건 영주들이 음모를 꾸며 그녀를 무너뜨리고
자 했다.

1430년, 부르고뉴 가문 사람들이 전투 중인 잔 다르크를 사로잡아 끌고 가서 적국인
영국에 팔아넘기는 일이 발생했다. 그런데 이때 뜻밖에도 샤를 7세는 잔 다르크를 구하
려는 어떠한 노력도 하지 않았다. 그녀는 옥중에서 모진 고문을 받았지만 절대 영국인들
에게 굴복하지 않았다. 잔 다르크에 적대적인 사람들은 어떠한 방법으로도 그녀를 무너
뜨릴 수 없다는 것을 깨닫고 다른 방법을 생각해냈다. 결국 잔 다르크는 '마녀'로 모함받
아서 1431년 5월에 루앙Rouen 광장에서 화형에 처해졌다.

잔 다르크로 상징되는 프랑스의 반 영국 저항운동은 프랑스인의 민족의식이 확대되었
음을 의미했다. 이렇듯 백년전쟁은 후반으로 갈수록 프랑스의 반침략 전쟁으로 전환되
었으며 프랑스인들은 나라를 지키기 위해 정의롭게 투쟁했다.

잔 다르크가 억울하게 희생되고 나서도 반 영국 투쟁은 계속되었으며 영국은 이후의
전쟁에서 연이어 패배했다. 1435년, 부르고뉴 공작 필립 르 봉Philippe le Bon과 프랑스의 국

왕 샤를 7세가 만나 이전의 앙금을 풀고 내전을 중단하는 평화조약을 맺었다. 이를 통해 프랑스는 대 영국 전쟁에서 더 큰 힘을 얻었으며 1436년에 마침내 파리를 수복했다. 또 1445년에 강한 전투력을 갖춘 상비군을 조직하고 민족의식의 수준이 더 높아지면서 최종 승리를 위한 조건이 완비되었다. 1453년, 프랑스는 마침내 영국을 몰아내고 백년전쟁을 승리로 마무리 지었다.

백년전쟁, 백 년의 재앙

1337년부터 1453년까지 프랑스 왕위와 토지를 차지하기 위해 영국과 프랑스의 통치자들이 벌인 전쟁은 100여 년 동안 유럽 대륙의 정치 판도에 영향을 미쳤을 뿐만 아니라 양국 국민에게 엄청난 고통을 안겨주었다. 특히 전쟁이 벌어진 프랑스의 국민들이 받은 고통은 이루 말할 수도 없었다. 한 역사학자는 이 전쟁을 이렇게 비판했다. "백년전쟁은 100년 동안 계속된 살육 게임이었다. 왕과 귀족들이 오로지 자신의 이익을 위해 투쟁해서 얻어낸 것을 공적이라 부르고 서로 축하하며 연회를 베풀 때, 집과 농장, 가족을 잃은 사람들은 감히 큰 소리도 내지 못하고 흐느껴 울었다. 전쟁이 계속된 100년 동안 단 한 번도 울음소리가 그친 적이 없었다."

전쟁이 끝난 후, 프랑스 국왕 루이 11세Louis XI는 부르고뉴 공작 샤를이 주도한 '공익동맹League of the Public Weal'의 반란을 제압했다. 이로써 봉건제가 무너지고 이제 프랑스는 하나의 국왕 아래 통일된 국가가 되었다.

전쟁터는 아니었지만 100년간 이어진 전쟁의 늪에서 빠져나온 영국인들의 삶 역시 피폐해진 것은 마찬가지였다. 그들은 엄청난 인력과 물자를 제공했지만 아무것도 얻지 못했으며 오히려 처참한 지경에 이르렀다는 사실을 깨닫고 망연자실했다. 이후 영국은 유럽 대륙의 패권에 관심을 두지 않았으며 국가의 에너지를 영국 본토, 섬 주변의 해상 발전에 투입해서 해상 강국의 길로 들어섰다. 백년전쟁 후, 영국에서는 '장미 전쟁'이라 불리는 내전이 발생했는데 규모는 그다지 크지 않았지만 서로 무참히 죽고 죽이는 바람에 유서 깊은 귀족 가문들의 명맥이 거의 끊기다시피 했다. 이후 튜더Tudor 가문의 헨리 7세 Henry Ⅶ가 승리를 거두어 영국의 왕이 되면서 영국에서 튜더 왕가Tudor dynasty가 시작되었다.

잔 다르크는 여성이었으나 전쟁터에서 그 누구보다 도 용맹했다.

오스만 제국의 황금시대

한 시대를 풍미하고 그 위세가 영원히 계속될 것 같았던 제국도 역사 속으로 사라지거나 다른 모습이 되는 때가 분명히 온다. 여섯 세기에 걸쳐 화려하게 번영했던 오스만 제국도 그중 하나지만 후세 사람들은 여전히 그 위대함을 이야기하고 있다. 15~16세기에 오스만 제국은 유럽, 아시아, 아프리카를 모두 포함했으며 지금의 흑해와 홍해는 제국 안의 호수에 불과했다. 나일 강부터 도나우 강까지 오스만 제국의 기병이 지나간 길은 피비린내가 진동했고 유럽 전체가 '오스만 공포증'에 시달렸다.

오스만 제국

오스만은 투르크인Turk이 소아시아(지금의 터키 국경 안)에 세운 나라다. '돌궐족'이라고도 불리는 투르크인은 중국 한나라 때부터 줄곧 중국 북방에 살면서 한족漢族과 빈번하게 교류했다. 이후 583년경 투르크인은 다시 동투르크와 서투르크로 나뉘어 목축과 유목 생활을 이어갔다. 이들은 13세기 초에 살던 곳을 떠나 소아시아로 이주했으며 룸 셀주크al-Rum Seljuk의 영향력 아래 있는 사카리아 강Sakarya River 유역의 땅을 얻어 살았다. 여러 씨족 부락의 추장 중 한 명인 오스만Osman은 룸 셀주크의 세력이 약해지는 것을 보고 1293년에 부근의 부락을 합병하기 시작했다. 그리고 다시 이 지역의 비잔티움 제국 병력까지 몰아내서 통일 국가를 건설하고 제1대 술탄, 오스만 1세Osman I가 되었다.

1324년에 점령지인 부르사Bursa 사람들이 이주해 와서 살면서부터 이 나라를 오스만 제국Ottoman Empire, 이 나라 사람들을 오스만 투르크인이라고 불렀다.

오스만 1세의 황실 부대는 제국의 최정예군이 되었다. 그들은 매우 아름답고 화려하게 장식한 군복을 입어 신분을 드러냈다. 그림의 과장된 머리장식은 특별한 의식에 참여할 때 사용하던 것이다.

제국의 팽창

오스만 제국은 오스만 1세의 아들이 제2대 술탄 오르한 1세Orhan I가 되어 통치하면서 부터 크게 확장하기 시작했다. 오르한 1세는 두 종류의 상비군을 조직했는데 하나는 봉토를 받은 봉건 영주가 나라에 제공한 군대이고 다른 하나는 황실이 직접 조직한 군대다. 황실 부대는 원래 규모가 그리 크지 않았으나 좋은 장비를 제공하고 혹독한 훈련을 거친 결과 오스만 제국의 최정예군이 되었다. 이 부대의 병사들은 결혼하지 않고 평생 군인으로 살아야 하는 대신 좋은 대우를 받았으며 사회에서 누릴 수 있는 특권이 많았다. 설령 황실 부대에 들어가지 않더라도 오스만 제국의 남자 아이들은 어렸을 때부터 군사 훈련을 받아야 했다. 오스만 제국 사람들은 전쟁에서 공을 세우는 것이야말로 가장 큰 영광이라고 생각했고 건장한 신체, 용맹함, 영웅심 등을 무척 중요하게 생각했다.

당시는 비잔티움 제국이 이미 쇠락했고, 룸 셀주크도 분열되었던 때라 오스만 제국이 팽창 정책을 펼치기에 무척 유리했다. 이에 오스만 제국은 우선 룸 셀주크의 영토를 차지한 후 이곳을 근거지로 삼아 유럽으로 대외확장을 시작했다.

황금시대로 들어서다

오르한 1세의 아들인 제3대 술탄 무라드 1세Murad I는 트라키아 동부까지 진출했다. 1389년, 유럽의 여러 국가는 함께 손을 잡고 오스만 제국군의 진격을 저지해보려고 했지만 병력이 월등히 많은 오스만 제국을 당해내기에는 역부족이었다. 대패한 유럽 여러 나라는 결국 비잔티움 제국에 지원군을 보내달라고 요청했다.

오스만 제국은 제4대 술탄 바야지트 1세Bayazit I가 통치하던 1396년에 도나우 강 주변의 니코폴리스Nicopolis에서 유럽인들과 결전을 벌였다. 헝가리 왕국Kingdom of Hungary, 프랑크 왕국, 제노아 공화국Republic of Genoa의 병력으로 조직된 연합군은 어떻게 해서든지 오스만 제국을 저지하려 했지만 실패하고 말았다. 이제 유럽은 오스만 제국의 유럽 진출을 막을 방법이 없었다. 얼마 후 오스만 제국이 발칸 반도의 여러 지역까지 하나씩 장악하자 비잔티움 제국까지 큰 위협을 느꼈다.

한편 중앙아시아에서 부상한 티무르Timur 제국이 소아시아로 진출해서 오스만 제국을 자극하며 자주 충돌했다. 또 오스만 제국의 각 지방 유력자들이 반란의 기미를 보였으며, 설상가상으로 술탄의 네 아들 사이에 왕위 쟁탈 전쟁까지 벌어졌다. 이렇게 본국이 혼란해지자 이미 정복한 점령지마저 이탈하려는 움직임을 보였다. 내우외환의 위기에 빠진 오스만 제국은 하는 수 없이 잠시 확장을 멈추어야 했다.

오스만 제국은 15세기 초에 잠시 쇠락했다가 제7대 술탄 메흐메트 2세Mehmed Ⅱ 시대에 국력이 회복되어 다시 강한 국가가 되었다. 1453년, 메흐메트 2세는 30만 대군을 이끌고 콘스탄티노플을 공격했다. 오스만 제국군은 치열한 전투 끝에 5월 29일, 콘스탄티노플로 입성해서 1,000년을 이어 내려온 비잔티움 제국을 멸망시켰다. 오스만투르크인들은 3일 동안 이 도시에 머물면서 약탈을 일삼고 닥치는 대로 사람을 죽이거나 노예로 끌고 갔다. 메흐메트 2세는 콘스탄티노플을 이스탄불이라고 개명하고 이제 이 도시를 오스만 제국의 중심지로 만들겠다고 선포했다. 비잔티움 제국의 멸망은 동유럽을 보호하던 울타리가 사라진 것과 다름없었다. 오스만 제국은 이후로도 확장을 계속해서 중앙아시아에서 대규모의 영토를 점령했다.

제국의 번영

오스만 제국의 전체 역사에서 가장 번영한 때는 바로 제10대 술탄인 술레이만 1세Suleiman I 시기였다. '화려한 황제'로 불리는 술레이만 1세는 지금까지도 가장 위대한 술탄으로 손꼽힌다. 그는 즉위하자마자 전방위 유럽 공격을 계획하고 국가의 모든 역량을 투입했다. 그 결과 헝가리 왕국에 여섯 차례 출병했고, 오스트리아의 수도 빈을 포위, 공격했으며, 수차례 이란을 공격한 끝에 바그다드까지 빼앗았다. 그러나 서유럽에서는 신성로마제국의 강력한 저지에 부딪혀 별다른 성과를 거두지 못했다.

제11대 술탄 셀림 2세Selim Ⅱ는 키프로스Cyprus를 정복하고, 에스파냐를 격파했으며, 베네치아와 교황의 연합군까지 물리쳤다. 또 해군을 동원해서 지중해 동부를 장악한 후, 헝가리 왕국, 메소포타미아 및 북아프리카의 트리폴리Tripoli까지

▌'화려한 황제', 술레이만 1세

진출했다. 오스만 제국은 가장 넓게 확장했을 때 북쪽으로 오스트리아 국경을 넘어 러시아 국경 안까지 진격했고, 서쪽으로는 북아프리카 모로코Morocco까지 갔다. 또 동쪽으로는 아시아의 코카서스Caucasus와 페르시아 만Persian Gulf까지, 남쪽으로는 아프리카 내륙까지

갔다. 그 결과 오스만 제국은 유럽, 아시아, 아프리카의 40개 국가의 영토를 차지해 총 면적 약 600만 평방킬로미터에 달하는 대제국이 되었다.

콘스탄티노플 공격

잠시 침체했던 오스만 제국은 1451년 메흐메트 2세가 즉위한 후 다시 활기를 되찾았다. 메흐메트 2세는 2년여의 준비를 거쳐 1453년에 콘스탄티노플을 공격했다. 이곳은 삼면이 바다로 둘러싸였고 나머지 한 면은 금각만 Golden Horn Bay을 따라 삼중으로 된 견고한 성벽이 세워져 있었기에 난공불락의 요새였다. 콘스탄티노플 사람들은 금각만 진입로에 쇠사슬을 쳐서 오스만 제국의 침입을 철저히 막았다. 하지만 쉽게 물러설 오스만 제국이 아니었다. 4월 21일, 그들은 해상 봉쇄선을 돌파하기 위해서 우선 콘스탄티노플 성을 수비하던 제노바인을 매수했다. 그리고 갈라타 Galata를 따라 15킬로미터에 달하는 통나무를 깔고 그 위에 작은 전함 70여 척을 올린 후 끌어서 금각만 안쪽으로 함대를 이동시켰다. 이렇게 해서 콘스탄티노플에 대한 포위를 완벽하게 마친 오스만 제국은 격렬한 전투 끝에 5월 29일에 마침내 이 도시를 완벽하게 장악했으며 비잔티움 제국의 마지막 황제를 처형했다. 또 도시 안의 수많은 보물과 예술작품, 오랜 시간 내려온 인류 문화유산이 모두 파괴하고 성 안의 주민 6만 명을 노예로 끌고 갔다. 유명한 성 소피아 Hagia Sophia 성당은 이슬람 사원이 되었고 콘스탄티노플은 이제 이스탄불로 불리게 되었다.

장미 전쟁: 붉은 장미와 흰 장미

장미 전쟁Wars of the Roses은 영국 역사상 가장 잔혹하고 격렬한 내전이었다. 전쟁에 어울리지 않는 이 낭만적인 이름은 랭커스터 가House of Lancaster가 붉은 장미를, 요크 가House of York가 흰 장미를 각각 가문의 문장紋章으로 삼은 데서 유래했다. 그들은 모두 영국의 봉건 대大귀족으로 왕위를 놓고 갈등을 빚다가 30여 년에 걸쳐 치열한 전쟁을 벌였다.

왕위 계승권 전쟁

1337년부터 1453년까지 영국과 프랑스는 싸우다 멈추고, 다시 싸우기를 계속하며 100년에 걸쳐 전쟁을 벌였다. 이 백년전쟁 중에 영국의 봉건 귀족들은 개인의 권력을 강화하고 강한 사병을 조직해서 국왕조차 위협을 느낄 정도의 영향력을 키웠다. 전쟁이 끝난 후 그들은 막강한 병력을 바탕으로 국가의 최고 통치권까지 장악하려는 욕망을 숨기지 않았다.

100년을 이어온 전쟁에서 참패하자 영국 사회는 극도로 불안해졌다. 봉건 귀족들은 서로 탓하며 갈등이 격화되었고, 상인들은 프랑스라는 가까운 시장을 잃고 불만을 품었으며 신흥 귀족과 시민들 역시 랭커스터 왕가의 실정을 비판했다. 그들은 모두 새로운 왕조를 세워 더 나은 정치적, 경제적 지위를 차지하기 바랐다. 이때 요크 가문이 정권에 대한 강한 욕망을 드러내며 먼저 움직였다.

1327년부터 1377년

▌붉은 장미와 흰 장미

까지 에드워드 3세 시대가 끝난 후, 랭커스터 왕가는 몇 명의 국왕을 거쳐 헨리 6세에까지 이어졌다. 1422년 8월, 생후 9개월로 왕위에 오른 그는 자란 후에도 줄곧 무능하고 나약한 국왕이었으며 간헐성 정신질환까지 앓고 있었다. 1450년, 대부분 영국인은 이제 헨리 6세가 왕위에 적합하지 않다고 여겼으며 랭커스터 왕가의 합법성 문제까지 도마 위에 오를 정도로 왕실의 권위가 추락했다. 이런 상황에서 요크 가문은 자신들이 왕위계승을 하는 것이 더욱 합법적이라고 주장하기 시작했다.

　1453년, 헨리 6세의 정신질환이 발병하자 왕실은 황급히 향후 섭정 문제를 논의하는 회의를 열고, 야심만만한 요크 공작 리처드 플랜태저넷Richard Plantagenet, Duke of York을 섭정왕으로 선출했다. 하지만 섭정왕으로 만족할 수 없었던 그는 이내 노골적으로 왕위를 요구하기 시작했다. 그런데 얼마 후 1455년 헨리 6세의 병이 호전되면서 이번에는 왕위를 찬탈하려는 리처드 플랜태저넷을 반대하는 분위기가 형성되기 시작했다. 이에 화가 난 그는 헨리 6세의 왕비 마거릿Margaret of Anjou을 궁에서 내쫓았다. 그동안 병약하고 아무런 힘도 없는 남편을 대신해 랭커스터 왕가를 이끌던 마거릿 왕비는 궁에서 나온 후에도 요크 공작을 좌절시키기 위해 다른 귀족들과 비밀리에 연합하고 음모를 꾸몄다. 몇 차례 그녀가 세운 계획에 말려들어 곤욕을 치른 리처드 플랜태저넷은 화가 머리끝까지 나서 왕위에 오를 방법은 결국 무력밖에 없다고 확신하며 1455년에 장미 전쟁을 일으켰다.

불안한 화해

　1455년 5월, 헨리 6세는 레스터Leicester에서 요크 공작을 조사하기 위한 회의를 열라고 명령했다. 이때 리처드 플랜태저넷은 안전이 보장되지 않는다는 이유를 들어 용맹하고 호전적인 조카 워릭 백작 리처드 네빌Richard Neville, Earl of Warwick과 수천 명의 요크 가 병력을 대동하고 왔다. 헨리 6세 역시 왕비 마거릿, 서머싯 공작 에드먼드 시모어Edmund Beaufort, Duke of Somerset, 그리고 대규모 랭커스터 가 병력과 함께 회의장에 왔다. 5월 22일, 두 무장 병력이 세인트 올번스St. Albans 부근에서 대치했다. 오전 10시, 요크 공작이 먼저 헨리 6세의 병력을 공격하라고 명령했다. 서로 공격과 반격을 몇 차례 반복한 후 사상자 100명이 발생한 랭커스터 측이 더 이상 버티지 못하고 무너졌다. 헨리 6세 역시 화살에 맞아 부상을 입고 급히 근처의 작은 가죽 공방에 몸을 숨겼으나 전투가 끝난 후 발각되어 끌려 나왔다.

　1460년에 7월 10일, 양측은 노샘프턴Northampton에서 두 번째 전투를 벌였다. 이 전투에서 워릭 백작 리처드 네빌은 랭커스터 군대를 크게 격퇴하고 군대를 지휘한 헨리 6세는 다시 한 번 생포되는 치욕스러운 상황을 맞이했다.

무력으로 랭커스터 가를 완전히 제압한 요크 가는 이전보다 더 당당하게 왕위를 요구했다. 왕좌에 앉을 일만 남았다고 생각한 리처드 플랜태저넷은 아내와 함께 노스 웨일스North Wales로 와서 런던으로 갈 준비를 했다. 그는 1399년에 헨리 4세가 왕위에 오를 때처럼 모든 귀족이 자신을 지지할 거라고 굳게 믿었다. 하지만 얼마 후 열린 의회에서 귀족들은 모두 이 문제에 대해 침묵할 뿐 찬성도 반대도 하지 않았다. 당황한 요크 가는 가문의 족보까지 들고 와서 리처드 플랜태저넷이 앤트워프의 라이오넬Lionel of Antwerp 후손이라며 합법성을 주장했다. 그러나 최종 투표 결과 다섯 표 차이로 헨리 6세가 계속 왕위를 유지하게 되었다. 양측은 더 이상의 갈등과 충돌을 피하기 위해서 1460년 10월에 타협점을 찾았다. 즉 헨리 6세가 왕위를 유지하는 대신 그 계승자는 그의 아들 에드워드 왕자가 아닌 요크 가로 한다는 것이다. 이로써 요크 가는 원했던 것을 어느 정도 만족했으며 리처드 플랜태저넷은 헨리 6세의 섭정왕의 자격을 유지하게 되었다. 얼마 후 마거릿 왕비와 헨리 6세의 여섯 살 난 아들 에드워드 왕자가 런던에서 추방되었다.

랭커스터의 반격

추방된 마거릿 왕비는 물러서지 않고 복수를 다짐하며 스코틀랜드에서 병력을 끌어모았다. 1460년 크리스마스에 마거릿 왕비가 지휘하는 군사들이 요크 가의 영지를 공격하자 요크 가 역시 급히 병력을 동원해 반격에 나섰다. 그러나 적을 너무 얕잡아 보고 무턱대고 진격한 탓에 웨이크필드Wakefield에서 포위되고 말았다.

12월 30일, 사면초가에 처한 요크 가 병사들은 사방으로 흩어졌고 이때 요크 공작 리처드 플랜태저넷과 그의 둘째 아들 러틀랜드 백작 에드먼드Edmund, Earl of Rutland가 전사했다. 마거릿 왕비는 요크 공작의 머리를 자르고 종이 왕관을 씌워 모든 사람이 볼 수 있도록 높이 걸어서 조롱했다. 1461년 2월 26일, 리처드 플랜태저넷의 장남 에드워드가 아버지와 동생의 죽음에 분개해 병력을 이끌고 런던으로 진격해서 랭커스터 가와 결전을 벌여 승리했다. 3월 4일, 워릭 백작과 런던 지도층의 지지를 받은 그는 열아홉 살의 나이로 영국의 국왕 에드워드 4세Edward Ⅳ가 되었다. 이렇게 해서 장미 전쟁의 첫 단계가 마무리되었다.

장미 전쟁: 끝나지 않은 전쟁

에드워드 4세는 아버지의 뜻에 따라 전쟁에서 승리해 왕위에 올랐지만, 결코 이에 만족하거나 방심하지 않았다. 그는 스코틀랜드에 피신한 마거릿 왕비가 절대 포기하지 않을 것임을 잘 알고 있었기에 즉시 대규모 병력을 동원해서 북쪽으로 진격했다.

완벽한 승리

1461년 3월 29일, 양측은 요크 성 근처에서 마지막 결전을 벌였다. 그런데 랭커스터 군대는 바람을 마주하고 선 탓에 마침 몰아친 거센 눈보라를 맞아 앞조차 제대로 볼 수 없는 상황이었다. 그러다 보니 그들이 쏜 화살 역시 명중은커녕 적진까지 닿지도 않았다. 반면에 바람을 등지고 선 요크 군대는 창과 화살의 사정거리가 길어졌으며 큰 힘을 들이지 않고 언덕 아래로 질주할 수 있었다.

소극적인 자세로 방어만 계속하던 랭커스터는 마지막으로 언덕 아래의 적을 향해 반격하기로 했다. 양측은 해가 질 때까지 치열하게 싸웠으나 쉽사리 승패가 나지 않았는데 바로 이때, 요크의 지원부대가 도착했다. 이들은 랭커스터 군대가 미처 방어선을 구축하지 않은 곳을 찾아내어 측면에서 맹공격을 퍼부었다. 결국 버티지 못한 랭커스터는 사방으로 흩어졌으며 요크는 밤늦도록 끝까지 적을 추격했다. 마거릿 왕비는 헨리 6세, 신하 몇 명과 함께 급히 스코틀랜드로 피신했다.

1465년, 헨리 6세가 생포되어 런던 탑에 갇혔다. 마거릿 왕비는 더 이상 어찌해볼 도리가 없자 어린 아들을 데리고 프랑스로 떠났다.

1471년 4월, 에드워드 4세는 바넷에서 워릭 백작의 군대를 격퇴했다. 승기를 잡은 에드워드 4세는 계속 진격해서 5월 4일에 툭스베리에서도 승리를 거두었다.

요크의 내분

영국인들은 이제 평화를 되찾았으며 새로운 국왕의 통치 아래 사회가 안정될 것이라고 생각했지만, 예상과 달리 장미 전쟁은 아직 끝나지 않았다. 바로 요크 가 안에서 갈등이 발생한 것이다. 워릭 백작 리처드 네빌은 랭커스터 가와 전쟁을 벌이고 에드워드 4세를 왕위에 앉히는 데 커다란 역할을 했다. 그러나 에드워드 4세가 자신을 포함한 대귀족들을 압박하는 정책을 채택하자 크게 반발하며 다른 귀족들을 선동해 국왕의 권위에 도전했다. 에드워드 4세와 귀족들의 갈등이 날로 심해지던 1469년, 워릭 백작은 반란을 일으키고 에드워드 4세의 군대를 격퇴했다. 왕은 잠시 굴복하는 척하면서 다시 철저히 준비해서 워릭 백작의 세력을 무력화했다. 당황한 백작은 프랑스로 도망쳐서 한때 숙적이던 마거릿 왕비와 손을 잡았다. 그들은 1470년 9월에 영국으로 돌아와 함께 에드워드 4세를 공격하고 헨리 6세의 왕위를 되찾았다. 에드워드 4세는 황급히 플랑드르 지방으로 피신했다.

1471년 3월, 에드워드 4세는 독일과 플랑드르에서 용병을 모집해 반격을 준비한 후, 4월에 바넷Barnet에서 워릭 백작의 군대를 격퇴했다. 승기를 잡은 에드워드 4세는 계속 진격해서 5월 4일에 툭스베리Tewkesbury에서 랭커스터 가의 군대까지 전멸시키고 승리를 거두었다. 이때 헨리 6세가 처형되고 마거릿 왕비가 포로로 끌려가면서 영국에서 세 명의 국왕을 배출한 랭커스터 왕가가 완전히 막을 내렸다. 간신히 목숨을 보전한 리치먼드 백작 헨리 튜더 Henry Tudor, Earl of Richmond가 프랑스로 망명해서 랭커스터 가의 계승자로 인정받았을 뿐이다. 이후 요크 왕가가 통치하는 영국은 12년 동안 평화와 풍요를 누렸다.

1483년. 에드워드 4세가 사망했을 때 그의 아들 에드워드는 겨우 열두 살이었다. 그는 왕위를 물려받아 에드워드 5세가 될 예정이었지만 대관식 전날 밤, 숙부 리처드가 왕위를 빼앗고 스스로 왕위에 올라 리처드 3세가 되었다. 어린 에드워드와 그의 남동생은 런던 탑에 갇혔으며 이후 그들을 본 사람은 없다.

최후의 승자

1471부터 1483년까지 영국이 안정을 되찾으면서 에드워드 4세는 강력한 왕권을 바탕으로 충성하지 않는 대귀족을 모두 제압하고 처형했다. 1483년 4월, 에드워드 4세가 사망하자 그의 동생인 리처드가 조카인 에드워드 5세Edward V를 죽이고 왕위에 올라 리처드 3세Richard Ⅲ가 되었다. 그는 형과 마찬가지로 순종하지 않는 대귀족을 압박하며 잔혹하게 처벌하고 영지를 몰수하는 등의 정책을 채택했다. 이에 요크 가를 비롯한 귀족들이 반발하며 랭커스터 가의 계승자로 인정받은 헨리 튜더와의 연합을 도모하기 시작했다.

1485년 8월, 리처드 3세는 영국 중부의 보즈워스 필드Bosworth Field에서 헨리 튜더와 결전을 벌였다. 전투의 승패를 결정지은 것은 스탠리 가문이었다. 전투 초반, 이들은 중립을 지키며 관망하는 자세를 취했지만 결국 헨리 튜더 쪽에 서기로 결정하고 병력 3,000명을 지원해서 헨리 튜더에 큰 힘을 보탰다. 이 전투에서 리처드 3세가 전사하면서 영국의 요크 왕가가 막을 내렸다.

마침내 장미 전쟁을 끝낸 사람은 붉은 장미, 랭커스터 가문의 헨리 튜더였다. 그는 영국 왕위에 올라 헨리 7세Henry Ⅶ가 되었고 요크 가의 엘리자베스Elizabeth of York를 아내로 맞이했다. 두 개의 왕가를 통합하고 혹시 모를 요크 가의 반란에 대비하며 통치를 공고히 하기 위해서였다. 이로써 붉은 장미와 흰 장미는 하나가 되었다.

전쟁, 그 후

전쟁이 끝난 후, 영국은 평화와 안정을 되찾았지만, 전쟁의 결과는 처참하기 그지없었다. 승패와 관계없이 요크 가와 랭커스터 가의 수많은 귀족이 죽었으며 특히 조금이라도 왕위 계승 자격이 있는 대귀족은 거의 모두 처형되었다. 최종 승리를 거둔 헨리 튜더, 즉 헨리 7세는 전쟁이 끝난 후에도 왕위 계승 후보자들을 모두 처형해서 통치를 공고히 했으며 그의 아들 헨리 8세Henry Ⅷ 역시 이를 따랐다. 이렇게 한 나라 안에서 창끝을 서로에게 향하며 죽고 죽이는 전쟁이 30여 년이나 계속되고, 이후에도 그 여파가 계속되어 영국의 봉건 귀족들은 점차 끝없이 쇠락했다. 반면에 조금씩 발전하기 시작한 상인과 신귀족 계층이 그 자리를 대신해서 이후 영국의 정치사회가 새로운 단계로 발전하는 데 중요한 역할을 했다.

제 3 장

르네상스 시대의 전쟁

일반적으로 1494년에 프랑스가 일으킨 '이탈리아 전쟁Italian War'을 근대 유럽 역사의 시작으로 본다. 그러나 당시 사람들은 새로운 시대에 들어섰다고 자각하지 못했다. 역사는 언제나 느리고 조용한 흐름 속에서 우리가 알지 못하게 변화하기 때문이다.

이 시대의 국가들은 독립을 유지하기 위해 많은 대가를 치러야 했다. 우선 최신식 대포와 전투력이 뛰어난 용병을 갖추어야 했으며 성벽 하나도 전략적으로 공을 들여 지어야 했다. 통치자들은 이를 위해 점점 더 많은 세금을 걷거나 은행에서 돈을 빌렸는데 이런 이유로 만약 권력이 공고하지 않다면 아예 전쟁 자체가 불가능했다.

이 시대의 전쟁터에서는 고용주와 상업적인 계약을 맺은 무장용병의 활약이 두드러졌다. 16세기 프랑수아 1세François 1가 조직한 보병 군단은 산발적이고 조직력이 부족했지만, 국적에 관계없이 고용된 지휘자들의 통솔 아래, 먼 곳으로 가서 훌륭하게 싸웠다. 이처럼 용병들은 자신에게 돈을 지불한 고용주에 충성을 다했으며, 최선을 다해 계약 내용을 수행했다.

16세기에 들어서면서 유럽 대륙의 주요 국가들은 봉건제 사회에서 자본주의 사회로의 과도기에 들어섰다. 계몽 운동과 혁명은 봉건제와 종교의 금기를 깨뜨렸으며 산업혁명과 과학 기술의 발전은 군사 기술의 발전을 이끌었다.

1585년에 부싯돌총flint gun이 출현했으며, 구형 포탄 대신 유탄과 유산탄을 사용했고 장갑열차, 장갑전함, 지뢰, 수뢰가 등장했다. 이렇게 화기火器의 사정거리와 살상력이 증대되고 명중률이 높아지자 이에 대응해서 성벽이나 방어물을 더욱 견고하게 짓는 방법도 연구되었다.

프랑스의 이탈리아 원정

이탈리아 전쟁은 중세 유럽의 강국인 프랑스와 에스파냐가 이탈리아 반도를 차지하기 위해 벌인 전쟁이다. 그들은 이탈리아 반도 위에서 무려 반세기 넘게 치열한 전투를 벌였다. 프랑스가 이탈리아 반도에 진출하면서 시작된 이 전쟁은 에스파냐가 반도를 장악하면서 막을 내렸다.

이탈리아 전쟁에 참여한 용병들은 출신지에 따라 다양한 군복을 입었다.

전쟁의 배경

유럽 대륙의 남단에 위치한 이탈리아 반도는 삼면이 아름답고 따뜻한 지중해로 둘러싸여 있으며 지리적 이점을 바탕으로 일찍부터 무역과 상업이 크게 발달했다. 특히 십자군 전쟁이 끝난 후부터 동서양의 무역을 거의 독점하다시피 했으며 그 결과 베네치아Venice, 제노바, 피렌체Firenze 등지에서 자본주의가 싹트기 시작했다. 이탈리아 반도의 경제적 발전과 아름다운 문화, 지리적 이점은 유럽 대륙 강국들의 구미를 당기기에 충분했다. 특히 지리적으로 가까운 프랑스와 에스파냐의 통치자들은 모두 큰 관심을 보이며 호시탐탐 진출할 기회를 노렸다.

사실 이탈리아 반도 전체의 경제 상황과 발전 정도는 무척 불균등해서 그야말로 천차만별이었다. 대체적으로 북부는 비교적 발전한 편이지만 남부 경제는 이에 비해 크게 낙후했다. 남부의 여러 지역에는 여전히 봉건제가 존재했으며 농노에 대한 수탈도 심했다. 또 각각 왕국, 혹은 공국이라 불렸던 도시의 경제체제가 모두 다르고 정치적으로도 사분오열한 상태였다. 남부에서 비교적 발전한 밀라노Milano, 베네치아, 피렌체, 나폴리Napoli, 교황령Papal States 로마는 각각 독립된 정치체제를 유지했으며 서로 이해관계에 따라 경쟁하거나 갈등을 빚었고, 종종 충돌하거나 동맹을 맺기도 하는 등 복잡한 관계를 유지하고 있었다. 그러다 보니 각 지역의 통치자들은 권력을 공고히 하기 위해 강력한 외부 세력과 접촉하고 우호 관계를 맺는 것을 게을리하지 않았다. 이런 상황은 프랑스와 에스파냐가 이탈리아 반도에 진출하는 데 좋은 구실을 제공했다.

대 프랑스 동맹

1494년 1월, 나폴리의 왕 페르디난도 1세Ferdinand I가 사망했다. 그러자 프랑스의 샤를 8세Charles Ⅷ는 할아버지인 샤를 7세Charles Ⅶ가 앙주의 마리Marie of Anjou와 결혼했으니 자신이

1494년 8월, 샤를 8세는 영토를 확장하고 지중해 무역의 패권을 차지하기 위해 나폴리 원정을 시작했다. 그가 직접 지휘하는 원정군이 알프스 산을 넘으면서 이탈리아 전쟁이 시작되었다.

앙주 왕가House of Anjou의 합법적인 계승자라고 주장했다. 또 이를 근거로 페르디난도 1세의 영지를 이어받아 나폴리의 왕이 되겠다고 선언했다. 1494년 8월, 샤를 8세는 영토를 확장하고 지중해 무역의 패권을 차지하기 위해 나폴리 원정을 시작했으며 그가 직접 지휘하는 원정군이 알프스 산을 넘으면서 이탈리아 전쟁이 시작되었다.

이탈리아 북부와 중부의 여러 국가들은 샤를 8세에 별다른 저항을 하지 않고 이탈리아 반도를 가로질러 가도록 내버려 두었다. 덕분에 그는 전투를 벌이지 않고 원래의 병력을 유지하며 교황령 로마에 무사히 입성할 수 있었다. 1495년 1월, 샤를 8세는 로마 교황이 임명한 나폴리 국왕의 칙서를 받았다. 이 칙서에는 나폴리의 정치적, 종교적 권한을 샤를 8세에 위임한다는 내용이 담겨 있었으며 2월 23일, 샤를 8세는 위풍당당하게 나폴리로 진격해 스스로 왕이 되었다.

처음에는 크게 저항하지 않던 나폴리 사람들은 프랑스 병사들이 곳곳에서 약탈과 폭력 행위를 일삼자 반감을 품기 시작했다. 설상가상으로 샤를 8세가 터무니없이 많은 세금을 징수하려고 하자 불만이 극에 달했다. 비단 나폴리뿐 아니라 이탈리아 반도의 다른 여러 지역에서도 프랑스가 지나치다는 여론이 들끓었다. 1495년 3월, 에스파냐, 신성로마제국, 교황령 로마, 베네치아, 밀라노가 '대 프랑스 동맹'('베네치아 동맹' 혹은 '신성 동맹'이라고도 부른다.)을 맺고 프랑스를 비난했다. 이들은 계속 프랑스를 압박해서 이탈리아 반도에서 완전히 내쫓았다.

이탈리아 반도 위의 두 나라

남쪽으로 더욱 영토를 넓히겠다는 달콤한 꿈을 꾸었던 프랑스는 결국 아무것도 얻지 못한 채 이탈리아 반도에서 물러났다. 하지만 오히려 프랑스 내부의 봉건적 중앙 집권 체제는 강화되었다. 반면에 이탈리아 반도를 차지한 에스파냐는 오랜 전쟁의 후유증을 감당하지 못하고 빠른 속도로 쇠락의 길을 걸었다.

프랑스와 에스파냐

이탈리아 반도에서 프랑스가 쫓겨나간 후 이번에는 베네치아 공국이 주변으로 대대적인 영토 확장을 감행했다. 그러자 이탈리아 반도의 여러 지역이 베네치아에 반대하며 1508년 12월에 '캉브레 동맹League of Cambrai'을 맺었다. 그들은 함께 베네치아를 압박했으며 1509년 4월에는 로마 교황이 직접 베네치아에서 거행되는 종교행사에 참석하는 것을 거부했다. 얼마 후 프랑스의 루이 12세Louis XII가 다시 이탈리아의 분쟁에 간섭하기 시작했다. 그는 원정군을 보내어 베네치아 롬바르디아Lombardy의 영지를 점령했으며, 5월 14일에는 밀라노 부근의 아냐델로Agnadello에서 베네치아 군대를 격퇴했다. 프랑스는 두 번의 큰 승리를 비롯해 원정을 성공으로 이끌면서 이탈리아 북부 대부분을 점령했다.

프랑스가 이탈리아 반도에서 영향력을 계속 확대하자 위협을 느낀 교황령 로마, 에스파냐, 베네치아, 영국, 신성로마제국 등이 다시 대 프랑스 동맹을 결성했다. 루이 12세는 선왕인 샤를 8세보다 더 크게 실패했으며 나폴리에 대한 권리를 공식적으로 포기했다.

프랑스의 다음 국왕 프랑수아 1세는 왕위에 오르자마자 이탈리아 원정을 준비했다. 그는 이탈리아 반도를 두고 신성로마제국의 황제이자 에스파냐의 왕인 카를 5세Karl V(에스파냐에서는 카를로스 1세Charles 1로 불린다.)와 전쟁을 벌였다. 또 1515년 9월, 밀라노에서 17킬로미터 떨어진 마리냐노Marignano에서 밀라노 공작이 동원한 스위스 용병 군단을 무찌

프랑수와 1세는 1525년에 이탈리아 원정을 떠났지만 파비아 전투Battle of Pavia에서 대패하고 포로로 끌려갔다.

르고 밀라노 공국을 차지했다. 1516년 8월, 프랑수와 1세와 카를 5세는 '누와용 조약Treaty of Noyon'을 맺고 밀라노와 나폴리를 나누어 가지기로 합의했다.

프랑스의 패배

1521년, 카를 5세가 눈엣가시처럼 여기던 프랑스 병력을 밀라노에서 쫓아냈다. 절치부심한 프랑수와 1세는 1525년에 이탈리아 원정을 떠났지만 파비아 전투Battle of Pavia에서 대패하고 포로로 끌려가는 수모를 겪었다. 그는 1526년 1월, 마드리드 조약Treaty of Madrid에 서명하고 부르고뉴, 밀라노, 나폴리, 플랑드르에 대한 모든 권리를 포기한 후 풀려났다. 간신히 목숨을 보전한 그는 프랑스로 돌아오자마자 조약의 무효를 주장하며 다시 한번 결전을 준비했다. 이후 프랑스는 1527년, 1536년, 1542년에 연이어 에스파냐와 이탈리아 영토를 두고 전쟁을 벌였지만 모두 패배했다. 특히 1542년부터 1544년까지 이어진 세 번째 전쟁은 프랑수와 1세의 왕위를 계승한 앙리 2세Henry Ⅱ가 즉위 직후 벌인 것으로 카를 5세 및 그 계승자인 펠리페 2세Felipe Ⅱ에 맞서 맹렬하게 싸웠지만 역시 크게 패배했다. 1559년 4월, 앙리 2세는 '카토-캉브레지 조약Peace of Cateau-Cambrésis' 조약에 서명하고 이탈리아 반도의 영토, 즉 밀라노, 나폴리, 사르데냐를 모두 에스파냐에 넘겨주었다. 이렇게 해서 베네치아와 사보이Savoia를 제외하고 이탈리아 반도의 영토 대부분이 에스파냐의 손에 들어가면서 장장 65년이나 계속된 이탈리아 전쟁이 마무리되었다.

군사학으로 본 이탈리아 전쟁

이탈리아 전쟁은 중세 봉건 시대 전쟁의 특징이 모두 포함된 전쟁이었다. 봉건 시대의 전쟁은 주로 영토와 재물을 획득하기 위해 벌어졌으며, 복잡한 관계 탓에 어제의 적이 오늘의 동지가 되는 경우가 많았다. 또 단순히 적의 병력을 무력화시키는 데 치중했을 뿐 적을 전멸시키려는 시도는 없었다. 또 이탈리아 전쟁에서 다양한 신형 무기가 등장했는데 예를 들어 구식산탄총을 사용했으며 대포를 받치는 포가받침에 바퀴를 달아 기동성을 높였다. 처음으로 포병이 야전과 성벽 방어에 투입되었고 요새를 공격할 때는 먼저 적의 사정거리 밖에 포위선을 구축하고 섣불리 진격하지 않는 전략이 자주 이용되었다. 후방에는 우선 토목 공사로 저지선을 형성한 후 공격하는 전술이 등장했다.

한편 지휘관들은 이탈리아 전쟁을 치르면서 용병의 역할에 대해 회의를 느끼기 시작했다. 그들은 용병이 믿을만하지 못하며 결국 전장에서의 실력은 해당 국가의 정치, 경제 상황에 따라 좌지우지 된다는 것을 깨달았다. 또 군사 행동의 결말에 가장 큰 영향을 미치는 것은 다름 아니라 정치 외교적 실력이라는 사실을 알게 되었다.

오스만 제국과 이란 사파비 왕조

오스만 제국과 이란 사파비 왕조Safavid dynasty는 중동의 패권을 두고 치열하게 싸웠다. 그들은 이라크, 쿠르디스탄Kurdistan, 조지아Georgia 등의 영토를 차지하고, 유럽과 아시아 두 대륙을 잇는 전략적 요충지와 무역 교통선까지 장악하고자 했다. 그러나 오랜 기간 전쟁을 계속했음에도 불구하고 승패를 가르지 못했으며 오히려 서아시아 고대 문명의 쇠락이 가속화되었다.

전쟁의 시작

이란 민족은 역사적으로 오랫동안 투르크족과 대립하며 갈등을 빚어왔다. 그러다가 이란에 시아파Shi'a派를 국교로 하는 사파비 왕조가 건립되면서 수니파Sunni派의 나라인 오스만 제국과의 대립은 더욱 극심해졌다. 재미있는 것은 사파비 왕조의 통치 집단이 아제르바이젠Azerbaijan 민족으로 투르크 어족語族이

▍ 16세기 오스만 제국의 기병

라는 사실이다. 이러한 공통점이 있음에도 두 나라는 수년에 걸쳐 전쟁을 벌였는데 이란 사파비 왕조의 거의 모든 외교 관계가 이 전쟁에서 비롯되었다고 해도 과언이 아니다. 오스만 제국을 위협하기 위해서 유럽의 합스부르크 왕가Habsburg Haus와 동맹을 맺은 것이 대표적인 예라고 할 수 있다. 두 나라의 군사, 종교, 정치적 분쟁은 여러 세기에 걸쳐 계속되었고 수니파와 시아파의 분쟁은 지금까지도 계속되고 있다.

오스만 제국과 이란 사파비 왕조는 모두 중세 서아시아의 대제국이었다. 두 나라 모두 이슬람을 국교로 했지만, 각각 파벌이 달라 종교 갈등이 극심했고 메소포타미아 지역을 차지하기 위해 끊임없이 충돌했다. 기본적으

▍ 16세기 오스만 제국의 전함

로 이란 사파비 왕조는 시아파를, 오스만 제국은 수니파를 신봉했지만 오스만 제국 안에도 시아파 교도가 많은 편이었다. 이에 사파비 왕조는 아나톨리아 지역의 작은 나라들을 조종해서 오스만 제국의 시아파들이 반란을 일으키도록 부추겼다. 1513년, 오스만 제국의 술탄 셀림 1세Selim 1가 시아파의 반란을 잔혹하게 진압하는 과정에서 시아파 교도가 5만 명이나 죽자 이란 사파비 왕조가 이에 격분해서 전쟁을 일으켰다.

전반전

1514년 8월 23일, 오스만 제국군과 이란군 8만 명이 아제르바이젠 남쪽 찰드란Chaldiran 에서 격렬한 전투를 시작했다. 오스만 제국군은 보병, 기병뿐 아니라 강력한 포병까지 갖추고 있었지만, 이란군은 말을 타고 칼과 장창을 든 기병뿐이었다. 이란군은 본격적인 전투에 앞서 충분한 휴식을 취하고 힘을 비축한 후 적을 상대했지만, 활강포를 이용해서 다양한 전술로 공격을 퍼붓는 오스만 제국군을 당하기에는 역부족이었다. 오스만 제국은 마침내 이란군을 무너뜨리고 수도를 점령했다. 얼마 후 1515년에 다시 한 번 전쟁이 벌어졌지만 역시 이란군이 대패했다. 이때부터 1516년까지 셀림 1세는 서부 아르메니아, 쿠르디스탄과 모술Mosul을 포함한 북메소포타미아 인근까지 모두 점령했다. 오스만 제국은 멈추지 않고 확장 정책을 펼쳐 시리아, 레바논, 팔레스타인, 이집트, 헤자즈Hejaz 및 알제리Algeria의 일부까지 모두 차지해서 대제국을 이루었다.

오스만 제국과 이란은 오랜 전쟁 기간에 비해 군사적으로 크게 발전하지 못했다. 16세기 말에야 비로소 전장총이나 화승총 같은 총포를 사용했고 정규군이 편성되었다. 포병은 오스만 제국에서 먼저 등장했으며 이들은 오스만 제국의 영토 확장 전쟁에서 큰 역할을 담당했다.

1533년, 오스만 제국의 슐레이만 1세는 오스트리아와 평화조약을 맺고 북쪽 지역을 안정시킨 후 조지아 서남부까지 진출했다. 이곳은 나중에 오스만 제국과 이란이 메소포타미아 지역에 대한 통치권을 두고 다투는 주요 전장이 되었다. 절치부심한 이란은 군사개혁을 단행해 마침내 포병을 갖추었다. 이후 두 나라는 서로 승패를 주고받으며 엎치락뒤치락하는 상황을 반복하다가 1555년에 평화조약을 체결하면서 잠시 안정되었다.

후반전

1578년, 이란 사파비 왕조에 내분이 발생하자 오스만 제국은 기회를 놓치지 않고 이란 원정을 준비했다. 크리미아Crimea 지역을 통치하는 여러 칸khan의 강력한 군사 지원을 받은 오스만 제국은 1555년에 체결한 평화조약을 깨뜨리고 1579년에 이란 원정을 시작했다. 파죽지세의 오스만 제국군은 금세 아제르바이젠과 이란 서부 지역 등 대부분 영토를 차지했다.

이란 사파비 왕조도 이대로 무너지지 않았다. 압바스 1세Abbas I의 재위 기간에 재기한 이란은 침략당한 서부 영토를 수복한 것은 물론 아프가니스탄 등 새로운 영토까지 확보했다. 그러나 우즈베키스탄의 봉건 영주들에 맞서 전쟁을 벌이고 이란 내부의 반란을 제압하느라 국력을 크게 소모한 나머지 오스만 제국에 다시 굴복하고 말았다. 결국 압바스 1세는 1590년 3월, 오스만 제국과 굴욕적인 '이스탄불 평화조약Treaty of Istanbul'을 체결했다.

17세기 초, 압바스 1세가 군사 개혁을 단행하면서 이란의 병력이 대대적으로 증강하고 전투력이 크게 상승했다. 그는 오랜 숙적인 오스만 제국과의 관계에서 주도권을 획득하기 위해서 오스만 제국에 적대적인 러시아를 비롯한 유럽 여러 나라와 외교 관계를 맺었다.

1602년, 이란은 거의 한 세기 내내 수동적으로 방어하고 질질 끌려 다니던 태도에서 벗어나 처음으로 오스만 제국에 선제공격했다. 이란과 달리 이전의 군사 체제를 그대로 유지했던 오스만 제국은 공격을 막아내지 못하고 속수무책으로 당했다. 1602년부터 1612년까지 10년간 이어진 전쟁에서 이란은 많은 영토와 재물을 획득했으며 1613년 11월에 유리한 조건으로 다시 한 번 이스탄불 평화조약을 체결했다.

물론 오스만 제국은 이 조약이 마음에 들지 않았다. 그래서 잠시 숨을 죽였다가 1616년에 다시 이란에 보복을 시도했지만 20년이나 전쟁을 벌였음에도 얻은 것이 없었다. 1639년 5월, 이란과 오스만 제국은 '주하브 조약Treaty of Zuhab'를 맺었다. 조약에 따라 국경은 현 상태로 유지하면서 이란은 예레반Yerevan을, 오스만 제국은 이라크를 각각 가지기로 합의했다.

16세기 중엽에 들어서면서 오스만 제국이 급속도로 쇠락하기 시작했다. 오랫동안 제국을 통치하던 술탄이 권력을 잃고 뒤로 물러났으며 총리가 그 자리를 대신했다. 근위병들은 노골적으로 술탄을 위협했으며 상업이 쇠락하고 국고가 줄었으며 사회 전체가 크게 불안해졌다. 그런 와중에도 1683년부터 1792년까지 오스만 제국과 이란은 끊임없이 전쟁을 계속하면서 승패를 주고받았다.

전쟁 이후

이슬람 봉건 제국인 오스만과 이란은 중동 지역의 패권을 쟁취하기 위해 각각 대규모 영토 확장 전쟁을 벌였다. 이들에게 점령된 지역들은 민족 해방과 반봉건 투쟁을 일으켰는데 오스만 제국과 이란은 상대방 점령지의 반란을 지원하는 방식으로 서로를 견제했다. 특히 조지아 지역은 두 제국 사이에 끼어 고통스러운 세월을 보내야 했다. 피비린내나는 전쟁 속에서 오스만 제국과 이란은 모두 큰 상처를 입었으며 함께 쇠퇴했다. 그 결과 한때 중동 지역의 패권을 다투던 두 나라는 영국, 프랑스, 러시아 등의 침입을 받아 유럽 열강에 종속되는 운명을 마주했다.

네덜란드 독립 전쟁: 자유와 독립을 향해

'낮은 땅'이라는 의미의 네덜란드Nederland는 원래 라인 강Rhein River, 뫼즈 강Meuse River, 셸드 강Scheldt River 하류 및 북해North Sea 연안 일대를 모두 포함하는 지역이었다. 다시 말해 오늘날의 네덜란드, 벨기에, 룩셈부르크, 프랑스 동북 지역에 해당한다. 16세기 초, 이 거대한 땅은 에스파냐 합스부르크 왕가의 영지였다.

네덜란드 사회

1516년, 페르난도 2세Ferdinand Ⅱ of Aragon가 사망하면서 에스파냐의 왕위가 그의 외손자인 신성로마제국 황제 카를 5세에게 계승되었다. 이로써 카를 5세는 신성로마제국의 황제이자 에스파냐의 국왕이 되었다. 또 1506년에 친가인 합스부르크 왕가로부터 네덜란드 지역을 계승 받았기 때문에 결과적으로 네덜란드는 에스파냐의 속령屬領이 되었다.

네덜란드 독립운동의 첫 번째 원인은 봉건 전제 통치와 자본주의의 충돌이었다. 당시 네덜란드는 유럽에서 자본주의가 가장 발달한 편이었다. 수공업과 상업이 모두 크게 번영했으며 농촌에서도 자본주의 성격을 띤 농장이 출현했다. 시민은 자산계급이 되었고 일부 귀족 역시 자산계급화된 신귀족으로 탈바꿈했다. 하지만 이러한 네덜란드를 통치하는 에스파냐는 여전히 봉건제 국가여서 네덜란드 자본주의 발전에 커다란 걸림돌이 되었다. 두 번째 원인은 바로 잠재되어 있던 민족 갈등이 수면 위로 드러난 것이었다. 네덜란드 사람들은 에스파냐의 통치에서 벗어나 민족의 독립을 이루기를 간절히 바랐다. 이밖에 천주교와 신교新敎의 갈등도 크게 작용했다. 당시 네덜란드 사람들은 대부분 칼뱅파Calvinist의 신교도였는데 천주교 국가인 에스파냐는 네덜란드의 신교도를 잔혹하게 박해했다. 신교와 구교, 자본주의와 봉건제의 갈등은 네덜란드 독립운동의 도화선이 되었다.

■ 종교 개혁가 마르틴 루터.

에스파냐의 가혹한 통치

1517년, 마르틴 루터Martin Luther의 종교개혁 이후 개신교가 북유럽에 빠르게 확산되었다. 네덜란드에도 루터파Lutheran, 칼뱅파 등 다양한 교파가 유입되었는데 여러

에스파냐의 악마의 가면을 받아 든 알바 공작이 네덜란드 각 지역 대표에 칼과 족쇄를 내리고 있다. 저 멀리 바깥에는 알바 공작의 법령에 따라 귀족들을 처형하고 있다. 이것은 네덜란드 독립 전쟁의 정당성을 알리는 그림이다.

교파 중 칼뱅파가 자산계급, 신귀족 및 노동자들의 지지를 받아 사회에 깊이 뿌리내리게 되었다. 네덜란드의 칼뱅파 신교도들은 점차 에스파냐의 봉건 전제 통치를 반대하는 사회 역량으로 발전했고 변화하는 사회에 불안을 느낀 전통 귀족들은 봉건적 토지 소유제 및 기득권을 지키기 위해 안간힘을 썼다. 그들은 독일의 루터파 제후를 모방해서 교회의 토지와 재산을 몰수하고 세력을 확대하려는 등 다양한 시도를 했다.

　전제적인 카를 5세는 경제가 발전하고, 도시가 성장했으며, 빠른 속도로 자본주의가 싹트고 있는 네덜란드에 전혀 어울리지 않는 통치자였다. 그는 네덜란드에 총독을 파견하고 경제, 정치, 행정기관 및 종교 재판소를 건립해서 종교를 비롯한 사회의 모든 방면에 전제적인 정책을 도입하려 했다. 이런 정책은 예전부터 각 지역 혹은 도시마다 어느 정도의 자치권과 독립된 권리를 누리며 살았던 네덜란드인들로서는 받아들이기 힘든 일이었다. 그뿐만 아니라 카를 5세는 신성로마제국의 전쟁 비용을 충당하기 위해 네덜란드 도처에서 천주교 교회를 내세워 거의 강탈에 가까운 과중한 세금을 가져갔다. 1550년, 카를 5세는 급기야 '피의 칙령Bloedplakkaat'을 발표하고 신교와 관련된 말이나 글을 복사, 보관, 전파, 매매하는 것을 모두 강력하게 금지했다. 이른바 '이단' 학설을 퍼트리는 자는 누구든 끌려가 남자는 머리를 잘려서, 여자는 산 채로 땅에 묻혀 죽임을 당했다. 카를 5세가 네덜란드를 통치하는 동안 총 5~10만 명이 종교적 박해를 받아 사망했다.

독립을 향해

1556년, 펠리페 2세가 카를 5세의 뒤를 이어 에스파냐의 왕이 되었다. 그는 선왕의 네덜란드 통치 정책을 그대로 이어받았을 뿐만 아니라 오히려 더욱 강화했다. 네덜란드 신귀족을 배척하고, 상인들이 에스파냐 및 그 식민지와 직접 무역하는 것을 금지했으며, 국채 보상을 거부하여 네덜란드의 여러 은행에 거대한 손실을 안겼다. 게다가 에스파냐에 양모를 파는 상인들에게 엄청난 세금을 부과했다. 이러한 정책의 여파로 네덜란드의 수많은 수공업 공장이 무너졌고, 노동자들은 직장을 잃었다. 종교 탄압도 여전해서 신교도를 무자비하게 박해했으며 예수회 활동을 강화했다. 또 네덜란드 교회를 개혁해서 주교구를 14개나 더 설치하고 직접 주교를 임명했는데 교회를 내세워 네덜란드인에 대한 통제를 강화하려는 생각이었다. 펠리페 2세의 전제적 통치 정책은 네덜란드 각 계층 사람들의 커다란 반발을 일으켰다.

각 도시의 칼뱅파 조직을 중심으로 조직된 무장부대는 산발적으로 집회를 열고 에스파냐의 통치에 반대한다고 선포하고 폭동을 일으켰다. 역시 에스파냐의 통치에 반대하는 입장인 대귀족들도 오라네Oranje 공작 빌럼Willem을 중심으로 귀족동맹을 결성했다. 그들은 1565년에 에스파냐에 대표자를 파견해서 펠리페 2세를 접견하고 항의의 뜻을 전했다. 1566년 빌럼이 주도하여 중소 귀족 약 200명으로 구성된 대표단이 브뤼셀Brussels을 방문했다. 그들은 에스파냐에서 파견된 총독에게 정치적 탄압과 종교 박해를 멈추어달라고 탄원하면서도 국왕에 대한 충성을 표시하는 것을 잊지 않았다. 그러나 그들의 노력은 아무런 성과도 거두지 못했다. 이렇게 귀족들이 되도록 평화적인 방법으로 타협을 시도하는 동안 군중은 좀 더 적극적인 행동을 취할 준비를 하고 있었다.

1566년 8월부터 안트베르펜Antwerpen, 덴하흐Den Haag, 위트레흐트Utrecht 등의 도시에서 연이어 대규모 성상聖像 파괴 운동이 일어났다. 군중들은 손에 도끼, 철퇴, 몽둥이 등 무엇이든지 손에 잡히는 대로 들고 천주교 교회와 수도원으로 달려가서 성상과 십자가를 때려 부수고, 재물을 약탈했으며, 교회의 채권과 땅문서 등을 모두 불태웠다. 이때 피해를 입은 교회와 수도원은 무려 5,500여 곳에 달했다. 반란의 불씨는 점점 크게, 널리 타올라서 이미 수만 명에 달한 반란군은 순식간에 네덜란드 17개 행정구역 중 12개 곳을 장악했다. 성상 파괴 운동으로 시작된 반란은 점차 발전해서 네덜란드 자산계급 혁명의 불씨를 당겼으며 이로부터 에스파냐의 전제 통치를 반대하는 독립 투쟁이 시작되었다.

네덜란드 독립 전쟁: 연방 공화국의 수립

1566년에 네덜란드에서 일어난 반 에스파냐 반란은 곧 '네덜란드 독립 전쟁'으로 발전했다. 이것은 역사상 최초로 성공한 자산계급 혁명으로 이후 유럽 각국에서 일어난 시민혁명에 큰 영향을 미쳤다.

타오르는 불꽃

반란군의 규모와 피해 정도에 깜짝 놀란 에스파냐는 당황한 나머지 허둥대다가 초기 진압에 실패했다. 우선 그들은 잠시 종교 재판소를 폐쇄하고 칼뱅파 교도들이 지정된 장소에서 예배하는 것을 허락함으로써 반란군을 달래고자 했다. 펠리페 2세는 이러한 유화정책을 실시한 동시에 네덜란드에 주둔하는 병력을 증강하고 경험이 풍부한 장군 알바Alba 공작을 네덜란드의 통치자로 임명했다. 1567년, 반란 진압이라는 중요한 임무를 부여받은 알바 공작이 약 1만 8,000명의 병력을 이끌고 네덜란드에 도착했다. 그는 부임 즉시 '피의 재판소'라 불리는 종교 재판소를 다시 열고 닥치는 대로 반란군을 잡아들였다. 피비린내가 진동하는 그의 공포 정치 아래 반란군 약 1만여 명이 모진 고문으로 사망하거나 화형, 교살형으로 처형되었다. 네덜란드인들은 공포에 떨며 숨죽일 수밖에 없었다.

한편 귀족동맹을 이끌던 빌럼은 알바 공작이 네덜란드에 오기 전에 이미 독일로 피신했다. 그는 1568년에 용병을 이끌고 네덜란드로 돌아와서 에스파냐에 대항했지만, 결과는 실패로 돌아갔다. 당시에는 오히려 노동자들의 게릴라 공격이 더욱 효과적이었다. 알바 공작의 공포 정치가 시작되었을 때 대규모의 노동자, 수공업자, 농민이 숲 속 깊은 곳까지 들어가 몸을 숨기고 소규모로 군대를 조직해서 에스파냐 병력이나 천주교 신부, 행정 관리들을 급습했다. 그뿐만 아니라 바다에서

펠리페 2세는 카를 5세의 뒤를 이어 에스파냐의 왕이 되었다. 그는 선왕의 네덜란드 통치 정책을 그대로 이어받았을 뿐만 아니라 오히려 더욱 강화했다.

는 선원, 어부, 항구 노동자들이 에스파냐 선박과 연해 거점지역을 습격하는 등의 활동을 이어갔다.

1572년 4월 1일, 네덜란드 반란군의 해상 게릴라 부대가 라인 강 하구의 브릴Brühl을 점령하고 오라녜 공작 빌럼의 깃발을 꽂았다. 이 승리는 반란이 네덜란드 독립 전쟁으로 전환되는 결정적 계기가 되었다. 해상의 게릴라군들은 기세를 몰아 도시로 진출해 계속 활동했으며 꽤 여러 도시에서 에스파냐 병력을 내쫓는 성과를 거두었다. 이들이 승리를 거두고 있다는 소식이 들리자 그동안 해외로 망명을 떠났던 사람들이 하나둘씩 돌아왔다. 이제 반란군은 네덜란드 독립군으로 변모해서 도시 전체를 장악했으며 에스파냐의 천주교 신부, 간첩을 소탕했다. 농민들도 교회와 농장을 불태우고 에스파냐에 납세하는 것을 거부했다.

1572년 7월, 오라녜 공작 빌럼이 의회에서 네덜란드 연방공화국의 초대 총독으로 선출되어 빌럼 1세Willem 1가 되었다. 1573년 말까지 네덜란드 북부의 각 지역이 차례로 독립을 선포했으며 수세에 몰린 펠리페 2세는 알바 공작에게 철수 명령을 내렸다. 빌럼 1세의 세력은 네덜란드 북부를 장악하고 천천히 남부로 확대되었다.

연방 공화국의 성립

독립운동의 물결은 남부로 계속 퍼져 나가서 1576년에 브뤼셀이 에스파냐 통치로부터 독립을 선언했다. 이후 남부 대부분 지역이 독립을 위한 움직임을 시작하면서 남북이 연합해서 유기적으로 협동할 필요성이 대두되었다. 그런데 1576년에 네덜란드 남북 대표가 협력을 논의하기 위해 겐트Ghent에서 회담하는 동안 에스파냐군이 안트베르펜을 공격해 닥치는 대로 도시를 파괴하고 남녀노소 가리지 않고 사람을 죽여 사망자가 무려 7,000~8,000명에 달하는 사건이 벌어졌다. 크게 발전한 도시였던 안트베르펜은 고작 3일 만에 폐허가 되었다. 남부, 북부 할 것 없이 모든 네덜란드인이 이 일에 크게 분노했으며 독립에 대한 의지를 더욱 다졌다. 얼마 후 17개 행정 구역 중 16개가 반 에스파냐 통치를 선포했다. 11월에는 각 지역 대표들이 공동으로 '강의 강화Pacification of Gand'를 발표해서 에스파냐 군대를 몰아낼 것을 결의했다. 여기에는 알바 공작이 제정한 모든 법령을 무효로 하는 것과 각 지역의 자치권과 독립을 보장하는 내용이 포함되었다. 그러

네덜란드 혁명을 지휘한
오라녜 공작 빌럼

나 펠리페 2세의 지위에 대한 언급은 없었다.

1577년, 남부의 여러 도시에서 폭동이 일어나 새로운 정권이 수립되었는데 이들은 친에스파냐 귀족과 천주교회를 탄압했음에도 불구하고 결국 에스파냐와 타협하는 쪽을 택했다. 1579년 1월 초, 남부의 각 지역 대표자들은 '아라스 동맹Union of Arras'을 결성하고 펠리페 2세에 대한 충성을 맹세했다. 이로부터 10여 일 후 북부는 따로 '위트레흐트 동맹Union of Utrecht'을 조직해서 공동의 군사, 외교 정책을 결정하고 남부와 달리 끝까지 함께 투쟁할 것을 맹세했다. 얼마 후 남부의 겐트, 안트베르펜, 브뤼헤Brugge 등 지역도 이 동맹에 가입했다. 위트레흐트 동맹은 1581년에 펠리페 2세의 세력을 네덜란드에서 반드시 축출할 것과 연방 공화국의 성립을 선포했다.

네덜란드의 독립

이후 네덜란드와 에스파냐는 기나긴 전쟁을 벌였다. 이 과정에서 빌럼 1세가 펠리페 2세가 보낸 자객에 살해되었으며 남부 도시들이 다시 에스파냐에 점령되었다. 1588년, 무적함대가 영국에 격퇴당한 후, 에스파냐는 빠른 속도로 무너지기 시작해서 결국 네덜란드와 전쟁을 벌일 여력조차 남지 않게 되었다.

그 사이 펠리페 2세의 뒤를 이어 펠리페 3세Philip Ⅲ가 에스파냐의 새로운 왕이 되었다. 그는 더 이상 전쟁을 계속할 수 없다고 판단하고 1609년에 연방 공화국과 '12년 평화조약Twelve Years' Truce'을 맺었다. 이는 에스파냐가 네덜란드의 독립을 승인한 것이었으나 북부에만 해당할 뿐이고 남부 지역은 여전히 에스파냐의 통치 아래 있었다.

네덜란드의 경제

네덜란드는 북해에 접해 있고, 지형이 평탄하며, 스헬데 강Schelde River이 무척 깊어 큰 배가 들고 나기에 좋았다. 이렇게 편리한 교통 덕분에 네덜란드는 일찍부터 수공업과 상업이 크게 발전했으며 수많은 외국 상인이 왕래했다. 새로운 항로가 개척되어 유럽 경제의 중심이 지중해에서 대서양으로 전환된 후부터는 더욱 크게 발전해서 16세기 전반에 이미 300여 개의 도시가 번영했다. 그중 남부의 안트베르펜은 유럽 무역의 중심지 중 하나로 이곳을 거치는 상인이 하루에만 5,000~6,000명에 달할 정도로 번영했다. 또 크고 작은 배가 2,000여 척이나 정박할 수 있는 항구가 있는 덕분에 아메리카의 금과 은, 동방의 향료 등 다양한 사치품이 들어오고, 서유럽과 북유럽의 방직 제품, 금속, 선박용품 등이 다른 대륙으로 팔려나갔다. 이밖에 유리와 설탕 제조 기술, 인쇄술이 크게 발달했으며 은행에서는 대출이나 환전 업무가 무척 활발했다. 특히 주로 어업, 조선업, 방직업이 발달한 북부는 영국, 러시아, 페르시아 만의 연해 도시와 무역 거래가 활발했다. 그중 암스테르담은 경제적 중심이자 곡물 무역의 주요 시장이었다.

영국 에스파냐 전쟁

16세기, 서유럽 국가들의 황금시대가 시작되었다. 그들은 내부 발전을 통해 부를 축적하기보다는 해외로 나아가 다른 지역의 부를 약탈해서 번영을 누리고자 했다. 모름지기 산 하나에 호랑이 두 마리가 함께 살 수 없는 법이니 영국과 에스파냐의 패권 전쟁은 피할 수 없는 일이었다.

바다 위의 갈등

16세기의 대제국 에스파냐는 전 세계의 거의 절반에 가까운 지역에서 무소불위의 권력을 행사했다. 그들은 유럽, 아메리카, 아프리카, 아시아 네 대륙을 종횡무진하며 발길이 닿는 곳이면 어디든지 식민지를 건설하고 무역을 독점했다. 통계에 따르면 1545년부터 1560년 사이에 에스파냐 함대가 외국에서 들여온 것 중 황금은 5.5톤, 은은 246톤에 달했으며 16세기 말까지 전 세계의 가장 값비싼 귀금속의 83%가 에스파냐로 흘러들어 갔다고 한다. 이를 위해 에스파냐는 안전한 해상 교통로를 확보하고 100여 척에 달하는 전함, 3,000여 개의 대포, 수많은 병사로 조직된 강력한 '무적함대Spanish Armada'를 양성했다.

▌1588년, 에스파냐의 무적함대가 영국을 향했다.

그러나 강자에게는 언제나 그에 대항하는 적수가 등장하기 마련이다. 16세기 중엽, 영국에서 인클로저enclosure 운동이 일어났다. 이것은 중세 말에 양모 가격이 급등하자 양을 키울 목초지를 만들려는 사람들이 농토를 합치고, 경작지나 공유지에 울타리를 치기 시작한 것을 의미한다. 제1차 인클로저 운동은 15세기에 시작되어 16세기에 널리 퍼졌는데 이를 통해 농업 생산이 크게 증가해서 토지소유자인 젠트리gentry 계층이 큰 부를 얻었다. 영국은 인클로저 운동을 통한 경제적 발전과 피비린내나는 입법 과정, 해외 식민지 확장을 통해 크게 발전하기 시작

프랜시스 드레이크. 에스파냐는 그를 해적으로 규정했지만, 영국은 그를 위대한 애국자로 추앙했다.

했다. 특히 해외 무역과 식민지에 대한 약탈 행위, 그리고 국왕의 지지까지 더해져서 발전 속도가 무척 빨랐다. 그들은 이미 많은 영토를 얻었지만, 점점 더 많은 영토를 얻고 싶었고 이를 실현하려면 바다 위에서 에스파냐와의 전쟁을 피할 수 없었다.

처음에 영국은 에스파냐의 거대한 함대에 기가 눌려 감히 대적할 생각도 못했다. 그러나 점차 해군의 역량이 증대되면서 어느새 에스파냐를 위협할 정도의 실력을 갖추었다. 영국의 왕실과 귀족들은 해상 전투의 실전 경험이 풍부한 해적들을 해군으로 고용한 후 이른바 '약탈함대'를 조직했다. 이들은 에스파냐 상선뿐 아니라 심지어 전함까지 거침없이 습격해서 큰 피해를 입혔는데 영국 왕실은 큰 공적을 세우고 전리품을 많이 획득하기만 한다면 해적이라 할지라도 작위를 내려 치하하고 약탈원정을 더 크게 지지했다.

프랜시스 드레이크Francis Drake는 당시 가장 악명 높은 약탈함대의 지휘자였다. 그는 대서양에서 태평양에 이르기까지 드넓은 바다를 누비고 다니며 수차례 에스파냐 상선을 습격해 각종 진귀한 물건을 빼앗았다. 그러자 에스파냐 정부는 그를 해적으로 지목하고 영국에 당장 죄인을 인도하라고 으름장을 놓았다. 그러나 영국 여왕 엘리자베스 1세 Elizabeth I는 들은 척도 하지 않았을 뿐 아니라 아예 직접 드레이크의 전함을 방문해 그에게 작위를 내리고 병사들을 격려했다. 그녀는 심지어 드레이크가 약탈해 온 보석으로 왕관을 장식하기까지 했는데 이런 행동은 누가 봐도 에스파냐를 향한 도발이었다.

에스파냐의 왕 펠리페 2세는 화가 머리끝까지 나서 엘리자베스 1세를 암살하고 스코틀랜드 여왕인 메리 1세Mary I를 영국 왕위에 올리고자 했다. 그러나 음모가 밝혀지면서 1587년에 메리 1세가 처형되고 영국의 약탈함대가 에스파냐 본토에까지 진출하면서 일촉즉발의 상황이 되었다. 영국 함대는 일부러 에스파냐 국왕의 개인 재산인 함선을 주로 노려 습격하고 약탈했다. 이에 더 이상 참을 수 없었던 에스파냐는 마침내 영국을 정복하기로 결정했다.

신교도인 엘리자베스 1세가 천주교 신자인 메리 1세를 처형하자 로마 교황청은 즉각 조서를 반포하고 영국에 성전聖戰을 경고했다. 에스파냐 역시 이 기회를 놓치지 않고 함대와 해군 조직을 정비해서 영국과의 전쟁을 준비했다.

칼레 해전

당시 에스파냐는 누구나 인정하는 세계 최강, 최대의 해군을 보유하고 있었다. 에스파냐의 무적함대는 134척의 대형 전함, 3,000여 문의 대포, 8,000여 명의 선원과 2만여 명의 병사로 조직되었다. 반면에 영국 해군은 작은 배를 끌어모아서 만든 것으로 객관적으로 볼 때 무적함대의 적수가 되지 못했다. 이 점을 잘 아는 에스파냐 해군 사령부는 전함을 일렬 대형으로 세운 채 위풍당당하게 영국을 향해 나아갔다.

에스파냐의 무적함대가 몰려온다는 소식을 들은 영국도 즉각 전쟁을 준비하기 시작했다. 총지휘관은 하워드 경Lord Howard, 부지휘관은 프랜시스 드레이크와 존 호킨스John Hawkins가 맡았다. 이 두 사람은 모두 해적 출신으로 해상 전투 경험이 많았으며 특히 에스파냐 함대와 여러 번 맞붙어 보았기 때문에 상대방의 약점을 잘 알고 있었다.

영국의 전함들은 에스파냐에 비해 크기가 작았지만 대신 속도와 방향전환이 빨랐다. 대포 역시 에스파냐의 위력에 비할 수는 없지만, 그럭저럭 쓸 만했고 사정거리도 꽤 먼 편이었다. 여기에 존 호킨스가 몇 가지 새로운 전술을 더하면서 해군의 위력이 훨씬 증대되었다. 그래서 거만하게 유유히 영국을 향하던 에스파냐의 무적함대는 출발한지 얼마 지나지 않아 발목이 잡히고 말았다.

프랜시스 드레이크는 수동적인 방어를 할 것이 아니라 아예 처음부터 적에게 본때를 보여주어야 한다고 생각했다. 그래서 칠흑같이 어둡고 조용한 밤, 칼레에 정박 중인 에스파냐 함대에 몰래 접근한 후, 바다 위에 동풍이 부는 것을 확인하고 동백기름을 잔뜩 바른 낡은 배 여섯 척에 불을 붙였다. 활활 타오르는 배들은 바람에 밀려 천천히 무적함

■ 칼레 해전

대를 향해 나아갔고 깜짝 놀란 에스파냐 병사들은 혼비백산했다. 그들은 닻을 묶어둔 밧줄을 끊고 도망가려고 애썼으나 배는 방향을 잃고 표류하다 항구에 처박혔다. 반면에 영국 전함은 잠시 추격하는 모양새를 취했을 뿐 정면으로 교전을 벌이지 않았기에 사상자가 많지 않았다. 영국이 이처럼 손쉽게 에스파냐의 무적함대를 무찌를 것이라고는 누구도 예상하지 못했다.

얼마 후, 영국과 에스파냐는 칼레 부근 해상에서 결전을 벌였다. 이 전투에서 영국은 민첩한 움직임과 빠른 속도의 장점을 충분히 발휘해서 에스파냐 전함 여러 척을 불태웠다. 에스파냐 전함의 대포는 위력이 뛰어났지만, 사정거리가 짧았고 명중률이 떨어졌다. 일렬로 늘어선 대형은 전투에 매우 불리했으며 우왕좌왕하는 중에 제대로 움직이지도 못했다. 이런 상황에서 협동 작전이나 지원공격은 시도조차 할 수 없었다.

격렬한 해전이 꼬박 하루 동안 계속되면서 양측은 탄약과 대포를 모두 소진했다. 온종일 두들겨 맞기만 했던 에스파냐의 전함들은 엉망진창으로 파괴되었으며 가까스로 도망간 몇 척마저 도중에 폭풍우를 만나서 큰 타격을 입었다. 천신만고 끝에 에스파냐로 돌아온 무적함대를 보는 순간, 펠리페 2세는 흐르는 눈물을 감출 수 없었다. 이제 그의 무적함대는 여기저기 부서져서 너덜거리는 43척뿐이었다.

끝나지 않는 해상 전쟁

전 세계를 거침없이 다니던 무적함대가 한 번의 실패로 무너질 리는 없었다. 영국과 에스파냐는 해상의 패권과 식민지, 무역 독점을 놓고 오랜 기간에 걸쳐 끈질기게 투쟁했다.

해상의 패권

1596년, 영국 전함 17척, 네덜란드 전함 24척, 그리고 병사 7,360명을 태운 수송선 150척으로 구성된 영국 네덜란드 연합함대가 카디스Cádiz를 공격했다.

1597년, 에스파냐는 아일랜드의 반란군을 지원해 영국을 견제하기로 했다. 그래서 함대를 아일랜드에 상륙시켰으나 별다른 성과를 거두지 못했는데, 심지어 그중 일부 전함은 폭풍을 만나 싸워보지도 못하고 침몰했다. 4년 후인 1601년에는 에스파냐의 육군을 태운 수송선이 아일랜드에 상륙했지만 역시 고군분투 끝에 투항했다. 1604년, 더 이상 어찌해 볼 도리가 없었던 에스파냐는 런던에서 영국과 평화조약을 맺었다. 이로써 에스파냐는 원래의 식민지를 지켰지만, 해상 무역 독점권을 모두 잃고 말았다.

▌화려한 가마 위에 앉아 함대를 순시하는 엘리자베스 1세

네덜란드와 프랑스의 지원을 받은 영국은 에스파냐와 다시 한 번 전쟁을 벌였다. 특히 네덜란드는 이 전쟁에 전함 25척, 수송선 90척 및 해군 병력을 투입해서 영국과 함께 카디스를 차지하려고 했지만 성공하지 못했다. 양 진영의 전쟁은 1625년부터 1630년까지 계속되었지만, 끝까지 승패를 가르지 못했다. 1630년 11월, 영국의 찰스 1세와 에스파냐의 펠리페 4세가 마드리드에서 조약을 맺으면서 전쟁이 마무리되었다.

두 나라는 1655년에 다시 전쟁을 벌였다. 프랑스의 지원을 받은 영국은 1655년 5월에 에스파냐의 영향력 아래 있었던 자메이카Jamaica를 차지했으며, 1657년 4월에는 영국 프랑스 연합군이 카나리아 제도Canary Islands 부근에서 에스파냐 함대를 물리쳤다. 1659년 6월, 영국이 던케르크Dunkerque를 장악하면서 그해 말에 전쟁이 끝났다.

에스파냐가 왕위 계승전쟁1701~1714 탓에 정신없던 1704년 8월 4일, 영국이 기회를 놓치지 않고 전략적 요지인 지브롤터Gibraltar를 침공해서 이곳에 해군기지까지 세웠다. 이후 에스파냐는 사르데냐, 시칠리아, 밀라노, 나폴리를 연이어 잃었으며 영국은 에스파냐의 식민지에서 흑인 노예 독점권을 획득했다.

1718년부터 1720년까지 에스파냐는 지중해의 식민지를 되찾으려고 여러 차례 시도했으나 영국에 크게 패하고 물러날 수밖에 없었다. 에스파냐가 전쟁을 걸어올 때마다 영국은 프랑스, 네덜란드, 오스트리아 등 유럽 국가들과 동맹을 맺고 대응했다.

1726년 에스파냐는 포기하지 않고 다시 한 번 지브롤터를 되찾으려고 했으나 영국이 서인도양 군도 지역을 봉쇄하면서 에스파냐 함대를 무력화시키자 방법이 없었다. 이로써 에스파냐는 더 이상 전쟁을 벌일 수 없는 지경에 이르렀다.

1739년부터 1748년에 벌어진 영국 에스파냐 전쟁은 오스트리아 왕위 계승분쟁과 맞물리며 일어났다. 영국은 이 전쟁에서 에스파냐의 파나마Panama 지역 식민지를 차지하기 위해 함대를 둘로 나눠 멕시코 만과 태평양에서 동시에 공격했다. 그러나 이 전쟁은 영국의 실패로 끝났다.

슐레지엔Schlesien 지역을 둘러싸고 유럽의 강국들이 둘로 갈라져 싸운 7년 전쟁이 끝나갈 무렵인 1762년부터 1763년까지 영국과 에스파냐가 다시 한 번 충돌했다. 서인도양 함대를 동원한 영국은 에스파냐와 결전을 벌여 쿠바의 라아바나La Habana, 필리핀의 마닐라를 차지하는 성과를 거두었다. 이로써 에스파냐는 한때 전 세계에서 활약하던 함대를 모두 잃게 되었다.

오랜 기간 이어진 영국 에스파냐 전쟁은 에스파냐가 거의 모든 식민지를 잃고 해상에서 패권을 내어 놓으면서 끝났다. 자본주의가 발전하는 중이던 영국은 이 전쟁을 통해 더 넓은 시장을 확보할 수 있었다.

해적을 고용해서 바다 위 전투를 벌이던 영국은 전쟁 후반으로 갈수록 대포와 빠른 전함을 주로 사용해서 다양한 전략, 전술을 구사했다. 또 대포를 전함의 양옆에 배치해 쏘는 전술을 채택함으로써 별다른 전술이랄 것이 없었던 에스파냐를 격퇴할 수 있었다. 이 전략은 이후 몇 세기에 걸쳐 주요 해전에서 자주 등장했다. 영국은 에스파냐와 전쟁을 벌이면서 바다 위 패권을 장악했고 이를 바탕으로 많은 식민지를 차지할 수 있었다. 그들은 식민지에 해군기지를 건립해서 전투력을 유지했으며 전략적 체계까지 갖추어서 전 세계 해군 발전에 큰 영향을 미쳤다.

무적함대의 몰락

오랜 기간 여러 나라의 역사가, 군사학자들이 무적함대가 몰락한 원인을 다양한 각도에서 분석했는데 대체로 다음의 세 가지로 요약할 수 있다.

첫째, 16세기에 에스파냐가 크게 번영해서 유럽, 아메리카, 아프리카, 아시아 네 대륙에 수많은 식민지를 건립하고 무역을 독점했지만, 이는 사실 특별히 대항할만한 나라가 없었기에 가능했던 일시적인 현상이었다. 그래서 상황이 바뀌자 금세 무너지고 만 것이다. 둘째, 에스파냐 펠리페 2세가 함대의 지휘관 등을 임명할 때 몇 가지 실수를 저질렀다. 셋째 원인은 재난이다. 에스파냐의 무적함대는 1588년 5월에 영국 원정을 시작했는데 이때는 마침 대서양에 바람이 매우 세차게 불 때였다. 설상가상으로 바람을 피해 잠시 코루냐Coruna에 정박했을 때 상당히 많은 보급품이 부패하고 마실 물마저 새서 얼마 남지 않은 것이 발견되었다. 그뿐만 아니라 전함 곳곳이 파손되어 보수가 필요했으며 많은 병사가 병에 걸렸다. 나중에 이 이야기를 들은 펠리페 2세는 하늘을 향해 이렇게 한탄했다. "내가 무적함대를 보낸 것은 영국인과 싸우라는 것이었지, 파도와 싸우라는 것이 아니었거늘!"

임진왜란

통일을 이룬 일본 민족은 이웃나라 조선으로 침략의 창끝을 돌렸다. 1592년부터 1597년까지 6년에 걸쳐 벌어진 임진왜란壬辰倭亂에서 일본은 육지와 바다에서 모두 크게 패했으며 이후 수백 년 동안 감히 조선을 침략하지 못했다. 당시 조선이 보여준 웅장한 해전은 아시아 해군 역사에 휘황찬란한 한 페이지를 썼다. 이 전쟁은 무력으로 다른 민족을 노예화하려는 민족은 반드시 응분의 징벌을 받는다는 것을 증명했다.

▌조선의 명장 이순신

침략 계획

일본은 15세기 중엽부터 여러 지역으로 나뉘어 이른바 '전국 시대戰國時代'가 시작되었다. 이후 100여 년 동안 각 지역의 봉건 영주인 다이묘大名들은 끊임없이 충돌하며 세력을 확장하려고 하면서 섬 전체가 정치적으로 혼란해지고 경제와 문화 역시 정체되어 발전하지 못했다.

16세기 후반, 일본 열도에서 가장 큰 섬인 혼슈本州 중부에서 봉건 영주 오다 노부나가織田信長가 세력을 키웠다. 그는 서양의 총포를 들여와 장군 도요토미 히데요시豊臣秀吉와 도쿠가와 이에야스德川家康의 지원 아래 무장 정예군을 조직했다. 오다 노부나가는 이후 30년에 걸쳐 각 지역을 평정해서 대부분 일본 열도를 통일했다.

1582년, 오다 노부나가가 암살당한 후에도 도요토미 히데요시가 그의 뜻을 계승해서 서남부 지역까지 통일을 완성했다. 야심만만한 그는 수많은 사무라이를 고용한 후 류큐琉球, 여송呂宋(필리핀의 루손Luzon 군도), 대만, 조선을 침략하고, 나아가 중국까지 공격하고자 했다.

조선 원정

임진년壬辰年, 즉 1592년에 도요토미 히데요시가 대군을 이끌고 바다를 건너 부산釜山, 경주慶州 등지에 상륙했다. 당시 조선의 이씨 왕조는 매우 무능해서 궁중에 정변이 일어나고, 여러 정파의 갈등이 극심한 상태였다. 국경 지역 요새와 해안의 방어 시설은 모두 낡았음에도 제대로 보수하지 않아서 국방은 허술하기 짝이 없었다. 게다가 세금을 납부하는 것으로 병역을 대신할 수 있도록 해서 제대로 된 군사조차 없었다. 이에 조선을 얕잡아 본 도요토미 히데요시는 거만한 태도로 조선을 가로질러 중국으로 갈 것이니 길을 비키라고 당당히 요구했다. 그러나 조선인들이 사무라이의 위협에도 꿈쩍하지 않는 것을 보고서 즉시 군사를 동원해 침략 전쟁을 일으켰다.

조선 조정은 일본의 침략에 우왕좌왕할 뿐 제대로 된 조처를 하지 못하고 끌려 다니기만 했다. 3개월도 채 되기 전에 수도인 한양漢陽을 비롯해 개성開城, 평양平壤이 연이어 함락되었으며 조선의 왕 선조宣祖는 황급히 압록강 근처 의주義州까지 도망가서 명明나라에 지원을 요청했다.

조선과 명나라의 연합 작전

명나라 황제는 도요토미 히데요시가 조선을 정벌한 후 명나라까지 진출하려는 것을 잘 알고 있었기에 조선을 지원해서 왜구倭寇를 무찌르기로 결정했다. 같은 해 가을, 명나라의 방해어왜총병관防海禦倭總兵官 이여송李如松이 5만 대군을 이끌고 압록강을 건너 조선으로 왔다. 다음해 1월, 조선의 애국적인 지방 관리와 병사들, 명나라 지원군이 합심해서 단숨에 서경西京과 개성을 수복하고 곧장 경성京城까지 진격했다. 그들은 뛰어난 전략과 전술로 적들의 보급 경로를 차단하고 육상과 해상 양쪽에서 동시에 공격했다.

조선의 명장 이순신李舜臣은 거북선으로 옥포玉浦, 당항포唐項浦, 사천泗川, 한산도閑山島, 부산 등의 해역에서 연이어 일본을 무찌르고 해상을 장악했다. 여기에 수많은 백성이 자발적으로 나서서 일본에 저항하고 끊임없이 습격을 감행해서 침략자들을 괴롭혔다. 일본 장군 고니시 유키나가小西行長는 사방에서 계속되는 공격을 더 이상 버틸 수 없자 잔당을 이끌고 남쪽으로 이동해서 부산 근처까지 후퇴했다. 조선 백성들은 일본의 무자비한 침략과 약탈, 방화에 크게 분노했다. 그들은 "왜구를 멸하고 나라를 구하자!"는 구호 아래 빠른 속도로 대규모 의병을 조직했으며 일본 침략자에 점점 더 조직적이고, 거세게 저항했다. 이 의병들은 임진왜란에서 조선이 승리를 거두는 데 큰 역할을 했다. 오만방자하던 일본은 상황이 여의치 않자 결국 1593년 8월에 화의를 받아들이겠다는 의사를 표시했다. 하지만 겉과 속이 다른 본성을 버리지 못하고 몰래 새로운 침략을 준비하면서 협상을 3년이나 끌었다.

1597년 2월, 도요토미 히데요시는 14만 병력을 동원해서 다시 한 번 조선을 침략했다. 일본이 동서 양쪽으로 빠르게 진격해서 여러 요새를 점령하

▌이순신이 발명한 거북선

자 명나라는 이번에도 지원군을 파병했다. 조선 명나라 연합군은 9월에 직산稷山, 청산靑山 등지에서 일본과 싸워 위산蔚山, 사천, 순천順天까지 밀어 붙였다. 1598년 초, 명나라 지원군은 여러 갈래로 나뉘어 부산까지 내려간 후 그곳의 조선군과 함께 왜구와 결전을 벌였다. 조선 명나라 연합군은 온 힘을 다해 싸워서 거의 모든 전투에서 승리했으며 일본군의 내부 분열을 유도해서 반격의 기회를 주지 않았다. 1598년 8월, 전투에 연이어 패하자 부담을 느끼며 괴로워하던 도요토미 히데요시가 병으로 사망했으며 얼마 후 도쿠가와 이에야스가 병력 철수를 명령했다.

전쟁의 최종 결과에 가장 큰 영향을 미친 전투는 노량해전露梁海戰이었다. 노량해전은 임진왜란 중 규모가 가장 크고, 장렬했으며 세계 군사 역사에 길이 남을 해전이었다. 11월 19일, 1만이 넘는 일본 군관과 수만 명에 달하는 병사들이 황급히 후퇴를 준비했다. 무기와 병사를 실은 일본 전함 500여 척이 경상남도 남해군 노량 앞바다에 이르렀을 때, 놀란 관측병이 크게 소리쳤다. "조선과 명나라 배들에 포위당했다!" 이순신이 지휘하는 조선 수군은 일본으로 도망치는 전함 500여 척을 에워싸고 왜구의 잔당까지 모조리 격퇴하고자 했다. 그는 명나라의 수군 도독 진린陳璘과 함께 힘을 합쳐 일본 침략자들과 마지막 결전을 벌였다.

조선 명나라 연합군은 노량해전에서 일본 전함 450척을 격침시키고 일본군 1만여 명을 섬멸했다. 이순신 장군은 일본군의 퇴로를 막고 침략자들을 징벌했으며, 명나라 전함이 일본에 포위되자 주저하지 않고 달려와 위기에서 구했다. 그는 명나라의 일흔 살 노장 등자룡鄧子龍의 배에 불이 붙자 이를 구하러 오다가 총탄을 맞고 사망했다.

명장 이순신

이순신 장군은 임진왜란 당시 위기에 빠진 조선을 구한 인물이다. 그는 어렸을 때부터 병서를 읽으며 군사 전략을 연구해서 일본 수군이 사용하는 총포와 소구경 대포에 대항할 수 있는 거북선을 설계했다. 거북선은 실제로 임진왜란에서 활약하며 이순신 장군의 선견지명과 뛰어난 전술을 증명했다.

거북선은 길이 27미터, 폭 8미터가량의 세계 최초 돌격용 철갑전선鐵甲戰船이다. 선체가 낮으며 갑판 위에 견고한 덮개를 씌우고 그 위에 다시 비늘 모양의 철갑을 씌웠는데 그 모습이 마치 거북이의 등과 유사하다고 해서 거북선이라 불렀다. 또 배 앞부분에는 용머리 모형을 달았으며 사방에 대포 구멍을 만들었다. 거북선은 약 10여 개의 노 구멍으로 수군이 노를 저어 움직이는 구조였으며 기동성이 좋고 움직임이 민첩하며 화력 또한 강해서 근해에서 벌어지는 전투에 유리했다.

이순신 장군은 거북선을 발명하고 피나는 노력으로 수군들을 훈련시켰으며 수하 군관들의 애국심을 자극해 일본 침략자들을 크게 무찔렀다.

제 4 장

전제정치 시대의 전쟁

"전쟁은 돈으로 시작해서 돈으로 끝난다." 이 말처럼 전쟁에서 돈, 즉 국가의 경제력은 매우 중요한 부분을 차지한다. 17세기 초에 접어들면서 유럽의 통치자들은 훈련이 잘된 군사를 육성하려면 엄청난 돈이 있어야 한다는 사실을 깨달았다. 그래서 전쟁을 벌이고 통치 권력을 유지하기 위한 재물을 획득하려고 다른 대륙으로 가서 무역을 벌이며 돈을 만들어낼 수 있는 새로운 경로를 찾고자 했다.

바닷길을 통해 다른 대륙으로 가려면 많은 장비가 필요했는데 특히 17세기에는 바다 위의 전쟁터에서도 육지와 맞먹을 정도의 화력을 갖추어야 했다. 무역상선이라도 갑판 위에 무기를 배치해서 군함을 상대해야 했기에 당시의 상선은 전함과 다를 바가 없었다. 그러다 보니 전함과 무역선의 구분이 거의 사라져서 무역품도 수송하고 전투도 가능한 커다란 배들이 바다 위를 누볐다.

강력한 해군을 바탕으로 건립된 유럽 열강들은 중상주의重商主義 정책을 채택해서 철저하게 상업적 이익을 추구했다. 그들은 나날이 발전하는 해상 무역을 보호하기 위해서 전투력이 뛰어난 해군을 조직하고 해군 기지를 건립했다. 이 시기에 전쟁은 '무역', '탐험', '개척' 등의 이름으로 미화되었으며 각국의 배들은 미지의 바다로 나아가서 더 큰 시장을 발견하고, 그곳 사람들과 무역을 벌였다.

네덜란드는 17세기 후반에 이미 경쟁국들을 따돌리고 발전해서 거의 모든 해상 무역을 독점했으나 1652년부터 1674년까지 영국과 벌인 세 차례의 해상 전투에서 참패한 후 바다에서 물러났다. 이후 네덜란드가 빠진 자리는 영국이 대신하게 되었다.

영국은 왕위 계승 전쟁 기간 내내 후자를 사용했으나 결과는 실패였다. 이어서 발생한 에스파냐 왕위 계승 전쟁 중에 지브롤터를 점령한 영국은 말라가 전투Battle of Málaga에서 전자의 전술을 채택했는데 승리를 거두었다고는 할 수 없으나 지브롤터를 방어하는 데는 성공했다.

유럽 대륙 30년 전쟁의 시작

유럽 대륙에 두 개의 거대한 집단, 다시 말해 친親 합스부르크 왕가의 가톨릭 동맹과 반反 합스부르크 왕가의 신교 동맹이 형성되어 대립하기 시작했다. 이후 1618년부터 1648년까지 30년 동안 가톨릭 동맹과 신교 동맹은 유럽 대륙 전체에서 치열하게 대립하며 전쟁을 벌였다. 이 전쟁은 보헤미아Bohemia 사람들이 합스부르크 왕가의 통치에 반기를 들면서 시작되었다.

유럽에 감도는 전운

합스부르크 왕가가 통치하던 신성로마제국은 13세기 이후, 황권이 나날이 쇠락하더니 17세기 초에 수백 개의 작은 공국으로 나뉘어 각 지역 제후들이 다스리는 상황이 되었다. 반면에 민족 통일을 이루고 중앙 집권을 강화한 영국, 프랑스, 에스파냐 등의 유럽 강국들은 대외 확장을 꿈꾸며 남보다 먼저 전략적 요충지를 장악해서 유럽 대륙의 중심이 되고자 했다. 이런 상황에서 사분오열한 신성로마제국은 곧 여러 강국의 이해관계가 충돌하는 각축장이 되었다. 프랑스는 신성로마제국의 신교도 제후들이 황권에 도전하도록 부추겨서 분열을 조장했다. 또 덴마크와 스웨덴은 북해와 발트 해Baltic Sea 연안의 신성로마제국 도시와 항만을 호시탐탐 노리고 있었다.

얼마 후 유럽 대륙에 형성된 가톨릭 동맹과 신교 동맹은 각국의 이익, 종교적 대립을 두고 서로 첨예하게 대립했다. 오스트리아, 에스파냐, 신성로마제국 천주교 연맹이 참여한 가톨릭 동맹은 로마 교황청과 폴란드의 지지를 얻었으며 온 힘을 다해서 신교의 전파 및 신교도의 각종 활동을 제한하고 유럽에 더 많은 가톨릭 왕권이 건립되도록 지원했다. 반면에 신교 동맹은 프랑스, 덴마크, 스웨덴, 네덜란드, 신성로마제국 신교 연맹으

▌치열했던 30년 전쟁

로 구성되었으며 영국과 러시아의 지지를 받았다.

프라하 창문 투척 사건

보헤미아(지금의 체코)는 1526년 이래로 줄곧 오스트리아의 합스부르크 왕가의 통치를 받았다. 그러나 대부분 보헤미아 사람들은 신교로 개종했으며 전통적으로 반 로마 정서가 짙었다. 이와 같은 이유로 보헤미아인들은 종교적으로나 민족적으로 합스부르크 왕가의 통치에 거부감을 느낄 수밖에 없었으며 합스부르크 왕가와의 충돌은 시간문제였다.

1618년, 신성로마제국의 황제 페르디난트 2세Ferdinand II가 보헤미아 국왕의 자리에 올랐다. 그는 완고한 가톨릭주의자로서 신교도 탄압정책을 강행하고 보헤미아의 국교를 가톨릭으로 확정하겠다는 뜻을 거침없이 드러냈다. 이전에 페르디난트 2세의 선선제先先帝인 루돌프 2세 Rudolph II는 보헤미아의 종교적 자유를 인정하고 전통적인 문화와 권리를 누리도록 하겠다고 약속한 바 있었다. 보헤미아 사람들은 페르디난트 2세가 루돌프 2세의 약속을 끝까지 지켜주기를 간절히 바랐지만, 그는 전혀 그

전쟁의 도화선이 된 프라하 창문 투척 사건

럴 생각이 없었다. 페르디난트 2세는 보헤미아에 관리를 파견해서 그가 전제적인 태도로 일을 처리하는 것을 묵인하고, 프라하 지역 신교도의 종교 활동을 금지했으며, 신교도의 교회를 폐허로 만들었다. 또 신교 예배나 집회에 참석하는 사람을 모두 폭도로 규정하고 무자비하게 탄압했다.

1618년 5월 23일, 무장한 보헤미아인들이 왕궁으로 쳐들어가서 왕의 고문관 두 명을 창문 밖 도랑으로 내던져 분뇨 더미에 처박히게 만들었다. 사망자가 발생하지는 않았지만, 이 일은 신성로마제국의 황제이자 보헤미아 왕인 페르디난트 2세의 권위에 도전하고 존엄성을 해치는 사건이었다. 이 '프라하 창문 투척 사건'은 기나긴 '30년 전쟁Thirty

Years' War'의 도화선이 되었다.

보헤미아

프라하 창문 투척 사건 이후 보헤미아는 곧 임시 정부를 구성하고 독립을 선포했다. 공식적으로 합스부르크 왕가의 통치를 거부한 보헤미아 의회는 1619년에 라인팔츠 Rheinpfalz 선제후選帝侯 프리드리히 5세Friedrich V를 국왕으로 추대했다. 6월, 보헤미아군이 수도 빈까지 진격하자 다급해진 페르디난트 2세는 라인팔츠 선제후 자리를 바이에른Bayern 공작에게 넘겨주는 조건으로 가톨릭 동맹에 지원을 요청했다. 얼마 후, 가톨릭 동맹은 군사와 자금을 지원했으며, 후에 에스파냐까지 출병해서 페르디난트 2세를 도왔다.

한편 보헤미아의 귀족들 역시 신교 동맹에 지원을 요청했다. 그러나 그들은 도와주기는커녕 가톨릭 동맹과 상호불가침 조약을 체결해서 보헤미아인들을 망연자실하게 했다.

1620년 11월 8일, 가톨릭 동맹군이 프라하로부터 멀지 않은 화이트 마운틴White Mountain 일대에서 보헤미아군에 큰 승리를 거두었다. 프리드리히 5세는 도주했으며 페르디난트 2세가 약속한 대로 라인팔츠의 선제후 자리는 바이에른 공작에게 넘어갔다. 이후 보헤미아는 오스트리아의 일부로 전락했다.

군사학으로 본 30년 전쟁

30년 전쟁 초기에 각국 군대는 모두 용병으로 주력 부대를 구성했다. 그러나 전쟁이 장기화하면서 약속한 임금을 받지 못한 용병들이 점령지에서 강도와 다름없는 무자비한 약탈을 일삼았다. 이에 참전국들은 개인의 사유재산 침범을 금지하는 조령을 반포했는데 별 효과가 없자 일부 국가는 아예 용병을 포기하고 점차 징병제로 전환하기 시작했다.

또 대부분 참전국들이 후방의 병참 보급 업무를 담당하는 상비군을 건립해서 전체적으로 기동력과 전투력을 상승시켰다. 각국 군대는 점차 세분화해서 각자의 맡은 임무를 충실히 하는 데 집중했는데 특히 스웨덴의 구스타브 2세 아돌프는 전쟁 중에 전략과 전술을 모두 새로 만들어서 전장에 총병을 창병보다 더 많이 배치했다. 또 포병을 촘촘히 배치해서 강한 화력으로 선제공격한 후 기병과 보병을 차례로 투입하는 참신한 전술로 몇 차례 승리를 거두었다.

30년 전쟁과 베스트팔렌 조약

30년 전쟁은 유럽 여러 강국의 이익 투쟁, 유럽 대륙 전체의 패권 쟁탈, 그리고 종교 갈등이 모두 수면 위로 드러난 결과였다. 이 전쟁은 합스부르크 왕가가 '베스트팔렌 조약Peace of Westfalen'에 서명하고 신성로마제국이 사실상 붕괴되면서 끝났다.

덴마크

가톨릭 동맹의 승리는 신성로마제국의 황제인 페르디난트 2세의 황권이 강화되는 결과를 낳았는데 이는 신교 동맹의 통치자들이 가장 원하지 않는 상황이었다. 1625년, 프랑스는 영국, 네덜란드, 덴마크를 부추겨서 함께 가톨릭 동맹에 대항하기로 조약했다. 또 신성로마제국의 지배를 받던 덴마크에 거금을 지원해서 황권에 도전하고 전쟁을 벌이도록 선동했다. 여기에 신교 동맹의 통치자들까지 덴마크를 지지하고 나서면서 신성로마제국의 내전은 곧 국제 전쟁이 되었다.

1626년, 신성로마제국의 페르디난트 2세 역시 가톨릭 동맹의 든든한 지지를 등에 업고 전쟁에 나섰다. 신성로마제국 황제군의 발렌슈타인Wallenstein 장군은 용병을 이끌고 덴마크와 신교 동맹 연합군을 크게 무찔렀다. 유능한 군사전략가인 발렌슈타인은 여러 개로 나뉜 신성로마제국을 통합하고, 외부 세력을 축출해서 프랑스나 에스파냐 같은 강력한 중앙집권제를 건립해야 한다고 주장했다. 또 이런 뜻에서 소유하고 있던 토지 1,200평방킬로미터와 용병 10만 명을 페르디난트 2세에 바쳐 그를 감동시켰다. 황제는 1628년에 발렌슈타인을 메클렌부르크Mecklenburg 공작으로 봉하고 북해 및 발트 해 제독으로 임명해서 해안의 국방을 맡겼다.

전쟁에 패한 덴마크는 1629년에 더 이상 신성로마제국의 내정에 간여하지 않는다는 내용의 조약에 서명했다. 페르디난트 2세는 '복원칙령Edict of Restituion', 즉 토지반환령을 선포해서 1552년 이후에 신교도에 점령당한 종교 재산을 원래의 주인인 가톨릭교도에게 되돌려주었다.

■ 30년 전쟁에 참전한 신성로마제국의 기병

스웨덴

덴마크 전쟁이 끝난 후 신성로마제국의 황권이 크게 강화되어 발트 해까지 미치게 되었다. 발렌슈타인은 이 기세를 몰아 강력한 함대를 건립하기로 했는데 그의 이런 행보에 신교뿐 아니라 가톨릭 제후들 역시 불만을 품었다. 1630년 레겐스부르크Regensburg에서 개최된 선제후 회의Electoral Diet에서 신성로마제국 각 지역의 제후들은 발렌슈타인을 해임하고 그의 군대를 개편하기로 결정했다. 특히 급진적인 신교도이자 스웨덴의 국왕인 구스타브 2세 아돌프Gustav Ⅱ Adolf는 발트 해 연안을 점령하고 세력을 더욱 확장하려는 마음에 신성로마제국의 황권 강화를 강력하게 반대했다.

1630년 7월, 프랑스의 지원을 받은 스웨덴이 포모제Pomorze를 점령하고 곧이어 브란덴부르크Brandenburg, 작센Sachsen과 연합해서 가톨릭 동맹군에 큰 승리를 거두었다. 1632년 4월, 스웨덴이 거침없이 바이에른으로 진격하자 신성로마제국의 수도 빈이 위기에 직면했다. 깜짝 놀란 황제는 황급히 발렌슈타인을 불러들였다. 다시 황제군을 지휘하게 된 발렌슈타인과 스웨덴의 구스타브 2세 아돌프는 1632년 11월에 작센 부근 뤼첸Lützen에서 결전을 벌였다. 이 전쟁에서 발렌슈타인의 가톨릭 동맹군은 큰 타격을 입었으며 스웨덴 역시 국왕인 구스타브 2세 아돌프를 잃었다. 발렌슈타인은 상황이 여의치 않자 남은 병력이라도 지키기 위해 1633년에 스웨덴과 협상을 벌이기로 결정했다. 그러나 이를 반대한 페르디난트 2세는 발렌슈타인의 충성을 의심했고 결국 1634년 초에 다시 그를 해임했다. 발렌슈타인은 이로부터 얼마 후 암살당했다.

양측 모두 큰 타격을 입기는 했지만, 전반적으로 우세를 점했던 쪽은 가톨릭 동맹이었다. 1634년 9월, 가톨릭 동맹군은 뇌르틀링겐Nördlingen에서 스웨덴을 크게 물리쳤다. 이후 1635년 5월에 작센이 가장 먼저 페르디난트 2세와 조약을 맺고 충성과 복종을 맹세했

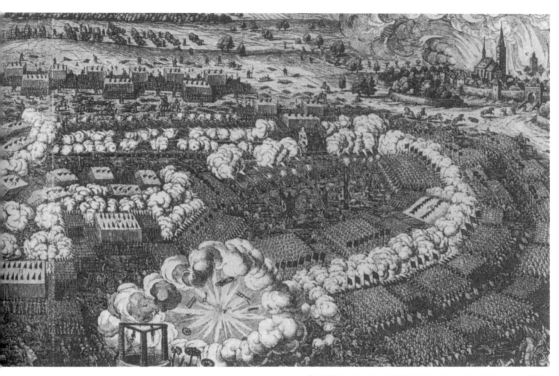

다. 이를 시작으로 그동안 스웨덴을 지지
하던 신교 동맹의 통치자와 귀족들 역시
하나둘씩 전쟁에서 물러났다.

발렌슈타인과 스웨덴의 구스타브 2세 아돌프는 1632년 11월에 뤼첸에서 결전을 벌였다. 이 전쟁에서 발렌슈타인은 큰 타격을 입었으며 스웨덴 국왕 구스타브 2세 아돌프가 사망했다.

프랑스

덴마크와 스웨덴이 연이어 실패하자 그동안 뒤에서 이들을 조종하던 프랑스가 전면에 나서기 시작했다. 1635년 5월, 프랑스가 가톨릭 국가인 에스파냐에 선전포고했으며 네덜란드, 베네치아, 헝가리 등이 곧 프랑스를 지지하고 나섰다. 전투는 신성로마제국을 비롯한 에스파냐, 이탈리아, 네덜란드 등지에서 주로 벌어졌다. 전쟁 초기에 에스파냐가 남과 북 양방향에서 공격을 전개하자 프랑스는 속수무책으로 밀려 후퇴를 거듭했다. 그러다가 전쟁이 장기화하면서 승패를 가를 수 없는 시소게임이 계속되었고, 프랑스와 스웨덴은 1640년대가 되어서야 마침내 연이은 승전보를 울릴 수 있었다.

1642년 11월, 스웨덴이 라이프치히Leipzig에서 신성로마제국에 승리를 거두었고 또 1643년 봄에는 프랑스가 로크루아 전투Battle of Rocroi에서 에스파냐를 크게 무찔렀다. 이후 스웨덴과 프랑스는 여세를 몰아 적을 추격해서 슈바벤Schwaben과 바이에른까지 파죽지세로 진격했다. 신성로마제국의 황제와 천주교 동맹 통치자들은 스웨덴과 프랑스가 제안한 평화조약에 서명해야만 하는 상황에 몰렸다. 당시 스웨덴 병영에서는 전염병이 유행하고 있었고 프랑스는 마침 영국에서 일어난 청교도 혁명 탓에 무척 불안했다. 이 때문에 두 나라는 하루라도 빨리 조약 체결을 마치고 전쟁을 끝내고자 했다.

베스트팔렌 조약

참전국 대표들은 1648년 5월 15일에 '오스나브뤼크 조약Treaty of Osnabrück'을, 10월 24일에 '뮌스터 조약Treaty of Münster'을 각각 체결했다. 오스나브뤼크와 뮌스터가 모두 베스트팔렌 지역에 속하기 때문에 이 두 조약을 함께 베스트팔렌 조약이라고 부른다. 이로써 프랑스는 로렌Lorraine의 주교구인 메스Metz, 툴Toul, 베르덩Verdun, 그리고 스트라스부르Strasbourg 주교구를 제외한 알자스Alsace 전체를 얻었다. 또 스웨덴은 서부 포메라니아Pomerania와 동부 포메라니아의 일부, 비스마어Wismar, 그리고 브레멘Bremen 주교구와 베르덴Verden 주교구를 차지했으며 이외에 발트 해와 북해 연안의 중요한 항구까지 얻었다. 신성로마제국은 네덜란드와 스위스의 완전한 독립을 정식으로 승인했다. 또 브란덴부르크, 작센, 바이에른 등은 전쟁 이전의 영지를 회복했으며 제후들은 영지 안에서 내정과 외교적 자주권을 누릴 수 있게 되었다. 종교 문제에 관해서는 신교도와 가톨릭교도가 모두 평등한 지위를 보장받았으며, 1555년의 '아우크스부르크 화의Augsburger Religionsfrieden'가 유효한 것을 다시 한 번 확인했다. 아우크스부르크 화의는 각 도시와 영지의 제후들이 가톨릭과 신교 중 어느 하나를 선택할 수 있는 권리가 있음을 밝힌 결의다.

베스트팔렌 조약의 체결로 마무리된 30년 전쟁은 신교 동맹의 승리로 끝났다. 그 결과 프랑스는 유럽 대륙의 패권, 스웨덴은 발트 해의 패권을 각각 차지했으며 네덜란드와 스위스가 독립했다. 반면에 신성로마제국은 큰 타격을 입고 사실상 멸망의 위기에 처했으며 에스파냐 역시 쇠락의 속도가 빨라졌다.

제1차 영국 내전

영국에서 봉건제가 자본주의로 전환되면서 내전이 발생했다. 이 내전은 영국 사회에 새롭게 형성된 자산계급이 군주의 전제정치와 봉건제도를 반대하며 일어난 무장투쟁으로 유럽 대륙에서 최초로 발생한 대규모 혁명이었다. 이 내전에서 올리버 크롬웰은 새로운 군대를 창설하고, 끊임없이 전략과 전술을 개선해서 유럽 군사 역사의 휘황찬란한 한 페이지를 장식했다.

배경

13세기에 양모 가격이 상승하면서 시작된 영국의 인클로저 운동은 16세기까지 이어져 상품경제가 발달한 동남부 지역까지 빠르게 확대되었다. 영국의 자급자족적 봉건 농업 경제는 인클로저 운동을 통해 자본주의 농업 경제로 전환되었다. 그 결과 농민들은 토지를 잃고 도시의 저렴한 노동력으로 전락했으며 17세기 초가 되자 부를 축적한 사람들이 대거 등장해 '신귀족' 계층을 형성했다. 이들은 이후 일어난 영국 혁명의 중요한 역량이 되었으며 도시 상공업의 발전을 촉진했다.

자본주의 경제가 발전하면서 부를 축적한 신귀족과 도시 상류층(상공업자, 수공업 공장주, 길드Guild나 상점 경영인)들이 영국 사회의 새로운 계층, 이른바 청교도Puritan이 되었다. 그들은 의회에서 전제 왕권과 대립하는 반대파를 형성하고 왕권신수설에 기초한 봉건 전제정치를 철폐할 것을 요구했다. 이렇게 되자 국회와 국왕 사이의 갈등은 나날이 심각해졌다.

1628년, 의회가 왕권을 제한하는 '권리청원Petition of Right'을 제출했다. 권리청원은 앞으로 국회의 비준을 거치지 않으면 어떠한 세금도 징수할 수 없으며, 법률에 의거한 판결 없이 국민을 임의로 구속할 수 없다는 등의 내용을 담았다. 얼마 후 국왕 찰스 1세Chalres I는 의회로부터 예산을 더욱 많이 확보하기 위해 어쩔 수 없이 권리 청원을 비준했지만 1629년에 세금 징수를 반대하는 의회를 과감히 해산해버렸다. 결국 향후 의회가 열리지 않은 채로 '11년 전횡기Eleven Years' Tyranny'라고 불리는 찰스의 독재가 이어졌다. 이 시기 내내 왕권과 의회, 특히

영국 내전 시대의 경장기병. 그들은 총을 들고 말을 탄 채로 전쟁을 벌였다.

수많은 영국인이 찰스 1세에 저항했고 갈등이 격화되었다. 1640년 11월, 막대한 전쟁 배상금이 필요했던 찰스 1세는 하는 수 없이 의회를 재개했다. 이때 열린 이른바 '장기의회Long Parliament'는 막무가내로 과중한 세금을 걷고, 끊임없이 전쟁을 벌이는 국왕을 크게 비난했는데 결과적으로 장기의회의 소집은 영국 내전의 시발점이 되었다.

의회에서 왕당파와 의회파의 갈등이 첨예하게 치달았던 1642년 1월, 찰스 1세는 런던을 떠나 요크York로 피신했다. 그는 이곳에서 의회파의 반역 행위를 무력으로 진압하기 위해 지지자와 병사들을 모았다. 같은 해 8월 2일, 찰스 1세가 노팅엄Nottingham에서 왕권을 상징하는 깃발을 꽂은 후 반역자를 의회에서 모두 내쫓겠다고 선포하면서 마침내 영국 내전의 서막이 올랐다.

제1차 내전

1642년 10월 23일, 에지힐Edgehill에서 왕당파 병력 7,000명과 의회파 병력 7,500명이 첫 번째 대규모 전투를 벌였다. 전투 초반, 의회파 양쪽 날개에 배치된 기병은 왕당파 기병의 공격에 크게 패했지만, 전선 중앙에 배치된 보병은 왕당파 보병을 물리쳤다. 이렇게 서로 일진일퇴를 계속하면서 승패가 나지 않다가 10월 29일, 드디어 왕당파가 옥스퍼드를 점령하고, 기세를 몰아 11월 12일에 런던에서 불과 11킬로미터 정도 떨어진 브렌트포드Brentford까지 차지했다. 수도 런던이 위급한 상황에 처하자 수공업자, 노동자, 학생, 평민 등으로 구성된 민병대 4,000여 명이 최전선으로 뛰어갔다. 민병대는 의회파의 큰 힘이 되어 런던으로 진격하려는 왕당파를 효과적으로 저지했다. 1643년에는 전체적인 상황이 의회파에 불리하게 돌아갔다. 9월, 왕당파가 세 방향으로 동시에 런던으로 진격하면서 수도가 다시 한 번 함락의 위기를 맞았으나 이번에도 런던 민병대 4개 군단이 의회파와 손잡고 저항하면서 간신히 위기를 벗어났다. 그러나 런던을 지켜냈을 뿐, 이미 국토의 5분의 3 이상이 왕당파의 손에 넘어간 상태였다.

사실 의회파 내부 대다수의 온건파들은 반드시 왕권을 무너뜨리겠다는 생각보다는 기득 이익을 보호하는 차원에서 타협하기를 바랐다. 실제로 의회파 군대의 지휘관 역시 주동적으로 공격하기보다는 방어적인 자세를 취했으며 병사들의 훈련도 부족했다.

그런데 이때, 올리버 크롬웰Oliver Cromwell이 등장하면서 상황이 완전히 바뀌었다. 탁월한 통찰력을 갖춘 그는 이 전쟁에서 의회파가 승리하려면 국민들의 힘을 이용해야 한다고 생각하고 내전이 시작되었을 때 농민과 수공업자를 모집해 기병대를 조직했다. 이 기병대의 지휘관 두 명 중 한 명은 신발제조업자, 다른 한 명은 마차꾼이었다. 크롬웰은 엄격한 기율을 정하고 훈련을 강화해서 전투력을 크게 끌어올렸다. 크롬웰이 지휘하는 기병대는 1643년에 동부에서 벌어진 몇 차례 전투에서 잇달아 승리했으며, 1644년에도 왕당파와 마스턴무어Marston Moor에서 격렬한 전투를 벌여 큰 승리를 거두었다.

■ 올리버 크롬웰

1644년 7월 2일, 마스턴무어 전투 이후, 다시 한 번 대규모 전투가 시작되었다. 왕당파 군대는 무더운 날씨와 계속되는 소나기를 피해 수풀과 호밀밭 안에서 잠시 숨을 돌리며 다음 명령을 기다리다가 날이 저물자 솥을 걸고 식사를 준비했다. 바로 그때, '쾅! 쾅!'하는 굉음이 들리더니 의회파의 포탄이 왕당파 진지에 정확하게 떨어졌다. 편안한 상태로 있던 왕당파 병사들은 당황해서 어쩔 줄 몰랐고 진지 전체에 일대 혼란이 일어났다. 올리버 크롬웰은 병사들을 이끌고 진격하면서 "하나님의 이름으로 사탄을 물리쳐라! 심판하라!"고 외쳤다. 의회파는 중앙, 좌측, 우측의 세 방향으로 한꺼번에 진격해서 적을 압박했다. 크롬웰의 기병들은 번쩍거리는 칼을 들고 위풍당당하게 말을 타고 진격했다. 그날 하룻밤 만에 왕당파는 병사 4,000명을 잃었으며 1,500명이 포로로 끌려갔다. 또 왕당파의 대포와 각종 무기는 모두 의회파의 차지가 되었다. 이후 크롬웰은 의회파를 구원할 영웅으로 추앙받았으며 그의 기병은 '철기대鐵騎隊'라는 별명을 얻었다.

1645년 초, 의회는 뛰어난 성과를 올린 크롬웰에 의회파 군대의 조직과 지휘를 맡겼다. 크롬웰의 지휘 아래 의회파 군대는 기병과 보병 총 2만여 명을 갖춘 '신모범군New Model Army'으로 다시 태어났다. 크롬웰은 과거에 기병대를 육성한 경험을 살려 엄격한 기율과 통일된 지휘 체계를 갖추고 고된 훈련을 거쳐 전투력이 뛰어난 군대를 만들어 냈다.

1645년 6월 14일 이른 새벽, 짙은 안개가 깔린 영국 중부의 네이즈비Naseby에서 의회파와 왕당파가 혈투를 벌였다. 찰스 1세는 안개를 이용해서 의회파를 급습하기로 하고 조심스럽게 적진에 들어갔지만, 예상과 달리 막사 안은 텅 비어 있었다. 알고 보니 크롬웰이 이미 왕당파의 작전을 눈치 채고 진영을 비운 채 주변에 매복했던 것이다. 찰스 1세는 뒤늦게 상황을 파악했지만, 미처 손 쓸 겨를이 없었다. 숨어 있던 의회파가 순식간에 나타나 왕당파의 후방을 에워싸고 양쪽에서 공격을 퍼부었다. 찰스 1세는 전방과 후방이 끊어진 다급한 상황에서 깜짝 놀라 시종으로 변장한 채 스코틀랜드로 도망갔다. 왕당파는 전투에 투입된 병사 7,000명 중 5,000명이 포로로 끌려가고 무기를 비롯한 많은 전쟁 물품을 빼앗기면서 참패했다. 그뿐만 아니라 의회파가 국왕과 프랑스의 비밀 서신을 폭로하고 그가 나라를 배신했다고 비난하면서 왕당파의 위신은 더 크게 떨어졌다.

크롬웰은 네이즈비 전투에서 신모범군을 이끌고 전쟁 전체의 승패를 가름하는 결정적인 승리를 거두었다. 그리고 1646년 6월에 국왕의 근거지인 옥스퍼드를 공격해서 항복을 받아내면서 제1차 영국 내전이 의회파의 승리로 끝났다.

영국 내전의 군복

내전 시기 의회파 군대의 주요 병력은 포병과 장창병이 혼합되어 구성된 보병 연대였다. 쌍방 군대의 군복은 매우 비슷했기 때문에 의회파 군대는 노란색 띠, 왕당파 군대는 붉은색 띠로 장식해서 구분했다. 장창병의 주요 임무는 갑옷 장비가 없는 포병이 안전하고 신속하게 탄약을 장전할 수 있도록 엄호하는 것이었다. 장창병은 붉은 상의 위에 두꺼운 철판으로 만들어진 흉갑을 덧입었으며 철판에 못이 박혀 있는 치마 갑옷을 입었다. 머리에는 닭벼슬 모양의 높은 철모를 썼다. 반면에 의회파 병사들은 대부분 예리한 쟁기나 창을 들었다. 포병은 당시 서민의 일상 복식, 즉 차양이 달린 모자를 쓰고, 붉은 군복 상의, 중간 정도 길이의 바지를 입었으며, 아마 천으로 된 기다란 양말과 갈색 구두를 착용했다.

영국 내전, 그 후

영국 내전은 대표적인 봉건 전제주의 통치자인 찰스 1세를 처형하면서 마무리되었다. 이후 영국은 공화정을 선포했으나 이 역시 오래가지는 못했다.

제2차 내전

1648년 봄, 잔존한 왕당파들이 사우스웨일스South Wales, 켄트Kent, 에식스 등지에서 차례로 반기를 들었다. 그들이 스코틀랜드와 동맹을 맺고 본격적으로 전쟁을 벌이면서 그해 여름, 영국의 제2차 내전이 시작되었다. 1648년 8월 19일, 크롬웰은 프레스턴Preston에서 벌어진 전투에서 스코틀랜드와 왕당파 연합군을 크게 물리쳤다. 그 결과 스코틀랜드가 영국에 합병되었고 이렇게 해서 제2차 내전 역시 의회파의 완벽한 승리로 끝났다.

호국경 크롬웰

내전이 끝난 후에 의회파 내부에서 온건파와 강경파의 대립이 발생했다. 여기에 불만을 품은 크롬웰은 1648년 12월에 군대를 이끌고 런던으로 진격해서 의회를 점령했다. 그는 자신을 반대하는 온건파 의원을 모두 내쫓았으며 이제 영국 의회에 남은 인원은 고작 200여 명이었다. 그리하여 1640년 개최된 장기의회는 '잔부의회Rump Parliament'가 되었다.

한편, 찰스 1세는 제1차 내전에서 패하고 고향인 스코틀랜드로 도망갔지만 믿었던 스코틀랜드가 영국 의회파와 협상을 벌인 후, 40만 파운드에 그를 영국으로 넘겼다. 잔부의회는 찰스 1세의 재판을 위한 특별법을 통과시키고 대법원을 열었다. 재판부는 "찰스 스튜어트는 폭군, 배신자, 살인범 및 국가와 국민의 적이니 마땅히 참수해야 한다."라고 판결하고, 1649년 1월 30일, 그를 화이트홀 궁전에

1644년 7월 2일에 벌어진 마스턴무어 전투는 내전이 발발한 이후 첫 번째 대규모 전투였다.

1645년 6월 14일 이른 새벽. 짙은 안개가 깔린 영국 중부의 네이즈비에서 의회파와 왕당파가 혈투를 벌였다. 그림 위쪽은 왕당파. 아래쪽은 의회파 군사다. 양측은 모두 가운데에 보병. 양쪽 날개에 기병을 배치해서 거의 비슷한 진영을 구축했다.

서 처형했다. 곧이어 의회는 상원과 군주제를 없애기로 결의했으며, 5월 19일에 이제 영국이 국왕과 상원이 없는 나라가 되었음을 공식적으로 선포했다.

1653년 4월 20일, 크롬웰은 잔부의회마저 해산하고 의원 150명으로 구성된 '배어본스 의회Barebones Parliament'를 열어 권력을 장악하기 위한 기반을 만들었다. 그러나 그 안에서도 급진적인 의원들이 끊임없이 개혁을 요구하자 배어본스 의회 역시 곧 해산했다. 크롬웰은 1653년 12월 16일, 공화정을 선포하고 영국 연방을 수립했으며 스스로 호국경Lord Protector의 자리에 올랐다.

왕정복고

1658년 9월, 호국경 크롬웰이 말라리아에 걸려 세상을 떠나자 영국 정계는 치열한 권력 투쟁이 시작되면서 큰 혼란에 빠졌다. 결국 영국의 공화정은 붕괴 상태에 빠졌고 여러 정파는 차라리 왕정복고를 선택하는 편이 낫겠다고 생각했다. 이때 스코틀랜드에 머무르던 멍크Monck 장군이 군사를 이끌고 런던으로 돌아와서 찰스 1세의 아들인 찰스 스튜어트의 복귀를 협의했다. 프랑스로 망명을 떠났던 찰스 스튜어트는 1660년 4월 4일에

'브레다 선언Declaration of Breda'을 발표하고 혁명에 가담했을지라도 40일 이내에 국왕에 충성을 맹세한다면 사면해줄 수 있다고 선포했다. 1660년 5월, 런던으로 돌아온 찰스 스튜어트가 새로운 국왕 찰스 2세Charles Ⅱ로 즉위하면서 영국에서 스튜어트 왕조가 부활했다. 그는 즉위 후, 아버지 찰스 1세의 처형 판결을 내린 재판관들을 죽이고, 크롬웰의 무덤을 파헤치는 등 잔혹한 보복정치를 실시했다.

1685년, 정치적으로 무능했던 찰스 2세가 사망한 후, 그의 남동생인 제임스 2세James Ⅱ가 즉위했다. 가톨릭으로 개종한 그가 영국의 가톨릭 부활을 시도하고 절대주의적 왕권을 강화하려고 하자 휘그당Whig Party과 토리당Tory Party은 1688년에 '명예혁명Glorious Revolution'을 일으켜 제임스 2세를 퇴위시켰다. 의회는 '권리장전Bill of Rights'을 제정, 공포하고, 제임스 2세의 딸 메리와 그 남편인 네덜란드의 오라니에 공 빌럼을 영국의 새로운 왕으로 추대했다. 메리 부부는 요청을 받아들여 메리 2세Mary Ⅱ와 윌리엄 3세William Ⅲ가 되었다. 이로써 영국에 입헌군주제가 건립되었다.

영국 내전은 영국의 군사 역사에서 큰 의미를 차지한다. 이 전쟁 중에 건립된 신모범군은 이전에는 없었던 새로운 형태의 자산계급 군대로 영국 역사상 최초의 육군 정규군이 되었다. 이들은 국가 예산으로 운영되었으며 똑같은 군복을 입고 편제, 기율, 지휘가 모두 하나로 통일되었다. 당시 의회가 반포한 강제모병제는 지금의 징병제의 원형이라고 할 수 있으며 영국은 이를 통해 충분한 군사 자원을 확보했다. 또한 크롬웰의 기병대는 장거리 급습 공격을 시도하고, 기병을 횡대로 정렬시켜 전투를 벌였는데 이 역시 새로운 기병 전술이었다.

영국과 네덜란드의 불협화음

1650년대부터 1670년대까지 이어진 '영국 네덜란드 전쟁Anglo-Dutch Wars'은 영국이 해상 무역을 독점하는 네덜란드를 제거해서 바다를 제패하고 더 많은 식민지를 쟁취하기 위해 벌인 전쟁이다. 영국은 세 차례의 전쟁을 통해서 그들의 바람대로 해상의 패권을 차지했으며, 유일한 해상 강국으로 우뚝 섰다.

해상의 마부, 네덜란드

네덜란드는 면적 4만 평방킬로미터 가량의 천연자원도 많지 않은 작은 나라지만 한때 화려하게 번성했다. 그들은 17세기 전반에 이미 세계의 무역을 독점했는데 세계 구석구석 네덜란드 상인의 발이 닿지 않은 곳이 없을 정도였다. 당시 그들의 활약 덕분에 네덜란드 사람들은 '해상의 마부'라는 멋진 별명을 얻었다. 하지만 이렇게 번영하던 네덜란드도 결국 전쟁 탓에 쇠락하고 말았다. 17세기 전반부터 해상 독점권을 장악한 네덜란드는 적극적인 해외 확장정책을 펴는 영국을 눈엣가시처럼 여겼다. 그들 사이에 전쟁은 어느새 피할 수 없는 일이 되었다.

네덜란드와 영국은 무역뿐 아니라 식민지 문제로도 역시 첨예하게 경쟁했다. 특히 영국의 호국경에 오른 크롬웰은 해외의 경쟁자들을 제거하고 전 세계 무역을 영국이 제패하는 것을 사명으로 삼은 사람이었다. 그런데 수많은 상선을 보유한 네덜란드가 이미 전 세계 주요 항구를 누비고 있는 것이 아닌가! 이에 크롬웰은 자신의 사명을 실현하기 위해 눈앞을 가로막은 무역 강국 네덜란드를 제거하기로 마음먹었다.

항해조례

사실 영국이 전쟁을 감행한 데는 다른 이유가 하나 더 있었는데 바로 네덜란드가 영국 상인들의 활동을 제한, 혹은 방해했기 때문이다. 이 모든 상황을 바꾸고 싶었던 영국은 거대한 규모의 해군을 건립 계획을 세우고 1652년 가을에 신형 순양선 30척을 만들어서 해상 전쟁을 준비했다. 본격적인 전투에 앞서 영국은 우선 평화적인 방법으로 네덜란드의 무역을 빼앗고, 식민지를 차지하고자 했다. 또 네덜란드와 동맹을 맺고 영국에 합병하려는 계획까지 세웠다.

그래서 영국은 두 해상 강국이 견고한 동맹을 맺어 통일된 국가로 합병해야만 더 많은 이익을 창출할 수 있다는 여론을 조성했다. 그리고 네덜란드가 영국에 해상 무역의 독점권을 넘겨야 하며, 만약 이를 거부한다면 죽음을 각오해야 한다는 경고도 잊지 않았

1653년. 영국 근해에서 교전 중인 영국과 네덜란드의 전함

다. 영국은 이처럼 평화롭고 우호적인 선의를 보이면서 한 편으로는 전쟁을 준비하는 이중성을 보였다.

크롬웰을 포함한 모든 사람이 예상한 것처럼 네덜란드는 당연히 영국의 제안을 거절했다. 그러자 크롬웰은 1651년 8월 5일에 '항해조례Navigation Act'를 의회에 제출하고 통과시킨 후, 즉시 반포했다.

항해조례의 주요 내용은 "영국으로 수입되는 화물은 반드시 영국이나 그 식민지의 상선 혹은 상품의 생산국이나 최초 선전국의 선박으로만 수송할 수 있다"였다. 이것은 '많은 상선으로 국가 간 화물을 수송해서 큰 이익을 얻는 무역 중개국가', 바로 네덜란드를 겨냥한 것이었다. 항해조례가 시행된다면 큰 타격을 입을 것이 분명했기에 네덜란드는 즉시 영국의 항해조례에 거부 의사를 표했고 이것이 곧 영국 네덜란드 해상 전쟁, 즉 '영란전쟁'의 시작이 되었다.

군사학으로 본 영란전쟁

영란전쟁의 대부분 전투는 바다 위에서 벌어졌다. 유럽의 두 해상 강국이 벌인 이 전쟁에서 두 나라는 전쟁 중에도 끊임없이 함대를 더욱 조직적이고 효율적으로 개편했다. 예를 들어 함대를 여러 개의 분分함대로 나누고, 분함대를 다시 소함대로 나누는 식이다.

영란전쟁 당시 전열함, 순양함 등 새로운 형태의 전함이 대거 등장했는데 이에 따라 해전 전술과 전략에도 큰 변화가 발생했다. 전쟁 초반에는 실제 바다 위에서 전투 대형이라 할 것 없이 그저 가까운 전함끼리 서로 대포를 쏘아 싸우는 식에 불과했다. 하지만 전쟁이 후반부에 접어들면서 양측 모두 전함을 종대로 세우고 대포를 쏘면서 전쟁을 벌였는데 이것은 이후에 벌어진 해전의 가장 일반적인 전술이 되었다. 이를 바탕으로 해군에서 포병의 역할이 나날이 커졌으며 대포의 성능도 크게 좋아졌다.

영국 네덜란드 전쟁

영국의 항해조례 반포 후 격화된 두 나라의 갈등은 곧 수면 위로 드러났다. 두 나라의 상선과 함대는 바다 위에서 서로 공격하고 충돌하며 약탈을 일삼았다. 두 나라는 심지어 선전포고도 하지 않고 즉시 군사 행동을 시작했다.

제1차 영란전쟁

전쟁은 1652년 7월 28일, 네덜란드가 선제공격하면서 시작되었다. 이후 영국과 네덜란드는 폴리머스Plymouth, 뉴포트Newport, 포틀랜드Portland 등지의 해역에서 전례 없는 대규모의 격렬한 해상 교전을 벌였다.

네덜란드의 수병들은 높은 수준의 전투력을 보유했고, 지휘관들 역시 매우 훌륭한 전략으로 병사들을 이끌었다. 영국은 네덜란드보다 많은 전함을 보유했고 장비 면에서도 월등했다. 영국은 내전을 통해서 개선을 거듭한 군사 조직과 기술 장비를 갖추었기 때문에 바다에서도 적을 압도했다. 전투 결과, 장비가 부족했던 네덜란드는 1653년까지 영국과 벌인 해전에서 대부분 실패를 맛보았다. 제1차 영란전쟁의 전투는 대부분 지중해, 인도양, 발트 해 및 북해를 서로 잇는 연결선을 따라 벌어졌다. 이 지역에서 영국은 네덜란드 해군 함대를 무찌르고 해안을 봉쇄해서 끊임없이 네덜란드를 위협했다.

이 전쟁은 네덜란드의 경제에 큰 타격을 입혔으며 전 세계에 분산되어 있던 네덜란드 상선과 어선은 영국 함대의 목표물이 되었다. 1653년, 영국이 네덜란드 해안을 봉쇄했을 때 네덜란드의 경제의 취약 부분, 바로 과도하게 대외 무역에 의존하는 문제가 수면 위로 드러났다. 해안 봉쇄는 네덜란드의 입장에서 일종의 재난이나 다름없었다. 더 이상 버티지 못한 네덜란드는 1654년 4월 15일에 영국이 제안한 '웨스트민스터 조약Treaty of Westminster'에 서명할 수밖에 없었다. 네덜란드는 조약에 따라 영국의

▌ 1666년. 교전 중인 영국과 네덜란드 전함

항해조례를 인정하고, 1611년부터 영국의 동인도 회사The East India Company에게 끼친 손실을 모두 배상했다. 이후 네덜란드는 해상 무역 독점권을 영국에 넘겨주었다.

제2차 영란전쟁

제1차 영란전쟁이 끝나고 웨스트민스터 조약이 체결되었다고 해서 두 나라 사이의 갈등이 완전히 해결된 것은 아니었다. 영국은 왕정복고 이후 1660년에 해상 패권을 공고하게 하고 더 많은 식민지를 차지하기 위해서 내용이 보충된 항해조례를 다시 한 번 반포했다. 또 1663년에는 '무역촉진조례Act for the Encouragement of Trade'를 반포해서 해상에서 네덜란드를 완전히 배제하고 그들의 이익을 제한하고자 했다. 네덜란드 상인, 무역업자를 비롯한 자산계급은 영국의 이러한 안하무인식의 행동을 더 이상 참기 어려웠다. 게다가 영국이 북아메리카 대륙의 네덜란드 식민지 뉴앰스터댐New Amsterdam을 점령하고 새로운 요크라는 의미의 뉴욕New York으로 개칭하면서 네덜란드의 불만은 극에 달했다. 이후 몇 차례 식민지에서 분쟁을 거듭하던 두 나라는 결국 1665년 초에 제2차 영란전쟁을 시작했다.

제2차 영란전쟁 당시 동맹국으로서 네덜란드를 지원할 의무가 있었던 프랑스도 1666년 1월에 영국에 선전포고하고 전쟁에 뛰어들었다. 프랑스 국왕 루이 14세Louis XIV는 즉위하면서부터 '전쟁, 명예, 영토'라는 세 가지 목표를 정하고 이를 위해 강력한 해군을 건립했다. 그래서 네덜란드는 프랑스가 큰 도움이 될 것이라고 기대했지만 사실 프랑스는 네덜란드가 패망하는 것도, 영국이 큰 타격을 입는 것도 원하지 않았다. 영국의 찰스 2세 역시 프랑스와 적대 관계가 되는 것을 바라지 않았다. 그래서 프랑스와 적극적인 외교를 벌여서 비밀 회담을 제안하고 마침내 비밀양해각서까지 체결했다. 여기에는 프랑스가 영국의 네덜란드 침공을 반대하지 않으며, 네덜란드를 더 이상 지원하지 않고 그 일부를 차지한다는 내용이 담겨 있었다. 이후 프랑스는 즉시 네덜란드 접경 도시들을 점령하기 시작했다.

제1차 영란전쟁에서 패한 네덜란드는 해상 패권이 무역에 어떤 역할을 하는지를 뼈저리게 느끼고 강력한 해군을 만들기 위해 온 힘을 기울였다. 그들은 수병을 늘리고 조직을 개선했으며 장비도 최신식으로 바꾸었다. 그 덕분에 제2차 영란전쟁에서는 프랑스의 도움 없이도 영국군과 싸워 이기고 승승장구하더니 템스 강Thames River까지 진격해서 런던까지 위협했다. 그런데 이때 프랑스가 동맹을 깨뜨리고 네덜란드를 침공해서 위협하는 바람에 전쟁을 멈출 수밖에 없었다. 1667년 7월 31일에 영국과 네덜란드가 체결한 '브레다 조약Treaty of Breda'에 따라 영국은 뉴욕을, 네덜란드는 수리남Suriname과 말루쿠Maluku 제도를 차지하는 것으로 전쟁이 마무리되었다.

네덜란드와 서유럽 강국의 대결

프랑스는 제2차 영란전쟁에서 네덜란드의 기대를 저버리고 오히려 영국을 도왔으며 심지어 네덜란드의 식민지까지 차지했다. 사실 프랑스는 유럽 대륙의 패권을 차지하려면 반드시 네덜란드를 제압해야 한다고 생각하고 있었기 때문에 1670년에 영국과 '도버밀약Secret Treaty of Dover'을 맺고 함께 네덜란드를 공격해서 나눠 가지기로 했다. 얼마 후 제3차 영란전쟁이 시작되었다.

제3차 영란전쟁

1672년 봄, 영국과 프랑스의 공격을 받은 네덜란드는 큰 타격을 입었지만, 끝까지 완강하게 저항했다.

네덜란드는 먼저 프랑스 대군이 육로로 공격을 시도하자 이른바 홍수작전을 채택해서 제방을 허물어 바닷물이 육지로 넘어들어오게 했다. 그러자 프랑스군은 진격은커녕 바닷물에 휩쓸려가지 않으려고 버둥대다가 결국 후퇴해야 했다. 생각지도 못한 네덜란드의 과감한 작전에 허를 찔린 프랑스 육군은 전투력을 상실하고 사기까지 크게 떨어져서 한동안 전쟁을 중단해야 했다.

해상에서도 네덜란드의 전략이 빛났다. 몇 차례 부침이 있기는 했으나 네덜란드의 해군은 여전히 세계 최강 중 하나였다. 그들은 상대적으로 덜 위협적인 프랑스에게는 소규모 함대로 대응하고, 강력한 영국 함대와 싸울 때는 주력 부대를 투입해서 네덜란드 해안의 안전을 확보하고자 했다. 전투 하루 전, 네덜란드는 영국 해안 부근에 거의 100여

▌ 네덜란드 함대와 영국 프랑스 연합함대의 교전

▌ 네덜란드를 공격하는 루이 14세

척에 달하는 전함과 50여 척의 대포 공격 선박을 배치해서 전투에 대비했다. 이후 네덜란드와 영국은 대서양의 패권을 두고 여러 차례 치열한 교전을 벌였다. 치열했던 솔베이 해전Battle of Solebay에서 네덜란드 해군은 영국 국왕의 형제인 요크 공작이 탄 전함을 집중 공격해서 쉴 새 없이 대포를 쏘았다. 견디지 못한 요크 공작은 전함을 옮겨 탄 뒤 허둥지둥 도망갔고 영국 함대는 이후 한참 동안 네덜란드 앞에 나서지 못했다. 프랑스 역시 이 해전에 전함 30척을 투입했지만 별다른 성과를 거두지 못했다.

1673년, 네덜란드 함대는 다시 한 번 영국 프랑스 연합함대와 세 차례 전투를 벌였다. 그러나 양측의 전력이 비슷하다 보니 좀처럼 승패가 나지 않아 지루한 전투를 이어갈 수밖에 없었다. 그러던 중 반가운 에스파냐의 지원군이 도착했다. 네덜란드 에스파냐 연합군은 함께 본Bonn을 점령하는 등 프랑스를 위협해 전쟁에서 물러나게 만들었다.

영국에서는 해전에서 연이어 패배하고, 설상가상으로 찰스 2세가 의회도 모르게 프랑스와 도버밀약을 맺은 사실이 발각되면서 의회와 도시 상공업자를 비롯한 자산계급의 불만이 극에 달했다. 또 프랑스의 군사력이 생각했던 것보다 훨씬 강한 것을 목격한 후, 어쩌면 네덜란드보다 프랑스가 더욱 위험한 적일지도 모른다고 생각하기 시작했다. 그래서 프랑스와 손을 잡는 것에 대해 비판의 목소리를 높이며 국왕의 실정을 비난했다. 결국 영국 의회는 네덜란드와의 전쟁에 필요한 보조금 지급요청을 거절했으며 이로써 네덜란드를 나누어 가지려는 영국과 프랑스의 희망은 물거품이 되었다. 제3차 영란전쟁은 이렇게 승패를 정확히 가리지 못한 채 흐지부지 마무리되었지만, 일반적으로 전체 영란전쟁에서 줄곧 우세했던 영국의 승리로 본다. 이후 영국은 전 세계를 누비는 해상 강국으로 우뚝 선 반면, 해상의 마부 네덜란드는 영란전쟁이 끝난 후 나날이 쇠락했다.

1674년 2월, 영국과 네덜란드가 두 번째 웨스트민스터 조약을 체결했다. 여기에서 양국은 1667년에 체결한 브레다 조약의 유효성에 대해 다시 한 번 확인했다. 네덜란드는 영국에 배상금을 주기로 하고 유럽 대륙 밖의 식민지도 할양했다. 대신 영국은 앞으로 네덜란드의 적국과 동맹을 맺거나 지원하지 않겠다고 약속했다.

러시아와 스웨덴의 북방전쟁

러시아는 1700년부터 1721년까지 발트 해를 두고 스웨덴과 '북방전쟁Great Northern War'을 벌였다. 전쟁이 끝난 후 러시아는 발트 해를 장악했으며 스웨덴은 유럽 열강 경쟁에서 뒤처지게 되었다.

나르바 전투

배경

17세기 초, 건국 왕조인 류리크 왕조Ryurik dynasty가 끝나자 러시아는 '혼란의 시대에 들어섰다. 이때 유력한 가문들의 치열한 왕권 쟁탈전이 벌어졌는데 그중 하나인 슈이스키Shuisky 가문이 스웨덴과 동맹을 맺으면서 러시아의 왕권 경쟁에 외부 세력이 개입하게 되었다. 스웨덴은 러시아의 혼란한 틈을 놓치지 않고 출병해서 노브고로드Novgorod로 진격한 후 러시아 서북부를 장악했다. 이후 러시아에 로마노프 왕조Romanov dynasty가 들어서면서 러시아와 스웨덴은 평화조약을 체결했는데 스웨덴은 이 조약에 따라 네바 강Neva River 연안 일부분을 할양받았다.

유럽에서 교육받은 표트르 1세Peter I는 즉위 후, 유럽 국가들과 더 많은 교류를 하기 바랐다. 당시 러시아에서 유럽으로 갈 때 가장 가까운 길은 바로 네바 강을 통해서 발트 해로 나아가는 것이었다. 이 때문에 표트르 1세는 선조들이 스웨덴에 할양해 준 땅을 되찾아 오고 내친김에 스웨덴이 통치하는 발트 해 연안까지 모두 차지하고자 했다. 스웨덴 역시 이런 러시아의 계획을 파악하고 긴장을 늦추지 않았다. 시간이 흐를수록 두 나라의 갈등이 나날이 격화되더니 어느새 일촉즉발의 상황이 되었다. 1699년, 발트 해 연안 각국과 스웨덴이 충돌하자 호시탐탐 기회를 노리던 표트르 1세가 움직이기 시작했다. 그는 우선 작센, 덴마크와 손을 잡고 북방동맹을 맺은 후, 전쟁 준비에 들어갔다.

나르바 전투

발트 해를 오가는 길을 장악하는 것이 최우선 목표였던 러시아는 스웨덴의 요새 나르바Narva를 첫 번째 공격 대상으로 삼았다. 1700년 9월 2일, 표트르 1세는 군대를 이끌고 모스크바를 출발해 나르바로 곧장 진격해서 겹겹이 포위한 후 성벽을 빙 둘러 참호를 팠다. 양측의 병력과 화력을 비교하자면 러시아가 우세했으나 어찌 된 일인지 표트르 1세는 도통 공격 명령을 내리지 않고 머뭇거리며 지루한 대치 상황을 유지했다. 결국 스웨덴이 먼저 공격했을 때 러시아는 제대로 반격해보지도 못하고 투항하고서 물러났다. 표트르 1세는 나르바의 참패를 교훈 삼아 좀 더 강력한 군대, 치밀한 전략전술의 필요성을 깨달았다. 그는 곧 정규군, 상비 해군을 건립하고 군사산업을 추진하는 등 다시 전쟁을 준비했다. 한편 러시아가 예상보다 무력한 것을 확인한 스웨덴 국왕 칼 12세Karl XII는 더 이상 러시아를 걱정할 필요는 없겠다고 생각하고서 병력을 폴란드로 이동했다.

상트페테르부르크

칼 12세는 직접 최정예군을 이끌고 폴란드로 진격했다. 그는 빠른 속도로 바르샤바Warsaw, 크라코우Cracow 등 여러 지역을 차례로 점령한 후, 폴란드 국왕인 아우구스트 2세 August II에게 퇴위할 것을 종용했다.

1701년, 러시아의 표트르 1세는 스웨덴이 폴란드를 공격하자 다시 한 번 전쟁을 벌이기로 결정했다. 그리하여 1702년에 발트 해 연안의 여러 지역을 공격, 점령했으며, 얼마 후 네바 강에서 대규모 토목 공사를 벌여 도시 상트페테르부르크Saint Petersburg를 세웠다. 러시아의 새로운 수도가 된 상트페테르부르크는 발트 해를 들고 나는 자리에 위치한 교통의 요지였다. 그래서 이제 러시아는 이곳을 근거지로 삼아 유럽 대륙을 자유롭게 오갈 수 있게 되었다.

스웨덴의 칼 12세는 1703년에 이미 표트르 1세가 네바 강 하구에서 방어시설을 건립하고 도시를 세우고 있다는 정보를 들었지만 별로 신경 쓰지 않았다. 그는 심지어 "러시아의 차르가 공들여 도시를 세우도록 내버려 두어라. 우리는 그 도시를 점령하는 영광을 누리면 되겠구나!"라고 말했다. 느긋한 칼 12세는 이처럼 허무하게 반격의 기회를 놓치고 말았다.

1697년에 스웨덴 국왕으로 즉위한 칼 12세는 1718년에 전사했다. 그는 뛰어난 지휘관이었으나 동유럽 국가들을 과소평가하는 실수를 저질렀다.

발트 해의 뜨는 별과 지는 별

1704년, 러시아는 스웨덴에 수모를 당한 폴란드와 '나르바 조약Treaty of Narva'을 맺고 함께 전쟁을 벌이기로 약속했다. 칼 12세는 이제 더 이상 러시아를 그냥 둘 수 없다고 생각했는지 먼저 공격해서 제압하기로 결정했다. 그는 러시아와 폴란드가 양쪽에서 스웨덴을 압박할 수도 있으니 러시아를 공격하기 전에 먼저 폴란드를 굴복시켜서 옴짝달싹하지 못하게 해야겠다고 생각했다. 얼마 후 스웨덴은 카자크Cossacks와 동맹을 맺고, 준비를 철저히 한 다음, 1708년 1월에 폴란드를 공격하고 곧이어 러시아로 진격했다.

칼 12세가 직접 지휘하는 스웨덴군의 병력은 양적으로 우세했지만 끝내 러시아의 방어를 뚫지 못했다. 러시아는 공격에 대비해서 미리 수많은 방어물을 세우고, 지역민들과 각종 물자를 모두 다른 곳으로 옮겨 놓았다. 이렇게 하면 스웨덴군이 힘들게 방어물을 뚫고 들어와도 약탈할 것이 없어서 물자를 보충하지 못하리라 생각했기 때문이다. 러시아의 예상은 정확했다. 실제로 장거리 행군을 한 스웨덴군은 피로가 누적되어 대형을 제대로 구축하기도 어려웠다. 그들은 그저 앉아서 우크라이나Ukraine가 보내주기로 한 지원군을 기다리는 수밖에 없었다. 그러나 그들이 하염없이 기다리던 우크라이나 지원군은 표트르 1세가 직접 이끄는 러시아 정예부대에 이미 거의 전멸된 상태였다.

폴타바 전투

1709년, 이제 스웨덴의 유일한 희망은 바로 폴타바Poltava로 진격해서 나아갈 길을 만드는 것뿐이었다. 그 해 7월 6일, 표트르 1세와 멘시코프Menshikov 장군이 지휘하는 러시아군과 칼 12세가 지휘하는 스웨덴군이 폴타바 근방에서 대치했다. 전투 대형을 갖춘 스웨덴 보병이 놀랄 만큼 용맹스러운 기세로 러시아 진지를 향해 다가왔다. 미리 세워둔 보루가 하나씩 무너지자 러시아 기병이 나아가 스웨덴 보병을 저지하고 다른 병사들은 방어 시설 뒤에 숨어 기병들을 엄호했다. 잠시 후 스웨덴 보병의 대형이 무너지기 시작했다. 스웨덴의 오른쪽 날개는 러시아의 중앙을 돌파하려고 했으나 실패했고, 러시아 기병이 스웨덴의 양쪽 날개를 에워싸고 후방 공격을 감행하면서 혼란이 가중되었다. 양측 병사들은 이제 대형을 무시하고 서로 맞붙어 육탄전을 벌였다. 스웨덴은 상황이 여의치 않자 퇴각을 결정했고 병사들은 혼비백산에서 폴타바 숲으로 도망쳤다. 그러나 러시아의 멘시코프 장군은 이들을 끝까지 추격해 전멸시켰다.

전체 전쟁의 승패를 가름한 폴타바 전투는 신출귀몰한 러시아군의 대승이었다. 스웨덴의 사상자는 거의 1만 명에 달했으며 수천 명이 포로로 끌려갔다. 7월 11일, 스웨덴의 잔여병사 약 1만 6,000명이 페레볼로치나Perevolochna에서 전투를 포기하고 투항하면서 전투가 완전히 마무리되었다. 이 전투는 북방전쟁의 전환점이 되었으며 이후 스웨덴은 크게 쇠락해서 더 이상 러시아와 패권을 다툴 수 없게 되었다.

러시아 오스만 전쟁

폴타바 전투에서 참패한 스웨덴의 칼 12세는 오스만 제국으로 황급히 피신했다. 복수심에 사로잡힌 그는 오스만 제국의 술탄을 부추겨서 기어코 오스만 제국이 러시아를 공격하게 만들었다. 스웨덴으로 진격하던 러시아군은 오스만 제국군의 공격을 받고 완강히 저항했지만, 상대적으로 병력이 무척 적었던 탓에 결국 포위당하고 말았다. 1713년, 표트르 1세는 어찌해 볼 도리가 없다고 생각하고 오스만 제국

▌ 러시아 남부의 카자크 기병

과 협상을 벌여서 얼마 후 평화조약에 서명했다. 오스만 제국이 러시아와 평화조약을 맺고 전쟁에서 물러나자 스웨덴의 칼 12세 역시 별다른 소득 없이 스웨덴으로 돌아갈 수밖에 없었다.

1714년, 러시아의 발트 해 함대가 스웨덴 함대를 크게 무찔러 핀란드로 물러나게 만들었다. 육상에 이어 해상에서까지 러시아에 참패한 칼 12세는 더 이상 저항할 방법이 없자 투항했다.

러시아의 부상

러시아와 스웨덴은 1718년부터 평화조약에 관한 협의를 시작했는데 도중에 칼 12세가 노르웨이와 전쟁을 벌이다가 총에 맞아 사망하는 일이 발생했다. 그의 뒤를 이어 왕위에 오른 엘레오노라Eleonora 여왕은 돌연 러시아와의 평화조약을 거부했는데 이는 영국의 입김이 작용한 것이었다. 이렇게 해서 러시아와 스웨덴은 다시 전쟁을 시작했다.

1720년, 러시아 해군은 그레이엄 랜드Graham Land 부근에서 스웨덴 함대를 크게 물리쳤다. 러시아는 이 기세를 몰아 스웨덴 연해에 상륙해서 곧장 수도인 스톡홀름Stockholm으로 진격했다. 1721년 여름, 러시아 해군은 다시 한 번 스웨덴 함대를 무찔렀다. 그 해 9월, 더 이상 전쟁을 끌고나갈 힘이 없던 스웨덴은 핀란드에서 러시아와 평화조약을 체결하고 전쟁을 마무리했다. 이때부터 러시아는 발트 해를 자유롭게 오갈 수 있게 되었다.

러시아의 추밀원樞密院은 전쟁을 승리로 이끈 표트르 1세에게 '표트르 대제Peter the Great'라는 칭호를 부여했다. 차르가 다스리는 러시아는 이제 공식적으로 러시아 제국이 되었으며 일약 유럽 대륙의 열강으로 떠올랐다.

에스파냐 왕위 계승 전쟁

1701년부터 1714년까지 영국, 프랑스, 네덜란드, 오스트리아 등 여러 유럽 국가가 에스파냐의 왕위 계승 문제를 둘러싸고 치열하게 싸웠다. '에스파냐 왕위 계승 전쟁War of the Spanish Succession'으로 불리는 이 전쟁은 유럽 대륙의 대부분 국가가 참여한 대규모 전쟁이었다.

에스파냐를 통치한 합스부르크 왕가에 후계자가 없자 프랑스의 부르봉 왕가Maison de Bourbon와 오스트리아의 합스부르크 왕가가 서로 합법성을 주장하며 나섰다. 그러나 이것은 겉으로 드러난 이유일 뿐, 진짜 이유는 식민지 쟁탈과 관계있었다. 전쟁은 주로 유럽의 여러 나라가 함께 프랑스에 대항하는 구조로 진행되었다.

왕위 계승권 갈등

15세기부터 16세기에 이르기까지 유럽 대륙의 패권을 차지한 에스파냐는 30년 전쟁에 뛰어든 이후로 점차 쇠락의 길을 걸었다. 이후 유럽의 신흥 열강으로 떠오른 영국, 프랑스, 네덜란드 등은 모두 약해진 에스파냐를 주시하며 그 영토를 차지하고자 했다.

1700년 11월 1일, 에스파냐 합스부르크 왕가의 마지막 국왕 카를로스 2세Carlos II가 사망했다. 그는 왕위를 계승할 자식이 없었는데, 복잡하게 얽히고설킨 친족관계를 따져보니 합스부르크 왕가 출신이나 부르봉 왕가 출신이 모두 계승할 수 있었다. 이는 카를로스 2세가 합스부르크 왕가의 방계인 동시에 프랑스 루이 14세의 처남이었기에 가능한 일이었다. 카를로스 2세의 유족들은 고민 끝에 루이 14세의 손자인 앙주 공작 필립Philippe,

1704년 8월 13일의 블레넘 전투. 영국은 이 전투를 승리로 이끌면서 위력을 떨쳤다.

Duke of Anjou에게 왕위를 넘겨주기로 결정했다. 그는 곧 에스파냐 국왕으로 즉위해 펠리페 5세Philip V가 되었고 이 일을 성사시키기 위해 적극적으로 외교 활동을 벌인 펼친 루이 14세는 기쁨을 감추지 못했다. 왜냐하면 당시 에스파냐는 본토 외에 이탈리아 반도의 대부분, 네덜란드 서부(지금의 벨기에), 그리고 아메리카, 아시아, 아프리카 등지에 광활한 영토를 보유하고 있었기 때문이다. 즉 루이 14세의 손자가 에스파냐의 왕위에 올랐다는 것은 프랑스, 즉 루이 14세가 더 많은 식민지를 얻을 수 있다는 의미였다.

하지만 일이 그렇게 계획한 대로만 되면 얼마나 좋겠는가! 펠리페 5세가 에스파냐의 왕위에 올랐다는 소식을 들은 오스트리아 합스부르크 왕가가 크게 화를 내며 반대하고 나선 것이다. 그들은 같은 합스부르크 왕가인 오스트리아 대공 카를Charles이 에스파냐의 왕위를 계승해야 한다고 주장했다. 그는 후에 신성로마제국과 오스트리아의 황제가 되는 카를 6세Charles Ⅵ이다. 오스트리아는 즉시 뜻을 지지해줄 동맹국을 찾기 시작한 동시에 프랑스에 선전포고했다. 그 결과 영국, 네덜란드, 오스트리아 및 신성로마제국 국경 안의 프로이센이 뜻을 같이해서 프랑스와 전쟁을 벌이기로 결의했다. 그리하여 1701년, 에스파냐 왕위 계승 전쟁이 발발했다.

전쟁 경과

1701년 8월, 아직 프랑스에 선전포고하기 전이지만 오스트리아는 이미 이탈리아 반도에 대규모 부대를 배치했다. 1702년 5월, 대 프랑스 동맹이 정식으로 프랑스에 선전포고한 후 양측은 1702년부터 1704년까지 이탈리아 반도와 에스파냐 부근의 바다에서 끊임없이 전투를 벌였다. 전쟁 초반에 기세를 잡은 프랑스는 차례로 네덜란드, 이탈리아, 에스파냐 그리고 신성로마제국의 일부를 점령했다.

에스파냐 왕위 계승 전쟁에 참여한 프랑스군은 대체로 그림과 같은 군복을 입었다. 보병은 위에 흰색이나 회색 외투를 입었으며 소매에 달린 다양한 장식들로 소속 부대를 표시했다.

그러던 1704년 7월, 영국이 지브롤터를 점령했다. 또 8월에는 영국의 말버러 공작Duke of Marlborough이 지휘하는 연합군이 바이에른으로 진격한 후, 오스트리아 사보이의 외젠 공Prince Eugene of Savoy의 부대와 합류했다. 그들은 블레넘 전투Battle of Blenheim에서 승리를 거두어 오스트리아로 진격하려던 프랑스군을 효과적으로 저지했다. 1706년 5월, 영국은 라밀리Ramillies에서 다시 한 번 프랑스를 무너뜨렸다. 다른 전장에서 전투를 벌인 연합군들도 역시 프랑스와 싸워 모두 승리를 거두었다.

이후 에스파냐로 진격한 연합군은 바르셀로나Barcelona로 향하는 프랑스를 저지하는 데 성공했다. 계속되는 패배에 프랑스군의 사기가 떨어지자 포르투갈에서 온 골웨이 백작Earl of Galway은 이 기회를 놓치지 않고 연합군을 지휘해 6월 말에 에스파냐의 수도 마드리드Madrid를 점령했다. 또 그 해 9월, 외젠 공이 투린Turin을 포위한 프랑스를 물리치고 이탈리아 반도 북부 대부분 지역을 장악했다.

1707년, 영국과 오스트리아의 연합 해군은 툴롱Toulon 항을 완벽하게 포위했으며 연합 육군 역시 1708년에 오데르나데 전투Battle of Oudenarde, 1709년 9월에 말플라케 전투Battle of Malplaquet 등 큰 전투에서 연이어 프랑스군을 격파했다.

전쟁의 끝

1710년까지 계속된 전쟁에서 병력 16만 명을 유지한 대 프랑스 동맹은 7만 5,000명에 불과한 프랑스군보다 여전히 우세했지만, 더 이상 프랑스를 공격하지 않았다. 왜냐하면 유럽 대륙에 두 가지 새로운 상황이 발생했기 때문이다.

첫째, 1709년에 러시아가 스웨덴과 벌인 북방전쟁에서 승리했다. 그러자 영국은 러시아가 유럽 대륙의 전체 판도를 뒤흔들까 걱정해 프랑스 공격에 소극적인 자세로 돌아섰다. 영국은 함께 싸웠던 동맹국들에 등을 돌리고 먼저 프랑스에 평화협정을 제안했다. 1711년, 영국 정부의 특사는 비밀리에 프랑스로 가서 네덜란드를 따돌리고 프랑스와 단독으로 평화조약을 맺었다. 이 일이 얼마나 철저한 보안 속에 이루어졌는지 당시 영국의 외교관조차 아는 이가 없었다고 한다.

둘째, 신성로마제국의 황제 조제프 1세Joseph I가 1711년 4월에 세상을 떠났다. 그는 자식이 없었기 때문에 전쟁 전에 에스파냐의 왕으로 추대되었던 카를 대공이 황제가 되어 카를 6세가 되었다. 이런 상황에서 만약 프랑스를 무너뜨린다면 카를 6세가 신성로마제국에 이어 에스파냐까지 통치하게 될 것이다. 그러면 유럽 대륙의 세력 균형이 무너질 것이 분명하기에 영국은 프랑스를 내버려 둔 채로 전쟁을 하루 빨리 끝내야겠다고 생각한 것이다.

156

오랜 기간에 걸쳐, 넓은 범위에서, 커다란 규모로 벌어진 에스파냐 왕위 계승 전쟁은 식민지에 대한 욕심에서 비롯된 결과였다. 대부분 전투가 여름에 벌어졌으며, 기동 작전의 중요성이 강조되었고, 방어보다 공격하는 전투를 선호했다. 이때의 경험과 전략전술의 발전은 이후 공방전, 기동작전 등의 발전에 큰 영향을 미쳤다.

전쟁 후의 프랑스

프랑스는 에스파냐 왕위 계승 전쟁에 뛰어들었다가 서유럽 패권국의 지위마저 잃었다. 프랑스는 전쟁 말미에 체결한 평화조약에 따라 전쟁 중에 장악했던 북아메리카의 에스파냐 식민지, 원래 가지고 있던 아메리카 식민지를 모두 영국에 넘겨주는 굴욕적인 상황에 직면했다. 또한 오스트리아와 네덜란드에도 영토를 할양하고 로렌 지역에 주둔한 병력까지 철수해야 했다. 펠리페 5세는 에스파냐의 왕위를 유지할 수 있으나 이후 그의 후손들은 프랑스 왕위를 계승할 수 없으며 프랑스와 에스파냐는 합병할 수 없게 되었다.

전쟁 내내 열세를 면하지 못한 탓에 전쟁이 끝난 후 프랑스의 국민 경제는 큰 손실을 입었다. 국가 재정은 바닥났고 국민들의 생활을 크게 어려워졌다. 한때 크게 번성해서 유럽이 패권을 다투었던 프랑스의 국력은 빠른 속도로 하락했다. 게다가 1715년에 왕위에 오른 루이 15세Louis XV가 매우 사치스러운 생활을 한 바람에 국가의 재정이 훨씬 취약해졌지만 왕실은 국채를 과도하게 남발하는 것 말고는 특별한 대책이 세우지 못했다. 이후 프랑스에서는 전제정치가 붕괴되고, 어려운 삶 속에서 새로운 세상을 꿈꾸는 혁명의 불씨가 타오르기 시작했다.

제 5 장

혁명과 독립의 전쟁

18세기에 유럽의 전쟁에 참여한 외국의 용병이나 직업군인들은 이전의 충성스러운 기사처럼 명예와 충성을 위해 싸우지 않았다. 국가의 고용인이 된 그들은 꼬박꼬박 월급이 나오기만 한다면 전쟁이 있을 때나 없을 때나 자신을 고용한 지역 혹은 국가를 위해 일했다.

물론 이런 상황이 어느 날 갑자기 벌어진 것은 아니다. 1700년대에 들어서면서 국가들은 각각의 상황에 맞게 군대 조직을 새로이 건립하기 시작했다. 이제 국가는 병사들에게 똑같은 군복을 입히고, 전쟁이 있든 없든 항상 월급을 지불했으며, 무기를 지급하고, 기본적인 의식주를 제공했다. 군대는 각각의 병사들이 모여 조직된 특수한 단체가 되었고 사회에서 일종의 특수집단이 되었다.

18세기 말부터 19세기 초 사이에 유럽 대륙은 프랑스 대혁명과 나폴레옹 전쟁을 겪으면서 근대적인 군사 과학 발전을 이루었다. 그 결과 수많은 사람이 전쟁에 참여하고 무기와 기타 장비들이 개선되었으며 군대의 조직, 전쟁 방식, 병역 제도 등이 모두 변화했다.

나폴레옹 1세Napoléon 1는 프랑스 대혁명을 주도한 군대를 개선해서 의무 병역제를 실행했으며 보병, 기병, 포병으로 구성된 강력한 군대를 건립했고 강력한 예비군을 창설했다. 그는 전장에서 주로 진격 혹은 선제공격을 강조했으며 전투의 목표는 언제나 적을 전멸시키는 것이었다. 또 신속하고 과감한 돌파를 통해 적이 감히 반격하지 못하게 만들었다. 또 종대와 산발대형을 결합한 종심전투대형을 채택해서 보병, 기병, 포병이 긴밀하게 협동하도록 했다. 나폴레옹의 이러한 전략과 전술은 적국에서도 채택할 정도로 효과적이었다. 증기기계가 발명되고 대공업great industry이 출현하면서 군대는 더욱 큰 변화를 겪었다. 총과 대포가 대량으로 공급되면서 전쟁은 칼이나 창을 사용하는 냉병기에서 화약을 사용하는 열병기로 점차 전환되었다.

유럽에 감도는 전운

18세기 중반, 유럽 대륙에 두 개의 커다란 군사 동맹, 즉 영국 프로이센 동맹과 프랑스 오스트리아 러시아 동맹이 형성되었다. 이 두 집단은 1756년부터 1763년까지 유럽 대륙의 패권과 식민지를 두고 대규모 전쟁을 벌였다. '7년 전쟁Seven Years' War'이라 불리는 이 전쟁은 점점 확대되더니 나중에는 지중해, 북아메리카, 쿠바, 인도, 필리핀 등지까지 퍼져 나갔다. 이 전쟁은 18세기 후반의 국제 상황과 군사 발전에 큰 영향을 미쳤다.

유럽에 형성된 대형 군사 동맹

전쟁이 일어나기 전, 유럽 강국들의 관계는 무척 복잡하게 얽혀 있었다. 그중 가장 크고 영향력 있는 갈등 관계로는 다음의 세 가지를 들 수 있다. 첫째, 영국과 프랑스의 갈등이다. 영국은 1500년대 말부터 1670년대까지 에스파냐, 네덜란드와 차례로 싸워 이겼다. 이제 그들에게 남은 적은 또 하나의 유럽 강국 프랑스뿐이었다. 두 나라의 갈등은 나날이 첨예해져서 이제 더 이상 전쟁을 피할 수 없는 상태가 되었다. 둘째, 프로이센과 오스트리아의 갈등이다. 신성로마제국은 전쟁에 참패한 후 여러 개의 제후국으로 분리되었는데 그중 가장 강력한 두 나라가 바로 프로이센과 오스트리아였다. 두 나라는 신성로마제국, 즉 독일 여러 제후국의 우두머리가 되고자 했다. 서로 견제하던 와중에 오스트리아 합스부르크 왕가의 영지인 슐레지엔이 두 차례 전쟁을 겪으면서 프로이센 차지가 되자 갈등은 더욱 첨예해졌다. 셋째, 러시아와 프로이센의 갈등이다. 차르가 통치하는 러시아는 18세기 초에 스웨덴과 벌인 북방전쟁에서 승리한 후 일약 유럽의 강국으로 떠올랐다. 그들은 발트 해를 통해 끊임없이 서쪽과 남쪽으로 진출하면서 영향력을 확장하고자 했다. 이때 유럽으로 가려는 러시아의 서쪽 길을 막고 있던 것이 바로 프로이센이었다. 나날이 성장하는 프로이센은 러시아의 입장에서 눈엣가시였고, 프로이센은 자꾸만 유럽으로 넘어오려는 러시아가 무척 껄끄러웠다.

이상 세 가지 갈등의 당사자들은 모두 적국을 국제사회에서 고립시키기 위해 이리저리 옮겨 다니며 활발한 외교 활동을 벌였다. 1756년 1월 16일, 영국과 프로이센이 먼저 '웨스트민스터 조약Treaty of Westminster'를 체결해서 독일 국경 안에서 평화를 유지하는 것에 합의하고 만약

▌프로이센 국왕 프리드리히 2세

오스트리아는 콜린에서 프로이센에 승리를 거두었다. 프로이센의 프리드리히 2세는 병사 1만 3,000명을 잃었으며 프라그에서 물러나서 작센으로 작센으로 작센으로 후퇴했다.

독일 영토를 침범하는 국가가 있다면 함께 대응하기로 약속했다. 이것은 바로 오스트리아, 러시아, 프랑스 세 나라를 향한 일종의 경고였다. 러시아는 원래 영국과 동맹관계였으나 이로써 영국의 적국이 되어 1756년 3월 25일에 오스트리아와 동맹을 맺었다. 또 얼마 후 5월 1일에는 프랑스의 루이 15세가 오랜 적국이었던 오스트리아와 제1차 '베르사유 조약Treaty of Versailles'을 체결하고 군사 협력을 약속했다.

유럽에 형성된 이 두 개의 대형 군사 동맹은 더 많은 참가국을 확보하기 위해 활발한 외교 활동을 펼쳤다. 그 결과 포르투갈과 독일 제후국 중 일부가 영국 프로이센 동맹에 참여했고, 스웨덴, 작센, 에스파냐, 그리고 독일 제후국 대부분이 프랑스 오스트리아 러시아 동맹에 들어갔다.

군사학으로 본 7년 전쟁

7년 전쟁 이전에 유럽 국가들은 병력을 나누어 배치하고 적의 보급선을 위협하는 등의 전략을 주로 채택했다. 그러나 실제 전장에서 이런 전술의 문제점이 드러나면서 각국은 병력을 더욱 증강하고 화력을 강하게 해서 이를 해결하려고 했다. 7년 전쟁에서는 후방의 보급선에도 병력을 배치하고 지형이나 방어물을 이용해서 대포를 쏘는 등, 이전의 문제점을 보완하는 전략 전술이 대거 등장했다. 7년 전쟁을 치르면서 쌓인 전투 경험은 수십 년 후에 일어난 프랑스 대혁명과 나폴레옹 전쟁에 커다란 영향을 미쳤다.

7년 전쟁

프로이센 국왕인 프리드리히 2세Friedrich Ⅱ는 이제 더 이상 전쟁을 피할 수 없다고 판단했다. 그는 전략적 상황을 고려했을 때 기다리기보다는 적이 준비를 미처 다 마치기 전에 먼저 공격하는 편이 낫다고 생각했다. 그리하여 1756년 8월 말, 프로이센이 작센을 기습 공격하면서 7년 전쟁이 시작되었다.

프로이센 오스트리아 전쟁

전쟁 초반, 프로이센은 위험한 순간을 맞이했지만, 프리드리히 2세는 매우 과감하고 신속하게 군대를 지휘해서 국경 지역에서 적을 크게 격파하는 등 뛰어난 통솔력을 보였다. 프로이센의 작센 공격은 유럽 대륙을 뒤흔들었으며 작센의 동맹국들은 침략자를 처단하기로 마음먹었다. 오스트리아는 콜린Kolín에서 프리드리히 2세의 군대를 물리쳐 프라그Prague와 작센에서 물러나게 만들었다. 오스트리아가 승전보를 울리자 동맹국인 러시아, 스웨덴 등도 흥분을 감추지 못하고 약 39만 명을 투입해서 프리드리히 2세를 상대했다.

1757년 5월, 프랑스의 루이 15세와 오스트리아의 마리아 테레지아Maria Theresia가 제2차 베르사유 조약을 체결했다. 7월, 프랑스군이 프로이센의 국경 안으로 들어가서 성곽을 모두 허물기 시작했다. 여기에 러시아까지 가세해서 베를린까지 가는 길을 확보하려 하면서 프리드리히 2세와 프로이센은 절체절명의 상황에 빠졌다.

후에 나폴레옹은 프리드리히 2세에 대해 이야기하면서 "위급할수록 그의 위대함이 더욱 드러났다."라고 말했는데 정말 그러했다. 어려운 상황에서도 프리드리히 2세는 전쟁터에서 종횡무진 병사들을 지휘하며 끊임없이 상황을 바꾸려고 애썼다. 마침내 전쟁의 주도권을 되찾아온 그는 로스바흐 전투Battle of Rossbach에서 특유의 과감한 공격 명령을 내렸다. 프로이센군은 적군의 양쪽 날개에 집중적으로 공격을 퍼부어서 전

▌ 전쟁에 승리한 프로이센군

진하지 못하도록 묶어 두고 적이 도
망가면 쉴 새 없이 대포를 쏘았다. 포
병의 엄호 아래 프로이센 군대의 7개
보병 부대가 빠르게 전진해서 맹공격
하자 당황한 적들이 혼란스러워했다.
이때 프로이센의 대포 공격이 시작되
었다. 프로이센은 로스바흐 전투에서
수적 열세에도 대승을 거두었다. 한
편 유럽 각국은 프랑스의 육군이 이
미 제 기능을 다하지 못할 정도로 낙
후되었다는 사실을 눈치 챘다. 한때

프로이센군

유럽 대륙에서 위용을 자랑하던 프랑스 군대는 이미 종이호랑이에 불과했다. 얼마 후 벌
어진 로이텐 전투Battle of Leuthen에서 프로이센은 오스트리아군의 잔여 병력까지 모두 무너
뜨리고 명실상부한 유럽 대륙 최강 군사대국이 되었다.

프랑스와 러시아의 참전

　1758년, 프랑스 · 오스트리아 · 러시아 동맹은 주적인 프로이센에 대항하기 위해서 병
력을 늘리고 군비를 확충하는 등 열심히 준비했다. 하지만 전체적으로 작전, 전략, 전술
등에 대한 개념이 부족한 탓에 항상 손발이 맞지 않았고, 서로 탓하기만 했다. 이렇게
불협화음이 계속 발생하는데 전쟁 준비가 잘 될 리가 만무했다. 그러다가 러시아가 서쪽
으로 내려오려 하자 이를 저지하기 위해 프로이센이 즉각 병력을 북쪽으로 이동했다. 양
측은 혈투를 계속 이어가다가 잠시 휴전하고 있었는데 이때 오스트리아가 기습적으로
프로이센을 공격했다. 이 전투에서 프로이센 측에 수많은 사상자가 발생했으며 전쟁 초
반에 비해서 전투력이 하강한 것이 눈에 띄게 드러났다.

　1759년, 이미 동프로이센을 점령한 러시아가 오스트리아와 연합해서 이번에는 베를린
으로 진격했다. 프로이센은 7월에 프랑크푸르트Frankfurt 남동쪽에서 러시아군을 묶어서
일단 급한 불은 꺼뜨렸다. 하지만 8월에 오스트리아 지원군이 도착하자 러시아 오스트
리아 연합군은 다시 한 번 베를린으로 진격했다. 얼마 후 양측은 7년 전쟁의 전환점이
된 쿠너스도르프Kunersdorf 결전을 벌였는데 결과는 프로이센의 참패였다. 이때 프로이센
은 매우 어려운 상황에 처했지만 다행히 러시아와 오스트리아가 곧 겨울이 오는 것을 감
안해 더 이상 공격하지 않았다.

1760년, 러시아 오스트리아 연합군 내부에 전략적으로 충돌이 발생했다. 러시아는 1759년 이후 줄곧 베를린 공격을 주장했지만, 오스트리아는 그동안 탐내던 슐레지엔으로 가자고 했다. 결국 두 나라는 각각 다른 방향으로 진격해 전쟁을 벌였다. 10월, 러시아는 오스트리아와 프로이센이 슐레지엔을 두고 싸우는 동안 잠시 베를린을 장악했으나 곧 프로이센의 주력군이 온 탓에 물러나야 했다. 프로이센은 베를린을 빼앗길 뻔했지만, 위기를 잘 넘겼고 다시 오스트리아와 작센 국경 안에서 토르가우 전투Battle of Torgau를 벌였다. 이 전투에서 프로이센은 온갖 고생 끝에 힘겨운 승리를 거두었다.

　1761년, 프로이센은 여전히 삼면이 적으로 둘러싸인 곤경에 처해 있었다. 프랑스가 하노버Hannover를 위협했으며, 러시아는 틈만 나면 공격하려고 했고, 오스트리아는 슐레지엔을 노리고 있었다. 그해 후반, 러시아가 남하해서 오스트리아를 도와 함께 슐레지엔을 점령하자 이제 프로이센의 국방 전체가 흔들리는 위기 상황이 닥쳤다.

　그런데 이때 전략적으로 매우 불안한 상황이 된 프로이센에게 희망적인

▋ 오스트리아군을 공격하는 프로이센군

소식이 날아들었다. 바로 러시아의 여황제가 사망한 후 그녀의 외조카 표트르 3세Peter Ⅲ가 새로운 차르로 즉위한 것이다. 그는 절반이 프로이센 혈통으로 어려서부터 프로이센에서 자란 러시아의 대표적 친프로이센 인물이었다. 그는 즉위하자마자 프로이센 전장에서 러시아군을 철수시켰으며 그동안 점령했던 땅을 모두 돌려주었다. 그리고 오스트리아, 프랑스에 등을 돌리고 프로이센과 동맹을 맺었다. 이렇게 해서 프로이센은 위기의 순간에서 기사회생할 수 있었다. 역사학자들은 이를 프로이센 왕실의 이름을 따서 '브란덴부르크Brandenburg 왕가의 기적'이라고 부른다.

식민지 전쟁

7년 전쟁은 바다와 식민지에서도 끊임없이 계속되었는데 특히 유럽의 해상 강국인 영국과 프랑스는 주로 바다에서 싸웠다. 1756년 4월, 프랑스가 영국 함대를 격파하고 북아메리카 대륙의 미노르카Minorca 섬을 점령했다. 또 1758년에는 영국군이 케이프브레턴Cape Breton 섬을 점령했으며 루이스버그Louisbourg를 포위해서 투항을 받아냈다. 영국은 기세를 몰아 다음해 9월에는 퀘벡Quebec까지 차지했다.

1759년, 레스티구치Restigouche와 키브롱Quiberon의 프랑스 함대가 영국의 공격을 받고 완전히 무너졌다. 1760년, 영국은 당시 프랑스의 속국이던 캐나다를 차지했고, 1761년에는 인도의 프랑스 식민지까지 점령했다.

1761년, 영국은 몇 차례의 전투를 통해 바다 위에서 프랑스를 완전하게 제압했으며 프랑스에 남은 것은 고작 무역 거점 몇 곳뿐이었다. 영국은 서아프리카에서 프랑스를 몰아내고 세네갈Senegal의 고레Gorée 섬을 빼앗았으며, 서인도 군도에서도 마르티니크Martinique, 그레나다Grenada와 세인트루시아Saint Lucia를 점령했다. 더 이상 물러날 곳이 없는 프랑스는 결국 1763년 2월 10일에 영국과 '파리 조약Treaties of Paris'을 체결했다.

예카테리나 대제가 이끄는 러시아

러시아 역사를 이야기하면서 역사에 길이 남을 광활한 제국을 건립한 예카테리나 대제를 빼놓을 수는 없다. 예카테리나 2세Ekaterina II는 남편 표트르 3세의 무능력이 도마에 오르고 평판이 나빠지자 1762년에 직접 그를 폐위시키고 스스로 러시아 차르에 올랐다. 이후 러시아에 피비린내나는 개혁의 바람이 불었으며 예카테리나 2세는 남성들의 주요 무대였던 국제사회에서 30년이나 종횡무진 했다. 과감한 그녀는 수많은 업적을 세웠고 러시아 국내뿐 아니라 국외까지 명성을 떨쳤다. 러시아인들은 지금도 그녀를 예카테리나 대제라 부르며 표트르 대제와 함께 러시아 최고의 영웅이라고 여기고 있다. 많은 업적 중에 가장 중요한 것은 바로 영토 확장이었다. 그녀는 러시아인으로서 긍지와 자부심을 느끼며 벅찬 목소리로 말했다. "만약 내가 200살까지 산다면 유럽 대륙 전체를 나의 발밑에 두게 될 것이다." 그녀는 폴란드를 세 번이나 분할했으며, 오스만 제국과 두 차례, 스웨덴과 한 차례 전쟁을 벌였다. 1789년에 프랑스 대혁명이 일어나자 유럽의 통치자들을 설득해서 대 프랑스 동맹을 결성해서 프랑스를 견제했다. 이때 러시아는 '유럽의 헌병'으로서 유럽 대륙의 일에 적극적으로 개입했다.

폴란드 분할

예카테리나 대제는 폴란드 문제에 관해 서두르지 않고 차근차근 접근했다. 그녀는 1763년에 폴란드의 새로운 국왕을 뽑는 회의를 막후에서 조정해서 정부情夫인 스타니슬라프스키 Stanislavskii를 폴란드 왕위에 앉혔다. 이에 폴란드 귀족들은 강하게 반대하며 러시아에 대항했다.

1764년 4월, 러시아와 프로이센이 동맹을 맺었다. 이후 1767년 6월에 러시아가 폴란드를 침공하자 일부 폴란드 귀족들이 다음해 2월에 반란을 일으켰다. 10월, 오스만 제국이 러시아의 발칸 지역 진출을 반대하며 선전포고했다. 1771년 7월에는 오스트리아와 오스만 제국이 동맹을 맺었다. 당시 프로이센은 러시아와 동맹 관계였지만 폴란드 문제에 관해서 만큼은 관망하는 자세를 취했다. 외교적으로 고립된 러시아는 상황을 해결하고자 단독으로 폴란드를 차지하겠다는 생각을 버리고 프로이센의 프리드리히 2세에게 함께 폴란

예카테리나 대제는 벅찬 목소리로 "만약 내가 200살까지 산다면 유럽 대륙 전체를 나의 발밑에 두게 될 것이다."라고 말했다.

드를 점령해 나누자고 제안했다. 1772년 8월, 러시아, 프로이센, 오스트리아 세 나라가 페테르부르크에서 이에 관한 조약을 체결하고 폴란드를 분할(제1차 분할)하기로 했다. 러시아는 벨라루스Belarus와 라트비아Latvia 일부분을 차지했다.

폴란드의 중소 귀족들과 신흥 자산계층은 1780년대 내내 외부 세력에 저항하는 반란을 일으켰다. 그들은 1791년에 53헌법을 통과시키는 등 자주 국가의 틀을 잃지 않으려고 최선을 다했지만 폴란드의 반란이 커지는 것을 염려한 러시아가 1792년에 바르샤바를 점령했다. 러시아는 이번에도 약속대로 프로이센과 점령지를 나누어 가지기(제2차 분할)로 했다. 이때 러시아는 서西우크라이나, 벨라루스, 그리고 리투아니아Lithuania의 일부분을 차지했다.

외세에 의해 두 번이나 분할된 폴란드는 곧 붕괴의 위험을 맞닥뜨렸다. 1794년 3월, 대규모 저항운동을 일으킨 폴란드가 러시아의 폴란드 주둔군을 상대로 승리를 거두었다. 예카테리나 대제는 정부인 스타니슬라프스키를 위해 이 나라를 남겨 주려고 했지만 더 이상 참을 수가 없었다. 결국 그녀는 프로이센, 오스트리아와 연합해서 다시 한 번 폴란드의 반란을 진압하고 다시 분할해서 아예 지도에서 사라지게 만들었다. 이 제3차 분할에서 러시아는 폴란드의 46만 평방킬로미터에 달하는 토지를 차지했다.

러시아 오스만 전쟁

표트르 대제는 흑해를 통과하는 바닷길을 개척하려 했지만 오스만 제국의 저지를 받아 성공하지 못했다. 그러나 예카테리나 대제는 오스만 제국과 벌인 전쟁에서 예상과 달리 큰 어려움 없이 승리를 거두었다.

1768년, 러시아의 거듭된 위협에 오스만 제국이 참지 못하고 선전포고했다. 오스만 제국은 양측의 실력이 비슷하리라 생각했지만, 막상 전투를 벌여보니 러시아는 예상보다 훨씬 강한 적이었다. 러시아는 도나우 강, 크림 반도, 코카서스, 에게 해에서 벌어진 전투에서 모두 오스만 제

1770년, 체스메Chesme에서 벌어진 러시아와 오스만 제국의 해전. 이 전투는 러시아의 승리로 끝났다.

국에 승리를 거두었으며 1774년에 오스만 제국과 평화조약을 체결했다. 이 조약에 따라 오스만 제국은 러시아에 영토를 할양하고 배상금을 지불했으며 또한 크림한국Khanate of the Crimea의 독립을 승인했다. 그리고 러시아 상선이 흑해를 자유롭게 출입할 수 있도록 했다.

하지만 그렇게 순순히 물러날 오스만 제국이 아니었다. 얼마 후 두 나라는 다시 한 번 결전을 준비했다. 이를 위해 러시아는 오스트리아와, 오스만 제국은 스웨덴과 각각 동맹을 맺었다. 1787년, 오스만 제국 함대가 러시아 전함을 기습 공격했지만, 결과는 러시아의 승리였다.

1788년, 오스트리아가 오스만 제국에 선전포고했으며 오스트리아의 동맹국들이 다시 한 번 오스만 함대를 격파했다. 같은 해, 이번에는 스웨덴이 러시아에 선전포고하고 호그랜드Hogland 부근 해역에서 전투가 벌어졌으나 승패가 나지 않았다. 스웨덴은 해전을 벌이는 동시에 육상에서 페테르부르크를 공격했지만 군대 내부에서 반란이 일어나는 바람에 제대로 싸워보지도 못하고 물러났다.

1789년에 러시아 오스트리아 연합군이 오스만 제국을 공격해서 폭샤니Focçani를 빼앗자 이를 두고 다시 큰 전투가 벌어졌다. 이에 알렉산드르 수보로프Aleksandr Suvorov가 지휘하는 러시아 오스트리아 연합군은 림니크Rymnik에서 오스만 제국군을 제압하고 몰도바Moldova까지 빼앗았다.

1790년, 러시아와 스웨덴의 평화협정이 체결되었다. 이후 러시아는 오스만 제국 공격에 집중해서 큰 승리를 거두었다. 러시아는 1792년에 오스만 제국과 평화조약을 맺었다. 조약에 따라 오스만 제국은 러시아가 크렘린Kremlin을 합병하는 것에 대해 이의를 제기하지 않았고 러시아는 마침내 흑해를 완벽히 장악하게 되었다. 반면에 전장에서 언제나 거만하게 뽐내고 위용을 자랑하던 오스만 제국은 세계 어느 나라도 위협할 수 없는 약소국가로 전락하고 말았다.

자유와 독립을 찾아서

미국 독립 전쟁은 영국의 13개 북아메리카 식민지가 압제를 벗어 던지고 민족해방과 독립을 쟁취하기 위해 벌인 혁명전쟁이다. 1775년부터 1783년까지 8년이나 계속된 미국 독립 전쟁은 약소국이 강대국과 싸워 이긴 대표적인 예로 위대한 역사적 사건이라 할 수 있다.

북아메리카 식민지

북아메리카는 원래 토착 주민인 인디언들이 대대손손 살아온 땅이지만 17세기 초, 유럽의 이민자들이 대거 이주하기 시작했다. 1607년, 영국에서 온 이민자들이 지금의 버지니아Virginia에 첫발을 디디고 제임스타운Jamestown을 건설한 이후 유럽에는 북아메리카 이주 열풍이 불었다. 버지니아에 첫 번째 이민자들이 왔을 때부터 1733년에 마지막 식민지인 조지아Georgia가 세워질 때까지 영국인은 북아메리카 동해안을 따라 총 13개의 식민지를 건립했다.

원주민인 아메리카 인디언들은 유럽에서 건너온 이민자들과 함께 100여 년 동안 공존했다. 종종 충돌하기도 했지만, 끊임없이 교류하면서 도시의 체계를 갖추었고 식민지 자본주의 경제가 발전했다. 특히 북부에는 조선造船업을 비롯해 상공업이 주로 발달했고 남부에는 농장경제가 발달해서 주로 담배, 인디고Indigo, 사탕수수 등 상품화가 가능한 작물들을 많이 재배했다. 북부와 남부의 생산물은 대부분 유럽 시장에 제공되었다.

13개 식민지는 각자 발전을 꾀하는 동시에 서로 협력했다. 이민자들은 대부분 영국인이고 독일, 프랑스, 네덜란드, 스웨덴인도 있었지만, 오랫동안 함께 식민지를 개척하고 교류하면서 이질감은 이미 사라진 상태였다. 그들은 통일된 시장을 형성하고 영어를 공용어로 썼으며 한데 어우러져서 완전히 새로운 민족, 즉 아메리카 민족을 형성했다.

7년 전쟁 후, 영국은 북아메리카 식민지에 대한 통치와 약탈을 강화했는데 특히 식민지에서 상공업이 발전하는 것

보스턴 민병은 벙커힐 전투Bunker Hill Battle에서 우수한 장비를 갖춘 영국군과 교전했다. 이 전투에서 민병들은 깜짝 놀랄만한 전투력을 선보였다.

▌ 1775년 4월에 벌어진 렉싱턴 콩코드 전투는 미국 독립 전쟁의 서막을 열었다.

을 제한하면서 갈등의 골이 나날이 깊어졌다. 영국은 북아메리카 식민지를 저가 원료 공급기지 및 상품 소비 시장으로 묶어 두고 싶었기에 경제가 발전하는 것을 적극적으로 막았다. 그들은 이와 관련해서 애팔래치아Appalachia 산 서쪽으로 이동하는 것을 금지하고 식민지 고유의 화폐 발행을 금지했으며 의회를 해산했다. 또 과중한 세금을 부과하고 주둔군을 증강해서 위협적인 분위기를 조성했다.

북아메리카 식민지 각계각층의 사람들은 영국의 억지에 가까운 행동에 크게 저항했다. 그들은 거리로 나와 소리 높여 영국의 식민지 정책에 반대하는 시위를 벌이기도 했다. 1773년 3월 5일, '보스턴 차 사건Boston Tea Party'이 일어났다. 식민지에 대한 지나친 간섭에 격분한 보스턴 시민들이 항구에 정박 중인 동인도회사 선박을 급습해서 안에 있던 차 상자를 모조리 바다로 내던진 것이다. 이때 영국의 북아메리카 식민지 주둔군이 시민에게 총을 쏘며 제압하려 하자 대중의 불만은 더욱 고조되었다. 1774년, 영국 정부는 불만이 있든 없든 아랑곳하지 않고 보스턴 차 사건과 관련해서 다음의 새로운 법안 5개를 통과시켰다. 첫째, 차 배상 완료까지 보스턴 항구를 봉쇄할 것, 둘째, 식민지 의회 의원의 임명권을 취소하고 마을의 모임을 금지할 것, 셋째, 모든 형사재판을 영국으로 이관하고 영국 법률을 적용할 것, 넷째, 현재 매사추세츠Massachusetts에만 주둔한 영국군을 식민지 전역으로 확대할 것, 다섯째, 캐나다의 가톨릭교도에 대해 신앙의 자유를 허용하고 퀘벡 주의 면적을 확대할 것 등이었다. 이는 식민지의 입장에서 감당은커녕 이해하기도 어려운 내용이었다.

렉싱턴의 총성

1774년 9월 5일, 13개 식민지 중, 멀어서 참석하지 못한 조지아를 제외한 12개 식민지가 대표 56명을 선출했다. 그들은 필라델피아Philadelphia에서 제1차 대륙회의Continental Congress를 열고 영국이 통과한 5개 법안을 '참을 수 없는 법Intolerable Acts'으로 규정했으며 종주국인 영국의 만행을 규탄했다. 강경파가 주도한 이 회의가 끝난 후 이제 그들이 할 수 있는 일은 무기를 들고 혁명을 일으키는 것뿐이었다.

매사추세츠 식민지 총독 토머스 게이지Thomas Gage는 식민지 민병들이 보스턴에서 약 34킬로미터 정도 떨어진 렉싱턴Lexington과 콩코드Concord에 무기고를 설치하고 무기와 탄약을 모아두었다는 정보를 입수했다. 그는 1775년 4월 18일 밤, 먼저 민병 지도자를 체포한 후, 무기고를 파괴하기 위해 부대를 급파했다. 이 소식을 들은 보스턴 안전위원회는 즉시 사람을 보내 렉싱턴과 콩코드의 위급한 상황을 식민지 민병들에게 알렸다. 다음 날 새벽 5시에 콩코드에 도착한 영국군은 식민지 민병들의 거센 저항을 마주했는데 이 때 영국군이 갑자기 민병들을 향해 발포하면서 순식간에 사상자가 10만이나 발생했다. 소식을 듣고 뒤따라온 영국 지원군 역시 수많은 민병과 농민을 마주했으며 감히 제대로 싸워 보지도 못하고 물러서야 했다. 이 렉싱턴 콩코드 전투Battles of Lexington and Concord는 미국 독립 전쟁의 서막을 걷어 올린 것과 같았다.

8월 23일, 영국 국왕 조지 3세George Ⅲ는 식민지 민병의 군사행동이 불법이라며 "왕관을 잃을지언정 절대 전쟁을 벌이도록 내버려 두지 않을 것"이라고 선포했다. 12월 22일, 영국 의회는 병력 5만을 동원해서 반란을 진압하기로 했다. 한편, 1775년 6월 15일에 열린 제2차 대륙회의는 아메리카 식민지 정규군을 창설하고 무력 항쟁을 벌이기로 결의했다. 이 자리에서 버지니아 식민지 대표로 참석한 조지 워싱턴George Washington이 아메리카 식민지 독립혁명군의 총사령관으로 임명되었다. 육군과 해군이 모두 우세한 영국은 우선 뉴잉글랜드New England와 다른 식민지의 연계를 끊어 놓고 나머지 식민지를 각각 공격하기로 결정했다. 반면에 독립혁명군은 적을 슬슬 피해 다니면서 힘을 빼놓는 작전을 채택했다. 바로 이때부터 영국군의 기나긴 고난이 시작되었다.

미국 독립 전쟁

전략적 방어

　1775년 4월부터 1777년 10월까지 식민지 독립혁명군은 전략적 방어를 선택했다. 이때의 주요 전장은 북부로 전쟁의 주도권은 영국이 쥐고 있었다.

　독립혁명군은 렉싱턴 콩코드 전투의 경험을 바탕으로 영국군이 캐나다에서 곧장 뉴욕으로 내려오는 길을 차단할 필요성을 느끼고 병력 일부를 캐나다로 이동했다. 이렇게 되자 영국 역시 캐나다에 병력을 남겨두어야만 했다. 병력이 각 지역으로 분산되고 보스턴에서 대치 상황이 11개월이나 계속되자 영국군은 천천히 지치기 시작했다. 1776년 6월, 드디어 독립혁명군이 움직이기 시작했다. 그들은 사우스캐롤라이나South Carolina와 찰스턴Charleston을 공격하는 영국군을 격퇴하고 남부에서 내몰았다. 한 달 후, 1776년 7월 4일 대륙회의는 '독립선언Declaration of Independence'을 통과시키고 13개 식민지의 독립을 정식으로 선포했다.

1776년 12월 11일. 조지 워싱턴이 대군을 이끌고 뉴저지New Jersey를 출발해서 델라웨어 강Delaware River을 건넌 후, 다시 펜실베이니아Pennsylvania에 도착했다.

1776년 7월 4일. 아메리카 식민지의 대표들은 제2차 대륙 회의에서 독립선언을 통과시켰다. 또 이로써 13개 식민지가 종주국 영국의 식민지 통치에서 벗어났으며 독립적인 아메리카 합중국을 건립했다고 선포했다. 그림은 식민지 대표들이 독립선언을 통과시키는 장면이다.

　1776년 8월, 영국군이 뉴욕 롱아일랜드Long Island에 상륙했다. 독립혁명군은 몰살당할 위기를 피해 후퇴했으며 이때를 기회로 영국은

9월 15일에 뉴욕을 장악했다. 그리고 1년 후, 1777년 9월 26일에 필라델피아까지 점령했다. 조지 워싱턴은 계속해서 후퇴하기만 했다.

▌ 사격 연습 중인 식민지 독립혁명군

　승기를 잡은 영국군은 중요 도시와 해안선을 모두 장악한 후 빠른 속도로 적을 일망타진하려고 했다. 그래서 캐나다에 남겨둔 병력까지 모두 불러들여 공격을 퍼부어서 워싱턴이 이끄는 독립혁명군을 전멸시키려고 했다. 그러던 중 1776년 8월, 영국 총사령관 존 버고인John Burgoyne이 파견한 대대가 독립혁명군 청년의용대에 전멸당하는 일이 발생했다. 당황한 버고인이 어찌할 바를 모르면서 시간을 지체한 순간 뉴잉글랜드 민병과 독립혁명군이 순식간에 영국군을 에워쌌으며 양측은 프리맨 농장Freeman's Farm에서 치열하게 싸웠다. 두 번의 전투에서 모두 참패한 영국군은 새러토가Saratoga로 퇴각했지만, 곧 포위되었다. 10월 17일, 버고인이 이끄는 영국 병사 6,000명이 투항했다. 미국은 새러토가 전투Battles of Saratoga에서 전략적으로 유리한 고지를 점했을 뿐 아니라 국제적인 위상도 크게 올렸다. 이 전투는 미국 독립 전쟁의 결정적인 순간이 되었다.

전략적 대치

　새러토가 전투 이후 독립혁명군은 전략적 대치를 선택했으며 이 시기의 주요 전장은 남부였다. 이때 국제적인 정세는 이미 미국에 매우 유리하게 변화하고 있었다. 새러토가 전투가 끝나자 프랑스, 에스파냐, 네덜란드 등 유럽의 국가들이 이 전쟁에 관심을 보이기 시작한 것이다.

　1778년 2월, 프랑스는 정식으로 미국과 군사동맹 조약을 맺고 독립을 인정했다. 1778년 6월에 프랑스와 영국이 전쟁을 시작한 데 이어서 1779년 6월에는 에스파냐가 영국을 공격했다. 1780년, 프로이센, 네덜란드, 스웨덴 등의 국가가 무장중립동맹League of Armed Neutrality과 연합해서 영국의 해상 봉쇄를 뚫었다. 1780년 12월, 네덜란드까지 프랑스와 영국의 전쟁에 뛰어들자 아메리카 식민지 독립혁명은 이제 더 이상 내전이 아니라 유럽, 아시아, 아메리카 세 대륙에서 동시에 벌어지는 반 영국 전쟁으로 확대되었다. 영국은 한 번도 겪어보지 못한 완벽한 고립 상태가 되었다. 한편 미국에서는 남부의 독립혁명군과 민병들이 게릴라전, 기동전을 벌이며 천천히 전쟁의 주도권을 가져오고 있었다. 영국군은 1781년에 길포드 코트 하우스 전투Battle of Guilford Court House에서 엄청난 사상자를 내며 크게 패했다. 영국은 이렇게 독립혁명군과 민병에 질질 끌려 다니며 에너지를 소모했으며 점차 전투력을 상실했다.

1781년 4월, 찰스 콘월리스Charles Cornwallis가 지휘하는 영국군이 북부 버지니아로 퇴각했다. 독립혁명군은 기세를 몰아 남쪽으로 이동해서 민병대, 게릴라 부대와 연합한 후 함께 영국의 거점을 파괴했으며 남부 영토 대부분을 되찾았다.

전략적 반격

1781년 4월부터 1783년 9월까지는 독립혁명군은 전략적 반격에 돌입했다. 1781년 8월, 콘월리스가 이끄는 영국군 7,000명이 버지니아 반도의 끝단 요크타운Yorktown으로 퇴각했다. 이렇게 해서 영국의 주력군은 뉴욕과 요크타운으로 나뉘어 버렸다. 1781년 8월, 워싱턴은 직접 미국 프랑스 연합군을 이끌고 비밀리에 버지니아로 남하했다. 이와 동시에 프랑스 함대는 요크타운 근해에 도착해서 영국의 보급함대를 격파한 후 해상을 완전히 장악했다. 9월 28일, 미국 프랑스 연합군은 육상과 해상에서 모두 요크타운을 완벽하게 포위했다.

연합군의 맹렬한 공격에 기가 눌린 콘월리스는 퇴각하고 싶어도 후방이 막혀 퇴각할 길이 없었다. 하는 수 없이 그는 1781년 10월 17일에 투항하고 협상을 요청했다. 10월 19일, 멋지게 차려입은 영국군 8,000명이 남루한 옷을 입은 식민지 독립혁명군과 민병들 앞에 무기를 내려놓았다. 당시 영국의 군악대가 연주한 "세상이 뒤집혔다The World Turned Upside Down"는 마치 그들의 심경을 대변하는 것 같았다.

이후에도 해상과 육상에서 몇 차례 교전이 일어나기는 했지만, 일반적으로 미국 독립

요크타운에 입성하는 워싱턴과 그의 병사들

전쟁은 요크타운 전투로 마무리되었다고 본다. 1782년 11월 30일, 영국과 미국은 '파리 조약Treaty of Paris'을 체결했으며 그로부터 약 1년 후인 1783년 9월 3일에 영국이 정식으로 미국의 독립을 승인했다.

미국 독립 전쟁은 역사상 최초의 대규모 식민지 독

립운동이었다. 또 이것은 자산계급 혁명전쟁이었으며 월등히 우세한 적을 맞이해 승리를 거둔 전쟁 중 하나였다. 인구 300만의 13개 아메리카 식민지는 8년 동안 힘겨운 투쟁을 계속해서 인구 3,000만 명의 대영제국에 승리를 거두었다. 이 전쟁은 영국의 식민통치를 끝냈을 뿐만 아니라 미국이 정치적으로 완전히 독립해 국제 사회의 당당한 일원이 되도록 했다.

미국 독립선언

독립선언은 1776년 7월 4일에 아메리카 13개 식민지가 최초로 영국의 식민 통치에서 벗어나겠다고 선언한 문건이다. 이것은 토머스 제퍼슨Thomas Jefferson이 초안을 작성하고, 13개 식민지 대표가 서명한 것으로 크게 민주와 자유에 대한 철학, 영국의 불합리한 정책과 조지 3세가 미국의 자유를 침해한 사례, 마지막으로 정중한 독립 선포의 세 부분으로 나눌 수 있다.

프랑스 대혁명

18세기 말에 프랑스 대혁명은 세계 역사상 유일한 민중의 혁명이었다. 이 혁명은 유럽의 봉건 전제 정치의 뿌리를 뒤흔들었고 역사 발전과 문명의 진화를 촉진했다. 프랑스인들은 봉건적 전제 통치를 무너뜨리고 외세의 간섭을 없애기 바랐으며 이를 위해서 목숨을 바쳐 저항했다. 그들의 희생으로 프랑스는 완전히 새로운 시대를 맞이했다.

■ 프랑스 국왕 루이 16세

혁명 전야의 프랑스

18세기에 프랑스 일부 지역에서 자본주의가 발달하면서 자본을 축적한 자산계급이 등장했다. 이들은 경제적으로는 매우 부유했지만, 정치적으로는 여전히 아무런 권리가 없었다. 농촌은 대부분 봉건 토지 소유제를 유지하고 있었으며 엄격한 봉건적 계층이 여전히 존재했다. 그래서 제1부는 천주교 주교, 제2부는 귀족들로 이들은 특권 계급을 형성했다. 나머지 제3부는 자산계급, 농민, 도시의 평민들로 모두 피통치 계급이었다. 특권 계급의 대표는 바로 프랑스 국왕 루이 16세Louis XVI였다. 그들은 시간이 흐를수록 자신들의 기득 이익을 유지, 보호하고 다른 계급과 벽을 쌓았다. 이런 상황이 계속되면서 18세기 말에 들어 특권 계급과 제3부의 갈등이 나날이 심해졌다. 제3부를 구성하는 사람들 중 농촌과 도시의 평민들은 군중, 다시 말해 대혁명의 주체가 되었으며 자산계급은 경제적인 능력과 정치적 재능, 문화적 지식을 바탕으로 그들을 지휘하게 되었다.

혁명의 폭발

1789년 5월 5일, 루이16세는 베르사유 궁에서 '삼부회États généraux'를 소집하고 미국 독립 전쟁을 지원하느라 발생한 왕실의 재정 위기를 해결하고자 했다. 하지만 처음부터 특권 계급과 제3부의 갈등이 첨예하게 맞서 회의가 제대로 진행되기 어려웠다. 6월 17일, 결국 제3부는 단독으로 '국민의회Assemblée nationale'를 열겠다고 선포하고 헌법을 제정해서 왕권을 제한하려고 했다. 국민의회는 우선 7월 9일에 '제헌국민의회Assemblée nationale constituante'로 그 명칭을 바꾸었다. 루이 16세는 제3부의 단독 행동에 무척 분노했지만, 민중들은 열렬한 지지를 보냈다. 급기야 루이 16세가 제헌국민의회의 해산과 폐쇄를 명령하고 무력 수단을 동원해 탄압하자 파리 시민들은 이에 격분해서 무장 반란을 일으켰다.

7월 14일, 시민들은 봉건 전제적 통치를 상징하는 바스티유Bastille 감옥을 공격했다. 자산계급들은 파리 시청을 장악하고 국민군Garde national을 건립했다. 이런 상황에서 제헌국민의회는 혁명을 이끄는 기관이자 국가 입법 기관으로서의 역할을 했다. 제헌국민의회는 8월에 봉건제도 철폐를 선포했으며 교회와 귀족의 특권을 없애는 법령을 통과시켰다. 또 봉건제도 아래에서 국유화된 재산을 담보로 채권을 발행해 현금을 확보하기로 결정했다. 8월 26일, '인간과 시민에 관한 권리 선언Déclaration des droits de l'Homme et du citoyen', 약칭 프랑스 인권 선언이 통고되었다. 이것은 프랑스의 인권, 법률, 자유, 사유재산권 등 자본주의의 기본 원칙을 확립했다. 이외에 의회는 법령을 통해 귀족 제도를 철폐하고, 동업자 조합인 길드를 금지했으며, 교회 재산을 몰수하거나 경매에 부치기도 했다. 10월, 파리 시민들이 베르사유 궁으로 진군하자 국왕 일가가 베르사유를 탈출해 파리로 피신했다. 그러자 제헌국민의회도 국왕과 함께 파리로 이동하기로 결정하면서 이제 혁명의 중심지는 파리가 되었다. 파리에는 혁명 단체들이 우후죽순으로 생겨났는데 그중에 '자코뱅파Club des Jacobinb'와 '코르들리에 클럽Club des Cordeliers'이 중심적인 역할을 했다.

한편 거센 혁명의 바람이 도통 사그라질 기미를 보이지 않자 루이 16세는 공포에 휩싸였다. 그는 혁명을 잠재우려면 반드시 외부 세력과 손잡아야 한다고 생각하고 1791년 6월 20일, 외국으로 망명을 시도했다. 그러나 도중에 발각되어 바렌느Varennes에서 잡혀서

▌ 발미 전투

파리로 압송되었다. 국왕이 국민들을 버리고 변장까지 해서 외국으로 도망가려 했다는 소식이 전해지자 그동안 국왕을 지지하던 사람까지 돌아섰다. 분노한 시민들은 왕정을 무너뜨리고 공화정을 건립해야 한다고 주장했다. 반면에 왕정은 그냥 두고 입헌군주제를 도입하자는 여론도 만만치 않았다.

7월 16일, 자코뱅파로부터 분리되어 나온 입헌군주파가 또 다른 파벌인 퓌양파Club des Feuillant를 결성했다. 7월 17일, 국왕군이 샹드마르Champ de Mars에 모인 군중을 총으로 쏘아 사망자가 발생했다. 사회가 나날이 혼란해지자 입헌군주파는 루이 16세를 압박해서 하루라도 빨리 제헌국민의회를 비준하고 입헌군주제로 전환하라고 요구했다. 여론의 압박에 견디지 못한 루이 16세는 결국 요구를 받아들여 개정 헌법을 비준하고 마침내 프랑스에 입헌군주제가 도입되었다. 제헌국민의회는 9월 30일에 해산한 후, 바로 다음 날인 10월 1일에 다시 '입법의회Assemblée nationale législative'로 다시 소집, 개최되었다.

프랑스 대혁명은 유럽 각국의 통치자들을 두려움에 떨게 했다. 그들은 혁명의 물결이 자국에까지 흘러들어와 왕정을 무너뜨릴까 봐 걱정한 나머지 대 프랑스 동맹을 결성하고 공식적으로 프랑스의 국왕 루이 16세의 왕정을 지지한다고 선포했다. 동시에 프랑스 국경 주변에 대규모 병력을 집결하고 전쟁을 준비했다. 1792년 4월에 프랑스가 먼저 오스트리아, 프로이센에 선전포고했다.

전쟁이 시작되자 프랑스 사람들의 열정은 더 높이 타올랐다. 그런데 문제는 아직 새로운 군대가 조직되지 않은 탓에 전쟁에 참여하는 정예 주력 부대가 모두 왕정 당시의 군대라는 점이었다. 덩케르크부터 베르사유까지 배치된 3개 군단, 약 15만 병력은 세 방향으로 벨기에를 공격하기로 계획했다. 그런데 이때 오스트리아군이 미처 전쟁 준비가 덜 된 프랑스군을 공격했다. 실제로 프랑스군은 전략이랄 것 없이 그냥 마구잡이로 싸우는 식이었고 기동성이 떨어지며, 통일된 지휘체계나 부대 간 협조 등이 전혀 없었다. 결국 세 방향 중 북쪽으로 진격해서 프랑스 벨기에 국경을 넘은 군단은 적을 보더니 깜짝 놀라 제대로 된 전투 한 번 치르지 못하고 무너졌다. 전방의 참패 소식이 전해지자 프랑스인들은 국왕과 입헌군주파를 강하게 비판했다.

프랑스 공화국 수립

1792년 4월, 프랑스는 다시 한 번 전쟁에 나섰는데 이번에도 루이 16세의 무능함이 드러나자 입헌
군주제를 주장하던 사람들마저 불신의 눈초리를 받아야 했다. 특히 무슨 문제든 타협하려는 그들
의 태도는 프랑스인들을 짜증스럽게 만들었다. 7월 11일, 입법의회가 조국이 위급한 상황에 있다
고 선언했고 파리 시민은 공화정을 건립하기 위해 다시 한 번 혁명의 깃발을 들었다. 1792년 8월
10일, 두 번째 혁명을 일으킨 파리 시민들은 마침내 부르봉 왕조를 무너뜨리고 의회를 장악한 입
헌군주파까지 내쫓았다.

공화정의 성립

입헌군주파의 뒤를 이어 이번에는 지롱드파Club des Girondins가 정권을 잡았다. 9월 20일,
프랑스 혁명군이 발미Valmy에서 외국 군대를 격파했으며, 9월 21일에는 선거를 통해 소집
된 국민공회Convention nationale가 개최되었다. 그리고 마침내 9월 22일에 프랑스 제1 공화정
이 성립되었다.

지롱드파는 정권을 장악한 동안 다양한
법령을 반포했다. 그들은 귀족들을 압박
해서 그동안 불법으로 점유하고 있었던
국가와 시민의 토지를 내놓게 하고 이를
잘게 나누어서 농민들에게 임대하거나 팔
았다. 또한 새로 만들어진 헌법에 대해 선
서하는 것을 거부한 성직자들과 탄압을
피해서 도망간 귀족들을 처벌했다.

프랑스 국민공회가 1793년 1월 21일에
루이 16세를 단두대에 올려 처형했다는
소식이 유럽 전역에 빠르게 퍼져 나갔다.
유럽 각국의 통치자와 그 가족들은 마치
절대 꾸고 싶지 않은 악몽을 꾸는 것만 같
았다. 혁명을 일으킨 프랑스 사람들이 공
화정을 만들더니 기어코 국왕까지 처형하
다니 너무 끔찍한 일이었다. 당시 프랑스
군이 벨기에를 점령하고, 네덜란드까지

프랑스 국왕 루이 16세의 왕후 마리 앙투아네트는 대혁
명 당시 시민들이 먹을 빵이 없다고 호소하자 "그럼 케이
크를 먹으면 되잖아!"라고 대꾸했다고 전해진다. 프랑스
대혁명 내내 앙투아네트 왕비는 남편인 루이 16세보다
훨씬 강인하고 주관이 뚜렷했는데 이 때문에 더욱 비난의
대상이 되기도 했다. 그녀는 1793년 10월 16일에 남편
루이 16세의 뒤를 이어 단두대에 올랐다.

위협하고 있어서 불안과 두려움이 점점 커졌다. 몇 세기에 걸쳐 충돌했던 그들은 이번에야말로 합심해서 동맹을 맺었다. 그동안 중립적인 태도를 보이며 주저하던 국가들 역시 하나둘씩 프로이센과 오스트리아의 대 프랑스 동맹에 참여했다. 1793년 2월, 유럽 각국이 참여하고 영국이 주도하는 '제1차 대 프랑스 동맹First Coalition'이 결성되었다. 3월, 이들이 다시 한 번 프랑스를 침공하자 프랑스 공화국은 사방이 적으로 둘러싸인 꼴이 되었다.

국내 상황도 썩 좋지는 않았다. 대규모 왕당파 반란인 방데 반란Rébellion Vendéenne이 발생했으며, 4월에는 전방의 주요 지휘관과 지롱드파가 임명한 장군들이 돌연 적에게 투항하기도 했다. 사회가 여전히 안정되지 못하고, 혁명마저 흔들릴 위기에 처하면서 시민들은 지롱드파의 무능함에 회의를 느끼고 불만을 터뜨렸다. 혁명의 열정으로 가득한 프랑스인들은 5월 31일, 다시 제3차 대혁명을 일으켰다. 그 결과 지롱드파가 무너지고 새로이 자코뱅파가 정권을 잡았다.

안개달 쿠데타

1799년 11월 9일. 나폴레옹의 군대가 총재정부를 비롯한 모든 혁명 정부 기관을 장악했다. 이날은 프랑스 혁명력으로 안개달 18일브뤼메르 18이었기에 이날 나폴레옹이 벌인 쿠데타를 '안개달 쿠데타'라고 부른다. 다음 날. 나폴레옹은 의회를 해산하고 모든 정권을 독차지했다. 그는 집정정부를 수립하고 스스로 제1 집정관이 되어 임기 15년의 독재통치를 시작했다.

프랑스 대혁명, 그 이후

허무하게 정권을 내준 지롱드파는 포기하지 않고 여러 지방에 군대를 보내서 무장 반란을 부추겼다. 어려운 시기에 정권을 이어받은 자코뱅파는 국내외에서 모두 어려운 상황에 처했다.

공포정치

자코뱅 정권은 어려움을 해결하기 위해 군중의 힘을 빌리기로 하고 혁명 사상을 더욱 강조했다. 1793년 6월, 자코뱅파는 토지법령 3개 항을 반포했다. 이것은 농촌에서 봉건 귀족들의 특권을 없애고 토지를 농민에게 유리한 방식으로 경매 혹은 몰수한다는 내용을 담고 있었다. 이를 통해 수많은 농민이 토지를 소유할 수 있게 되었다. 그리고 6월 24일에 1793년 헌법을 반포했는데 이것은 대부분 내용이 프랑스 제1 공화정의 민주 헌법과 유사했다. 민주 헌법은 당시에 전쟁이 발발한 탓에 실제로 실시되지 못했다. 또 7월에는 임시정부기관인 국가위원회를 개조하고 권력을 강화했다. 이밖에 독점과 투기 등을 엄격하게 금지했으며 만약 발각되면 사형을 선고했다. 자코뱅파는 어려운 국내외 문제를 해결하기 위해 프랑스 사람이 모두 무장하고 나서서 조국을 지키자고 호소했다.

9월, 국민공회는 공포정치를 시작했다. 혁명군이 직접 고향으로 가서 살피고 투기상을 찾아내 고발하는 등의 활동을 했으며 생활필수품의 가격과 임금을 제한하였다. 10월 말, 자코뱅파를 반대하던 지롱드파의 잔당들이 처결되었다. 자코뱅파의 공포정치는 국민의 혁명 사상을 더욱 고취했으며 사회를 빠른 속도로 안정시켰다. 또 1793년 말부터 1794년 초까지 외국 군대를 모두 영토 밖으로 내쫓아서 위협을 제거했다.

하지만 시간이 흐르면서 이 공포정치를 두고 갑론을박이 벌어졌다. 자코뱅 내부의 우파 세력인 관용파의 영수 조르주 당통Georges Danton 은 혁명적 독재와 공포정치의 완화를 주장했다. 반면에 파리코뮌Commune de Paris 의 부 검

1798년, 총재정부 시기의 원로원이 징병제를 통과시켰다. 이후 나폴레옹은 징병제를 더욱 강화해서 대상을 스무 살에서 스물다섯 살 사이의 남성 시민들로 규정하고, 건강에 특별한 문제가 없다면 복무하도록 했다. 이것은 상당수 군중의 지지를 얻었다. 그림은 프랑스 대혁명 시기에 최전선으로 달려온 의용군 병사들이다.

찰관 자크 에베르Jacques Hébert는 급진 좌파로 공포정치를 더욱 강화해야 한다고 맞섰다. 이때 중도좌파인 로베스피에르Robespierre는 1794년 3월에 당통과 에베르를 체포하고 처형했다. 그는 이후에 계속 공포정치를 시행했다.

하지만 공포정치를 반대하는 목소리는 줄어들지 않았고 오히려 더욱 커졌다. 국민공회의 대부분을 차지하던 중도적 성향의 평원파Feuillants는 반대 성향인 산악파Montagnards 내부의 반 로베스피에르 세력과 연합했다. 그들은 1794년 7월 27일, 테르미도르 반동Thermidorian Reaction을 일으켜 공포정치를 무너뜨리고 이를 주도한 로베스피에르 등 90명을 7월 28일에 처형했다.

테르미도르 반동

테르미도르파는 원래 각 파벌 안에서도 로베스피에르에 반대하는 사람들이 일시적으로 연합한 파벌로 특별히 통일된 이념, 사상 따위가 없었다. 그들은 대부분 혁명 과정 중에 부를 쌓은 자산계급의 이익을 대변했다. 반동이 성공한 후 이들이 실행한 것은 따지고 보면 이전에 조르주 당통이 주장을 답습한 것에 불과했다. 공포정치는 자산계급을 제한하고 그들의 이익을 빼앗는 정책을 많이 채택했지만, 테르미도르파는 이런 정책을 모두 철폐해서 자산계급이 이전의 속박에서 벗어나게 해주었다.

이들은 1795년에 제정한 헌법에 근거해서 국민공회를 해산하고 새로운 정부 기구인 '총재정부Directoire exécutif'을 설립했으나 큰 효과는 없었다. 테르미도르 정부는 국채를 발행하고 세금 징수를 늘렸으며 산업박람회를 개최하는 등 경제 방면의 몇 가지 성과를 거두었다. 1796년, 테르미도르파가 나폴레옹 보나파르트를 이탈리아 원정군 지휘관으로 임명했다. 이때 나폴레옹이 대승을 거두면서 군부가 큰 인기를 얻게 되었다.

1797년 선거에서 왕당파가 대거 당선되었는데 이 결과가 마음에 들지 않았던 테르미도르파는 선거 무효를 선포하기에 이른다. 1798년 선거에서도 자코뱅의 잔당들이 여럿 당선되자 역시 선거 무효를 선포했다. 이렇게 헌법까지 위배해가며 왕당파 혹은 자코뱅을 견제한 것은 당시 정국이 극도로 혼란했다는 의미다.

1799년, 영국이 제2차 대 프랑스 동맹을 결성하고 프랑스 점령지를 포위하기 시작했다. 또 국내에서는 테르미도르파를 반대하는 세력이 정변을 시도했다. 게다가 원정을 떠났던 나폴레옹이 비밀리에 프랑스로 돌아와서 '안개달Brumaire 쿠데타'를 일으키고 임시정부를 수립하는 등 프랑스를 국내외에서 극도로 혼란스러웠다. 이 모든 혼란을 끝낸 프랑스는 이제 나폴레옹의 시대로 들어섰다.

나폴레옹 전쟁: 대 프랑스 동맹 해체

나폴레옹 보나파르트Napoléon Bonaparte는 지금까지도 모르는 사람이 없을 정도로 유명한 인물이다. 1784년에 열다섯 살의 나이로 군사학교에 들어간 그는 툴롱 전투Battle of Toulon를 승리로 이끌면서 두각을 나타냈다. 또 1799년에 쿠데타를 일으켜 스스로 황제가 되었고, 1815년 퇴위한 후에는 세인트헬레나Saint Helena 섬으로 유배당했다. 그는 다른 사람은 꿈도 꾸지 못할 뛰어난 재능을 드러내며 크게 이름을 날렸고 또 그 재능 탓에 나락으로 떨어졌다.

18세기 말부터 19세기 초까지 나폴레옹은 마치 평생을 피비린내나는 전쟁터에서 사는 운명으로 태어난 사람 같았다. 그는 프랑스군을 이끌고 영국, 오스트리아, 프로이센 등이 무려 일곱 차례나 결성한 대 프랑스 동맹을 모두 무너뜨렸다. 그가 참여한 전투는 규모가 큰 것만 따져도 거의 60차례에 달한다. 나폴레옹은 황제가 되어서도 대 프랑스 동맹과 전쟁을 계속했으며 역사는 이러한 전쟁을 총칭해서 '나폴레옹 전쟁Napoleonic Wars'이라고 부른다.

1804년 12월에 거행된 나폴레옹 1세의 대관식

제2차 대 프랑스 동맹

1798년 12월, 영국의 주도 아래 러시아, 오스트리아, 포르투갈, 나폴리, 오스만 제국 등이 제2차 대 프랑스 동맹을 결성했다. 그들은 프랑스의 총재정부를 무너뜨리고 빼앗긴 영토를 찾아오고자 했다. 1799년 11월, 프랑스와 제2차 대 프랑스 동맹국들 사이에 전쟁이 일어났다. 수보로프가 이끄는 러시아군은 이탈리아와 스위스로 진격해서 이 지역에서 영향력을 행사하던 프랑스군을 모두 몰아냈다. 오스트리아군은 상上 라인 강에서 프랑스를 위협하며 공격할 기회를 엿보고 있었으며 영국은 프랑스의 여러 항구를 봉쇄했다.

당시 이집트 원정 중이던 나폴레옹은 조국 프랑스의 어려운 상황을 전해 듣고 이를 해결하려면 우선 오스트리아에 타격을 주어야 한다고 생각했다. 그런 다음 다른 국가들도 제압해서 각각 조약을 맺으면 입지가 줄어든 영국이 자연스레 물러날 것이라고 예상했다. 나폴레옹은 첫 번째 목표는 북부 이탈리아에 주둔 중인 오스트리아의 15만 병력이었다. 그는 프랑스의 후방 예비부대를 비밀리에 집결하고 알프스 산을 넘어서 포 계곡Po Valley로 진입한 뒤 오스트리아군의 후방을 공격했다.

1800년 6월 14일, 나폴레옹의 프랑스군과 오스트리아군이 머렝고Marengo에서 한 차례 치열한 전투를 벌였다. 오스트리아는 이 전투에서 크게 패하고 이탈리아에서 물러났다. 프랑스는 1801년 2월에 오스트리아와 평화조약을 체결했으며, 이어서 10월에는 오스만 제국, 러시아와 각각 조약을 체결했다. 동맹국을 모두 잃은 영국은 어쩔 수 없이 프랑스와 '아미앵 조약Treaty of Amiens'을 맺어야만 했고 이렇게 해서 제2차 대 프랑스 동맹이 해체되었다.

제3차 대 프랑스 동맹

아미앵 조약으로 영국과 프랑스의 갈등이 사라졌다고 생각한 사람은 아무도 없었다. 1803년 5월, 영국이 프랑스에 선전포고하고 프랑스의 해상 무역을 봉쇄하기 시작했다. 1804년 12월에 프랑스의 황제 나폴레옹 1세가 된 나폴레옹은 이번에야말로 영국을 완전히 제압해야겠다고 결심했다. 그는 곧 불로뉴Boulogne에 해군과 원정군 병력을 집결하기 시작했다.

한편 영국은 새로운 대 프랑스 동맹을 결성하기 위해 적극적인 외교 활동을 전개했다. 당시 러시아는 프랑스가 거침없이 영토를 확장하자 매우 불안했던 터라 영국과 심각한 의견 충돌이 있었음에도 일단 동맹을 맺었다. 그리하여 1805년 4월, 영국과 러시아가 프레스부르크 조약Treaty of Pressburg을 체결하면서 제3차 대 프랑스 동맹의 기초가 세워졌다. 이후 이 동맹에 스웨덴, 덴마크, 시칠리아와 오스트리아가 참여했다.

오스트리아의 지휘관들이 에스페른 에슬링 전투Battle of Aspern-Essling를 시찰하고 있다. 1809년 5월에 시작된 이 전투는 이틀에 걸쳐 벌어졌으며 사실상 나폴레옹의 첫 번째 패배였다.

1805년 9월 말, 나폴레옹은 라인 강 주변에 프랑스 병력 22만 명을 집결시키고 상황을 살폈다. 그리고 잠시 동맹군이 분산된 찰나를 놓치지 않고 공격했는데 이때의 울름 전투Battle of Ulm에서 프랑스는 대승을 거두었다. 뒤늦게 전장에 도착한 러시아군은 잠시 당황했지만 교묘하게 빠져나가서 포위되지 않았다. 그러나 오스트리아와 연합해서 싸운 아우스터리츠 전투Battle of Austerlitz에서는 그렇게 운이 좋지 못했다. 이 전투에서 참패한 오스트리아는 바로 전쟁에서 물러났고 프랑스와 평화조약을 체결했다. 철옹성 같은 나폴레옹의 군대는 제3차 대 프랑스 동맹까지 무너뜨리면서 유럽 대륙에서 지위를 더욱 공고히 했다.

제4차 대 프랑스 동맹

프랑스와 오스트리아가 평화조약을 체결하자 러시아는 곧 군대를 철수시켰으나 프랑스가 제안한 평화조약 체결은 거부했다. 프로이센 역시 나폴레옹이 독일 지역으로 진출하는 것을 그냥 두고 볼 수는 없었다. 이렇게 해서 1806년 9월, 영국, 러시아, 프로이센, 스웨덴이 제4차 대 프랑스 동맹을 결성했다. 그들의 최우선 목표는 프랑스를 점령지에서 내쫓는 것이었다.

전투 초반, 프로이센은 프랑스를 얕잡아본 탓에 러시아군을 기다리지 않고 단독으로 공격을 감행했다. 하지만 프랑스는 프로이센을 크게 무찌른 후 그 잔당을 끝까지 추격해서 거의 프로이센 전체를 점령했으며 계속 진격해 프로이센의 속령이었던 폴란드에서 러시아와 대치했다.

1807년 2월, 프랑스와 러시아가 아일라우Eylau에서 벌인 전투는 승패를 나누지 못했으나 6월에 다시 프리랑Friedland에서 맞붙었을 때는 프랑스가 승리했다. 프랑스가 끝까지 추격하자 러시아는 투항하고 평화조약 체결을 요청했다. 7월, 프랑스는 러시아, 프로이센과 각각 평화조약을 맺었다. 러시아는 프랑스의 점령지를 프랑스 영토로 인정하고, 프랑스는 러시아가 핀란드와 오스만 제국을 공격하는 데 간섭하지 않을 것을 약속했다. 또 두 나라는 대 영국 동맹을 결성했다. 한편 프로이센은 엘베 강Elbe River과 네만 강Neman River 사이의 작은 땅을 제외하면 영토를 거의 모두 프랑스에 빼앗긴 신세가 되었다. 이로써 제4차 대 프랑스 동맹이 와해되었다.

제5차 대 프랑스 동맹

1806년 11월, 나폴레옹은 '대륙봉쇄령Continental Blockade'을 발표하고, 영국과 유럽 대륙 사이의 무역을 봉쇄했다. 대부분 유럽 국가가 프랑스의 눈치를 보며 이에 따랐지만, 포르투갈은 봉쇄령을 거부하고 영국과 무역을 계속했다. 이 소식을 들은 나폴레옹은 크게 화를 내며 1807년 10월에 포르투갈에 선전포고하고, 에스파냐와 함께 포르투갈을 공격해서 나누어 갖기로 밀약을 맺었다. 11월, 프랑스는 에스파냐와 연합해서 포르투갈을 공격한 후, 에스파냐의 전략적 요충지를 점령했다. 1808년 3월, 나폴레옹이 마드리드를 점령한 후, 자신의 형을 에스파냐의 국왕 자리에 앉히자 에스파냐인들이 거세게 저항했다. 이에 나폴레옹은 7월 22일에 일단 투항하고 에스파냐에서 물러났다.

하지만 나폴레옹이 에스파냐를 완전히 포기한 것은 아니었다. 10월 30일, 프랑스군은 다시 에스파냐를 공격하고, 12월에 마드리드를 점령했다. 에스파냐의 저항군들은 곧 게릴라 공격을 시작해 프랑스군에 타격을 입혔다. 1809년 1월, 나폴레옹은 아직 불안한 에스파냐에 많은 병력을 남겨두고 혼자 프랑스로 돌아왔다. 그가 이렇게 급히 돌아온 까닭은 영국이 오스트리아를 끌어들여 제5차 대 프랑스 동맹을 결성했기 때문이었다. 유럽에는 이미 전쟁의 기운이 감돌고 있었다.

1809년 4월 9일, 오스트리아는 선전포고도 하지 않고 프랑스군을 공격했다. 결과는 이번에도 프랑스의 대승이었으며 오스트리아는 심지어 수도 빈까지 점령당하는 수모를 겪었다. 그들은 도나우 강을 건너 동쪽으로 퇴각하면서 다리를 폭파했다. 5월 21일, 프랑스군은 강을 건널 방법을 찾던 중 오스트리아의 기습 공격을 받고 참패했다. 이것은 나폴레옹이 경험한 거의 첫 번째 패배였다. 7월 6일, 프랑스와 오스트리아는 바그람 전투 Battle of Wagram에서 다시 한 번 맞붙어 싸웠다. 프랑스는 이 전투에서 승리를 거두었지만 커다란 대가를 치러야 했으며 양측은 10월 14일에 쉰브룬 조약Treaty of Schönbrunn을 체결하고 전쟁을 마무리했다. 나폴레옹은 이번에도 대 프랑스 동맹을 해체시켰다.

군사학으로 본 나폴레옹 전쟁

나폴레옹 전쟁은 각국이 무력 증강에 힘쓰게 만들었다. 전투의 규모가 확대되자 참전국들은 병력을 확충하고 이를 유지할 예산이 필요했다. 이 때문에 나폴레옹 전쟁 기간에 각 나라의 인적, 물적, 경제적 소비는 공전의 규모가 되었다. 나폴레옹은 프랑스 대혁명 이전의 군대와 전략전술을 이어받아 수정하고 보완했으며 언제나 적을 전멸시키는 것을 목표로 삼았다. 또 결정적인 때와 장소에 우세한 병력을 집중시키는 전투를 선호했으며 여러 차례 전투하는 것보다 한두 차례 결전을 벌여서 승패를 결정하려고 했다. 전통적인 대형보다 병사들을 우선 종대로 세운 다음 필요시에 결합시키는 대형을 주로 채택했는데 이렇게 하면 돌격할 때 유리했기 때문이다. 이러한 그의 전략전술은 특히 병력이 부족할 때 더욱 빛났다.

나폴레옹 전쟁: 러시아 원정과 워털루 전투

나폴레옹이 제5차 대 프랑스 동맹을 해체한 후, 프랑스는 이제 유럽 대륙의 거의 대부분을 직간접적으로 통치하게 되었다. 원래 88개 주였던 나폴레옹의 제국은 130개 주로 확대되었고 인구는 7,500만 명에 달했다. 유럽의 주요 강국이던 오스트리아, 프로이센은 이미 프랑스에 무릎을 꿇었고 러시아 역시 굴욕적인 자세로 보호를 구걸했다.

러시아 원정

유럽 각국들은 이제 나폴레옹이라는 이름만 들어도 깜짝 놀라 긴장할 지경이 되었다. 그런데 연이어 승전보를 울리고 영토를 크게 확장했는데도 불구하고 국내에서 나폴레옹의 인기는 자꾸만 하락했다. 왜냐하면 해마다 계속되는 원정 전쟁에 들어가는 비용이 프랑스 국민에게 커다란 부담으로 작용했기 때문이다. 시민들은 통치 계급에 대해 큰 불만을 품었으며 각 계급 사이의 갈등이 점점 심해졌다. 국외에서도 프랑스의 압제에 자존심이 상한 국가들이 슬슬 저항하려는 기미가 보였다. 유럽 전역에 프랑스를 거부하는 움직임이 일고 있었다.

프랑스와 러시아는 역사적으로 오랜 갈등 관계에 있었다. 두 나라는 표면적으로는 동맹을 맺었더라도 오스만 제국, 폴란드, 중부 유럽 등의 문제를 놓고 자주 충돌했다. 나폴레옹은 일찍이 유럽 대륙의 패권을 장악하려면 러시아를 완벽하게 제압해야 한다고 생각해왔다. 그래서 러시아가 대륙봉쇄령을 충실히 따르지 않는다는 이유를 들어 1812년 6월 24일, 러시

1812년, 베레지나 강Berezina River에 남겨진 프랑스군이 사력을 다해 강을 건너려는 중이다. 이때 많은 병사가 얼음장처럼 차가운 강물에 뛰어들었다가 물살에 휩쓸리거나 얼어 죽었다.

1813년 붉은 옷을 입은 영국 보병들이 빅토리아Vitoria에서 프랑스군을 공격 중이다. 웰링턴 공작은 망원경을 들고 전투 상황을 살피고 있다.

아 원정을 시작했다.

전쟁 초기, 프랑스는 절대적인 우위를 점하며 파죽지세를 이어갔으며 러시아는 속수무책으로 당하기만 했다. 9월 7일, 프랑스는 보로디노Borodino에서 전투를 벌인 후 곧장 모스크바로 진입했다. 러시아군의 총사령관 쿠투조프Kutuzov는 모스크바 서남쪽으로 이동해서 프랑스의 후방 교통선을 위협했으며 민간인까지 사력을 다해서 프랑스에 저항했다. 특히 시민들의 게릴라 공격은 나폴레옹을 점점 화나게 만들었다. 더 이상 참지 못한 나폴레옹은 결국 차르 알렉산드르 1세Aleksandr I에 협상을 시도했지만 모두 거절당했다. 10월, 나폴레옹은 하는 수 없이 엄동설한을 무릅쓰고 퇴각했는데 러시아는 이를 끝까지 추격했다. 11월 9일, 스몰렌스크 강Smolensk River을 건너던 프랑스군은 러시아의 습격을 받고 정예부대가 전멸하는 등 많은 병력을 잃었다. 이 실패는 나폴레옹에게 큰 타격을 안겼으며 12월 12일, 채 3만도 되지 않은 패잔병이 프랑스로 돌아왔다.

이와 동시에 벌어진 에스파냐 원정에서도 프랑스가 연이어 패하면서 결국 마드리드에서까지 쫓겨나게 되었다.

제6차 대 프랑스 동맹

나폴레옹이 러시아에 패배했다는 소식은 유럽 각국에 한 줄기 희망과 같았다. 특히 나라를 빼앗기고 프랑스의 통치를 받은 나라들은 민족의 해방을 위해 더욱 결연히 일어서서 전의를 불태웠다. 1813년 2월, 러시아와 프로이센이 동맹을 맺고 여기에 영국, 에스파냐, 포르투갈, 스위스, 오스트리아가 차례로 가입하면서 제6차 대 프랑스 동맹이 결성되었다. 1813년 5월, 나폴레옹은 러시아에서 참패한 후 새로 조직한 군사를 이끌고 뤼첸Lützen으로 가서 러시아 프로이센 연합군을 격퇴했다. 8월에도 드레스덴Dresden에서 승리했지만, 10월에 벌어진 라이프치히 전투Battle of Leipzig에서는 크게 패했다.

1814년 1월, 동맹군이 프랑스 본

1814년 4월 11일, 퇴위한 나폴레옹이 황제 보위대와 작별인사를 나누고 있다.

토를 침입했다. 하지만 이전의 몇 차례 전투에서 에너지를 모두 소진한 나폴레옹의 군대는 제대로 대응하지 못하고 자꾸 뒤로 밀렸다. 동맹군은 2월 말에 파리를 공격하기 시작해서 3월에 함락시켰다. 더 이상 버티지 못한 나폴레옹은 대 프랑스 동맹과 평화조약을 체결했으며, 4월 20일에 엘바Elba 섬으로 유배되었다. 프랑스에는 부르봉 왕조가 복위되었다.

워털루 전투

1815년 3월, 유배지를 벗어난 나폴레옹이 프랑스로 잠입했다. 그는 예전의 부하들을 불러 모아 파리로 진군해서 다시 황제 자리에 올랐다. 다시 황제가 된 그가 가장 먼저 한 일은 강력한 군대를 조직하는 것이었다. 이 소식은 유럽 전역으로 빠르게 퍼져 나갔고 영국, 러시아, 프로이센, 오스트리아, 네덜란드 등은 즉시 제7차 대 프랑스 동맹을 결성했다. 얼마 후 나폴레옹이 벨기에에 주둔 중이던 영국 프로이센 연합군을 공격했다. 이에 대 프랑스 동맹은 각각 여러 갈래로 나뉘어 프랑스를 공격하기로 했다.

6월 18일, 웰링턴 공작Duke of Wellington이 영국, 네덜란드, 벨기에, 하노버Hanover 병력으로 구성된 연합군을 이끌고 워털루Waterloo 부근으로 와서 빠르게 진지를 구축하고 프랑스의 진격을 저지했다. 나폴레옹은 우세한 병력을 내

▶ 워털루 전투. 프랑스 기병이 고지 위에 있는 영국 보병 방진을 돌파하고 있다.

세워 선제공격을 시작했지만, 프로이센이 보낸 지원군이 전장에 도착하자 더 이상 버틸 수가 없었다. 얼마 지나지 않아 프랑스의 전선 전체가 붕괴되었으며 나폴레옹은 황급히 전장을 떠났다. 참패 후, 나폴레옹의 백일천하가 종식되었다. 6월 22일에 퇴위한 나폴레옹은 대서양의 세인트헬레나 섬으로 유배되어 그곳에서 병으로 죽었다.

무려 15년이나 쉬지 않고 계속된 나폴레옹 전쟁의 결과로는 대 프랑스 동맹의 승리와 봉건 왕조의 부활을 꼽을 수 있다. 나폴레옹 전쟁은 유럽 봉건제의 기초를 뒤흔들었고, 유럽 각 민족의 민족의식을 불러일으켰으며 유럽 자본주의의 발전을 가속화했다.

라틴 아메리카 독립 전쟁

미국 독립 전쟁과 프랑스 대혁명의 영향을 받은 라틴 아메리카 식민지들은 18세기 말부터 19세기 초까지 대규모 민족 독립 전쟁을 벌였다. 그중 대표적인 것으로는 투생 루베르튀르Toussaint Louverture의 아이티Haiti 독립 전쟁1791~1803년, 미겔 이달고Miguel Hidalgo의 멕시코 독립 전쟁1810~1824년, 호세 산 마르틴José de San Martín의 아르헨티나, 칠레, 페루 독립 전쟁1810~1826년, 시몬 볼리바르Simón Bolívar의 베네수엘라 독립 전쟁1813~1919년, 브라질 독립 전쟁1789~1824년 등이 있다.

볼리비아Bolivia의 병사

독립 전쟁의 서막

유럽 대륙의 강국들은 끊임없이 전쟁을 벌이면서 크게 번영했다가, 다시 크게 쇠퇴하는 것을 반복했다. 예를 들어 에스파냐와 포르투갈은 한때 유럽을 넘어 전 세계를 누볐지만, 강국들이 치열한 패권 경쟁을 벌이는 틈바구니에서 이리저리 치이다가 점차 쇠락했다. 자유를 빼앗기고 억압당하며 살아온 식민지 민족들은 종주국의 국력이 약해진 것 같으면 그때가 바로 독립을 쟁취할 기회라고 생각했다. 라틴 아메리카에서 가장 먼저 움직여 독립을 거머쥔 민족은 바로 아이티인이었다.

카리브 해Caribbean Sea의 생 도밍그Saint Domingue 서쪽에 위치한 아이티는 오랫동안 프랑스의 식민지였다. 1791년 10월, 프랑스 식민지 관리와 흑인 노예 간의 갈등이 쌓이고 쌓이다가 수면 위로 드러나자 아이티 전역에 독립운동의 바람이 불었다. 순식간에 모인 의용군 1,000여 명은 투생 루베르튀르의 지휘에 따라 식민지 행정기구나 식민지 농장을 파괴하기 시작했다. 1795년이 되자 투생 루베르튀르와 아이티 의용군들은 대부분 아이티를 장악했으며 이후 10년 동안 전쟁을 거쳐 마침내 생 도밍그 섬의 대부분 지역을 해방시켰다.

1801년, 투생 루베르튀르는 아이티 제1헌법을 반포하고 종신 대통령으로 취임했다. 그는 취임사에서 모든 사람은 법률 앞에 평등하다고 말하며, 앞으로 영원히 노예 제도를 폐지한다고 선포했다. 1803년 11월, 아이티 의용군이 마지막 남은 프랑스군의 근거지를 함락시키면서 완전한 통일을 이루었다. 11월 29일, 투생 루베르튀르는 독립선언에 서명하고 정식으로 아이티의 독립을 선포했다. 그들은 프랑스가 부르던 명칭을 버리고 인디언 말로 산이 많은 곳이라는 의미의 아이티를 새로운 국명으로 채택했다.

아이티는 라틴 아메리카 국가 중 처음으로 식민 통치에 저항해서 독립을 쟁취한 나라로 19세기 라틴 아메리카 독립 전쟁의 서막을 열었다. 이를 목격한 다른 식민지 민족들의 마음속에는 독립에 대한 열망이 더욱 타올랐다.

돌로레스의 함성

1810년, 북쪽의 멕시코부터 남쪽의 아르헨티나까지 도처에서 독립 투쟁이 벌어졌다. 독립을 바라는 염원은 마치 평원에 타오르는 들불처럼 활활 타올라 라틴 아메리카 전체를 뜨겁게 달구었다. 그 중심에는 멕시코, 베네수엘라, 칠레가 있었는데 그들의 독립전쟁은 크게 두 단계로 나누어 볼 수 있다. 첫 단계에서 가장 주목할 것은 바로 미겔 이달고가 일으킨 멕시코 독립 전쟁이다.

에스파냐는 멕시코를 무자비하게 억압했다. 오랫동안 에스파냐의 노예로 살아야 했던 인디언과 혼혈인들은 에스파냐의 통치에 비할 데 없는 울분을 느끼고 있었다. 언젠가는 반드시 독립하고야 말겠다고 다짐하던 그들에게 기회가 왔다. 바로 나폴레옹이 에스파냐를 침략한 것이다.

1810년 9월 16일, 멕시코 북부의 작은 마을 돌로레스Dolores에서 수천 명의 인디언이 용기를 내어 "독립 만세!", "아메리카 만세!", "정부를 타도하라!"라고 외치며 분노를 토해냈다. 이 일은 역사에서 '돌로레스의 함성Grito de Dolores'이라고 불린다.

돌로레스의 함성을 주도한 사람은 다름 아닌 마흔일곱 살의 교사 미겔 이달고였는데 그의 용기 있는 행동으로부터 마침내 멕시코 독립 전쟁이 시작되었다. 1811년, 포로로 끌려간 미겔 이달고가 뜻을 굽히지 않고 희생되자 멕시코인들의 민족의식과 반드시 독립을 이루겠다는 마음이 더욱 강해졌다. 미겔 이달고의 희생과 공헌을 마음에 새긴 멕시코 사람들은 이후로도 독립 전쟁을 계속해서 마침내 1822년에 멕시코 연방 공화국을 건국했다. 멕시코 사람들은 돌로레스의 함성이 시작된 9월 16일을 독립기념일로 제정하고, 미겔 이달고를 멕시코 독립의 아버지로 부른다.

자유를 향하여

1816년, 이제 라틴 아메리카 독립 전쟁의 중심은 남아메리카가 되었다. 이 지역의 역사를 이야기하면서 절대 빼놓을 수 없는 인물이 있는데 그는 바로 시몬 볼리바르다. 그는 카라카스Caracas의 크레올Creole 대지주 집안에서 태어났다. 크레올은 아메리카 대륙에서 태어난 에스파냐인과 프랑스인의 후손을 일컫는 말이다. 젊었을 때부터 계몽주의에 매료된 그는 에스파냐, 이탈리아, 프랑스 등 유럽 곳곳을 여행해서 견문을 넓히고 다양한 경험을 쌓았다. 이후 그는 고향으로 돌아와서 독립혁명군을 조직하고 카라카스를 해방시켰으며 세력을 더욱 확대해 에스파냐군과 전투를 벌여서 베네수엘라 제2공화국을 건립했다. 시몬 볼리바르가 이끈 독립 전쟁은 남아메리카 대륙에서 규모가 가장 큰 것이었다.

시몬 볼리바르가 연승을 이어나가는 동안 남부에서는 호세 산 마르틴이 역시 성공적으로 독립 전쟁을 지휘하고 있었다. 다시 말해 에스파냐 식민지군은 남아메리카의 남북에서 동시에 맹공격을 받는 셈이었다. 지역마다 최후의 결전이 수차례씩 벌어졌으나 이미 무력해진 에스파냐군은 독립을 갈구하는 남아메리카 사람들을 꺾지 못했다. 그리하여 1818년에 칠레가 독립을 선언했으며, 1821년 7월에 페루가 독립했다. 독립 전쟁을 이끈 호세 산 마르틴은 새로운 공화국의 보호자라는 명예로운 칭호를 얻었다.

1822년 브라질이 포르투갈의 식민통치에서 벗어나서 독립했다. 멕시코 혁명의 영향을 받은 중앙아메리카의 작은 나라들도 하나둘씩 독립을 선포했다. 이 나라들은 1823년에 '중미 연방 공화국United Provinces of Central America'을 수립했다.

1826년 1월 23일, 페루의 카야오Callao 항구, 암울한 분위기 속에서 에스파냐의 국기가 천천히 내려왔다. 마침내 300여 년에 걸친 식민 통치가 막을 내리고 역사의 새로운 한 페이지가 열린 것이다.

시몬 볼리바르

시몬 볼리바르는 19세기 초, 라틴 아메리카 독립 전쟁의 걸출한 지도자 중 한 명이었다. 그는 1819년부터 1820년까지 베네수엘라, 콜롬비아, 에콰도르, 페루와 볼리비아 등지의 독립 전쟁을 이끌었으며 지금의 베네수엘라, 콜롬비아, 에콰도르를 연합한 대x콜롬비아 공화국을 탄생시켰다. 베네수엘라 사람들은 그를 해방자, 민족의 영웅 등으로 부르며 존경한다.

이탈리아 독립 전쟁

나폴레옹은 이탈리아 반도 위의 여러 작은 공국들을 정복한 후 북부에 이탈리아 공화국을 세웠다가 다시 이탈리아 왕국으로 전환했다. 그 후 나폴레옹이 실각하면서 1814년 9월부터 1815년 6월까지 프랑스 대혁명과 나폴레옹 전쟁에 대한 사후 수습을 위해 빈 회의Congress of Vienna가 개최되었다. 이 회의에서 유럽의 열강들은 이탈리아 왕국을 해체하고 나폴레옹 전쟁 전의 모습으로 돌려놓기로 결의했다. 이에 따라 롬바르디 베네치아Kingdom of Lombardy-Venetia, 파르마Parma, 토스카나Toscana, 모데나Modena, 모두 직간접적으로 오스트리아 합스부르크 왕가의 통치 아래 놓이게 되었다. 또 에스파냐의 부르봉 왕조는 양 시칠리아 왕국Kingdom of Two Sicilies를 다시 다스리게 되었다. 교황 역시 로마를 비롯한 그의 영지를 다시 회복해서 독립을 인정받은 것은 사르데냐 왕국뿐이었다. 그러나 이탈리아 민족으로서는 통치자만 바뀌었을 뿐, 강국, 특히 오스트리아의

▍가리발디

압제와 통치를 받는 것은 여전했다. 이러한 외세의 간섭과 봉건적 제도는 이탈리아의 사회 발전을 심각하게 저해했다. 이탈리아인들은 하루빨리 다른 민족의 통치에서 벗어나 민족의 독립과 국가의 통일을 이루기를 간절히 바랐다. 결국 19세기 중엽에 이르러 이탈리아 반도 전체에서 독립 전쟁의 불꽃이 타올랐다.

제1차 독립 전쟁

1848년 1월에 양 시칠리아 왕국에서 일어난 저항운동으로 제1차 독립 전쟁이 시작되었다. 독립해방군은 나폴리군을 몰아내고 임시정부를 건립했다. 여기에 자극받은 밀라노 사람들이 3월에 반란을 일으켜서 오스트리아 점령군을 무찌르고 독립을 쟁취했다. 3월 23일, 이번에는 사르데냐 왕국이 오스트리아에 선전포고했고 이에 국왕 카를로 알베르토Carlo Alberto는 직접 군사를 이끌고 롬바르디로 진격해서 전쟁을 벌였다. 그리하여 4월에 이르자 사실상 이탈리아의 전 지역이 오스트리아와 전쟁을 하게 되었다.

그해 6월, 깜짝 놀란 오스트리아는 황급히 주력군을 이탈리아로 보냈다. 이들은 곧 베네치아를 점령했으며, 7월에는 쿠스토차Custoza에서 사르데냐군을 물리쳤다. 결국 8월 9일, 양측은 협정을 체결했으며 오스트리아는 롬바르디 베네치아에 대한 통치권을 되찾았다.

한편 베네치아와 토스카나는 8월에 공화국을 건립하고 독립을 선포했다. 11월 15일에는 로마에서도 반란이 일어나 1849년 2월에 공화국이 세워졌다. 이듬해 3월, 사르데냐

왕국이 다시 한 번 오스트리아에 선전포고했다. 3월 23일, 장군 라데츠키Radetzky가 지휘하는 오스트리아군이 사르데냐군을 크게 무찌르고 포위했다. 결국 국왕 카를로 알베르토가 퇴위하고 사르데냐가 오스트리아와 평화조약을 맺으면서 전쟁이 마무리되었다.

4월, 프랑스, 오스트리아, 나폴리 연합군이 로마로 진격했다. 로마의 주세페 가리발디Giuseppe Garibaldi 장군은 병사들을 이끌고 용감하게 저항해서 6월까지 꽤 큰 성과를 거두었으나 병력이 우세한 연합군을 당해내기에는 역부족이었다. 결국 7월 3일, 프랑스가 로마를 점령하고 8월 22일에 오스트리아가 베네치아를 점령하면서 제1차 이탈리아 독립 전쟁이 끝났다.

제2차 독립 전쟁

제1차 독립 전쟁이 실패하면서 이탈리아의 자산계급 자유민주파는 큰 타격을 입었다. 그들은 1850년대에 끊임없이 분화하고 조직화되는 과정을 거쳐 새롭게 태어났다. 1859년 4월 초, 사르데냐 왕국의 군대가 먼저 움직이기 시작했고 이어 4월 말, 오스트리아 군대가 사르데냐군을 제압하기 위해 출격하면서 제2차 독립 전쟁이 시작되었다.

양측은 잠시 대치하다가 5월 말부터 전투를 시작했다. 사르데냐군을 중심으로 모인 이탈리아 연합군은 오스트리아군을 완벽하게 제압하며 대승을 거두었다. 이때 이탈리아의 주세페 가리발디Giuseppe Garibaldi가 지원군을 이끌고 적의 후방까지 깊숙이 들어갔다. 그는 뛰어난 작전 지휘 능력으로 연전연승을 거두고 이탈리아의 여러 지역을 해방시켰다. 이에 독립에 대한 열망과 희망이 더욱 타오른 이탈리아 민중이 너도나도 지원군에 들어

▌ 1859년, 사르데냐 프랑스 연합군과 오스트리아가 결전을 벌였다. 프랑스는 황제 나폴레옹 3세가 직접 지휘했다.

왔다. 그리하여 애국심 강한 병사들을 휘하에 둔 가리발디는 전체 전쟁의 판도에서 더 큰 영향력을 발휘하게 되었다. 그들은 이제 오스트리아 정예부대와 전쟁을 벌일 수 있을 정도로 강력한 군대가 되었다.

6월, 이탈리아 연합군의 상황은 그다지 좋지 않아서 롬바르디에서 먼 곳까지 밀려났다. 그러나 이탈리아 민중의 독립해방 운동은 열풍이 식기는커녕 오히려 이탈리아 북부와 중부 전체로 퍼져 나갔다. 7월, 가리발디는 시칠리아 섬 전체를 해방시키고 이탈리아 본토로 진격할 준비를 했다. 그는 8월 초에 출발하여 마침내 9월에 나폴리에 입성했는데 왕국 수비군이 큰 저항 없이 싸움을 포기하고 투항한 덕분에 곧장 다음 전장으로 갈 수 있었다. 11월 초, 가리발디는 이탈리아 남부가 사르데냐 왕국에 병합되었음을 선포했다. 이로써 이탈리아 반도는 초보적인 통일을 이루었다.

제3차 독립 전쟁

1866년 4월, 독일 통일의 주도권을 두고 프로이센과 오스트리아의 갈등이 첨예해 지더니 급기야 전쟁이 시작되었다. 이탈리아는 이 기회를 놓치지 않고 오스트리아에 선전 포고했으며 이로부터 제3차 이탈리아 독립 전쟁이 시작되었다.

당시 오스트리아의 주력 부대는 프로이센과 전쟁 중이였기에 이탈리아에 없었다. 이에 가리발디는 정부군의 지원을 받아 오스트리아 군 잔여 병력과 싸웠는데 효과적인 후방 공격에 힘입어 연이은 전투에서 모두 승리했다. 그러나 아드리아 해 부근에서 벌인 해전에서는 크게 참패했다. 이 해전에서 이탈리아의 장갑선 3척이 침몰했으며 다른 작은 선박들도 모두 크게 훼손되어 바다 위에서 물러날 수밖에 없었다. 오스트리아 이탈리아 전쟁이 어느 정도 마무리되자 가리발디는 이번에는 로마를 독립시키고자 했다. 프랑스의 나폴레옹 3세Napoleon Ⅲ는 가리발디의 로마 진격을 저지하기 위해 원정군을 파견해서 로마에 주둔시켰지만, 가리발디는 우선 멘타나Mentana로 진격을 강행했다. 그러나 신식 보총과 강력한 화력을 갖춘 프랑스의 공격에 큰 손실을 입고 더 이상 진군하지 못했다.

이탈리아 국왕 비토리오 에마누엘레 2세Vittorio Emanuele Ⅱ. 1870년 7월에 프로이센 프랑스 전쟁이 발발했다. 나폴레옹은 하는 수 없이 로마 주둔군을 본국으로 송환했으며 이탈리아는 이 기회를 이용해서 로마를 해방시켰다.

1870년 7월, 프랑스 프로이센 전쟁이 시작되자 나폴레옹 3세는 로마에 주둔 중이던 병력을 본국으로 불러들였다. 9월 2일, 스당 전투에서 대패한 나폴레옹 3세가 체포되자 이탈리아 정부는 더 이상 프랑스의 방해를 걱정할 필요가 없게 되었다. 9월 20일, 이탈리아 정부군과 가리발디의 군대가 동시에 로마로 들어가면서 이탈리아 통일이라는 대업이 완성되었다. 그리고 1871년 1월, 이탈리아의 수도가 플로렌스에서 로마로 바뀌었다.

가리발디

주세페 가리발디는 이탈리아 독립 전쟁의 대표적 인물이다. 이전에 다른 전쟁에 참여해서 많은 실전 경험을 쌓은 그는 독립 전쟁 내내 뛰어난 지휘 능력을 보였다. 그 덕분에 이탈리아는 수차례 이어진 전쟁에서 적은 병력으로도 유럽 강국의 정예군을 크게 무찌를 수 있었다. 특히 그는 적군의 후방으로 깊이 들어가서 게릴라 전술을 구사하는 데 능숙했으며 이를 통해 이탈리아의 독립과 통일에 지대한 공헌을 했다. 이때 선보인 뛰어난 전략으로 그는 후세에 현대 게릴라전의 아버지라 불리게 되었다.

인도 독립 전쟁

1857년부터 1859년까지 인도에 대규모 저항운동이 일어났다. 저항군은 순식간에 수많은 지역을 장악했으며 민족 해방을 위한 투쟁을 전개했다. 이후 봉건 귀족까지 이들을 지지하며 더욱 조직적으로 저항운동을 이끌었다.

영국의 식민 통치

19세기 전반, 영국의 식민 지배를 받았던 인도는 영국의 상품 소비시장이자 원료 생산지로 전락했다. 인도의 농민들은 영국이 요구하는 각종 토지세에 수탈당했고, 수공업자들을 영국 상품들이 쏟아져 들어오면서 살 길이 막막해졌다. 이렇게 영국의 식민 통치가 강화될수록 인도 농민과 수공업자들의 불만과 저항 의식은 날로 극심해졌

인도 사회의 각 계층이 영국의 잔혹한 통치와 수탈에 강한 불만을 드러냈다.

다. 이 시기 영국은 인도 봉건 지주들의 영지를 합병하는 정책도 펼쳤기 때문에 귀족들 역시 영국의 지배를 못마땅했다.

영국 인도군, 즉 영국이 인도인들을 고용해 조직한 군대는 당시 인도에서 유일한 조직이었다. 20만 명에 달하는 인도 용병은 대부분 일터를 빼앗긴 농민과 수공업자, 그리고 토지를 빼앗긴 소지주들로 먹고 살 길이 없어서 영국 병사가 된 것이었다. 영국은 이들을 제압하기 위해 신앙에 간섭하고, 그들의 카스트caste 제도를 무시했으며, 급료를 삭감하기도 했다. 이런 까닭에 인도 사회의 다양한 계층과 이익을 대표하는 인도 용병들은 모두 식민 통치에 큰 불만을 품고 있었다. 마침내 1849년, 펀자브Punjab 합병이라는 목표를 달성한 영국은 인도 용병이 누리는 특권을 전부 없애겠다고 선포했다. 이 조치는 인도인들이 마음속의 불만과 저항의식을 밖으로 드러내는 계기가 되었다.

메루트의 반란

1857년 초, 영국 식민지 정부는 소기름과 돼지기름을 윤활유로 쓰겠다며 총알에 바르도록 지시했다. 이것은 신앙심 깊은 힌두교와 이슬람 병사들의 종교를 무시하고 비웃는 행동이자, 나아가 인도 사회의 뿌리인 카스트 제도까지 흔드는 일이었다. 신성시하는 소

와 돼지의 기름을 총알에 바르도록 강요당한 용병들은 더 이상 참지 못하고 반란을 일으켰다. 3월 29일, 제34사단의 인도인 병사가 끓어오르는 분노를 참지 못하고 영국 군관 3명을 총으로 난사해 죽이는 사건이 일어났다. 그가 교수형에 처해지자 인도 민족의 저항 의식은 더욱 커졌으며 이는 곧 반란의 시작이 되었다.

5월 10일, 인도 독립 전쟁의 불씨를 당긴 이는 델리Delhi 주 부근의 메루트Meerut에 주둔하던 인도 병사들이었다. 그들은 자신들을 분노하게 만든 소와 돼지기름 바른 총알로 영국군을 공격했다. 또 병영을 불사르고, 교회를 습격했으며, 철도를 봉쇄하고, 억울하게 끌려가 체포된 죄수들을 풀어주었다. 점차 델리의 다른 지역 병사들과 일반인들도 그 무리에 합류하기 시작했다. 세가 더 불어난 반란군은 영국 군관들을 잡아다가 처벌하고, 영국인들의 집을 불살랐으며 도시를 개방해서 의용군을 모집했다. 이들은 금세 델리를 장악하고 정권을 수립했다. 그동안 영국 통치에 반대한 귀족과 성직자들 역시 새로운 정권을 지지하고 나섰다. 아직 초보적인 단계였지만, 드디어 계급을 넘어 협력하는 반 영국 정권이 건립된 것이다. 깜짝 놀란 영국은 황급히 인도 각 지역의 영국 병사들을 동원해서 델리를 포위하고 공격했다. 그러나 어느새 4만 명이나 모인 반란 의용군들은 죽음을 각오하고 용감하게 싸워서 영국군을 무너뜨렸다.

인도 전역에 피어오르는 불꽃

델리에서 일어난 반란은 영국 정부에 큰 타격을 안겼다. 반란은 델리에서 그치지 않고 북부, 중부, 남부 등 전역으로 퍼져 나갔다. 북부 우타르프라데시Uttar Pradesh 주의 러크나우Lucknow, 칸푸르Kanpur에서 일어난 반란 역시 성공해서 델리 주 동남쪽에 주둔한 영국군을 위협했다. 또 중부 지역의 반란 역시 영국군에 큰 위협이 되었다. 잔시의 여왕Rani of Jhansi은 직접 반란 의용군을 이끌고 시내를 점령했으며 영국에 빼앗긴 왕위를 회복했다. 또 남부의 하이데라바드Haiderabad와 뭄바이Mumbai의 의용군 역시 승리를 거두었다.

▎ 인도에 주둔한 영국 병사들

인도 보병

전국 각지에서 반란이 일어나면서 델리, 러크나우, 잔시Jhansi 등 대도시를 중심으로 반란군의 거점이 형성되었다. 특히 델리는 영국의 주요 공격 목표가 된 탓에 델리의 반란군들을 더 이상 큰 승리를 거두지 못하고 전략적 방어 태세를 구축했다. 그런데 반란이 진행되면서 처음에는 한마음으로 뜻을 같이하고 행동했던 봉건 귀족들의 음모가 발각되었다. 지주와 부유한 상인들이 반란으로 사회가 혼란한 틈을 타서 서로 담합해서 상품 가격을 올린 것이다. 더 심각한 문제는 그들이 영국 측과 내통해서 반란군에 관한 정보를 내어준 것이었다. 이 일로 반란군끼리 서로 탓하면서 내부에 분열이 발생했다. 9월 14일, 영국군은 이 기회를 놓치지 않고 델리에 총공격을 퍼부었다. 반란군은 다시 한 번 죽음을 각오하고 싸웠지만, 델리 주 밖으로 퇴각하는 상황에 처했다.

반란군의 가장 큰 거점이던 델리가 함락되자 우타르프라데시 주의 러크나우가 반란의 새로운 중심이 되었다. 1858년 3월 초, 영국군이 러크나우를 공격했을 때, 반란군은 끝까지 저항했지만, 최신 무기를 갖춘 적을 당해낼 수는 없었다. 그들은 2주 동안 버티다가 결국 러크나우에서 철수했다.

반란의 새로운 중심지가 된 잔시에서도 격렬한 전투가 벌어졌다. 잔시 반란군과 영국군은 서로 대포를 쏟아 부으며 치열하게 싸웠으며 잔시의 여왕은 직접 전방에 나아가 병사들을 이끌고 적진으로 돌격했다. 그러나 영국에 매수된 병사가 남문을 여는 바람에 영국군이 성 안으로 밀고 들어왔고 여왕은 어떻게 해서든지 적을 막으려고 하다가 결국 실패했다.

실패

델리, 러크나우, 잔시 등 반란군의 거점이 연이어 함락당하면서 각지에 흩어진 반란 의용군들이 게릴라 공격을 시작했다. 6월 1일, 의용군들은 괄리오르Gwalior를 해방하고 임시 정부를 건립했다. 거의 승리했다고 생각한 영국 정부는 인도인들이 제압되기는커녕 끈질기게 반란을 이어가며 새로 정부를 세운 것에 적잖이 당황하고 두려워했다. 그래서 대규모 병력을 동원해서 괄리오르를 총공격했다. 성 밖 동남쪽 외곽에서 벌어진 치열한 전투에는 잔시 여왕이 지휘하는 의용군도 합류했다. 적의 거센 포화에 상당히 많은 병사가 죽거나 다쳤으나 여왕은 동요하지 않고 최전선에서 용감하게 적과 싸웠다. 그녀는 전투가 끝날 때까지 최후의 방어선을 지키다가 장렬하게 전사했다. 비록 실패했지만, 그녀의 용맹함과 영웅적인 기개는 인도 민족을 각성시켰다. 이후 각지에서 이름 없는 의용군들이 산발적으로 게릴라 공격을 벌였으나 이마저도 1859년 말에 모두 제압되었다.

전쟁의 영향

잔시 여왕 락슈미바이Lakshmibai는 인도 북부 잔시 토호국의 여왕이었다. 바라나시Varanasi에서 태어난 그녀는 1842년에 겨우 여덟 살의 나이로 잔시의 토후와 결혼해서 왕후가 되었다. 1853년, 남편이 사망하고 후사를 이을 아들이 없자 그녀는 여왕의 신분으로 직접 잔시를 통치하기 시작했다. 그러나 영국은 잔시 여왕에게 남자 후계자가 없다는 이유를 들어 그녀의 영토를 합병하고, 사망한 그녀의 남편이 남긴 유산을 압류해버렸다. 그 후 1857년, 인도에 대반란이 일어나자 잔시 여왕은 주저하지 않고 반란에 참여했다. 1858년, 그녀는 잔시 반란군 지휘관으로서 맹활약했으며 나중에 잔시가 함락되었을 때도 포기하지 않고 퇴각해서 끝까지 투쟁했다. 괄리오르 전투에서 최후의 순간까지 버티다가 전사했을 때 그녀의 나이는 겨우 스물세 살이었다.

제 **6** 장

제국주의 시대의 전쟁

　　1815년, 나폴레옹이 실각한 후, 세계는 새로운 시대에 들어섰다. 정치, 경제, 사회에 기술적 진보가 이루어지면서 수많은 변화와 에너지가 발생했는데 특히 야금冶金, 화학, 탄도학, 전자학의 발전은 새로운 군사 기술과 전술을 탄생시켰다.

　　19세기 전반, 유럽과 북아메리카에서 자본주의가 발전하면서 낙후된 소자본 농업 생산이 자본주의 산업 생산으로, 봉건적인 노동구조가 고용 노동구조로 각각 대체되었다. 자산계급은 더 많은 시장을 확보하기 위해서 국내외에서 전쟁을 벌였으며 이를 위해 대규모 군대가 필요했다. 이러한 시대의 요구에 부합해서 징병제와 예비군 제도가 도입되었고 정규군, 사단, 여단, 군단, 연병 등의 다양한 군 조직이 출현했다. 이러한 군 조직은 각급 사령부와 총참모부를 건립해서 지휘체계를 통일했으며 육군의 경우 보병, 기병, 포병, 공병 및 치중병輜重兵 등으로 세분해 전문화했다.

　　19세기 말부터 20세기 초까지 유럽의 자본주의는 제국주의로 변모했다. 이 시기에 제국주의 강국들은 세계를 나누어 영향력을 행사했는데 신생 제국주의 국가들은 이러한 체제를 재편해서 더 많은 식민지를 차지하기 바랐다. 그 결과 전쟁의 규모는 날로 커졌고 국가와 국가의 전쟁, 국내의 조직과 조직의 전쟁이 점차 세계대전으로 확대되었다.

　　전쟁의 규모가 확대되고, 생산력이 증대되고, 과학 기술이 빠르게 발전하면서 군사 기술은 엄청난 발전을 이루었다. 제1차 세계대전 이전에 새로운 무기가 출현하면서 육군은 자동 보총, 기관총, 박격포, 수류탄 등을 보유했으며, 해군은 구축함, 전열함, 순양함, 잠수정, 어뢰와 어뢰정 등을 갖추었다. 비행기가 전쟁에 사용되었고, 교통수단과 통신기계의 발전으로 전쟁은 더욱 치열해졌다. 또 세계대전 중에 출현한 탱크, 고사포, 독가스 등은 엄청난 살상력으로 세계인을 공포에 떨게 만들었다.

크림 전쟁

크림 전쟁Crimean War은 1853년부터 1856년 사이에 유럽에서 일어난 전쟁으로 오스만 제국, 프랑스, 영국, 그리고 나중에 합류한 사르데냐 왕국이 러시아에 대항하면서 벌어졌다. 한때 '제7차 러시아 오스만 전쟁'으로 불리기도 했으나 일반적으로 가장 중요한 전투가 벌어진 크리미아 반도의 이름을 따 '크림 전쟁'이라고 부른다.

전쟁의 원인

크림 전쟁의 표면적인 이유는 바로 종교였다. 당시 러시아는 오스만 제국에 '국경 안에 거주하는 동방정교회의 교인들을 보호할 것', '러시아인이 예루살렘 성지를 자유롭게 드나들 수 있도록 안전구역 건설을 허용할 것'을 요구했다. 러시아도 예상했듯이 이 요구는 당연히 거절당했다. 이 문제에 관해서는 프랑스와 영국도 반대 입장을 표했는데 그들은 이것이 러시아가 팔레스타인에 거점을 건립하려는 시도로 보고 오스만 제국 술탄의 결정을 지지했다.

이 전쟁의 근본적인 원인은 바로 오스만 제국이 내부적으로 점차 쇠락하고 있었기 때문이었다. 러시아는 오스만 제국의 쇠락이 유럽 대륙에서 러시아의 영향력을 확대할 수 있는 절호의 기회라고 생각했다. 특히 러시아가 지중해를 오가고 발칸 반도를 점령하는 데 무척 유리하다고 보았다. 실제로 그동안 발칸 반도에서 위세를 떨치던 오스만 제국의 영향력이 조금씩 줄어들고 있었는데, 이를 목격한 러시아는 보스포루스 해협과 다르다넬스 해협까지 전부 손아귀에 넣고자 했다.

하지만 영국과 프랑스가 가만히 있을 리 없었다. 그들은 러시아의 속셈을 꿰뚫어보고 그들의 확장 정책을 반대했다. 만약 러시아가 오스만 제국의 전략적 요충지를 차지한다면 유럽 동남부에서 입지가 줄어들 것이 분명했기 때문이다.

▌영국 프랑스 연합군과 러시아군의 전투

선전포고

1853년 2월, 러시아

▌ 종대 전투대형을 갖춘 영국군이 러시아군을 공격하고 있다.

의 차르 니콜라이 1세Nicholas I가 이스탄불로 특사를 보냈다. 러시아 특사는 술탄에게 차르가 오스만 제국의 가톨릭교도를 보호할 권리를 인정하라고 요구했다. 이미 러시아와의 종교 갈등에 관해 동맹국들의 지지를 얻은 상태였던 술탄은 러시아의 최후통첩을 거절하고 영국과 프랑스의 함대가 다르다넬스 해협으로 들어오도록 했다. 러시아는 이것이 군사행동에 들어갈 충분한 이유가 된다고 보았다. 그리하여 1853년에 오스만 제국과 단교를 선언한 후, 도나우 강으로 출병해서 오스만 제국의 영향력 아래 있던 몰다비아Moldavia와 왈라치아Wallachia를 점령했다.

1853년 10월, 영국과 프랑스의 든든한 지원을 받은 오스만 제국이 러시아에 선전포고하고 몰다비아와 왈라치아에서 물러날 것을 요구했다. 얼마 후 시노페 해전Battle of Sinope을 시작으로 크림 전쟁이 시작되었다.

시노페 해전

육상에서 승패를 가르지 못한 두 나라는 결국 해전에서 맞붙었다. 바다 위에서 러시아는 오스만 제국보다 훨씬 강력했다. 그들은 오스만 제국의 함대를 무력화시킬 수 있을 뿐만 아니라 육상 병력과 연계해서 더 큰 성과를 올릴 능력까지 갖추고 있었다.

해전이 시작되자 러시아의 흑해 함대는 매우 효율적인 전략으로 오스만 제국의 해상 교통선을 장악하고 함대를 항구 안에 봉쇄했다. 1853년 11월 30일, 러시아는 시노페 항구에서 오스만 제국의 분함대를 전멸시키고 지휘관을 포로로 끌고 갔다.

시노페 해전의 승리는 전략적인 면에서 러시아에 매우 중요했다. 그러나 이 일로 이익을 빼앗긴 영국과 프랑스가 참전을 선언하고 나서면서 사태가 급변했다. 1854년 1월에 영국과 프랑스의 연합함대가 흑해로 들어와서 오스만 제국의 해상 교통선을 보호하기 시작했다. 결국 러시아는 1864년 2월부터 오스만 제국뿐 아니라 영국, 프랑스와도 싸워야 했다.

세바스토폴 공성전

러시아는 영국 프랑스 오스만 제국의 연합군의 계속되는 위협에 다시 한 번 전쟁을 시작했다. 이번 전쟁은 여러 곳에서 동시에 벌어졌다.

러시아는 연합군을 무찌르기 위해 여러 번 기습 공격을 시도했는데 그중 1854년 후반의 전투가 주목할 만하다. 1854년 9월, 크리미아 반도에 연합군 측의 대규모 지원군이 상륙했다. 그들은 위풍당당하게 와서 미리 와 있던 원정군을 지원하려고 했으나 도착하자마자 멘시코프Menshikov가 이끄는 러시아군의 기습공격을 받고 허둥지둥 세바스토폴로 퇴각했다.

연합군은 추격을 피해 우회로를 이용해서 빠르게 이동한 후, 1854년 9월 25일에 세바스토폴을 포위하고 계엄령을 선포했다. 이때부터 장장 349일에 걸친 세바스토폴 공성전 Siege of Sevastopol이 시작되었다.

연합군은 해상과 육상 양쪽에서 강력한 화력을 이용한 공격을 퍼부어서 세바스토폴을 폐허로 만들려고 했다. 하지만 세바스토폴에 주둔하고 있던 러시아군의 반격도 만만치 않았다. 그들은 해안에 배치한 대포로 연합군의 전함에 큰 손실을 안겼다. 이때 멘시코프가 세바스토폴을 지원하러 오면서 전투는 교착상태에 들어갔다.

승패가 쉽사리 나지 않자 양측은 오스트리아의 중재를 받아들이고 정전협상을 시작했다. 그러나 러시아가 연합군이 제안한 요구 사항이 터무니없다고 비난하고 거부하면서

세바스토폴 항구를 포위한 영국군 포병 부대. 고지 아래는 세바스토폴 성벽이다.

협상은 1855년 4월에 중단되고 말았다. 전쟁은 1844년까지 이어졌으나 양측 모두 승리하지도 패배하지도 않았다.

1844년 9월 8일, 연합군이 코카서스 전장에서 적극적인 공격을 벌여 세바스토폴 공성전에서 전략적으로 매우 중요한 맬러코프Malakoff를 장악했다. 자국 함정을 침몰시켜 항구를 폐쇄하는 초강수를 둔 러시아는 결국 전투를 포기하고 세바스토폴 항구 북쪽으로 철수했다.

1855년 말, 빈에서 다시 회담을 재개한 양측은 1856년 2월 25일부터 3월 30일까지 열린 파리 강화회의에서 파리 조약을 체결했다. 양측은 각자 점령한 땅을 모두 포기하고 전쟁 이전의 상태로 되돌려 놓는데 합의했다. 이 조약으로 러시아와 오스만 제국 양쪽 다 이후 흑해에서 함대나 해군 기지를 보유할 수 없게 되었다. 또 러시아는 흑해 연안의 요새를 철거하기로 했으며, 도나우 강에서 국제 사회의 감독 아래 자유 통행이 이뤄지는 것을 인정하고 주변 병력을 베사라비아Bessarabia 남부로 퇴각하기로 했다. 마지막으로 오스만 제국의 가톨릭교도에 대한 보호권 요구도 철회했다.

군사학으로 본 크림 전쟁

크림 전쟁에 등장한 무기와 장비들은 이전에 비해서 비약적으로 발전한 것이었다. 이후 강선총이 활강총을, 장갑증기 함대가 목제범선 함대를 각각 대체했다. 이에 따라 각국의 군비 역시 크게 증가했다. 총과 대포의 성능이 개선됨에 따라 나폴레옹 전쟁 이후 유럽 국가들이 채택했던 종대돌격 전술은 더 이상 찾아볼 수 없게 되었다.

미국 남북 전쟁의 시작

19세기 중엽, 미국 북부와 남부는 각각 자유노동제와 노예제를 지지하며 갈등의 골이 깊어졌다. 사실 노예제는 미국 사회와 경제가 발전하는 데 큰 장해물이었으나 남부의 농장주들은 이를 인정하려 들지 않았다.

남과 북

19세기 전반부터 시작된 서부 개척은 남북 간 갈등의 골을 더욱 깊게 만들었다. 당시 미국은 서부에 새로운 주를 연이어 건립했는데 그때마다 매번 노예주를 허용하느냐 마느냐의 문제로 분쟁이 발생했다. 북부의 자산계층과 농민들은 새로운 주에서 노예제를 금지해야 하며 자유주로 만들어야 한다고 주장했다. 반면에 남부의 노예주들은 노예제를 서부의 새로운 주에까지 확대하고자 했기에 노예제를 허가해야 한다고 목소리를 높였다. 의회와 정부에서 주도권을 잡고 있던 남부의 대농장주들은 북부의 반대에도 자신들의 주장을 관철했다.

1854년, 북부에서 공화당이 창당되었다. 그 해, 남부 노예주들은 무력을 동원해서 캔자스Kansas 주로 노예제를 확대하려고 했다. 이에 캔자스의 농민들은 자유주에서 온 이민자들과 함께 힘을 합쳐서 반대 의사를 밝히고 1856년까지 무장투쟁을 계속했다. 그러나 남부 노예주들은 1857년에 노예제를 미국 전역으로 확대하려고 했다. 그들의 이러한 시도는 노예제도 폐지론자의 분노를 일으켰다. 그중 존 브라운John Brown 같은 강경론자들은 무장봉기를 일으켜 노예제도 옹호론자 다섯 명을 죽이고 연방군대에서 무기를 탈취하기까지 했다. 그의 이러한 행동을 본 남부 사람들은 극도의 불안감에 휩싸였다.

▌ 링컨 대통령

그 후 1860년 대통령 선거에서 에이브러햄 링컨Abraham Lincoln이 당선되면서 남부의 농장주들이 긴장하기 시작했다. 그들은 링컨이 노예제도 폐지론자라는 사실을 떠올리고 어떻게 해서든지 그의 대통령 취임을 막고자 했다. 결국 그들은 링컨이 정식으로 취임하기 전에 반란을 일으켰다. 12월, 남부의 사우스캐롤라이나가 가장 먼저 연방에서 독립하겠다고 선포했다. 이어서 미시시피Mississippi, 플로리다Florida 등 노예제를 지지하는 주들이 연이어 연방에서 탈퇴했다. 그들은 1861년 2월에 아메리카 남부맹방Confederate States of America(약칭 남부연합)을 건립하고 대농장주이자 미시시피 주의 상원의원인 제퍼슨 데이비스Jefferson Davis를 대통령으로 추대했다. 그들은 새로 만든 헌법에 "흑인은 백인과 평등할 수 없고, 흑인 노예노동은 매우 당연하며 정상적인 상황이다."라고 명시함으로써 남부연합의 기초가 바로 흑인 노예제임을 선포했다.

▌ 남군 지휘관 토머스 잭슨

1861년 4월, 남부연합은 선전포고도 하지 않고 연방정부군이 주둔하고 있는 섬터 요새Fort Sumter를 기습적으로 공격해서 점령했다. 이 일로 링컨은 더 이상 전쟁을 피할 수 없음을 깨닫고 남부에 선전포고하여 전쟁에 뛰어들었다.

제1차 불런 전투First Battle of Bull Run

첫 번째 불런 전투(남부에서는 "매너서스 전투"라고 부른다.)가 발발했을 때, 남북의 전력에는 상당한 차이가 있었다. 북부는 23개 주에 인구가 약 2,200만 명에 달했고 총생산량도 남부의 10배를 넘었다. 반면에 남부는 7개 주에 인구도 고작 900만 명뿐이었다. 그럼에도 남부가 과감하게 전쟁을 벌일 수 있었던 까닭은 그들이 오래전부터 전쟁 준비를 잘 해왔기 때문이었다. 우선 남부는 상대적으로 군수 산업이 발달했으며, 잘 훈련된 군대를 보유하고 있었다. 또 영국, 프랑스 등 외국 열강의 지지까지 얻었기에 먼저 전쟁을 벌여 빠른 속도로 북부를 제압하는 데 승산이 있다고 생각했다.

미국 남북 전쟁은 크게 두 단계로 나뉘었는데 첫 단계는 '미국 남북의 통일을 위한 전쟁'이었다. 전쟁 초반, 남군과 북군은 모두 동부전선에 주력해서 상대방의 수도를 빼앗는 것을 최우선 목표로 삼았다. 남군의 총사령관 로버트 리Robert E. Lee 장군은 남군의 전투력이 더 우수하다고 생각했기에 곧장 북군의 주력부대를 공격해서 항복을 받아내려고 했다.

　반면에 북군은 스스로 전쟁 준비가 부족하다는 것을 잘 알고 있었다. 그래서 그들은 병력을 분산시켜 거의 8,000마일 정도의 전선 전체에 길게 배치한 이른바 아나콘다 작전을 채택했다. 그리고 최대한 전투를 장기화해서 적의 힘을 빼놓는 계획을 세웠다. 이 계획을 실현하려면 선제공격을 하지는 않더라도 어느 정도 반격을 하면서 전투를 끌고나가야 했다. 그런데 북군의 지휘를 맡은 조지 매클렐런George McClellan은 줄곧 자신감 없이 적에게 끌려 다니며 제대로 반격조차 하지 않는 소극적인 자세를 취했다. 이 때문에 북군은 연이어 패배를 맛보았다.

　1861년, 동부전선에서 제1차 불런 전투가 벌어졌다. 7월 21일, 북군 3만 5,000명은 군악대가 연주하는 음악에 맞추어 남부의 수도 리치먼드Richmond로 진격했다. 이 날은 토요일이어서 멋진 옷을 차려입은 시민들이 마차를 타고 구경을 다니거나, 도시락 바구니를 든 가족들이 소풍을 떠나는 등 도시 전체가 북적댔다. 또 시내 중심에는 남군을 응원하는 행사가 펼쳐져서 마치 명절을 쇠는 것처럼 흥겨운 분위기였다. 얼마 후, 북군이 리치먼드로 진격 중이라는 소식이 들려오자 남부 사람들은 승리를 조금도 의심하지 않고 환호성을 지르며 남군을 응원했다. 한껏 고무된 남군 2만 2,000명은 매너서스에서 마침내 적과 마주했다.

　전투가 시작되자 북군이 어찌나 대포를 쏘아댔는지 남군 진영은 앞이 잘 보이지 않을 정도로 연기가 자욱했다. 북군은 계속 진격해서 매너서스 근방의 불런 강Bull Run River을 건너 남군의 왼쪽 날개를 공격했다. 남군의 지휘관 토머스 잭슨Thomas J. Jackson은 북부에까지 이름난 명장이었지만 그 역시 북군의 맹렬한 공격을 당해내지 못했다. 북군은 다섯 차례나 돌격을 시도했으며 양측은 치열하게 싸웠다. 게다가 남군과 북군은 군복이 비슷해서 서로 뒤엉켜 싸우면 적군과 아군을 구분하기가 어려워 상황은 더욱 혼란해졌다. 그러나 얼마 후, 남부 지원군 9,000명이 전투에 투입되면서 분위기가 반전되었다. 남군이 대규모 공격을 펼치자 평소 훈련이 부족했던 북군은 곧 전멸할 위기에 처했다. 하는 수 없이 북군은 엄청난 양의 총탄도 챙겨가지 못하고 서둘러 후퇴했다.

미국 남북 전쟁: 통일 전쟁

제1차 불런 전투가 끝나고 1862년에 접어들면서 상황은 더욱 복잡해졌다. 북부의 링컨 대통령이 총공격을 명령한 후, 북군은 서부전선에서 연이어 승리를 거두고 남북을 잇는 미국의 '대동맥' 미시시피 강의 대부분을 장악했다. 북부의 해군 역시 남부에서 가장 큰 항구인 뉴올리언스New Orleans를 공격해서 점령했다. 반면에 동부전선에서는 북군이 참패를 거듭했다. 북군 사령관 매클렐런은 10만 병력을 보유했으면서도 몇 개월 동안 공격 시도조차 하지 않았다. 당시 남군은 겨우 5만 명에 불과했지만, 매클렐런은 적을 과대평가해서 15만으로 착각하고 있었다. 링컨 대통령은 매클렐런의 불필요한 '신중함과 조심성'에 몹시 화를 냈고 몇 차례나 공격을 재촉했다. 매클렐런은 그제야 '반도 전역Peninsula Campaign'을 시작해 남부의 수도 리치먼드로 진격했다.

제2차 불런 전투

제1차 불런 전투로부터 약 1년 후인 1862년 8월 29일에 제2차 불런 전투가 벌어졌다. 남군의 총사령관 로버트 리 장군은 병사들을 이끌고 북군에 맞대응했다. 그는 기동전을 벌여 전쟁의 주도권을 차지할 생각으로 병력을 둘로 나누어서 양쪽 측면 날개의 후방에서부터 동시에 공격했다. 그는 이렇게 해서 적을 끌어낸 후 정면과 측면에서 협공하는 등 훌륭한 전술을 구사해 일거에 북군을 물리쳤다. 이 전투에서 남군은 병력 5만 4,000명으로 북군 8만 명과 싸워 승리했으며, 북군은 리치먼드 부근의 버지니아 반도Virginia Peninsula까지 퇴각했다. 북군의 사상자는 1만 4,000명, 포로로 끌려간 사람만 7,000명이었다. 남군의 손실도 2만 명에 달했으나 전략적으로 수도를 잘 지켜냈다.

▌ 최전선 시찰 중인 북군 총사령관 그랜트 장군

앤티텀 전투

리 장군은 기세를 늦추지 않고 곧장 북부의 수도인 워싱턴으로 진격했다. 그러나 9월에 벌어진 앤티텀 전투Battle of Antietam(남군은 샤프스버그 전투Battle of Sharpsburg라고 부른다.) 에서는 북군과 남군이 대등한 전투를 벌였다. 해상에서도 북군이 우세한 편이었지만 남군의 장갑함대도 만만치 않은 공격을 펼쳤다.

이렇듯 북군은 여러 방면에서 남군보다 우세한 조건을 많이 갖추었음에도 좀처럼 승리를 거두지 못했다. 이는 리 장군의 지휘 능력과 남군의 전투력이 뛰어났던 것도 있지만, 무엇보다 자유를 주장하는 북부 자산계급이 정작 반란이 일어날 것을 두려워해서 '노예제 폐지', '흑인 노예 해방' 등을 선포하지 않았기 때문이었다. 그들은 순진하게도 그저 전쟁이 좋게 해결되기를 간절히 바랐다.

전환점

1861년부터 1년 반 동안 벌어진 전투에서 북군은 계속 패했으며 심지어 수도인 워싱턴도 여러 차례 위기에 봉착했다. 상황이 이렇게 되자 매우 초조해진 링컨은 문제의 근본 원인을 찾으려고 고심했다. 그는 금세 그 답을 찾았는데 바로 남군과 달리 북군에는 뛰어난 지휘관이 부족했다는 것이었다. 하지만 이것은 이제 와서 해결할 수 있는 일이 아니었다. 결국 링컨은 전쟁에 승리할 수 있는 유일한 방법은 수많은 민중과 흑인을 노예 해방 전쟁에 투입하는 것뿐이라는 결론을 내렸다.

그는 곧 스물한 살이 넘은 시민 혹은 시민이 되고자 하는 사람에게 160에이커(2만 평)의 국유지를 공짜로 나누어 주는 '택지법The Homestead Act'을 반포했다. 그는 동시에 '노예 해방 선언Emancipation Proclamation'을 발표했는데 이 선언은 1863년 1월 1일부터 정식으로 효력을 발생했다. 이에 따라 남부 각주의 흑인 노예가 신체적 자유와 권리를 얻고 이에 대해 정부 및 군대의 보호를 받게 되었다. 또 조건에 부합하는 흑인은 자유를 얻은 후 북군에 들어가서 남군과 싸울 수 있었다. 노예 해방 선언이 발표되자 전국의 18만 흑인 노예가 무기를 집어 들고 노예 해방 전쟁에 뛰어들었다.

링컨은 율리시스 그랜트Ulysses S. Grant 장군을 북군 총사령관으로 지명했으며 징병법을 시행해서 병력을 확충하고자 했다. 이렇듯 전쟁 도중에도 개선과 개조를 멈추지 않은 덕분에 북군은 드디어 상승세를 타기 시작했다. 바로 이때부터 미국 남북 전쟁은 미국의 통일뿐 아니라 흑인 노예를 보호하고 그들의 인권을 지키기 위한 전쟁이 되었다. 이제 전쟁은 제2단계에 접어들었다.

미국 남북 전쟁: 노예 해방

미국은 1861년 4월부터 1865년 4월까지 남부와 북부로 나뉘어 전쟁을 벌였다. 북부 자산계급의 목표는 남부를 제압하고 전국을 하나로 통일하는 것이었다. 반면에 남부에서 전쟁을 주도한 노예 농장주들은 노예제를 전국으로 확대하고자 했다.
전쟁 초반에 양측은 분열된 남과 북을 통일하는 데 주력했으나, 링컨 대통령이 노예 해방 선언을 발표하면서 이 전쟁은 노예 해방 전쟁으로 변모했다.

세 번의 결전

새로운 북군 총사령관으로 임명된 그랜트 장군은 또 다른 명장 윌리엄 셔먼William T. Sherman과 함께 전체적인 전략을 수정하거나 보완했다. 그들은 북군의 목표를 남군의 무력화뿐 아니라 '남부의 경제적 기반 파괴', '남부 주민들의 전투 의지 소멸'로 재설정했다. 셔먼 장군은 이에 대해 "앞으로 몇 세대에 걸쳐서 감히 전쟁을 벌일 생각도 못하게 만드는 것"이라고 말했다. 또한 그는 "우리 앞에 놓인 모든 장애물을 없애야 한다. 필요하다면 모든 남부인을 죽이고, 모든 토지를 빼앗을 것이며, 모든 재물을 몰수하겠다. 또 파괴할 필요가 있는 모든 것을 파괴하겠다."라고 덧붙였다. 이렇게 목표를 새롭게 다진 북군은 1863년부터 이전의 소극적인 태도를 버리고 과감하게 적과 결전을 벌였다. 이 세 번의 결전은 남군이 마지막 승리를 거둔 챈슬러즈빌 전투Battle of Chancellorsville, 북군이 승리한 빅스버그 전투Battle of Vicksburg, 그리고 유명한 게티즈버그 전투Battle of Gettysburg를 가리킨다.

남군은 세 번의 결전을 치르면서 모든 에너지를 소진했지만, 북군의 사기는 이전보다 더욱 높아졌다. 그들은 기세를 늦추지 않고 거침없이 맹렬한 공격을 퍼부었고 그 결과 1863년 11월에 채터누가 전투Battle of Chattanooga에서 북군이 남군의 후방을 뚫어서 4만 6,000명을 물리치고 다시 한 번 대승을 거두었다.

▌ 남군의 대포 공격을 맞으며 강을 건너는 북군

게티즈버그 전투

1863년 6월, 남군 8만

명이 펜실베이니아 Pennsylvania를 공격하자 북군은 다시 한 번 위급한 상황에 직면했다. 링컨 대통령은 황급히 11만 병력을 보유한 포토맥Potomac 군단에 공격 명령을 내렸다.

1864년 8월 31일. 북군과 남군의 전투

이때 남군의 리 장군은 상대를 과소평가하는 치명적인 실수를 저지른다. 그는 충분히 이길 수 있다고 생각하고 별다른 전략을 세우지 않았을 뿐 아니라 방어조차 제대로 하지 않았다. 그러나 북군 포토맥 군단의 새로운 지휘관 조지 미드George G. Meade는 치밀하게 전략을 세웠다. 북군이 남군을 교통의 중추인 게티즈버그에 몰아넣고 공격하자 남군 역시 7월 1일부터 맹공을 퍼부었다. 남군은 전투 첫날에 이미 북군의 방어선으로 돌격해서 수많은 사상자를 발생시키고 5,000명의 포로를 끌고 간 터였다. 이 전투에서 자신이 거둔 성과에 대단히 만족한 리 장군은 병사들을 잠시 쉬게 하는 등의 여유를 부려서 북군에게 숨 돌릴 틈을 주는 치명적인 실수를 했다. 이후 북군의 지원군까지 도착하면서 전투가 다시 시작되었다.

7월 2일 오후, 남군은 대포 300개를 전방에 배치하고 먼저 쉴 새 없이 포탄을 발사했다. 남군은 이 전쟁에 모든 것을 걸겠다는 각오로 여단장, 사단장 할 것 없이 모두 직접 최전선으로 나아가 적과 싸웠지만, 북군의 대포 공격을 당하지 못했다. 북군은 온 힘을 다해 끝까지 공격해서 마침내 남군을 전멸시켰다. 전장에는 남과 북 병사들의 시체가 수북이 쌓였으며 그중에는 남군 여단장 두 명과 사단장 열다섯 명 전원도 포함되었다. 이 전투에서 남군의 총 사상자 수는 2만 8,000명이며, 북군도 2만 3,000명이나 되었다. 그야말로 엄청난 사상자가 발생했지만 얻은 것은 없었다. 이후 리 장군은 남은 병사들을 이끌고 철수했다. 전투가 어찌나 격렬했는지 나중에 보니 전장에 심어져 있던 나무 한 그루에 박힌 총탄이 무려 250개였다고 한다. 북군은 이 전투를 통해 전쟁의 주도권을 완전히 장악하게 되었다.

북군의 승리

1864년, 북군은 세 방향으로 남군을 공격하기 시작했다. 동부전선에서는 그랜트 장군이 리 장군의 남부 정예군을 거의 전멸시켜서 다시 공격할 여지 자체를 없애버렸다. 서부전선의 셔먼 장군은 적의 후방으로 우회해서 습격하여 큰 승리를 거두었다. 그는 가는 곳마다 대농장을 불태우고, 남부 도시와 마을을 없앴으며, 공장을 파괴했다. 심지어 철도까지 모두 뜯어서 구부러뜨렸다고 한다. 그 결과, 남부 곳곳에서 불길이 일고, 하늘에는 검은 연기가 가득했으며, 도시는 곧 폐허가 되었다. 이렇게 남군의 후방을 제압한 북군은 해군을 동원해서 바다 위에서도 남군을 봉쇄했다. 남부는 이제 외부로의 연락이 완전히 끊긴 고립된 지역이 되었다.

1865년, 남부 사람들은 상황이 이미 북부 쪽으로 기울었으며 남부의 정치, 경제, 사회가 전부 붕괴 직전에 처했음을 깨달았다. 북군은 이제 마지막 공격, 즉 피터즈버그 Petersburg와 남부의 수도인 리치먼드를 공격 목표로 삼고 진격하고 있었다. 4월 9일, 남군이 모두 무기를 버리고 그랜트 장군에 투항하면서 전쟁은 북군의 승리로 끝났다. 북군이 승전보를 전하고 며칠 후, 링컨 대통령이 암살당했다.

▍ 1865년 4월 2일, 수도 리치먼드를 버리고 도망치는 남군 병사

독일 통일의 길

1866년의 프로이센 오스트리아 전쟁Austro-Prussian War은 두 나라가 프로이센과 독일 통일의 주도권을 놓고 충돌한 것이다. 이 전쟁에서 승리를 거둔 프로이센은 이후 독일 전역을 장악했으며 통일이라는 대업을 달성했다. 이 전쟁은 '독일 전쟁', '형제 전쟁', '7주 전쟁' 등 다양한 이름으로 불린다.

대독일파 vs. 소독일파

독일 지역의 신성로마제국은 수 세기에 걸쳐 합스부르크 왕가가 통치했다. 신성로마제국의 황제는 독립적으로 통치했지만, 유럽의 다른 나라, 특히 프랑스의 영향을 많이 받았다. 1815년에 나폴레옹 전쟁이 끝나자 독일의 여러 왕국 및 공국은 독일 연방을 구성했는데 그중 오스트리아가 이 연방을 주도하게 되었다. 한편 19세기에는 한때 신성로마제국의 영향을 받던 프로이센이 점차 부상해서 유럽의 강국 중 하나가 된 반면 외세, 특히 프랑스의 영향력이 크게 줄어들었다. 그러자 독일 민족은 통일하기 위해 구체적인 행동에 들어가기 시작했다. 통일을 지지하는 사람들은 두 가지 통일 방식을 제안했다. 하나는 독일 전 지역을 통일해서 대大독일을 건립하고 오스트리아를 포함해 다민족 제국을 만드는 것이었다. 또 다른 하나는 프로이센의 주도 아래 오스트리아를 배제하고 프로이센이 통치하는 소小독일을 만드는 것이다.

▎프로이센 정부 수뇌부. 국왕(가운데)의 왼쪽이 비스마르크 총리와 몰트케 장군이다.

비스마르크와 철혈정책

1862년, 프로이센의 새로운 총리로 오토 폰 비스마르크Otto von Bismarck가 임명되었다. 그 역시 독일 통일을 지지했으며 그중에서도 당연히 프로이센이 주도하는 소독일 통일을 주장했다. 그는 "이 시대의 중대한 문제들은 연설이나 다수결로 결정할 수 없다. 이런 문제들은 반드시 '철과 피'로 해결해야 한다."라고 주장했다. 다시 말해 독일 통일을 둘러싼 갈등을 해결할 수 있는 유일한 방법은 철鐵과 혈血, 즉 무기와 병력이라는 주장이었다. 그는 이를 실현하기 위해서 국가의 역량 대부분을 쏟아 부었다. 우선 적극적으로 외교 활동을 전개해서 동맹국과 중립국들의 지지를 얻어냈으며 전쟁을 대비해서 재정을 확충하고 군비를 비축했다. 또한 각종 무기 등 전쟁 장비 등을 선진화했으며 군대의 조직 체계를 정비하고 훈련을 강화하는 등 철저하게 전쟁을 준비했다.

1866년 전반까지 거의 완벽에 가깝게 전쟁 준비를 마친 프로이센은 이제 전쟁의 구실을 찾기 시작했다. 6월 14일, 독일 연방 의회는 프로이센에 반대하는 정책을 표결에 부쳐 9:6으로 통과시켰는데 비스마르크는 이에 대한 성명을 발표하고 독일 연방 의회가 가입국을 이런 식으로 대할 권리가 없다고 비난하며 반드시 표결을 무효화하라고 요구했다. 이와 동시에 작센과 하노버의 국왕에게 최후통첩을 보내 프로이센이 제안한 연방 개혁 요강에 가입하고 프로이센 군대가 영토를 통과하는 것을 허가해달라고 요구했다. 하지만 프로이센이 온갖 외교적 수단을 동원했음에도 작센과 하노버는 이를 거절했다. 이제 전쟁을 피할 수 없는 상황이 되었다. 6월 17일, 오스트리아가 프로이센에 선전포고하자, 다음 날인 18일 프로이센 역시 오스트리아에 선전포고했다.

전쟁 발발

선전포고 당시 독일 연방의 대부분 국가는 오스트리아를 지지하며 프로이센을 침략자로 간주했다. 반면에 프로이센은 북부의 연방 국가 몇 곳의 지지를 받았을 뿐이다. 이탈리아가 프로이센을 지지하고 나서긴 했지만, 이는 오스트리아가 무너지면 빼앗겼던 빈을 되찾겠다는 속셈 때문이었다. 이 전쟁에서 주목할 만한 것은 그동안 유럽 대륙에서 일어나는 일이라면 아무리 작은 일이라도 발 벗고 나서서 간섭하던 다른 유럽 국가들이 아무런 입장도 취하지 않았다는 점이다. 이는 크림 전쟁 이후 러시아와 오스만 제국의 관계가 좋지 않아서 유럽의 강국들이 함부로 움직일 수 없었기 때문이다. 프랑스의 나폴레옹 3세 또한 오스트리아가 이 전쟁에서 승리할 테니 나중에 개입해서 라인 강 근방의 영토를 찾으면 될 거라 생각하고 마음을 놓고 있었다.

그러나 이러한 예상은 철저하게 빗나갔다. 나폴레옹 3세를 비롯한 다른 유럽 국가들이 간과한 점이 있었는데 프로이센과 오스트리아의 전쟁이 발발하기 전, 유럽 대륙에서는 한동안 어떤 전쟁도 없었다는 사실이다. 그동안 프로이센은 각종 과학 기술을 개발하여 이를 전쟁에 활용했으며, 철로로 병력을 수송하거나 전보를 이용해서 장거리 통신을 가능하게 했다. 또 프로이센은 후장총포를 도입해서 병사들이 더욱 안전하게 탄약이나 포탄을 장착할 수 있도록 했으며 발사 속도 역시 빨라졌다. 이것은 여전히 전장총포를 사용하는 오스트리아에 비해 몇 걸음 앞서나간 것이었다.

오토 폰 비스마르크

비스마르크는 1815년 4월 1일, 프로이센 쇤하우젠Schonhausen의 토지 귀족junker 가문에서 태어났다. 그는 어린 시절 내내 아버지의 영지 안에서 살다가 괴팅겐 대학과 베를린 대학에 들어가서 법학을 공부했다. 그는 대학에 다니는 동안 친구들과 스물일곱 차례나 결투를 벌일 정도로 호전적인 성격이었다고 전해진다. 비스마르크는 1835년에 베를린 대학을 졸업한 후 고향으로 돌아가 물려받은 영지를 관리했다. 건장한 체격, 거친 말투, 수단을 가리지 않고 목표를 추구하려는 정신 등 현실주의적인 태도는 모두 비스마르크를 대표하는 이미지가 되었다. 프로이센의 총리가 된 그는 독일 연방 의회에서 한 첫 연설에서 "이 시대의 중대한 문제들은 연설이나 다수결로 결정할 수 없다. 이런 문제들은 반드시 '철과 피'로 해결해야 한다."라고 말해서 사람들을 깜짝 놀라게 했다. 사람들은 이때부터 그를 '철혈재상'이라고 불렀다.

프로이센 오스트리아 전쟁

전쟁은 남부, 서부, 북부의 세 개 전선에서 동시에 벌어졌다.

남부 전선과 서부 전선

남부 전선인 이탈리아 전장에서는 오스트리아와 이탈리아가 충돌했다. 전쟁 초반, 이탈리아는 많은 병력과 우수한 장비를 전쟁에 투입했다. 이탈리아 국왕 이매뉴얼 2세 Emmanuel II는 직접 전장에 나가 군대를 지휘했으나 6월 24일, 쿠스토차Custoza에서 벌어진 전투에서 테셴Teschen 공작 알브레히트Albrecht가 이끄는 오스트리아와 맞붙어 뜻밖의 참패를 당했다. 이때 이탈리아군은 거의 전멸하다시피 해서 다시 전투에 나설 수 없게 되었다. 도와주겠다고 온 동맹군이 이렇게 힘없이 무너지자 비스마르크는 화가 치밀어 올랐지만, 어쩔 수 없는 일이었다. 이탈리아가 전투에서 지는 바람에 미리 계획한 전략이 아무 소용없어져서 프로이센은 완전히 새로운 전략을 짜야 하는 상황에 처했다. 한편 이탈리아에 승리를 거둔 오스트리아군은 끝까지 추격해서 베니스까지 쫓아가려 하다가 이내 포기하고 도나우 강 연안으로 돌아와 북부 전선을 지원하기로 했다.

당시 서쪽 전선에서는 프로이센이 오스트리아 진영의 작은 나라들과 전투를 벌이고 있었다. 프로이센은 선전포고하자마자 오스트리아의 동맹국인 하노버, 작센 등을 공격해서 줄줄이 무너뜨렸다. 특히 작센군은 모라바 강Morava River까지 후퇴했다가 오스트리아의 루트비히 폰 베네데크 장군Ludwig von Benedek이 지휘하는 북방군단과 만나서 구사일생으로 살아났다. 6월 27일, 프로이센의 폰 팔켄스타인von Falkenstein 장군은 병력 5만을 이끌고 랑엔잘차Langensalza 근처까지 진격해서 하노버를 장악했다. 6월 29일, 하노버 왕 조지 5세

1866년 7월 20일, 오스트리아 함대가 독일 해군을 격퇴했다.

George Ⅴ가 더 이상 버티지 못하고 투항했다. 7월 초, 폰 팔켄스타인이 이끄는 병력은 프랑크푸르트Frankfurt와 바덴 뷔르템베르크Baden Württemberg를 차례로 점령하기 위해 계속 남하했다.

보헤미아 전장

여러 전선 중, 전쟁의 향방을 결정한 것은 북부의 보헤미아 전장이었다. 오스트리아는 양측 날개와 후방 안전을 확보한 상황에서 병력을 셋으로 나누어 공격하기로 했다. 이 계획에 따라 황태자 프리드리히 빌헬름Friedrich Wilhelm이 지휘하는 오스트리아 제2군단(12만 7,000명)은 동북쪽의 뮌헨그라츠Münchengrätz에서 출발해서 보헤미아를 향해서 전진했고, 프리드리히 카를Friedrich Carl 왕자가 이끄는 제1군단(9만 7,000명)은 북쪽에서부터 라이헨베르크Reichenberger 방향으로 진격했다. 마지막으로 카를 폰 비텐펠트Karl von Bittenfeld 장군이 이끄는 제3군단, 즉 엘베 강 군단(5만 명)은 서북쪽에서 뮌헨그라츠 방향으로 공격했다. 6월 22일, 드레스덴을 점령한 후부터는 엘베 강 군단과 제1군단이 함께 움직였다.

한편 보헤미아 전장의 프로이센 지휘관인 헬무트 폰 몰트케Helmuth von Moltke는 화력을 집중해서 오스트리아를 총공격하기로 결정했다. 그는 우선 병력을 둘로 나눠 각각 진격하다가 나중에 다시 합쳐서 결전을 벌여 오스트리아를 제압하고 빈을 차지하는 계획을 세웠다. 하지만 미리 프로이센군의 동선을 파악하고 있던 오스트리아 북방군단은 베네데크 장군의 지휘 아래, 올뮈츠Olmütz 부근에 집결한 뒤 전진해서 프로이센군에 반격했다. 당시 프로이센군은 적에 대해 정확히 알지 못했고 지휘마저 통일되지 않은 탓에 산을 통과하는 데 긴 시간이 걸렸다. 그런데 어떻게 된 일인지 적에 대해 잘 파악하고 있던 베네데크의 병사들의 행동은 더욱 느렸다. 그 덕분에 프로이센군은 별 탈 없이 산을 넘었으며 6월 27일부터 30일까지 나호트Nachod와 뮌헨그라츠 부근에서 오스트리아와 전투를 벌여 승리를 거두었다.

7월 3일, 자도바Sadowa와 쾨니히그레츠Königgrätz에서 프로이센 오스트리아 전쟁 중 가장 큰 전투가 벌어졌다. 이때 베네데크는 프로이센군을 전멸시킬 기회를 몇 차례나 잡았지만 모두 놓치고 만다. 그 결과 오스트리아는

▌ 총알이 비처럼 쏟아지는 전장에서 싸우는 프로이센 병사들

사상자만 1만 8,000명이 발생하고 2만 4,000명이 포로로 끌려가는 참패를 당했다. 그래도 지휘부의 손발이 맞지 않았던 프로이센이 추격을

늦게 시작하는 바람에 전군이 몰살당하는 것만큼은 피할 수 있었다. 오스트리아는 이렇게 해서 불행 중 다행으로 수도 빈을 지킬 수 있었다. 그들은 북방군단의 잔여 병력과 이탈리아에 있던 병력까지 합해 도나우 군단으로 재편성했다. 베네데크는 파면당했으며 대신 이탈리아 전장에서 여러 번 큰 공을 세운 알브레히트 대공이 지휘를 맡았다.

얼마 후 프로이센의 참모총장 몰트케와 비스마르크 사이에 의견 충돌이 생겼다. 몰트케는 오스트리아의 빈을 직접 공격해서 완벽한 승리를 거두어야 한다고 강력하게 주장했다. 반면 비스마르크는 자칫 이 전쟁이 유럽 전체로 확대될 수도 있다는 이유를 들어 차라리 오스트리아의 지배를 받는 헝가리를 치자고 주장했다. 프로이센은 결국 비스마르크의 의견대로 헝가리를 공격했고 이곳을 잃을 수 없었던 오스트리아는 즉각 반격을 멈추고, 7월 22일에 정전협정에 서명했다. 8월 23일, 프로이센과 오스트리아가 다시 만나 프라그 조약Peace of Prague에 서명하면서 전쟁이 완전히 끝났다. 비스마르크의 전략으로 승리를 거둠으로써 몰트케가 주장한 결전 전략은 빛이 바랬다. 이후 전쟁 기간, 적국의 정치 경제 상황, 군사 수준 등이 전쟁의 승패를 결정한다는 이론이 더욱 설득력을 얻었다.

프로이센은 이 전쟁에서 탄약 장전과 발사 속도가 모두 빠른 후장총포를 사용했는데 그 편리함을 실감하면서도 그에 걸맞은 전술과 전투 대형을 개발하지 않았다. 그래서 전쟁 내내 포병을 종대로 세운 후 전투를 벌이는 낡은 방식을 고수했으며, 포병과 보병 사이의 상호 지원이 전혀 이루어지지 않았다. 이때의 경험은 이후 19세기 후반에 벌어진 전쟁에 큰 영향을 주었다.

엠스 전보 사건

1866년에 프로이센이 오스트리아와의 전쟁에서 승리하고 북부 독일 연방의 주도국이 되었다. 본래 프로이센을 유럽 대륙 한쪽의 약소국 정도로 생각했던 프랑스는 최근 몇 년 사이 크게 부상한 프로이센을 더 이상 두고 볼 수 없다고 생각했다. 만약 프로이센이 정말 독일 연방에 속한 작은 나라들을 통일해서 대제국을 건립한다면 유럽 대륙에서 프랑스의 패권을 위협할 수도 있다. 또 독일이 통일되면 그동안 간절히 바랐던 라인 강 지역을 영원히 차지할 수 없을 것이다. 이상의 상황은 프랑스가 전쟁을 결심하는 데 충분한 이유를 제공했다. 또한 프랑스의 나폴레옹 3세 개인으로서도 외세와 전쟁을 벌여 국민들의 시선을 국내의 어지러운 상황으로부터 돌려놓을 필요가 있었다.

엠스 전보 사건

오스트리아와 벌인 전쟁에서 승리한 프로이센은 독일 연방의 주도국이 되었지만, 여전히 독일 남부 지역에는 영향력을 발휘하지 못했다. 이는 반쪽의 통일이었을 뿐이므로 프로이센은 남부까지 장악하기를 바랐다. 이와 같은 이유로 독일 남부와 가깝고 이 지역에 영향력을 미치는 프랑스와의 전쟁이 불가피해졌다.

비스마르크는 항상 전쟁을 벌이기 전에 상대방을 국제 사회에서 고립시키는 전략을 고수했다. 마침 프로이센 오스트리아 전쟁이 끝난 후 프라그 조약을 체결할 때 프로이센이 패전국인 오스트리아에 관용을 베푼 덕분에 양국은 얼마 전 전쟁을 치렀음에도 우호적인 관계를 유지하고 있었다. 영국은 오랫동안 '영광의 고립splendid isolation' 정책을 고수하고 있었기에 큰 문제가 되지 않았다. 또 러시아와는 흑해에서 중립에 관한 문제를 해결해주면서 관계를 개선했다. 이렇게 비스마르크는 다양한 외교 수단을 이용해서 주변국이 적국인 프랑스를 지원할 수 없는 분위기를 조성했다.

프랑스와 프로이센의 기병

1868년, 에스파냐에서 혁명이 발생해 여왕 이사벨 2세Isabel Ⅱ가 왕위에서 내려왔다. 에스파냐 의회는 왕위의 계승자로 호엔촐레른 왕가House of Hohenzollern의 왕자 레오폴드Leopold를 지명했다. 비스마르크는 이 결정을 환영한다며 지지의 뜻을 밝혔으며 당시 프로이센 국왕인 빌헬름 1세Wilhelm Ⅰ 역시 크게 기뻐하며 반겼다. 비스마르크와 빌헬름 1세가 에스파냐 국왕 후보로 추천했던 프로이센의 왕자와 귀족들 역시 에스파냐 왕가의 결정을 지지하며 왕위 경쟁에서 물러났다. 그러나 이것은 프랑스의 입장에서 매우 불편한 상황이었다. 만약 레오폴드 왕자가 에스파냐의 국왕으로 즉위하면 프랑스는 사방이 호엔촐레른 왕가에 포위되는 꼴이 되기 때문이다. 그래서 적극적으로 에스파냐를 지지한 프로이센과 달리 프랑스는 자꾸만 미적거리며 왕위 계승에 대해 동의하지 않았다.

1870년 7월 13일에 엠스 온천장에 머무르고 있던 빌헬름 1세는 프랑스 대사의 방문을 받았다. 대사는 빌헬름 1세에게 호엔촐레른 왕가의 구성원이 에스파냐 왕위에 오르지 않을 것을 서면으로 약속해 달라고 요청했다. 이에 기분이 나빠진 빌헬름 1세는 베를린에 있는 비스마르크에게 프랑스 대사와 나눈 대화 내용을 전보로 보냈다. 타고난 정치가인 비스마르크는 이 일을 프랑스와 전쟁을 벌이는 데 이용하기로 하고 프랑스 대사가 국왕을 모욕했다는 인상을 주도록 교묘하게 내용을 바꾸었다. 다음 날 신문에 실린 기사를 읽은 프로이센 사람들은 프랑스에 강경한 정책을 취해야 한다고 소리 높였고 국민의 지지를 받은 비스마르크는 프랑스와의 전쟁 준비에 더욱 박차를 가했다. 프랑스도 화가 나기는 마찬가지였다. 그들은 비스마르크의 영악함에 깜짝 놀랐고 역시 독일인을 믿을 수 없다고 생각했다. 마침내 7월 14일 저녁, 프랑스가 프로이센에 선전포고 했다. 그리고 같은 날, 프로이센 정부 역시 전쟁 동원령을 발표했다.

프랑스 프로이센 전쟁

1870년에 발발한 프랑스 프로이센 전쟁Franco-Prussian War에서 프랑스는 유럽 대륙의 패권을 위해, 프로이센은 독일 통일을 위해 싸웠다. 전쟁은 프랑스가 시작했지만, 프로이센이 큰 승리를 거두고 독일 통일을 완성했기 때문에 '독일 프랑스 전쟁'으로 불리기도 한다.

프랑스의 연패

프랑스가 프로이센에 선전포고한 후, 두 나라는 곧바로 동원령을 내리고 군대를 재편하는 등 전쟁 준비에 착수했다. 프랑스는 7월 말까지 라인 강 군단을 편성하고, 독일 접경 알자스 로렌 지역에 총 8개 군, 약 22만 명을 집결시켰다. 프랑스군의 총사령관은 황제 나폴레옹 3세가 직접 맡았다. 그는 프로이센이 완벽하게 준비하기 전에 선제공격해서 기선을 잡아 국경을 넘어 곧장 프랑크푸르트로 진격한다는 계획을 세웠다. 그래서 우선 독일의 북부와 남부를 차단하고 남부 독일의 작은 국가들을 위협해서 프로이센을 지지하지 못하게 만들었다.

한편, 프로이센도 라인 강 중류의 메스Metz와 스트라스부르Strasbourg 사이에 3개 군단 약 47만 명을 집결했다. 총사령관은 황제 빌헬름 1세가 맡았고, 몰트케 장군이 총참모장으로 임명되었다. 그들의 계획은 많은 병력으로 알자스 로렌을 공격하고, 프랑스 주력군을 포위해서 국경 지역에서 전멸시키거나 북부로 퇴각시키는 것이었다. 그런 다음 파리를 포위해서 적의 투항을 받아낼 생각이었다.

8월 2일, 자르브뤼켄Saarbrücken에서 프랑스가 먼저 프로이센을 공격하면서 프랑스 프로이센 전쟁이 시작되었다. 프로이센은 빌헬름 1세와 몰트케가 준비한 계획을 정확하게 수행하면서 적을 국경까지 몰고 갔다. 8월 상순, 양측

▌ 1870년 8월 18일, 그라벨로트 생 프리바 전투

은 뵈르트Wörth, 스피체렌Spicheren, 마르 라 투르Mars-La-Tour, 그라벨로트 생 프리바Gravelotte-St. Privat 등지에서 몇 차례 전투를 벌였는데 모두 프랑스의 패배로 끝났다.

8월 중순이 되자 프랑스의 주력군은 프로이센의 공격을 받아 방어선 곳곳에 틈이 생기는 등 이미 무력한 상태였다. 설상가상으로 프랑스의 바쟁Bazaine 원수가 지휘하는 왼쪽 날개와 가운데의 라인 군단 일부, 총 17만 병력마저 전략적 요지인 메스 요새에 포위되어 발이 묶이고 말았다. 이제 남은 것은 나폴레옹 3세와 마크마옹MacMahon 원수가 지휘하는 3개 군단 총 12만 명뿐이었다. 마크마옹은 병력을 재편성해서 샬롱Châlons 군단을 편성하고, 8월 30일에 보콩Beaumont 지역에서 결전을 벌였으나 역시 성공하지 못했다. 프로이센의 몰트케는 전투가 끝난 후에도 프랑스 양쪽 날개를 끝까지 공격하라고 명령했다. 그 결과 프로이센의 제4군단이 메스 강 우측 해안부터 프랑스, 벨기에 전체를 모두 점령했다.

스당 전투

9월 1일부터 2일까지 프랑스 프로이센 전쟁의 가장 중요한 전투, 바로 스당 전투Battle of Sedan가 벌어졌다. 9월 1일 오전, 프로이센 제3군단은 단셰리Donchery 등지를 점령해서 프랑스군의 퇴로를 미리 막았다. 또 프랑스 진영 측면 후방으로 돌아가서 벨기에로 퇴각하는 길까지 막았다. 점심때가 되었을 때, 포위를 완벽하게 마무리한 프로이센군은 맹렬한 포격을 계속했으며 프랑스군은 오후부터 여러 차례 포위를 뚫으려고 했으나 실패했다. 이미 전세가 기운 것을 깨달은 나폴레옹 3세는 더 이상의 반격을 포기하고 퇴각하라고 명령했다. 9월 2일, 프랑스 황제 나폴레옹 3세는 8만 3,000명의 장교와 병사를 이끌고 프로이센에 투항했다.

스당 전투에서 참패하면서 프랑스 제국도 함께 붕괴되었다. 9월 4일, 프랑스는 공화국 성립을 선포했으며 트로쉬Trochu 장군이 지휘하는 자산계급 공화파 정부, 즉, '국방정부Government of National Defence'가 정권을 잡고 집정했다.

전쟁의 끝

프랑스 프로이센 전쟁에서 승리한 프로이센은 독일 지역에 대한 패권을 더욱 공고히 할 수 있었다. 이제 프로이센이 독일 통일을 주도하는데 걸림돌이 될 것은 아무것도 없었다. 북부는 전쟁 전부터 장악하고 있었으며 남부의 작은 나라들까지 순조롭게 북부 독일 연방에 편입되었다.

그럼에도 프로이센은 프랑스에 대한 군사 행동을 완전히 멈추지는 않았다. 9월 중순, 프로이센군은 파리로 진격해서 포위했다. 그들은 전쟁 내내 보여준 방어적인 태도를 버리고 적극적으로 작전을 수행했으며 프랑스 민족을 위협하고 무자비하게 약탈을 일삼았다. 이것은 프랑스인의 반감을 불러 일으켜서 전쟁은 프랑스 민족 해방 전쟁으로 변모했다.

프랑스 민족 해방 전쟁

프랑스 정부는 남아 있는 병력으로 새로 조직한 북방군단과 루아르Loire 군단으로 다시 프로이센과 전쟁을 벌였다. 하지만 당시 프로이센을 더 골치 아프게 만든 것은 프랑스 국민 저항세력이 벌이는 소규모 게릴라전이었다. 당시 프랑스에는 거의 100만 명에 달하는 국민 저항세력이 죽음을 각오하고 프로이센에 저항했다. 반면에 새로 들어선 국방정부는 타협적인 태도를 보이며 나폴레옹 3세를 프로이센에 넘겨주려고 하는 등 오히려 국민의 저항 운동을 방해했다. 9월 23일, 프로이센이 프랑스 국방정부의 대표부가 있는 투르Tours를 점령하자 27일, 스트라스부르의 방어군은 제대로 싸워보지도 않고 무력하게 투항했다.

10월 27일, 바쟁 원수가 프랑스군 17만 명을 이끌고 메스에서 투항하면서 이제 프랑스

프로이센 프랑스 전쟁

에 남은 병력은 북방군단과 루아르 군단뿐이었다. 프로이센은 모든 병력을 집중해서 이마저도 완벽하게 무찔렀다. 이후 프랑스 정부는 평화협상을 제안했으나 프랑스 국민들은 정부의 투

항에 반대하며 여러 차례 반란을 일으켰다.

정전

1871년 1월 22일, 프랑스 국방정부가 파리 시민의 반란을 진압한 후, 프랑스와 프로이센의 평화회담이 정식으로 시작되었다. 1월 26일, 프랑스는 항복 각서에 서명했으며, 28일에 다시 프로이센의 사령부가 있는 베르사유에서 협상하고, 2월 26일에 '베르사유 평화조약'에 서명했다.

프랑스 국방정부는 평화조약을 체결하자마자 프로이센과 손을 잡고 파리 시내 노동자 저항세력을 탄압하기 시작했다. 평화회담이 진행되는 중에도 계속 반란을 일으키며 프로이센과 국방정부에 저항하고 곳곳에서 프로이센군을 공격해온 이들은 정부가 도리어 자신들을 탄압하자 분노해서 파리코뮌의 반란을 일으켰다. 3월 18일, 파리 시민들은 반란이 성공했으며 파리코뮌이 성립되었다고 선포했다. 그러나 파리코뮌은 얼마 못 가서 1871년 5월 10일에 실패로 끝났다.

파리코뮌이 무너지기 얼마 전 프랑스 국방정부의 외교장관 쥘 파브르Jules Favre와 프로이센의 총리 비스마르크가 독일 마인 강Main River 강변의 프랑크푸르트 강화조약Treaty of Frankfurt에 서명했

▌ 전쟁에 참여한 프랑스 기병

다. 프랑스는 평화조약에 따라 알자스로렌 지역을 독일에 할양하고, 30억 프랑을 배상하기로 했다. 이로써 프랑스 프로이센 전쟁이 드디어 막을 내렸다.

1817년 1월 18일, 프로이센의 황제 빌헬름 1세는 프랑스 베르사유에서 독일의 통일과 독일 제국의 건립을 공식적으로 선포했다. 프로이센이 전쟁을 마무리하고 평화협정을 맺기는 했지만, 그동안 치열하게 싸웠던 앙금이 남아 있는 탓에 양국 관계, 나아가 유럽

대륙 전체까지 여전히 불안한 상태였다. 이때의 감정의 골은 제1차 세계대전이 발생하는 데 주요한 원인 중 하나가 되었다.

프로이센군은 전쟁을 치르는 내내 후장총포와 대포를, 프랑스는 금속 탄피와 기계식 기관총을 주로 사용했다. 프로이센군은 기술적인 발전을 잘 활용해서 그에 맞는 전략 전술을 계획했고, 성공적으로 수행했다. 반면에 준비가 부족하고 전체적으로 지휘가 통일되지 않은 프랑스는 참패했다.

전쟁 후의 프랑스

1860년대에 세계 제2위의 산업생산량을 자랑했던 프랑스는 전쟁이 끝난 후 급격하게 쇠락했다. 독일에 알자스 로렌 지역을 할양하고 거액의 배상금까지 줘야했기 때문에 정부와 국민의 부담이 가중되었으며 경제 발전의 동력을 잃었다. 또 기형적으로 발전한 금융업은 오히려 산업 발전을 방해했으며, 프랑스 대혁명 이후에 확립된 소농 경제정책은 오히려 농업을 무너뜨리는 결과를 가져왔다. 19세기 후반에 다시 발전의 불씨가 타오르기도 했지만 이미 미국이나 독일보다 훨씬 뒤진 탓에 세계 4위에 머물렀다.

프랑스 · 프로이센 전쟁이 끝난 후 프랑스는 군주제를 폐지했으며 정치적으로 무척 혼란한 시기를 겪었다. 파리코뮌의 반란이 일어났으며, 보수파, 공화파, 황제파 등 여러 파벌이 정권투쟁을 하는 과정에서 서로 물어뜯고 싸웠다. 이렇게 혼란한 정치 상황 역시 경제 발전을 저해하는 중요한 원인이었으며 이 모든 혼란의 근본적인 원인은 바로 프랑스 · 프로이센 전쟁이었다.

신구 열강의 충돌

미국은 19세기 말에 접어들면서 마침내 남북 전쟁의 구렁텅이에서 빠져나왔다. 이후 미국은 빠른 속도로 자본을 축적하고, 생산력을 발전시키더니 어느새 유럽 열강들과 견줄 만큼 국력이 강성해졌다. 한 국가 내부의 경제가 최대치로 발전하면 자산계급은 곧 새로운 상품 소비 시장과 저가 원료 공급지를 찾아 나서게 되는데 이때 식민지는 새로운 투자가 가능한 희망의 대상이었다.

식민지 쟁탈

나날이 발전하는 미국과 달리 한때 전 세계를 호령하던 에스파냐는 나날이 쇠락하고 있었다. 1895년 초, 에스파냐의 식민지인 쿠바에서 호세 마르티Jose Marti가 지휘하는 반 식민통치 반란이 일어났다. 이 반란은 전국으로 퍼져 나가서 자유와 독립을 요구하는 민중의 목소리를 점점 커지게 했다. 쿠바의 식민지 행정기관은 반란군을 잔혹하게 진압했으며, 반란 참여 여부와 관계없이 쿠바인들을 박해했다. 그러자 한창 대외확장에 대한 논쟁을 벌이던 미국이 나섰다. 미국 국내에서 대외 확장 전쟁을 옹호하는 사람들은 에스파냐가 쿠바에서 무자비하게 통치하는 바람에 쿠바에 거주 중인 상당수 미국인이 큰 해를 입었다고 주장하면서 에스파냐와의 전쟁을 준비했다.

미국의 한 신문사는 삽화가 프레더릭 레밍턴Frederic Remington을 쿠바의 라아바나La Habana에 파견해서 그곳 상황을 그려 오도록 했다. 전쟁 여론을 일으키려고 했던 신문사가 원한 것은 매우 경직되어 있고, 위협적인 분위기의 그림이었지만 실제 쿠바는 그렇지 않았다. 레밍턴 역시 전해 들었던 것과 전혀 다른 사회를 목격하고 깜짝 놀라서 신문사에 전보를 보냈다. "전쟁은 일어날 것 같지 않습니다. 저

1898년 5월 1일, 마닐라 만 전투 중에 미국의 조지 듀이(흰 수염이 있는 사람)가 전함 위에서 상황을 살피고 있다.

는 그냥 미국으로 돌아가서 일하겠습니다." 하지만 신문사 편집장인 조지. R. 허스트George R. Hearst는 답장을 보내어 "귀국해서는 안 되네. 전쟁은 이곳에서 내가 만들면 되니, 그곳에 남아 있게나!"라고 말했다. 이 일은 당시 미국이 전쟁을 지지하는 사회 분위기를 만들기 위해 언론까지 조작했음을 의미한다.

1898년 1월, 미국 전함 메인Maine 호가 라아바나에 정박해서 에스파냐를 위협했다. 그런데 3주 후인 2월 15일에 이 전함이 폭발해서 침몰하는 사건이 발생했다. 이에 관해서 미국은 외부 요인으로 폭발이 일어났지만, 정확히 무엇 때문인지 추정할 수 없다고 발표했지만 대부분 미국인은 이것이 분명히 에스파냐의 만행일 거라고 확신했다. 이후 1976년에 미국 해군이 이 사건에 대해 재조사한 후, 전함 내의 탄약 창고 옆에 있던 가스통이 터지면서 연쇄적으로 폭발이 일어난 것으로 보인다는 조사 결과를 발표했다. 현재 미국의 역사책은 대부분 이에 관해 정확한 원인이 밝혀지지 않았다며 언급을 회피하고 있다. 하지만 여러 가지 단서를 정리해보면 1898년 당시의 에스파냐가 억울하게 모함당했을 가능성이 높다. 마치 기세등등하던 시절에 자신들이 약소국에 했던 것처럼 말이다.

1898년 2월 25일, 미국 해군 사령부 차관이자 나중에 미국 대통령이 되는 시어도어 루스벨트Theodore Roosevelt가 미군의 태평양 함대 지휘관인 조지 듀이George Dewey 장군에게 다음과 같은 내용의 전보를 보냈다.

"얼마 후 전쟁이 일어날 것이오. 우리가 에스파냐에 선전포고하면, 곧장 아시아 해역에 있는 에스파냐 함대의 동향을 살핀 후, 기회를 봐서 필리핀을 공격하시오." 당시 필리핀은 에스파냐의 식민지였다.

이로부터 약 2개월 후, 미국이 에스파냐에 선전포고했고, 소식을 들은 듀이 장군은 맡은 바 임무대로 함대를 이동해서 필리핀을 공격하고 빠르게 장악했다. 곧이어 이번에는 루스벨트가 직접 미국 제1기병대를 이끌고 쿠바에 상륙했다. 필리핀과 쿠바 양쪽에서 동시에 식민지를 빼앗긴 에스파냐 해군 함대는 황급히 반격을 준비하고 식민지를 되찾고자 했다.

미국 에스파냐 전쟁: 필리핀

1898년의 미국 에스파냐 전쟁Spanish–American War은 세계의 열강들이 식민지를 새롭게 분할하는 과정에서 일어났다. 전쟁은 100여 일만에 끝났지만, 미국 측 사망자만 3,000여 명에 달할 정도로 치열했다. 미국은 이 전쟁을 통해 떠오르는 군사 강국의 면모를 드러냈으며 동아시아 문제에 깊이 개입하는 기회를 얻었다. 이후 유럽이 미국을 견제하기 시작하면서 신구 열강의 충돌이 시작되었다.

필리핀 전쟁

1898년, 필리핀에서 에스파냐의 통치에 저항하는 반란이 일어났다. 필리핀 반란군은 순식간에 전국을 장악하고 해방시켰으며 마닐라Manila를 포위했다. 미국은 이 기회를 놓치지 않고 필리핀 사람들의 자유와 독립에 대한 투쟁을 지지한다는 이유로 파병을 결정했다.

4월 27일, 홍콩에서 본국의 명령을 기다리고 있던 듀이 장군이 드디어 필리핀으로 출발했다. 그가 지휘하는 미국의 아시아 함대는 5월 1일 아직 동이 트지 않은 새벽에 마닐라 만 외곽에 도착했다. 소식을 들은 에스파냐 함대도 급히 출동해서 이곳으로 왔다. 하지만 신형 장갑증기전함 6척과 보급 선박 5척을 동원해서 전투에 나선 미국과 달리 에스파냐가 가진 것은 목제 전함 7척뿐이었다. 그나마도 너무 낡아서 지휘관이 탄 전함은 물이 새어 들어올 정도였다. 또 미국이 한 번에 포탄 3,700발을 발사하는 반면, 에스파냐는 겨우 1,273발을 쏘았다. 게다가 갑판 위에 취사할 때 필요한 목재나 가스통 등 불이 붙기

미국은 강력한 해군으로 마닐라 만에서 에스파냐 함대를 격퇴했다.

쉬운 물건이 무척 많아서 포탄을 맞을 때마다 더 크게 폭발했다. 미국이 월등한 화력과 속도로 맹공격을 퍼부은 결과, 에스파냐의 전함 7척이 모두 침몰했다. 에스파냐의 사상자는 381명이었지만 미국의 병력 피해는 겨우 경상자 8명이었다. 이때의 마닐라 만 해전은 에스파냐의 필리핀 식민지 통치가 끝났음을 알리는 것이었다.

에스파냐 함대를 성공적으로 무찌른 듀이 장군은 육군 없이 단독으로 마닐라를 봉쇄하기 어렵다고 보고 대기하면서 육군 지원군이 오기를 기다렸다. 7월 말, 웨슬리 메릿 Wesley Merritt 장군이 미국 원정군 제8군 1만 5,000명을 이끌고 마닐라에 도착했다. 당시 마닐라는 필리핀 반란군 2만 5,000명이 자력으로 포위한 상태였다. 그런데 이때 미국은 마닐라를 독점하기 위해 교활한 수를 썼다. 듀이 장군은 본국의 명령대로 반란군 지도자와 접촉해서 필리핀의 독립을 인정하고 함께 전쟁을 벌여 마닐라를 반드시 되찾자고 제안했다. 반란군 지도자는 흔쾌히 그러겠노라고 대답했다. 그는 미국 대통령 윌리엄 매킨리 William McKinley가 필리핀 반란군의 마닐라 진입을 막을 것을 지시한 줄은 상상도 못했다. 동시에 듀이 장군은 비밀리에 주 필리핀 에스파냐 총독과 접촉해서 필리핀 반란군이 마닐라에 들어오지 못하게 막을 테니 마닐라를 미국에 넘기라고 제안했다. 그래 놓고서 에스파냐의 체면을 지켜주기 위한 가짜 공격을 펼쳐서 미국을 동맹이라고 생각한 필리핀 반란군을 기만했다.

미국과 미리 약속한 에스파냐는 몇 번 저항하는 것처럼 하더니 곧 투항했다. 이 전투에서 미국의 사상자는 119명, 에스파냐는 300명이었다. 미국은 무기 2만 2,000점, 탄약 1,000만 발을 전리품으로 챙겼고 포로 1만 3,000명을 데려갔다. 손쉽게 마닐라를 장악한 듀이 장군은 이내 검은 속내를 드러내며 무력으로 필리핀 반란군을 위협해서 마닐라 멀리 몰아냈다. 미국은 이렇게 마닐라를 독점했고 에스파냐는 필리핀에서 식민 통치를 끝냈다.

미국 에스파냐 전쟁: 쿠바

에스파냐에 선전포고한 미국은 미리 준비하고 있던 북대서양 함대를 쿠바 해역으로 보내서 북쪽 해안을 봉쇄하도록 했다. 필리핀에서도 전투를 치르는 중이던 미국은 1898년 5월 14일 쿠바 원정군을 파병했다.

쿠바전쟁

미국 남북 전쟁의 영웅 윌리엄 R. 섀프터William R. Shafter 장군이 병력 6,000명을 이끌고 미국 최남단 플로리다 군도the Florida Keys의 키웨스트Key West에서 출발했다. 그들은 1898년 5월 20일, 쿠바 제2의 항구도시인 산티아고 데 쿠바Santiago de Cuba에 도착해서 미리 와 있던 북대서양 함대의 엄호를 받으며 조심스레 쿠바에 상륙했다.

필리핀에서뿐 아니라 쿠바에서도 전쟁 준비가 전혀 안 되어 있던 에스파냐 군대는 섀프터 장군의 공격을 버틸 수 없는 상황이었다. 교전 중 미국의 손실이라고는 고작 말 다섯 필이 전부였다. 그들은 성공적으로 상륙한 후 쉬지 않고 곧바로 적을 공격했다. 몇 차례 소규모 교전에서 계속 연패한 에스파냐는 6월 24일에 다이끼리daiquiri와 산티아고 데 쿠바 사이의 중요 방어 진지인 라스과시마스Las Guasimas를 포기했다.

7월 1일, 섀프터 장군은 병사들을 지휘해서 산티아고 데 쿠바 동북부의 작은 마을인 엘 카네이El Caney를 공격했는데 이곳에서 전혀 예상하지 못한 강한 저항에 부딪혔다. 당

▌1898년 7월 1일. 산티아고 데 쿠바 외곽의 산후안San Juan 언덕을 공격하는 미국 병사들

1898년 6월, 쿠바에 상륙한 미군

시 엘 카네이를 방어하던 에스파냐 군인 500명은 5,000명이 넘는 미군에 대항하며 꼬박 하루를 버텼다. 10분의 1밖에 안 되는 에스파냐 병사가 미국의 최정예 병사들이 더 이상 진격하지 못하도록 발을 묶은 셈이었다. 엘 카네이를 점령하는 데 두 시간 정도면 충분하다고 생각했던 섀프터 장군은 당황한 표정을 감추지 못했다. 엘 카네이 공방전에서 뜻밖에 사상자가 1,358명이나 발생하면서 미국의 작전 계획에 큰 차질이 생겼다. 이 전투에 참가했던 26대 대통령 루스벨트는 후에 이렇게 말했다. "당시 우리는 처참한 대가를 치렀지만, 어찌 됐든 이기기는 했습니다. 하지만 에스파냐 사람들은 정말 강했죠. 현대화된 보총을 들고 참호 속에 숨어 있는 그들을 마주할 때마다 나는 큰 공포를 느꼈습니다."

엘 카네이 공방전 탓에 병사들의 사기가 하락하자 미국은 분위기를 반전시킬 필요를 느꼈다. 그리하여 7월 3일, 강력한 미국 함대가 산티아고 데 쿠바 항을 공격하자 쿠바 해역을 지키고 있던 에스파냐 함대는 이렇다 할 반격을 해보지도 못한 채 퇴각했다. 그러나 좁은 바닷길을 조심조심 이동하던 그들은 결국 미국 함대의 추격을 받고 차례로 격침되었다. 11일, 미국이 마침내 산티아고 데 쿠바를 포위하자 쿠바에 주둔하던 에스파냐 병사 2만 5,000명이 17일에 투항했다. 이에 미국은 매우 순조롭게 산티아고 데 쿠바를 점령했으며 쿠바에서 벌어진 미국 에스파냐 전쟁이 이렇게 마무리되었다.

전쟁은 미국의 완벽한 승리로 끝났다. 1898년 12월 10일, 미국과 에스파냐는 파리 조약을 체결했으며 이에 따라 에스파냐가 필리핀, 푸에르토리코Puerto Rico, 괌Guam을 미국에 할양

1898년 7월 3일, 미국이 산티아고 데 쿠바 전투에서 크게 승리했다. 폭격을 받아 뼈대만 남은 에스파냐 전함이 좌초되고 있다.

했다. 미국은 승자의 관용을 베풀어 위로금 명목으로 2,000만 달러를 내놓았다. 1899년부터 1901년까지 미국은 다시 한 번 필리핀 반란군을 잔혹하게 제압해서 필리핀을 아예 미국의 식민지로 만들었다. 반면에 쿠바는 정치적으로 독립했으나 허울 좋은 이름일 뿐이었다. 미국이 곧 '미국이 쿠바 내정에 간섭할 수 있다'는 내용을 담은 '플랫 수정안The Platt Amendment'을 반포해서 쿠바를 경제적 식민지로 만들었기 때문이다.

미국 에스파냐 전쟁에서 승리한 미국은 세계적인 강국으로 발돋움했으며 이후에도 더 많은 식민지를 차지하기 위해 전쟁을 벌였다.

새로운 식민지 지도

1898년 10월 1일, 승자 미국과 패자 에스파냐가 협상을 시작했다. 12월 10일, 격론을 거친 후 필리핀과 쿠바는 잔혹한 식민지 통치에서 마침내 벗어나게 되었다. 미국과 에스파냐가 체결한 파리 조약에는 다음의 내용이 포함되어 있었다. "첫째, 에스파냐는 쿠바 주권에 대한 모든 요구와 권리를 포기한다. 둘째, 에스파냐는 푸에르토리코, 서인도양의 섬들, 괌을 미국에 할양한다. 셋째, 에스파냐는 필리핀 군도를 미국에 넘겨준다. …… 마지막으로, 미국이 에스파냐에 2,000만 달러를 지불한다."

제국주의 진영의 새로운 강자 미국은 한때 거대한 식민지 제국을 세운 에스파냐가 입에 물고 있던 고깃덩어리를 강제로 빼앗았다. 미국인들은 자신감 넘치는 태도로 "역사상 이렇게 짧은 시간 안에 끝난 전쟁은 없었다. 또 이렇게 작은 대가를 치르고 거대한 성과를 거둔 적도 없었다."라고 자화자찬했다.

보어 전쟁

1899년부터 1902년까지 아프리카 대륙 남부에서 대규모 전쟁이 발발했다. 이 전쟁에서 영국은 네덜란드 이주민들의 후예인 보어인Boer과 남아프리카의 영토와 자원을 두고 치열하게 싸웠다. 이것은 21세기에 벌어진 첫 번째 전쟁으로 '보어 전쟁Boer War'이라고 부른다.

영국과 보어인

1652년, 첫 번째 네덜란드 이주민들이 남아프리카 대륙 케이프Cape에 와서 식민지를 건립했다. 이후 그들은 이곳에서 거의 100여 년 동안 살면서 토착화되어 새로운 민족, 보어인이 되었다. '보어'는 네덜란드어로 '농민'을 의미한다.

보어인 외에 여러 외부 민족이 남아프리카로 와서 정착을 시도했는데 그중에서도 영국인이 주로 보어인과 충돌했다. 1795년에 영국 함대가 남아프리카에 정박하면서 보어인과 영국은 장장 100년에 걸친 전쟁을 시작했다. 보어인은 여러 차례 전투를 겪으면서 점점 북쪽으

▌ 영국의 군수품 수송 기차를 공격 중인 보어인

로 밀려나가서 1852년에 트란스발 공화국Transvaal Republic, 1854년에는 오렌지 자유국Orange Free State을 세우고 둘로 나뉘어 살았다.

제1차 보어 전쟁

1867년, 오렌지 자유국이 강가에서 다이아몬드를 발견했다. 그런데 이 지역은 오렌지 자유국과 영국령 케이프의 중간지역으로 어느 쪽 영토인지 판단하기 애매한 곳이었다. 그래서 오렌지 자유국은 즉각 성명을 발표하고 이곳의 관할권이 자신들에게 있다고 주장했다. 영국은 당연히 이에 항의했으며 차라리 이 기회에 보어인들의 공화국 두 곳을 합병해야겠다고 생각했다. 1877년에 영국이 무력을 동원해서 먼저 트란스발 공화국을 합병하자 보어인들은 크게 저항하며 무장 반란을 일으켰다. 1881년 2월, 보어 반란군이 영국군 1,000여 명을 물리치고 공식적으로 트란스발 공화국의 독립을 인정하라고 요구

했다.

1886년, 호주 청년 조지 해리슨George Harrison이 남아프리카 요하네스버그Johannesburg에서 세계 최대 규모의 금광을 발견했다. 이곳은 요하네스버그의 중심지로 동남쪽 혹은 서남쪽으로 확장하기에 무척 좋은 위치였다. 이곳의 매장량이 전 세계 황금 저장량의 4분의 1 정도를 차지하는 것으로 알려지자 전 세계 열강들이 앞다투어 밀려들어 왔다. 이 나라들은 이후 4년 동안 무려 141개의

1881년. 제1차 보어 전쟁 중의 보어 병사들

광산회사를 세우고 총 길이가 500킬로미터에 달하는 채광 벨트를 형성한 후 뒤질세라 다이아몬드와 황금을 채취해서 많은 이윤을 남겼다. 하지만 동서고금을 막론하고 사람의 욕심은 끝이 없는 법이다. 영국인과 보어인은 현재 가진 것보다 더 많은 채광권을 얻기 위해 끊임없이 충돌했다. 1895년에 영국 정부는 정치인이자 다이아몬드 채광업자인 세실 로즈Cecil Rhodes에게 트란스발 공화국을 합병하라고 지시했다. 세실 로즈는 장비를 잘 갖춘 병력 800명을 보내서 트란스발의 수도를 습격하는 동시에 그 안에 살고 있는 영국인들의 폭동을 유도하기로 했다. 하지만 이 비밀계획은 영국과 세계 패권을 두고 경쟁 중인 독일에 흘러들어 갔고, 독일 정부는 이를 트란스발 공화국 정부에 귀띔해주었다. 1896년 1월, 독일이 준 정보를 바탕으로 철저히 준비한 트란스발 공화국은 영국을 크게 물리쳤다.

이 승리에 크게 고무된 보어인들은 환호성을 지르며 기뻐했다. 큰 자신감을 얻은 그들은 내친김에 남아프리카 전체를 통일해서 지난 100여 년 동안 영국에 빼앗긴 영토를 모두 되찾고자 했다. 이에 트란스발 공화국이든 오렌지 자유국이든 구분없이 보어인들은 모두 힘을 합하기로 했으며 독일과 동맹을 맺고 함께 영국에 대항했다. 한편 남아프리카뿐 아니라 북아프리카까지 모두 개척해서 아프리카 대륙에 식민지 대제국을 건립하려 했던 영국도 더 이상 보어인을 그냥 내버려 둘 수 없었다. 영국은 외교적인 수단을 동원해서 독일과 보어인의 동맹을 끊으려고 했으며, 동시에 많은 병력을 케이프에 배치

▌보어 전쟁 중의 영국 기병들

해서 보어인을 위협했다. 이런 불안한 상황에서 전쟁이 발발한 것은 어찌 보면 매우 당연한 일이었다.

제2차 보어 전쟁

1899년 가을, 영국은 트란스발 공화국과 오렌지 자유국의 국경 근처에 병력을 집결시켰다. 그러자 보어인 역시 이에 맞서 1899년 10월 11일에 영국에 선전포고하고 즉시 군사 행동을 시작했다.

보어인의 군대는 대부분 민병으로 만 열여섯 살에서 예순 살 사이의 남자들이라면 누구나 민병대에 보고하고 보어의 병사가 되었다. 그들은 말, 보총, 총탄 및 식량 등을 모두 직접 준비했는데, 경제적으로 어려운 사람에게는 정부에서 무기를 제공하기도 했다. 민병으로 구성되었음에도 보어군은 전반적으로 사기가 무척 높고 기율이 매우 엄격했다. 보어군은 전쟁 초반, 영국군에 여러 차례 승리를 거두었다.

보어인들은 전투 대형의 폭을 넓게 잡고 병력을 분산해서 공격하는 전술을 주로 사용했다. 또 총이나 대포의 명중률이 매우 높았으며 지형을 이용해서 게릴라전을 펼치는 데도 익숙했다. 반면에 영국군은 밀집 대형을 채택한 탓에 기동성이 떨어지고 위장이 불가능했다. 그뿐만 아니라 적의 공격에 제대로 대처하지 못하면 사상자가 대량으로 발생할 가능성이 컸다. 그들도 이런 문제점을 알고 있었지만, 포위 공격에 능한 보어인들에게 대항하려면 전투력을 밀집하는 수밖에 없었기에 이러지도 저러지도 못하는 상황이었다.

1900년, 영국이 오렌지 자유국과 트란스발 공화국의 수도를 차례로 점령하면서 두 공화국이 모두 영국의 식민지로 전락했다. 하지만 전쟁이 완전히 끝난 것은 아니었다.

나라를 잃은 보어인들은 여러 개의 소규모 돌격대로 나뉘어 끝까지 영국인에 저항하며 게릴라 전쟁을 펼쳤다. 하지만 보어인들은 마치 영국인이 자신들을 대하는 것처럼 고압적인 태도로 현지의 흑인들을 대했다. 그러다 보니 원주민들의 동정과 지지를 얻지 못해서 게릴라전도 점점 그 위력이 약해졌다. 영국군 지휘부는 보어인의 잔당까지 완전히 없애기 위해 초토화 작전을 채택했다. 1902년 5월 31일, 보어인은 평화협정에 서명하고 트란스발 공화국과 오렌지 자유국이 영국에 합병되었음을 인정했다.

군사학으로 본 보어 전쟁

영국은 보어 전쟁에 총병력 44만 8,000명을 투입하고 2년이라는 시간을 들여 승리를 거두었다. 보어인 군대는 급히 모집한 민병 8만 명이었으니 영국 입장에서 이 전쟁은 승리 아닌 승리였다.

보어 전쟁은 여러 방면에서 현대 전쟁의 시작으로 평가받는다. 양측은 게릴라전과 진지방어전을 동시에 사용했으며 많은 철조망을 세워 방어물로 사용했다. 또 영국군은 위장하거나 적의 진지를 돌파하는 데 가장 효율적인 어두운 색 군복을 입기 시작했다. 그동안 강력한 전투력으로 이름났던 영국이 자존심을 버리고 전통적인 화려한 군복을 포기한 것이다. 전쟁이 끝난 후 전 세계 국가들이 영국의 어두운 색 군복을 모방해서 입기 시작해 지금까지 이어지고 있다. 그뿐만 아니라 영국은 이 전쟁에서 최초로 덤덤탄 dumdum彈을 선보였다.

보어군 기병은 지형을 이용해서 게릴라전을 벌였으며 주로 기관총과 대포를 사용했다. 양측은 서로 상대방의 군사력에 대응하기 위해 끊임없이 전략과 전술을 개발하고 무기를 개선했다.

동북아시아의 긴장

1894년의 청일전쟁淸日戰爭에서 승리한 일본 군국주의의 침략 야욕이 나날이 커졌다. 그들이 중국을 침략하고, 조선을 합병하는 등 대륙정책을 펼치자 러시아 역시 일본의 무자비하고 거침없는 침략 행위에 긴장하기 시작했다. 이후 일본과 러시아는 중국 침략, 조선 합병, 아시아 태평양 지역 패권 등의 문제를 놓고 갈등을 빚었다.

선전포고

중국 청나라는 청일전쟁이 끝나고 체결된 '시모노세키 조약下關條約'에 따라 랴오둥 반도遼東半島를 일본에 할양해 주었다. 그러자 부동항不凍港인 뤼순旅順을 차지하고 만주로의

1904년 2월 8일, 일본 함대가 뤼순 항을 지키는 러시아 함대에 대규모 공격을 퍼부었다.

진출을 꾀하던 러시아는 일본이 자국 가까이에 접근한 것을 못마땅해했다. 위기감을 느낀 러시아는 프랑스, 독일과 함께 손을 잡고 중국 동북부를 장악하더니 영토를 청일전쟁 이전의 상황으로 돌려놓으라며 중국과 일본을 모두 위협했다. 두 강국 사이에 끼어서 어찌할 바를 모르던 청나라는 하는 수 없이 일본에 은 3,000만 냥을 배상금으로 주고 다시 랴오둥

반도를 되찾았다. 이것이 바로 러시아, 프랑스, 독일 세 나라가 중국과 일본 사이의 문제를 해결하겠다고 나선 '삼국간섭三國干涉'이다.

얼마 후, 러시아는 무력한 청나라 정부에 '랴오둥 반도를 되찾게 도와준 공로'를 내세우며 이에 대한 보답으로 철도 건설권을 요구했다. 또 나중에는 뤼순과 다롄大連까지 조차租借하라고 생떼를 썼다. 한편, 일본은 힘의 열세를 느끼고 어쩔 수 없이 랴오둥 반도를 내주기는 했지만, 러시아에 대한 불만이 더욱 커졌다. 이런 상황이 모두 국력이 부족하기 때문이었다고 생각한 그들은 이후 국력을 키워 전쟁을 준비한 후, 다시 한 번 일어나서 이 지역의 패권적 지위를 차지해야겠다고 생각했다. 일본은 이후 10년 동안 절치부심하며 실력을 갈고 닦아 러일전쟁Russo-Japanese Wars을 일으켰다.

일본과 러시아

일본은 10년 동안 군비를 확충하고 철저하게 전쟁을 준비했다. 그 결과 원래 총병력 7만 명이던 육군이 20만 명으로 확대되었으며 예비군도 23만 5,000명이나 확보했다. 해군은 각종 전함과 함정이 152척 (26만 톤)이나 되었으며 그중에서 연합함대의 최정예 함대는 현대식 전열함과 장갑 순양함 각 6척으로 조직되었다. 일본 최고사령부의 전쟁 계획은 다음과 같았다. 우선 해군 연합함대의 최정예 함대가 뤼순의 러시아 태평양 분함대를 무력화시켜서 바다를 장악한다. 그런 후 해군의 엄호 아래, 육군 일부가 조선에 상륙해서 압록강을 향해 진격해서 랴오둥 반도까지 간 후 뤼순과 다롄을 점령한다. 이후 멈추지 않고 계속 북상해서 러

그림 속 러시아 '식인괴물'이 일본군 병사를 집어삼키려고 하고 있다. 당시 국내외에서 여러 가지 일이 동시에 터지면서 골머리를 앓고 있던 러시아는 국가 전체의 분위기를 북돋울 수 있는 승리가 간절히 필요했다.

시아 육군 주력부대가 있는 랴오양遼陽, 펑톈奉天(지금의 선양沈陽) 지역을 모두 장악한다.

러시아의 총병력은 육군 약 113만 5,000명, 예비군 300만 명이었다. 그러나 당시 러시아의 주력군이 유럽에 주둔 중이었으므로 일본과의 전쟁에 동원할 수 있는 병력은 고작 2개 군, 총 9만 8,000명뿐이었다. 이외에 경비부대 2만 4,000명이 있었는데 이들은 중국 동북부 및 러시아 임해지구에 배치되었다. 러시아군의 병사들은 일본군에 비해서 전투 기술이 형편없었고 훈련도 부족했다. 게다가 장비의 수준까지 매우 낮았다. 그뿐만 아니라 군대 내부에서 고급 군관과 하급 병사 사이의 갈등 역시 매우 심각했다. 해군의 경우 각종 함정 361척(80만 톤)을 보유했는데, 주력군이 역시 발트 해와 흑해에 나가 있어서 뤼순 항과 블라디보스토크Vladivostok에 주둔한 태평양 분함대가 당장 동원할 수 있는 병력은 함정 62척(19만 톤)이 전부였다. 게다가 함정 위의 장갑 두께, 항해 속도 및 대포의 사정거리 등 전체적인 수준이 모두 일본에 비해 낮았다. 러시아 최고사령부의 작전 계획은 이러했다. 우선 태평양 분함대를 주력군으로 삼아서 일본의 상륙을 저지하고, 발트 해 함대가 이쪽으로 이동해오면 함께 일본 함대와 결전을 벌인다. 육군은 병력 일부분을 압록강鴨綠江과 우수리 강Ussuri River을 따라 배치해서 방어선을 구축하고, 나머지 병력으로 뤼순 항을 지킨다. 또 육군 정예군을 랴오양과 하이청海城에 집결한 후, 유럽에 있는 병력이 도착하면 함께 중국 동북부와 조선에서 일본군과 전쟁을 벌인다. 마지막으로 모든 작전에 성공한 다음 일본 본토에 상륙하는 것이다.

러일 전쟁: 해상 쟁탈전

1904년부터 1905년까지 일본은 아시아 태평양 지역의 패권을 차지하기 위해 중국 동북부와 조선을 먼저 침략하고 이를 발판으로 러시아와 전쟁을 벌였다. 이 전쟁은 제국주의 국가들이 세력 범위를 다시 나누기 위해 벌어진 것으로 20개월이나 계속되었다. 또 전쟁 당사자인 일본과 러시아가 아니라 중국 동북부에서 싸웠기에 중국 민족의 안전을 빼앗고 국토를 병들게 한 침략성 전쟁이었다.

해상 장악

1904년 2월 6일, 일본은 러시아에 최후통첩을 보내서 두 나라의 외교 관계를 단절하겠다고 선포했다. 일본도 러시아가 어떻게 나올지 잘 알고 있었기에 이것은 사실상 전쟁을 일으키겠다는 의미였다. 그래서 일본 연합함대의 사령관 도고 헤이하치로東鄕平八郎 해군 중장은 최후통첩을 보낸 것과 거의 동시에 함대를 이끌고 비밀리에 출항해서 뤼순 항을 향했다. 뤼순은 러시아 랴오둥 반도 서남단에 위치했으며 사방이 언덕으로 둘러싸여 있다. 남쪽의 산둥반도山東半島와 함께 마치 양팔을 두른 것처럼 보하이 만渤海灣을 감싸고 있는 뤼순은 전략적으로 매우 중요한 곳이었기에 러시아의 태평양 분함대의 주력군이 항상 주둔해 있었다.

2월 8일 칠흑같이 어두운 밤, 뤼순 항 근처에 도착한 일본 연합함대가, 어뢰를 여러 발 쏘며 기습 공격했다. 이곳에 정박하고 있던 러시아의 태평양 함대는 일본의 움직임을 전혀 눈치 채지 못했다. 러시아의 태평양 함대는 아무런 준비도 되어 있지 않은 상태에서 일본의 기습공격을 받은 탓에 전함 3척이 순식간에 침몰하는 등 초반 피해가 막대했다.

잠시 후 태평양 제1분함대 사령관인 스타르크Stark 해군중장이 해안 포대에 발포를 명령했다. 뤼순 항은 수심이 얕고, 좁은 편이어서 바다로 들

러일 전쟁을 묘사한 판화 작품

러시아와 일본의 치열한 해전

고 나는 입구의 너비가 겨우 150미터 정도였다. 그래서 나란히 서서 대포를 쏘던 일본 전함들은 러시아가 반격하자 곧 퇴각했는데 이때 스타르크 해군중장이 치명적인 실수를 저질렀다. 그는 혹시 함정이 있을까 봐 추격을 포기하고 뤼순 항을 재정비하고 방어하는 데 힘을 기울였는데 이것은 러시아가 일본에 다시 공격할 기회를 주고 해상에서의 패권을 포기한 것과 다름없었다.

2월 9일, 일본의 순양함대가 조선의 인천에 상륙해서 이곳에 정박 중이던 러시아 전함 2척을 격침시켰다. 10일, 일본과 러시아 두 나라가 각각 서로에게 선전포고하면서 정식으로 러일전쟁이 시작되었다.

일본은 뤼순 항에 있는 러시아 태평양 분함대에 타격을 주었지만 무력화시키겠다는 원래의 목적을 달성하지는 못했다. 중국 동북부에서 전쟁을 일으키려면 바닷길로 병사들을 수송해야 하는데, 그러다가 수송선이 러시아 태평양 분함대의 표적이 될 수도 있었다. 이에 도고 헤이하치로는 뤼순 항의 출입구에 선박을 침몰시켜서 봉쇄하려는 계획을 세웠다. 일본은 2월 9일부터 3월 초까지 세 번이나 자폭 침몰 작전을 시도했으나 기술적인 문제 탓에 계획된 장소에서 침몰하는 것이 불가능했다. 결국 일본은 뤼순 항 봉쇄를 포기했다.

3월 상순, 스테판 마카로프Stepan Makarov가 러시아 태평양 분함대의 신임 사령관에 임명되었다. 그는 당시 러시아에서 가장 유능한 해군 사령관으로 오스만 제국과 벌인 전쟁에서 전함 콘스탄틴Konstantin 호를 지휘했다. 어뢰 전문가인 그는 부임하자마자 즉각 효과적인 방어 계획을 세우고 공격적인 자세로 주변 지역 바다를 장악했다. 해상 전투 경험이 많고 전함, 해안 요새, 어뢰 등에 기본 지식이 풍부한 그는 랴오둥 반도 동부 연해에 수많은 어뢰를 배치해서 일본 함대가 감히 상륙할 생각도 못하게 만들었다. 또 전투 중에 파손된 전함을 서둘러 보수하고, 육군과 해군의 협동 작전을 강화했으며 블라디보스토크 함대를 남쪽으로 배치해서 일본의 해상 경로를 위협했다. 이렇게 유능한 사령관 덕분에 러시아는 한동안 일본을 효과적으로 견제할 수 있었다.

　러시아는 마카로프의 지휘 아래 이전의 방어적인 자세에서 공격적인 태도로 변모했다. 무엇보다 가장 긍정적인 효과는 바로 장교와 병사들이 일본과 싸워 이길 수 있다는 자신감과 믿음을 가지게 된 것이었다. 그러던 중 안타깝게도 4월 13일, 마카로프가 승선한 전열함이 출항했다가 돌아오는 길에 어뢰에 걸려 폭파하는 일이 발생했다. 그 바람에 마카로프를 비롯한 병사 649명이 모두 사망했다. 이 어뢰가 러시아와 일본 중 어느 쪽이 설치한 것인지는 여전히 수수께끼다. 어찌 되었든 어뢰 전문가로 어뢰를 사용한 전술에 뛰어난 능력을 보인 마카로프가 어뢰 폭발로 사망했으니 정말 아이러니가 아닐 수 없다.

　마카로프의 뒤를 이어 빌헬름 비트게프트Wilgelm Vitgeft가 러시아 태평양 분함대 신임 사령관으로 임명되었다. 그는 태평양 분함대가 단독으로 일본 연합함대와 전투를 벌이는 것은 역부족이라고 생각한 탓에 나중에 발트 해 함대가 오면 함께 공격하기로 결정했다. 이때부터 러시아 태평양 분함대는 뤼순 항 요새 방어에만 힘쓰고 그 안에서 웅크린 채 더 이상 공격적인 모습을 보이지 않았다. 이는 일본에 다시 한 번 바다를 넘겨주는 큰 실수였다.

러일 전쟁에서 일본이 승리한 이유

러일 전쟁은 제국주의 시대 초기의 대전 중 하나로 섬나라 일본은 예상을 뒤엎고 대륙의 강국 러시아를 무찔러서 세계를 놀라게 했다. 그들이 어려운 적을 만나 이렇게 크게 승리할 수 있었던 원인은 대략 다음의 몇 가지로 요약할 수 있다.

첫째, 일본은 전체적인 군사력을 비교했을 때 러시아에 뒤진다고 생각하고 오랜 기간 정치, 외교, 군사 등의 방면에서 충분한 준비를 했으며 빠른 속도로 전쟁을 끝고나갔다. 둘째, 일본은 바다를 먼저 제압하는 것을 매우 중요하게 생각했다. 그래서 방어보다는 적극적인 공격, 특히 기습공격을 많이 해서 해상과 육지 양쪽에서 러시아 태평양 분함대를 봉쇄했다. 셋째, 전쟁 시기와 기회, 상륙 지점, 주공격 목표와 방향을 명확하게 설정해서 이를 실행하는 데 집중했다. 또한 기민하게 움직여서 육상과 바다에서 효과적으로 협력했다. 넷째, 전투에 승리하면서 병사들의 사기가 높이 올랐다. 일본군은 모두 전투에 나서는 데 두려움이 없었으며 지휘관들은 언제나 훌륭한 작전을 내놓았다. 예를 들어 영국에서 군사학을 공부한 도고 헤이하치로는 현장에서 탁월한 지휘 능력을 드러냈으며 매우 신중하면서도 적의 허를 찌르는 작전을 구사한 것으로 유명하다. 다섯째, 일본 국민 전체가 단결했으며 지휘 체계가 통일되었고 전장과 후방이 매우 가까웠다.

러일 전쟁: 일본의 승리

일본은 예상과 달리 연합함대가 러시아 태평양 분함대를 무력화시키고 뤼순 항을 차지하는 데 실패하자 이번에는 육군을 동원해 공격하기로 했다. 3월 21일, 일본은 조선의 평안남도平安南道 진남포鎭南浦에 상륙한 후, 빠른 속도로 진격해서 4월에 압록강까지 나아갔다. 잠시 숨을 고른 그들은 4월 30일에 러시아 방어선을 기습 공격했다. 또 이와 별도로 5월 초에 또 다른 일본 육군 부대가 랴오둥 반도에 상륙해서, 5월 말에 진저우金州와 다롄을 점령하더니 뤼순을 다음 공격 목표로 삼았다.

뤼순 공격

육상 공격을 받은 러시아는 뤼순 항 외부에 참호를 파고 지뢰를 묻었으며 통신망을 강화해서 방어했다. 8월 7일, 일본이 드디어 뤼순 공격을 시작했다. 10일, 바다에서 러시아 태평양 함대가 일본의 연합함대를 포위하려고 했지만, 오히려 일본의 맹공격을 받고 물러났다. 일본은 8월 19일에 다시 한 번 공격을 시도했지만, 러시아 방어선을 뚫는 데 실패했으며 여전히 부분적으로 포위당한 상태였다. 8월 24일, 일본이 대규모 공격을 감행했다. 러시아는 크게 저항했으나 더 이상 버티지 못하고 9월 3일에 철수했다.

9월 19일, 승리가 눈앞에 있다고 생각한 일본이 제2차 뤼순 총공격을 시작했으나 뤼순 요새 수비군의 완강한 저항에 엄청난 손실을 입고 물러나야 했다. 10월 30일, 일본은 제3차 뤼순 공격을 시작했으며 기나긴 전투를 벌여 12월 7일에

1905년 1월, 점령한 뤼순 항을 시찰 중인 일본 군관

마침내 성 밖의 선제고지를 점령할 수 있었다. 이후 그들은 곡사포를 쏘아 러시아 함대를 공격해서 마침내 9일에 러시아 함대를 무너뜨렸다.

쓰시마 해전

1905년 1월 1일, 결국 러시아가 투항하고 랴오양에서 병력을 철수했다. 그들은 펑톈 지방에 새로 방어선을 새로 만들었으나 이마저도 얼마 지나지 않아 2월 18일 한밤중에 일본의 공격을 받았다. 3월 9일, 일본은 러시아의 진지를 기습공격해서 완전히 장악했으며, 다음 날 퇴각하는 러시아군을 끝까지 추격했다. 러시아는 펑톈 전투에서만 7만 명에 달하는 병력을 잃었다.

러시아는 일본과 벌인 전쟁에서 이렇게 참패했다는 사실을 도저히 받아들일 수 없었다. 그래서 중국 동북부에 계속 추가 병력을 배치하고, 동유럽에 나가 있는 발칸 함대를 이 지역으로 재배치하는 등 다시 전쟁을 준비하면서 이길 수 있다는 희망의 끈을 놓지 않았다.

그러나 러시아의 기대와 달리 러시아 발칸 함대가 쓰시마對馬島 해협을 지나 블라디보스토크 기지로 향하던 중에 도고 헤이하치로가 지휘하는 일본 연합함대의 기습공격을 받았다. 양측은 쓰시마 해협에서 대규모의 해전을 벌였다. 이 격렬한 전투의 승패를 결정한 것은 도고 헤이하치로의 뛰어난 전술이었다. 그는 먼저 러시아 함대에 쉴 새 없이 대포를 쏟아 부어서 전함들끼리 서로 협력할 수 없게 만들었다. 러시아 전함들은 합동작전은 고사하고 침몰되지 않으려고 안간힘을 쓰며 각자의 전투에 집중할 수밖에 없었다. 치열한 전투 속에서 러시아 함대의 22척이 침몰했고, 6척이 블라디보스토크 밖으로 도망갔으며 미처 피하지 못한 6척은 일본에 끌려갔다.

이것은 일본이 바다 위에서 거둔 가장 거대한 승리로 일본인은 희망과 자신감을 얻었다. 반면에 이 쓰시마 해전해서 참패한 러시아는 결국 다시 일어서서 일본에 반격하지 못하고 그대로 주저앉았다. 이렇게 해서 20개월에 걸친 러일 전쟁이 일본의 승리, 러시아의 패배로 끝났다.

양국은 미국 대통령 시어도어 루스벨트의 주선으로 9월 5일에 포츠머스Portsmouth에서 조약에 서명했다. 조약에 따라 러시아는 조선이 일본의 식민지임을 인정했으며, 중국 뤼순과 다롄을 포함하는 랴오둥 반도의 임대권, 그리고 창춘長春에서 뤼순을 잇는 남만주 철로에 대한 권한을 모두 일본에 넘겨주어야 했다. 그리고 북위 50도를 경계로 러시아 사할린Sakhalin 섬을 일본에 할양했고 이때부터 천황이 다스리는 섬나라는 세계무대에서 군사 강국으로 우뚝 서게 되었다.

발칸 전쟁

유럽과 아시아 두 대륙이 만나는 곳에 위치한 발칸 지역은 양쪽으로 흑해와 지중해를 끼고 있어서 전략적으로 상당히 중요하다. 이곳은 매우 다양한 민족과 종교가 공존하는 탓에 오래전부터 '유럽의 화약고'라고 불렸다. 1912년 10월부터 1913년 8월까지 채 1년이 되지 않는 시간에 두 차례의 전쟁이 연이어 발발했다. 이 전쟁들은 근대 후기의 국제 정세에 매우 큰 영향을 미쳤으며 종종 제1차 세계대전의 서막이라고 불리기도 한다.

▌전쟁터로 떠나는 발칸 청년

제1차 발칸전쟁

20세기 초, 발칸 반도는 유럽 열강들의 복잡한 관계가 얽히고설켜서 마치 갈등의 집합소 같은 모습이 되었다. 그중 주요 갈등은 1912년 8월에 알바니아와 마케도니아에서 오스만 제국의 통치에 저항하는 반란이 시작되면서 발생했다. 발칸 지역 다른 나라의 지지를 얻은 이 두 나라는 9월에 불가리아, 그리스, 세르비아Serbia와 몬테네그로Montenegro와 발칸 동맹Balkan League을 결성했다. 발칸 동맹에 참여한 나라들은 이 기회에 오스만 제국과 전쟁을 벌여 영토를 나누어 가지고자 했다. 10월 9일, 몬테네그로가 가장 먼저 오스만 제국을 공격했으며 이어서 보스니아, 세르비아, 그리스도 차례로 선전포고 했다. 이제 전쟁은 발칸 반도 전역으로 퍼져 나갔다.

오스만 제국은 적을 과소평가한 나머지 전쟁 준비에 소홀했다. 반면에 발칸 동맹은 병력을 확충하고, 훈련 강도와 장비의 수준을 높였다. 또 전체적으로 병사들의 사기가 무척 높았다.

보스니아 군대는 우선 트라키아를 공격해 장악한 후 오스만 제국의 수도인 이스탄불 (콘스탄티노플)로 진격했다. 또 세르비아, 그리스, 몬테네그로는 병력을 나누어서 알바니아와 마케도니아를 도우러 갔다. 그리스 함대는 에게 해 항로를 장악해서 오스만 제국이 병력을 수송하지 못하게 했다. 이렇게 발칸 반도의 국가들이 힘을 합쳐 육지와 바다에서 오스만 제국을 겹겹이 포위했다.

오스만 제국은 발칸 동맹 중에서도 불가리아를 가장 위험하다고 보고 중장병 부대를 동원했다. 그러나 오스만 제국은 10월에 벌어진 전투에서 불가리아에 참패했고, 불가리아는 거침없이 동쪽으로 진격했다.

　마케도니아, 알바니아, 에피루스Epirus 전장에서는 발칸 동맹 연합군이 우세했다. 마케도니아에 주둔하던 오스만 제국군은 거의 전멸 직전까지 갔으며 간신히 요안니아Ioánnina 요새까지 후퇴한 잔여 병력 역시 그리스에 포위되었다. 세르비아는 아드리아 해안까지 진출해서 두레스Durres, 티라나Tirana 등지를 차례로 점령했으며, 나중에 몬테네그로와 함께 슈코데르Shkodër까지 포위했다. 11월 28일, 알바니아가 독립을 선포했다.

　발칸 동맹이 오스만 제국과 싸워서 연승을 거두자 유럽 열강들이 긴장했다. 러시아는

1913년 2월, 탐조등을 켜고 오스만 제국을 포격하는 불가리아 포병

이러다가 보스니아가 이스탄불까지 차지해서 흑해를 장악하려는 계획에 걸림돌이 될까 봐 걱정했다. 또 독일, 오스트리아 헝가리 제국도 여러 가지 상황을 따져 보았을 때 오스만 제국이 완전히 무너지는 것을 바라지 않았다. 그래서 이 두 나라는 군대를 동원해서 세르비아의 진격을 방해했다.

　유럽 열강들은 오스만 제국을 압박해서 불가리아, 세르비아와 정전협정을 체결하게 만들었다. 그리하여 1912년 12월에 정전협정이 체결되었으며 얼마 후 런던에서 강화조약을 위한 회담이 시작되었다. 그런데 1913년 1월 23일, 오스만 제국에서 정전협정을 반대하는 저항운동이 일어나면서 간신히 마무리될 뻔했던 전쟁이 2월 3일에 다시 시작되었다. 3월 3일, 그리스가 요안니아 요새를 차지하고 그 안에 있던 오스만 제국 병력 3만 명을 전멸시켰다. 26일, 보스니아 세르비아 연합군이 오스만 제국의 방어선을 돌파해서 에디르네Edirne를 점령하고 거의 7만 명에 달하는 적을 전멸시켰다. 4월 22일, 이번에는 세르비아 몬테네그로 연합군이 수개월에 걸친 포위 공격 후에 슈코데르에 주둔하고 있던 적의 투항을 받아냈다. 더 이상 버틸 수 없었던 오스만 제국은 1913년 5월 30일에 '런던조약Treaty of London'에 서명했는데 이로써 유럽 지역에서 장악하고 있던 대부분 영토를 잃었다.

무슬림으로 보이는 알바니아 보초병이 휴식 중이다. 발칸 반도는 이슬람과 기독교가 충돌하면서 '화약고'라는 명예롭지 못한 별명을 얻었다.

제2차 발칸 전쟁

　제1차 발칸 전쟁이 끝난 후, 이번에는 발칸 동맹 내부에서 영토와 전리품 분배 문제 때문에 갈등이 발생했다. 먼저 불가

리아가 마케도니아를 독점하겠다는 뜻을 드러내자 세르비아가 아르디아 해에 자유롭게 드나들지 못하게 되는 것에 대해 강한 불만을 표시하고 보상을 요구했다. 그리스 역시 불가리아에 마케도니아의 점령지에 대한 권리를 요구했으며, 루마니아도 불가리아에 남南도브로제아Dobrogea를 할양하라고 압박했다.

한편 유럽 열강들은 발칸 반도 각국의 갈등을 이 지역에서 영향력을 확대할 수 있는 절호의 기회라고 보았다. 그래서 각자의 이해관계에 따라 프랑스는 세르비아와 그리스를, 오스트리아 헝가리 제국은 불가리아를 각각 지지했다. 1913년 6월 29일, 불가리아가 마케도니아에 주둔 중이던 세르비아, 그리스 군대를 공격했으나 강한 반격을 받고 곧 퇴각했다. 7월 10일, 루마니아가 불가리아에 선전포고하고 도브로제아를 점령한 후 소피아로 진군했다. 21일, 오스만 제국이 이 기회를 놓치지 않고 요안니아를 점령했다. 이렇게 사방에서 여러 적을 상대하던 불가리아는 결국 모든 전장에서 후퇴하고, 7월 29일에 투항 의사를 밝혔다.

불가리아는 8월 10일에 부카레스트Bucharest에서 조약을 체결했으며, 9월 29일에는 오스만 제국이 '콘스탄티노플 조약Treaty of Constantinople'을 체결했다. 결과적으로 불가리아는 제1차 발칸 전쟁 중에 얻은 대부분 영토를 잃었다.

오랜 기간 오스만 제국의 봉건 통치에서 시달리던 발칸 지역은 힘을 합쳐 제1차 발칸 전쟁을 벌여서 독립을 쟁취했지만 이내 갈등이 발생하면서 제2차 발칸 전쟁이 발발했다. 전쟁이 끝난 후에도 갈등은 더욱 심각해져서 발칸 반도는 극도로 혼란해졌고 각 나라는 생존을 위해 각각 유럽 열강과 우호적인 관계를 건립했다. 그중에서 루마니아는 영국, 프랑스, 러시아 등과 가까워졌으며, 불가리아는 독일, 오스트리아 동맹에 가입했다. 결과적으로 발칸 전쟁은 유럽 열강들의 경쟁을 부추겨 제1차 세계대전의 서막을 열었다.

군사학으로 본 발칸 전쟁

발칸 전쟁에는 각종 신식 무기가 도입되어서 전쟁의 위력, 총포의 사정거리와 사격 속도 등이 모두 향상되었다. 또 비행기, 장갑차, 무선전신 등 현대화된 군사 기술 장비가 등장했는데 특히 비행기가 정찰과 폭격에 모두 사용되었다. 기술이 발전하면서 육군은 예전처럼 밀집 대형으로 설 필요가 없어졌다. 이 전쟁에서 병사들은 거의 수백 킬로미터에 걸쳐 늘어선 후, 지형과 참호를 이용해서 주요 시설을 은폐하고 방어를 강화했다. 또 비밀 유지의 중요성이 더욱 강조되었으며, 다양한 기동 작전을 수행하거나 적진을 우회해서 포위 공격하는 사례가 많았다.

제 7 장

제1차 세계대전

제1차 세계대전 시기에 대부분 나라는 징병제로 많은 병력을 확보할 수 있었다. 병력이 증강되자 군대도 무척 세분화되어 다양한 방면군과 집단군이 출현했으며 이전에는 없었던 부대가 창설되기도 했다. 영국이 제1차 세계대전 후반부에 가장 먼저 공군을 건립하자 이를 본 다른 나라들 역시 종전 후에 즉시 공군을 창설했다. 또 해군 내부에 이전에 없던 항공병과 육상 전투병이 생겼다.

미국의 앨프리드 T. 머핸Alfred T. Mahan은 해상권력Sea Power의 중요성을 강조하면서 우선 바다를 장악한 후 국가의 전략적 목표를 실현해야 한다고 주장했다. 미국, 영국, 독일, 일본 등 군사 강국들은 이 이론의 영향을 받아 해군을 끊임없이 재정비했으며 해양 전략의 중요성을 다시금 깨닫게 되었다.

독일의 슐리펜Schlieffen은 속전속결을 강조했다. 또 그는 칸나에 전투의 한니발처럼 대담하게 우회 기동작전을 펼쳐서 적의 기본 병력을 포위하고 전멸시키는 전술을 선호했다. 그가 구상한 '슐리펜 플랜Schlieffen Plan'은 제1차 세계대전 중 독일이 선택한 전략, 전술의 기본이 되었다.

프랑스의 포슈Foch 장군은 앞으로의 전쟁은 기간이 짧아지는 반면, 더욱 치열해질 것이라 생각했다. 그는 각각의 전투가 곧 전체 전쟁의 결과를 결정한다고 보고 전쟁 내내 군대의 빠른 움직임, 적극성, 엄격한 기율 등을 크게 강조했다.

전쟁 초반, 참전국들은 모두 단기간에 한두 번 결전을 치르고 곧 승패를 결정했다. 하지만 전쟁이 대치 국면에 들어서면서 점차 장기화되자 국민 경제 총동원을 실행했다. 후반으로 갈수록 전쟁 초기에 확정한 전략적 방침 및 예측은 모두 무의미해졌다. 지루하게 전투를 계속하면서 전략적 지휘 체계가 끊임없이 개선되었고, 각국은 군과 정치가 하나 된 최고 전략 결정 기구와 삼군 총사령부를 설립했다.

제1차 세계대전이 끝난 후 국가들은 신식 무기와 효과적인 전략 및 전술을 개발하는 데 투자를 아끼지 않았다. 그 결과 두 번의 세계대전 사이에 군사학 방면에서 괄목할 만한 발전이 있었다.

군사 동맹의 형성

국가 간 불평등이 심화되자 신흥 강국들은 국제 정치 판도를 유리하게 바꾸기 위해 전쟁도 불사했다. 제 1차 세계대전이 일어나기 전, 국제 사회에는 두 개의 커다란 군사 집단이 형성되었으며 양측은 전쟁을 위해 만반의 준비를 다했다.

■ 삼국협상의 징병 포스터

제국주의의 충돌

자본주의의 발달은 국내 정치, 경제의 불평등을 키웠을 뿐 아니라 전 세계 열강들의 관계에도 새로운 변화를 발생시켰다. 19세기 말에 새로운 강국으로 부상한 미국은 빠른 속도로 국력이 증강되어서 독일과 프랑스뿐 아니라 한때 종주국이던 영국의 자리까지 넘보았다. 당시 제국주의 국가들 사이에 발생한 갈등과 충돌의 본질은 모두 식민지 다툼이었다. 이에 관해 러시아의 블라디미르 레닌Vladimir Lenin은 "제국주의의 중요한 특징은 몇 개의 대국이 패권을 두고 싸우는 것, 즉 영토에 대한 투쟁이다."라고 말했다. 미국, 독일, 러시아 같은 신흥 강국들은 국력에 걸맞은 식민지가 없는 상황을 용납할 수 없었다. 그래서 처음에는 아직 식민지화하지 않는 주인 없는 땅을 획득하면서 만족했지만, 더 많은 식민지에 대한 갈망은 점점 더 커져만 갔다. 신구 제국주의 국가들의 식민지 투쟁이 날로 첨예해지다가 결국 전쟁으로 확대되어 제1차 세계전쟁이 일어난 것이다.

제1차 세계대전이 발발하기 전, 유럽 대륙에 프랑스와 독일, 러시아와 오스트리아, 영국과 독일 사이에 각각 긴장 상황이 형성되었다.

프랑스와 독일의 갈등은 프랑스 · 프로이센 전쟁으로부터 비롯되었다. 이 전쟁에서 참패한 프랑스는 프로이센에 영토를 할양하고 막대한 배상금을 지불했을 뿐만 아니라 서유럽 및 중부 유럽에서 지키고 있던 패권국으로서의 지위를 잃고 말았다. 이에 프랑스는 보복을 계획하고 독일 제국으로부터 알자스 로렌 지역을 돌려받는 것은 물론, 독일의 자르Saar 광산 지역까지 합병하려고 했다. 한편 독일 역시 오랜 숙적인 프랑스의 국력을 쇠락하게 하고 패권적 지위도 짓눌러 재기불능의 상태로 만들기 위해 외교적으로 프랑스를 고립시키는 동시에 전쟁을 일으켜 프랑스와 그 동맹국들을 모두 무너뜨리고자 했다.

러시아와 오스트리아의 긴장 상황은 발칸 반도에서 시작되었다. 유럽, 아시아, 아프리카 세 대륙의 교차 지점에 위치한 발칸 반도는 전략적으로 매우 중요하다. 이곳은 오랫동안 오스만 제국의 통치 아래 있었지만 19세기 말부터 20세기 초까지 전쟁을 벌여 독립했다. 그러자 유럽 열강들은 앞다투어 이곳에서 세력을 확대하고자 했다.

20세기에 들어 러시아와 오스트리아는 발칸 반도에서 서로 견제하며 일촉즉발의 상황까지 갔다. 러시아는 발칸 반도의 다양한 민족 중에 슬라브인이 가장 많다는 이유를 들어 대大 슬라브 민족주의(러시아인, 우크라이나인, 벨라루스인)의 슬로건 아래 세력을 확장했다. 실제로 발칸 반도의 여러 나라가 오스만 제국의 통치에서 벗어나기 위해 전쟁을 벌일 때 러시아가 슬라브인을 적극 지원했다. 또 남부 지역 슬라브인의 해방을 위해 단순한 지원을 넘어서 교섭 당사자로서 직접 발 벗고 나서기도 했다. 오스트리아 역시 독일의 지지를 등에 업고 적극적으로 발칸 지역에 진출해서 1908년에 보스니아와 헤르체고비나 두 지역을 합병했다. 하지만 보스니아인과 헤르체고비나인은 모두 세르비아와 통일되어 슬라브 민족의 국가를 세우기 바랐기에 오스트리아에 크게 저항했다. 20세기 초, 여러 이해관계가 얽히고설킨 발칸 지역에서는 끊임없이 심각한 정치, 군사적 위기, 소규모 전쟁 등이 발생했으며 제국주의 국가들이 패권을 놓고 싸우는 가장 민감한 지역이 되었다.

영국과 독일의 긴장 상황도 매우 심각했다. 영국은 오랜 자본주의 국가로서 19세기 중반에 이미 해상의 패권과 전 세계 식민지 경제 방면에서 모두 확고한 위치를 고수하고 있었다. 독일의 자본주의는 영국보다 늦게 시작되었지만 19세기 말부터 20세기 초까지 무척 빠른 발전을 이루었으며 심지어 영국을 따돌리고 앞서가려 했다. 원래 유럽 대륙의 패권을 차지하는 것이 목표였던 독일의 최고 통치 집단은 이제 전 세계의 패권을 장악하려는 세계정책으로 목표를 수정했다.

이런 상황에서 독일과 영국은 유럽의 상품시장은 물론이거니와 식민지 시장에서까지 사사건건 충돌하며 갈등을 빚었다. 독일은 아시아에서 '3B 철로'를 건립하고, 아프리카에 적도 아프리카 제국을 세우려고 했는데 이런 시도는 모두 영국의 이익을 크게 침해하는 것이었다. 바다 위에서도 역시 세계 제1위와 제2위를 차지한 영국과 독일의 갈등은 여러 방면에서 나날이 커졌다.

삼국동맹 vs. 삼국협상

러시아와 오스트리아가 발칸 반도에서 갈등을 빚으며 충돌할 때마다 오스트리아를 지지해 온 독일은 1879년에 비스마르크의 주도로 오스트리아와 동맹조약을 체결했다. 비스마르크는 여기에 이탈리아까지 설득해서 함께 러시아, 프랑스에 맞서기로 했다. 이렇게 해서 독일, 오스트리아, 이탈리아 세 나라는 1882년에 공식적으로 동맹을 맺었는데 이를 '삼국동맹Dreibund'이라고 한다. 공격적인 성향의 삼국동맹은 독일이 주도했으며 주요 공격목표는 러시아와 프랑스였다.

삼국동맹이 형성되자 불안을 느낀 러시아와 프랑스는 공동의 적에 대응하기 위해서 1892년에 군사협정을 체결했다. 여기에 독일의 급부상에 위협을 느끼고 있던 영국까지 전통적인 외교 기본정책, 이른바 영광스러운 고립을 버리고 프랑스와 동맹을 시도했다. 프랑스 역시 독일에 대항하기 위해 영국과 손을 잡았다. 1904년, 영국과 프랑스는 협약을 체결하고 그동안 갈등을 빚어왔던 아프리카 식민지 문제를 조정해서 앙금을 해소하고 두 나라는 사실상 동맹국이 되었다.

독일이라는 공동의 적을 마주한 영국과 러시아 역시 그동안 충돌했던 문제를 조정하기로 하고 1907년에 그동안 갈등을 빚어 왔던 아시아 식민지 문제를 해결하는 협정에 서명했다. 그들은 이를 평화라고 말했지만 사실상 자신들의 뱃속을 채우기 위해 약소국을 마음대로 나눠 가진 것이었다. 여하튼 러시아, 프랑스, 영국으로 이어지는 세 나라 군사동맹을 '삼국협상Triple Entente'이라고 부른다.

사라예보 사건

제1차 세계대전은 1914년부터 1918년까지 제국주의 국가들로 형성된 삼국동맹과 삼국협상이 벌인 세계 전쟁이다. 보스니아 사라예보에서 터진 총성으로부터 시작된 이 전쟁은 이후 유럽 대륙은 물론 전 세계를 뒤흔들었다.

전쟁의 도화선

1914년, 유럽 대륙에서 제국주의 국가들 사이의 갈등이 최고조에 달하고 이제 무력 충돌은 시간문제일 뿐이었다. 이때 전쟁의 불씨를 당긴 것이 바로 '사라예보 사건'이었다. 그동안 직간접적으로 러시아의 지지를 받아 온 세르비아는 오스트리아가 발칸 반도에서 세력을 확장하는 데 큰 걸림돌이 되었다. 이에 오스트리아는 세르비아에 군사적인 위협을 서슴지 않았다. 1914년 4월, 얼마 후 오스트리아가 보스니아의 수도 사라예보에서 군사 훈련을 거행한다는 소식이 알려졌다. 세르비아와 국경을 접한 보스니아에서 그것도 하필이면 오스만 제국에 정복당한 세르비아의 '국치일國恥日'에 군사 훈련을 하기로 한 것이다. 이는 오스트리아가 세르비아를 무시하고 군사적으로 위협하는 것과 마찬가지였다. 세르비아 정부는 당장 오스트리아에 서한을 보내어 이 훈련을 취소하라고 경고했으나 아무런 대답도 얻지 못했다. 세르비아의 민족주의 비밀단체인 '검은손'은 이 소식을 듣고 크게 분노해서 보스니아로 조직원을 급파했다. 그들은 이 군사 훈련을 주도한 오스트리아의 황태자 프란츠 페르디난트Franz Ferdinand 대공을 암살하기로 결정하고 철저하게

1914년 6월 28일 아침 9시경. 기다란 자동차 행렬이 보스니아의 수도 사라예보를 향해 가고 있었다. 자동차 안에는 오스트리아의 황태자 프란츠 페르디난트 대공 부부와 경호원이 타고 있었다. 대공은 군복을 입고 훈장을 단 위풍당당한 모습이었으며, 이 날은 그와 부인 소피아의 열네 번째 결혼기념일이었다.

계획을 세웠다.

5월, 검은손의 조직원 일곱 명이 각각 사라예보에 잠입한 뒤, 페르디난트 대공의 암살하기 위해 매우 철저하게 준비했다. 6월 28일 오전 10시, 페르디난트 대공 부부는 도시 외곽에서 군사 훈련을 사열한 후 사라예보 시내로 돌아왔다. 그들이 탄 차가 지나갈 때 길가의 구경꾼들 속에 숨어 있던 검은손 조직원 차브리노빅Čabrinović이 수류탄 하나를 던졌다. 운전기사는 깜짝 놀라 반사적으로 속도를 높였고 수류탄은 차 뒤쪽에서 터졌다. 이 폭발로 군관 한 명과 군중 몇 명이 사망했으며 차브리노빅은 체포되었다. 십년감수한 페르디난트 대공은 애써 침착함을 유지하며 계속 가자는 의미의 수신호를 보냈다. 그러나 그가 위험에서 완전히 벗어난 것은 아니었다. 시청에 도착한 페르디난트 대공 부부는 간단한 환영 행사에 참여한 후 잠시 휴식을 취했다가 다시 차를 타고 이동했다. 얼마 후 대공을 태운 차가 모퉁이를 돌았을 때 열일곱 살의 학생 가브릴로 프린치프Gavrilo Princip가 뛰어나오더니 페르디난트 대공 부부를 총으로 쏴 죽였다.

이후 사람들은 가브릴로 프린치프의 애국심을 기리며 사건이 터진 사거리에 그의 발도장이 찍힌 돌을 바닥에 깔았다. 그 옆의 벽에는 세르비아 어로 이렇게 쓰여 있다. "1914년 6월 28일, 가브릴로 프린치프가 폭력과 학대에 대한 저항, 그리고 자유에 대한 염원을 드러냈다."

그의 행동은 세르비아 인들을 감동시킨 애국적인 행동이었지만 오스트리아의 입장에서는 절대 용서할 수 없는 테러 행위였다. 오스트리아뿐 아니라 동맹 관계인 독일 역시 소리 높여 비난했으며 "결코 좌시할 수 없는 일이다."라며 흥분했다. 7월 한 달, 불안한

1914년 8월, 제1차 세계대전이 시작되자 독일군이 벨기에로 진군했다.

상황이 계속 되다가 마침내 8월 초에 제1차 세계대전이 시작되었다.

개전

1914년 7월 28일, 오스트리아가 세르비아에 선전포고하자, 이틀 뒤인 7월 30일에 러시아가 병력을 세르비아에 지원군을 보냈다. 독일은 8월 1일과 3일에 각각 러시아와 프랑스에 선전포고했으며 4일에는 중립적인 태도를 보이던 벨기에까지 침공했다.

같은 날, 벨기에가 무너지면 자국도 안전하지 않다고 생각한 영국은 1839년에 벨기에의 중립을 확인한 런던 조약을 들어 독일에 선전포고했다. 이어서 6일에 오스트리아가 러시아에, 12일에 영국이 오스트리아에 선전포고 했다.

오스트리아의 황태자 프란츠 페르디난트는 세르비아를 위협하고자 일부러 보스니아의 수도 사라예보에서 군사 훈련을 실시했다. 그가 암살당하면서 제1차 세계대전이 발발했다.

슐리펜 플랜의 실패

■ 독일군 참모총장 슐리펜

제1차 세계대전의 주요 전장은 유럽 대륙이었다. 전투는 서부전선과 동부전선으로 나뉘어 벌어졌으며 그중 서부전선의 승패가 전체 전쟁의 결과를 결정했다. 1914년에 벌어진 마른 강 전투는 서부전선에서 빠른 속도로 승리를 거두겠다는 독일의 계획을 무산시켰다.

슐리펜 플랜

독일은 일찍부터 전쟁 준비를 착실히 한 덕분에 매우 세부적으로 주도면밀하게 계획을 세우고, 군대 역시 세계 최고의 조직력과 장비, 전투력을 모두 갖추었다. 독일군 참모총장이던 알프레트 폰 슐리펜Alfred Graf von Schlieffen은 1905년에 이미 전체적인 작전을 완성했는데 이것이 바로 유명한 '슐리펜 플랜Schlieffen Plan'이다. 슐리펜 플랜의 주요 목표는 독일의 동서 양쪽에서 들어오는 적들의 협공에 성공적으로 대처하는 것이었다. 그는 앞으로 전쟁이 시작되면 영국, 프랑스와 서부전선에서, 러시아와 동부전선에서 싸워야 할 것이라고 예상하고, 양쪽에서 동시에 전쟁을 벌어지는 상황을 피할 방법을 고심했다. 그러던 중 적군의 이동 속도 차이를 이용하는 묘안이 떠올랐다. 면적이 넓고 병력이 많은 러시아는 철도가 부실한 탓에 모든 병력을 동원하려면 대략 한 달은 족히 걸린다. 반면에 프랑스는 일주일 정도면 병력을 전장으로 이동할 수 있다. 그러므로 전쟁이 발발하면 우선 주력부대를 서부전선에 배치해서 총공격을 쏟아 부어 속전속결로 4~6주 사이에 프랑스의 항복을 받아낸다. 이렇게 서부전선을 안정시킨 후, 동부전선으로 이동해서 러시아와 싸워 3~4개월 안에 승리를 거둔다는 계획이 완성된 것이다. 독일은 슐리펜 플랜을 성공적으로 수행하기 위해서 병력을 신속하게 이동할 수 있는 완벽한 전략적 철도망을 건설했다.

1914년에 제1차 세계대전이 발생하자 독일 참모총장 헬무트 요하네스 몰트케Helmuth Johannes Moltke는 즉각 슐리펜 플랜을 시행했다. 그는 뛰어난 공을 세운 군인이자 정치가인 헬무트 폰 몰트케의 조카다. 이 두 사람을 구별하기 위해 대大몰트케, 소小몰트케로 부르기도 한다. 그런데 프랑스를 공격하면서 슐리펜 플랜의 허점, 바로 영국의 존재를 무시한 것이 문제로 떠올랐다. 독일이 프랑스로 진격하려면 벨기에를 거쳐서 가야 했는데 이때 영국이 병력을 보내 독일의 진격을 저지한 것이다. 벨기에가 뚫리면 자국의 안전이 매우 위험해지리라 생각해온 영국은 독일이 벨기에를 점령하는 상황을 보고 있을 수 없었다. 영국이 삼국협상에 들어간 것도 바로 이런 이유였다. 영국은 벨기에를 지원하는 동시에 정예부대를 프랑스로 급파했다. 이외에 벨기에의 저항을 전혀 고려하지 않은 것도 슐리펜 플랜의 허점이었다. 독일은 벨기에 정도는 쉽게 공격해서 장악할 수 있다고 생각했지만, 예상과 달리 벨기에인들은 끈질기게 저항하며 독일이 전력을 소모하고, 시간을 허비하게 만들었다. 독일이 벨기에에 묶여 있는 동안 프랑스는 이미 외부의 도움까지 받아 완벽하게 전투 준비를 마쳤다. 그 결과 독일이 계획한 속전속결은 불가능해졌고, 러시아도 생각보다 빠르게 동부전장에 도착했다. 결과적으로 완벽해 보였던 슐리펜 플랜이 완전히 실패로 돌아갔다. 실패의 또 다른 원인은 오른쪽 날개 병력을 줄인 데 있었다. 전쟁이 임박했을 무렵, 이미 여든 살의 고령이 된 슐리펜은 임종을 앞둔 와중에도 부관들에게 계속해서 강조했다. "절대 오른쪽 날개가 약해져서는 안 되네." 그러나 슐리펜이 사망하고 1년이 지난 후, 그의 뒤를 이어 독일군 참모총장이 된 몰트케는 슐리펜 플랜을 수정해서 오른쪽 날개 병력을 줄이는 실수를 저질렀다.

마른 강 전투

전쟁이 시작되자 오스트리아는 세르비아를 공격했고, 독일은 벨기에를 지나 프랑스로 진격했다. 유럽 대륙에는 순식간에 서부전선, 동부전선, 발칸 전장, 이탈리아 전장이 형성되었는데 특히 서부전선의 프랑스 전장이 전체 전쟁의 결과를 결정할 수 있을 만큼 매우 중요했다.

1914년 8월, 독일군 참모총장 몰트케가 리에Lier 요새를 공격해서 벨기에 북부를 통해 프랑스로 진격하려고 했을 때 국경 지역에서 독일과 영국 프랑스 연합군의 격렬한 전투가 벌어졌다. 총 350만 명에 달하는 병력이 치열하게 싸운 결과 영국 프랑스 연합군이 남쪽으로 철수했고 독일은 마침내 프랑스 본토로 나아갔다. 영국 프랑스 연합군은 9월 초에 마른 강 이남까지 철수했지만, 끝까지 포기하지 않고 파리에서 베르뎅을 잇는 방어선을 구축했다. 당시 프랑스 육군 총사령관 조프르Joffre 장군은 비장한 각오로 반격을 준비했다.

마른 강 전투는 거의 일주일 동안 벌어졌지만, 결과적으로 몰트케가 슐리펜 플랜을 수정해서 오른쪽 날개 병력을 줄이는 바람에 독일군은 속수무책으로 패배를 거듭했다. 결국 그들은 허둥지둥 북쪽으로 퇴각해서 독일 황제에 패배를 보고했다.

영국 프랑스 연합군은 200킬로미터로 늘어서서 60킬로미터를 진격했지만, 양측은 승패에 관계없이 똑같이 엄청난 손실을 입었다. 영국 프랑스 연합군의 사상자는 25만 명, 독일군은 30만 명이나 되었다. 전장으로부터 먼 곳에 있던 몰트케는 최전선의 상황을 전혀 이해하지 못한 탓에 제대로 지휘할 수 없었다. 그래서 각 집단군이 서로 협동하지 못했으며 결과적으로 패배하고 말았다. 반면에 영국 프랑스 연합군은 일차적인 승리를 거두기는 했지만, 이후에 더 이상 추격할 힘이 없어서 독일군이 다시 일어날 기회를 주었다.

프랑스를 빠른 속도로 제압하려는 전략이 실패로 돌아가자 독일 황제 빌헬름 2세 Wilhelm Ⅱ는 참모총장 몰트케를 해임하고 그 자리에 에리히 폰 팔켄하인 Erich von Falkenhayn을 임명했다. 마른 강 전투가 끝나고 11월 중순이 되자 양측은 서로 대치하며 진지전을 시작했다.

전쟁의 확대

전쟁은 바다 위에서도 치열했다. 영국, 독일, 러시아, 프랑스, 일본은 바다 위에서도 여러 차례 전투를 벌였는데 주로 북해에서 충돌했으며, 역사상 처음으로 공군이 실전에 투입되었다.

프랑스군은 다소 성급하게 독일 진영으로 돌진했으며 매우 큰 대가를 치러야 했다.

발칸 전장

1914년 7월 28일, 오스트리아가 세르비아의 수도 베오그라드Beograd에 대규모 폭격을 시작했다. 이 공격으로 일반인 5,000여 명이 사망하자 분노한 세르비아 국민이 모두 단결해서 적에게 대항했다. 이에 오스트리아는 잠시 퇴각했다가 9월에 다시 세르비아를 공격했다. 세르비아군은 중부 고원 지대까지 후퇴했으나, 협상국으로부터 무기, 탄약, 식량 등을 지원받은 후 12월 중순에 베오그라드를 수복하고 오스트리아군을 국경 밖으로 내쫓았다.

동부전선

발트 해 연안에서부터 루마니아 국경까지 동부전선의 주요 전장이 형성되었다. 전쟁 초반, 동부전선에 배치된 독일군은 동프로이센의 제8집단군과 쾨니히스베르크Königsberg 요새 경비 부대로 총병력 30만 명에 불과했다. 이에 러시아의 최고 사령관 니콜라이 니크라에비치Nikolai Niklaevich 대공은 서남 방면군으로 동프로이센의 제8집단군을 공격하기로 결정했다. 1914년 8월 17일, 월등히 우세한 병력을 보유한 러시아가 동프로이센을 향해 진격했다. 깜짝 놀란 독일은 힌덴부르크Hindenburg를 제8집단군 사령관으로 임명하고 동부전선의 병력을 증강했다. 8월 26일, 러시아는 양쪽 날개에서부터 공격을 시작해서 20여일이나 격전을 벌였지만, 병력 25만 명을 잃는 등 참패하고 네만 강까지 후퇴했다.

폴란드와 오스트리아의 접경 지역인 갈리시아Galicia에서는 러시아 서남 방면군과 오스트리아군이 싸웠다. 양측 합계 100개가 넘는 사단이 투입된 이 전투에서 오스트리아는 병력 40만 명을 잃고 카르파티아 산맥Carpathian Mts.까지 퇴각했다. 9월 하순과 11월에 독일이 오스트리아를 지원하기 위해 이 지역의 러시아군을 공격했지만 모두 상대방의 방어

1914년 8월 20일, 벨기에가 독일에 점령되었다. 벨기에 국민들이 수도 브뤼셀로 들어오는 독일군을 바라보고 있다.

선을 뚫지 못했다.

일본과 터키의 참전

1914년 8월 6일, 중국 북양군벌 정부는 유럽 대륙의 전쟁에 중립을 선포하고 이 기회에 독일이 조차하던 산둥 반도 남쪽의 자오저우 만膠州灣과 칭다오青島를 돌려받고자 했다. 그런데 8월 23일 제국주의 일본이 협상국의 편에 서서 독일에 선전포고하고 독일의 조차지라는 이유로 중국 칭다오를 공격했다. 이후 칭다오가 일본의 손아귀에 들어간 것을 물론, 남태평양의 독일령 마샬 군도Marshall Islands, 캐롤라인 제도Caroline Islands, 마리아나 제도Mariana Islands 역시 모두 일본이 점령했다.

1914년 11월 2일, 이번에는 독일의 꼬드김에 빠진 터키가 영국, 프랑스, 러시아와 국교를 단절하더니 급기야 12일에 '성전聖戰'을 선포했다. 러시아와 터키는 즉각 전쟁을 시작했고 그 결과 터키 제9집단군 약 7만여 명이 전사했다.

전쟁 전, 독일은 아프리카 서남부의 나미비아Namibia, 토고Togo, 카메룬Cameroon와 동아프리카 일부를 점령하고 있었다. 그러나 제1차 세계대전이 시작된 후 모두 협상국 진영에 빼앗겼다. 토고와 카메룬은 영국과 프랑스가 나눠 가졌으며, 독일령 동아프리카 대부분은 영국이, 나머지를 벨기에가 차지했다.

1915년의 동부전선과 서부전선

1915년에 접어들면서 전쟁은 제2단계에 돌입했다. 서부전선에서 실패한 독일은 이제 동부전선에 주력하기로 했는데 이때 그동안 중립을 유지하던 주변 국가들까지 전쟁에 뛰어들었다. 서로 승패를 주고받는 가운데 전쟁은 한 치 앞이 보이지 않는 상황에 빠졌다.

동부전선

독일은 마른 강 전투 패배의 원인과 문제점을 돌아보고 전략적 계획을 수정한 후, 주력군을 동부전선으로 이동했다. 그들은 비록 서부전선에서는 원하는 결과를 얻지 못했으나 동부전선에서만큼은 러시아를 신속하게 격퇴하기로 마음먹었다. 러시아를 전쟁에서 물러나게 만들어서 동부전선을 안정시키고 다시 영국, 프랑스와의 전쟁에 모든 역량을 투입할 생각이었다. 그 결과 이제 동부전선이 제1차 세계대전의 주요 전장이 되었다.

1915년 5월, 독일과 오스트리아는 서부전선이 잠시 잠잠해진 틈에 대포 2,000여 개, 18개 사단을 투입해서 러시아를 공격했다. 화력과 병력이 모두 우세한 독일의 공격을 받은 러시아군은 줄줄이 퇴각해서 차례로 갈리시아, 폴란드, 리투아니아Lithuania, 라트비아Latvia까지 후퇴했다. 포로로 끌려간 병사는 무려 32만 명에 달했다. 하지만 승리를 거둔 독일의 병력도 상당히 큰 타격을 입었기 때문에 러시아군을 전멸하겠다는 목표를 달성하지는 못했다.

1915년 5월 23일에 이탈리아가 협상국 진영에 서서 오스트리아에 선전포고하고 전쟁에 뛰어들었다. 이탈리아군은 1915년 6월에 39개 사단을 동원해서 이존초Isonzo 연안과 트렌티노Trentino 일대에서 오스트리아와 전투를 벌이기 시작했으나 별다른 성과를 거두지 못했고 양측은 그해 말까지 지루하게 대치했다. 전체적으로 군사력이 약했던 이탈리아군은 거의 병력 30만 명, 엄청난 양의 장비 등을 모두 잃고 참패했다. 그러나 오스트리아의 40개 사단을 물고 늘어져서 프랑스와 러시아의 부담을 덜어주었다.

1915년 9월, 이번에는 불가리아가 마케도니아와 세르비아의 영토 일부를 얻는 조건으로 독일, 오스트리아, 터키와 군사 동맹을 맺었다. 10월 14일, 불가리아가 정식으로 선전포고하고 세르비아에 30만 병력을 파병했다. 총병력 20만 명에 장비까지 좋지 않던 세르비아군은 독일, 터키, 불가리아 세 나라의 60여만 명 대군의 협공에 굴하지 않고 끝까지 저항했다. 하지만 10월 하순, 영토 전체가 점령당하면서 세르비아 정부와 군대는 그리스의 코르푸Corfu 섬으로 도피했다.

1916년 봄, 러시아가 프랑스의 요청을 받아들여서 3개 방면군, 200만 병사를 동원해 독일 오스트리아 연합군을 공격했다. 격전이 오간 가운데 양측은 각각 100만 명에 달하는 병력을 잃었다. 승리의 기쁨에 흥분한 러시아는 이 기세를 몰아 갈리시아 동부까지 진격한 후 카르파티아 산기슭까지 진출했다. 그러자 러시아의 승리에 고무된 루마니아가 8월에 삼국동맹에 선전포고했고 독일 오스트리아 연합군 역시 석유와 식량 자원을 확보하기 위해 루마니아와 적극적으로 싸웠다. 얼마 후 루마니아의 수도 부카레스트 Bucharest가 함락되었으며 루마니아의 국토 대부분이 독일 오스트리아 연합군에 점령당했다.

동부전선에서 벌어진 전투는 대부분 정면 돌파 방식이었는데 이런 전투 방식은 전쟁 후반으로 들어가면서 더욱 광범위하게 응용되었다.

서부전선

1915년에 독일군은 서부전선에 200만 병력을 배치해서 전략적 방어 자세를 취했다. 이 지역의 영국 프랑스 연합군은 총 300만 명으로 프랑스군이 조금 더 많았다. 1915년 봄, 영국 프랑스 연합군은 독일군에 공격을 감행했지만 수많은 사상자만 발생했을 뿐 이렇다 할 성과를 거두지는 못했다.

4월 하순, 독일이 영국 프랑스 연합군에 반격하면서 제2차 이프르Ypres 전투가 시작되었다. 1915년 4월 22일, 독일군이 세계 최초로 염소가스를 전쟁 무기로 사용했다. 그들

■ 전투 후의 처참한 광경

은 영국 프랑스 연합군 진지에 염소가스가 담긴 가스통 6,000개(180톤)를 투하했다. 정체 불명의 노란색 기체를 연막탄으로 생각한 연합군 병사들이 대부분 참호 속에 숨는 바람에 1만 5,000명이 염소가스에 중독되고 그중 5,000명이 사망했다. 그 결과 연합군 진지 전방 10킬로미터, 종심 7킬로미터 지대가 방어하는 병력 없이 텅 비어 버리는 상황이 발생했다.

독일은 이 기회를 놓치지 않고 비어 있는 틈을 통해 신속하게 돌진했지만, 예비부대의 지원을 받지 못해서 큰 성과를 거두지는 못했다. 영국 프랑스 연합군은 독일의 염소가스 공격에 잠시 당황했으나 즉각 지원군이 도착해서 진영의 빈 곳을 메우면서 다시 안정을 찾았다. 독일은 4월 24일에 다시 제2차 독가스 공격을 시도했으나 역시 별다른 성과 없이 끝났다. 4월 26일부터 5월 12일까지 이어진 전투에서 엄청난 사상자를 낸 독일군은 마침내 몇 군데 돌파구를 만들어서 영국군을 이프르 성 외곽까지 몰아냈다. 하지만 정작 가장 중요한 지역에서 돌파에 실패하면서 전투는 승패를 가르지 못하고 흐지부지되고 말았다. 얼마 후 5월 25일에 전투가 끝났다.

9월부터 11월까지 영국 프랑스 연합군은 프랑스 포슈 장군의 지휘 아래 연속 공격을 시도했다. 그러나 엄청난 손실에도 겨우 4킬로미터를 전진했을 뿐 더 이상 공격하지 못했다. 양측은 다시 서로의 진지를 지키며 긴장 속에 대치하기 시작했다.

1916년의 세 번의 전투

양측 참전국들은 모두 1916년을 승패를 결정하는 해로 보고 최종 승리를 위해 치열하게 싸웠다. 이 해에 육지에서 대규모 전투가 여러 번 벌어졌는데 대표적인 것으로 서부전선의 베르뎅 전투, 솜 강 전투를 들 수 있다. 바다 위에서도 유틀란트 해전이 벌어져 영국이 바다를 장악하게 되었다. 1916년은 전쟁의 주도권이 협상국 측으로 넘어간 해였다.

베르뎅 전투

1916년, 독일은 주요 전장을 다시 서부전선으로 전환해서 프랑스를 공격했다. 독일 총사령부는 프랑스의 베르뎅 요새를 공격 목표로 삼았는데 이곳은 협상국 측 방어선의 돌출 부분으로 독일이 프랑스와 벨기에 깊숙이 들어가고자 할 때 가장 큰 위협이 될 만한 곳이었다. 또 프랑스 수도 파리와 전장을 오고 가는 길목이어서 전략적으로 매우 중요했다.

2월 21일, 독일은 최전선에 각종 대포를 집중 배치하고 베르뎅 근처의 좁은 삼각 지대에 10여 시간 동안 쉬지 않고 포탄을 퍼부었다. 대포를 얼마나 많이 발사했는지 전투가 끝난 후 이 지역의 삼림, 언덕, 참호 등이 모두 사라져 마치 원래 평지였던 것처럼 보일 정도였다. 대포 공격이 끝난 후 독일군 6개 사단 병력이 빠른 속도로 전진했다. 프랑스의 최고사령관 조프르는 급히 지원군을 보내고 페탱Pétain 장군을 베르뎅 전투 지휘관을 임명했다. 프랑스군은 죽음을 각오하고 저항했다. 양측은 전투기를 동원해서 공중전을 벌였으며 상대방의 공항을 폭격하고 보급선까지 공격했다. 독일군은 포스겐 가스를 사용해서 많은 프랑스 병사를 살상해서 프랑스인들을 거의 공황상태에 빠지게 만들었지만 끝내 승리를 쟁취하지는 못했다.

10월부터 12월까지 다시 병력을 재정비한 프랑스는 베르뎅에 부대를 집중하고 반격을 시작해서 잃었던 땅을 대부분 되찾았다. 전략적 공격이 전부 실패하자 독일 황제 빌헬름 2세는 참모총장 팔켄하인을 해임하고 그 자리에 힌덴부르크를 임명했다. 루덴도르프Ludendorff는 부참모장에 임명되었다.

전형적인 진지전, 소비전이었던 베르뎅 전투에서 양측의 사상자는 거의 100만에 달했다. 이 때문에 베르뎅 전투는 '살육전', '베르뎅 지옥'이라고 불리기도 한다. 이 전투는 제1차 세계대전의 전환점이 되었고 이때부터 독일은 점차 패배의 길을 걸었다.

솜 강 전투

1916년 초, 영국 프랑스 연합국은 전략적 방침에 근거해서 솜 강Somme River 및 그 지류인 앙크르Ancre River에서 대규모 공격을 감행했다.

솜 강 부근은 언덕이 많아 지형이 편평하지 않고 기복이 심했으며 숲과 마을들이 촘촘하게 분포된 지역이었다. 독일군은

■ 독일 참호 아래에 쌓아둔 폭탄이 폭발하면서 솜 강 전투가 시작되었다.

이곳에 진지 세 개를 구축했는데 그중 주요 진지에는 계단식 참호와 갱도 공사를 하기 위해 주변에 여러 갈래의 철도까지 설치했다. 이곳의 방어는 파욜Fayolle 장군이 지휘하는 독일 제2집단군 13개 사단이 맡았다.

7월 1일 새벽, 롤린슨Rawlinson 장군이 지휘하는 영국의 제4집단군이 마리쿠르Maricourt에 서부터 알베르Albert까지 늘어서서 25킬로미터 정면의 바폼Bapaume을 향해서 돌진했다. 영국 제3집단군과 제7군은 왼쪽에서, 프랑스 제6집단군은 로지에르Rosières 북쪽의 솜 강 양안에서 페론Péronne 방향으로 각각 공격을 지원했다. 잠시 후 영국군의 오른쪽 날개와 프랑스군이 함께 독일의 제1진지를 향해 돌격했지만, 왼쪽 날개는 독일이 구축해 놓은 갱도에 막혀 더 이상 진격하지 못했다. 독일의 강력한 총포에 거의 6만 명이나 죽거나 다쳤다.

얼마 후 영국군 오른쪽 날개와 프랑스군은 독일의 제2진지까지 공격했으며 프랑스군은 단번에 바를러Baarle 등 독일의 방어 요지를 점령했다. 그런데 여러 갈래로 나뉘어 공격한 연합군은 전체적으로 조직력이 부족한 바람에 후반으로 갈수록 진격 속도가 느리고 자꾸만 뒤처졌다. 그 덕분에 독일군은 잠시 뒤로 밀렸다가도 금세 지원 병력을 보충해서 반격했다. 7월 19일, 독일의 제2집단군은 여러 갈래로, 벨로프Below가 지휘하는 제1집단군과 갈비츠Gallwitz가 지휘하는 제3집단군으로 각각 둘로 나뉘어 솜 강 상류 지역 방어를 강화했다.

영국 프랑스 연합군은 끊임없이 적을 공격했지만 7월 중순까지 겨우 몇 킬로미터만 전진했을 뿐 이렇다 할 성과를 거두지 못했다. 이후 한동안 양측은 서로 끊임없이 병력과 장비를 투입하고도 승패를 가르지 못하는 소모전을 치렀다.

▍영국군 탱크와 병사들

9월 3일, 영국 프랑스 연합군이 56개 사단을 동원해서 다시 한 번 대규모 공격을 감행한 결과, 독일 방어선을 뚫고 2~4킬로미터까지 진격했다. 9월 15일, 이번에는 영국이 탱크 49대와 보병을 투입해서 제3진지의 요지를 점령했는데 이는 역사상 처음으로 탱크를 사용한 전투였다. 이후 9월 하순부터 11월 중순까지 영국 프랑스 연합군 보병과 탱크는 두 차례 더 공격했으나 이렇다 할 성과는 없었다.

유틀란트 해전

해상 강국 영국은 전쟁이 시작된 후 줄곧 바다를 장악하고 독일 함대를 원천 봉쇄했다. 그 바람에 독일 함대는 북해로 진입할 시도조차 못 한 채 겨우 발트 해 연안에서만 활동해야 했다. 영국의 해상 봉쇄는 독일 경제에 큰 타격을 안겨주었기 때문에 독일은 어떻게 해서든지 이 상황을 해결해야 했다.

1916년 5월 31부터 6월 1일까지 영국과 독일 양국의 주력 함대가 유틀란트_Jutland 반도 근해에서 대규모 해전을 벌였다. 영국은 이 전투에 전함 약 150척, 독일은 100척을 투입했다. 치열한 전투가 끝난 후, 영국의 피해 상황은 전함 14척과 사상자 6,000여 명, 독일은 전함 11척과 사상자 2,500명이었다. 영국 전함 14척의 중량은 독일 전함 11척의 거의

▌유틀란트 해전

2배에 달했기 때문에 전체적으로 영국의 손실이 더 컸다고 할 수 있다. 하지만 이와 별개로 영국은 여전히 바다 위에서 전략적으로 우세한 지위를 차지했다. 이후 독일 함대는 목을 집어넣은 거북이처럼 항구 안에서만 웅크리고 있을 뿐 다시는 감히 바다로 나오지 못했다. 유틀란트 해전은 제1차 세계대전 기간 중 규모가 가장 큰 해전이었다.

러시아의 이탈

1917년, 전쟁이 후반부에 들어서면서 큰 변화가 발생한다. 바로 '2월 혁명'과 '10월 혁명'이 연이어 일어나면서 내부적으로 큰 혼란을 겪은 러시아가 전쟁에서 빠진 것이다.

2월 혁명

1914년에 제1차 세계대전이 발발하자 러시아 경제는 큰 타격을 입었으며 러시아 국민들은 거의 붕괴된 경제 탓에 극도로 피폐한 삶을 살았다. 사방에서 굶어 죽거나 병에 걸려도 제대로 치료받지 못해 죽는 사람이 생겼다. 사회 내부에 각종 갈등이 격화되면서 국민은 새로운 사회를 바랐지만, 러시아의 황제, 차르는 이런 상황을 애써 모른 척했다. 얼마 후 무려 300여 년 동안 러시아를 통치한 로마노프 왕조를 무너뜨린 '2월 혁명'이 일어났다.

1917년 초, 몇 차례 시위와 파업이 일어나고 시위대가 수도를 점령했다. 3월 12일, 차르 니콜라이 2세_{Nikolai II}는 반란군을 해산하라고 명령했지만 제정帝政 러시아 의회인 두마_{Duma}는 이를 거부했다. 얼마 후 반란군이 군관들을 죽이고 도심에 큰 화재가 일어났으며 감옥의 문이 열려서 범죄자들이 거리로 쏟아져 나왔다. 이제 도시 골목마다 반란군과 정부군의 교전이 벌어졌으며 반란은 모스크바 전체로 퍼져 나갔다. 3월 15일 오후 3시, 니콜라이 2세가 프스코프_{Pskov}의 육군 총사령부에서 퇴위를 선포했으며, 다음 날 차르의 형제들은 모두 황위 계승을 거절했다. 며칠 사이에 차르 및 그 가족들이 체포되면서 로마노프 왕조의 통치가 막을 내렸다.

러시아 의회 두마는 위원회를 집행하는 과정에서 온건파 인사들과 강경파 인사들이 치열한 권력 투쟁을 시작했다. 이때 온건파인 알렉산드르 케렌스키_{Alexander Kerensky}가 두각을 드러내어 러시아 임시정부의 수뇌가 되었다. 그러나 얼마 지나지 않아 11년의 망명 생활을 끝낸 블라디미르 레닌_{Vladimir Lenin}이 독일의 도움을 받아 스위스, 독일, 스톡홀름, 헬싱키를 거쳐 러시아로 돌아왔다.

러시아 임시정부의 전쟁

'2월 혁명' 후, 케렌스키는 임시정부의 법무장관 및 육해군 장관을 거쳐 총리에 임명되었으며 브루실로프_{Brusilov}는 러시아군의 총사령관이 되었다. 국내 사정으로 잠시 전장에 신경 쓰지 못했던 그들은 협상국의 요청에 따라 7월부터 갈리시아 공격을 시작했다. 이

공격은 승리를 거두기는 했으나 얼마 후 곧 거센 반격을 받았다.

삼국동맹 측은 서부전선에서 몇 개 사단을 옮겨 와 7월 19일부터 대규모 반격을 시작했다. 러시아의 전선은 거의 대부분 무너졌으며 잔여 병력은 정신없이 후퇴하기에 바빴다. 처음 며칠 동안 격렬한 전투가 벌어진 것을 제외하면 독일과 오스트리아 군대는 이 전투에서 마치 적군이 없는 것처럼 편하게 진격할 수 있었다.

독일은 케렌스키를 협상장으로 끌어내기 위해 쉬지 않고 계속 공격했다. 9월 3일, 북부전선에서 독일 제8집단군이 리가Riga를 공격했지만, 러시아는 거의 아무런 저항도 하지 않았다. 이에 독일은 수륙양용 원정군을 파견해서 리가 연해의 여러 섬까지 모두 점령하도록 했다. 이것이 성공한다면 페테르부르크를 효과적으로 위협할 수 있기 때문이었다.

10월 혁명

기대했던 임시정부에 대한 실망, 전쟁의 실패, 이로 말미암은 경제적 어려움 등으로 러시아인들의 불만은 극에 달했다. 이에 레닌과 트로츠키Trotsky를 우두머리로 하는 볼셰비키Bolsheviki 정당은 10월 혁명을 일으켜 정권을 차지했다. 이것은 세계 최초의 공산주의 혁명이었으며 이를 통해 최초의 소비에스 사회주의국가가 건립되었다.

10월 혁명이 성공하자 케렌스키는 즉시 도망갔으며 임시정부가 있던 페테르부르크의 동궁冬宮에는 겨우 여군 부대 하나와 군관 몇 명만 남았다. 러시아 사회민주노동당 내부에서 볼셰비키의 반대파를 형성한 멘셰비키Mensheviki는 2월 혁명 후에 수립된 임시 정부와 케렌스키 내각을 지지했다. 트로츠키는 그들에게 "연극은 끝났소! 이제는 당신들의 자리로 돌아가시오! 역사의 쓰레기통 속으로!"라고 소리쳤다. 이로써 자유주의자 혹은 온건파 사회주의자들이 모두 정부에서 퇴출되었다.

혁명이 전국적으로 확대되면서 러시아는 일대 혼란에 빠져들었고 내전이 시작되었다. 볼셰비키는 러시아가 전쟁에서 빠지는 문제를 들고 나와 공론화하기 시작했다. 그 덕분에 독일은 1914년 전쟁이 발발한 이후 처음으로 대부분 군대를 서부전선으로 이동할 수 있었다. 12월 15일, 우선 1개월 휴전 협정이 체결되었다. 12월 22일에 러시아는 브레스트리토프스크Brest-Litovsk에서 단독으로 독일, 오스트리아, 불가리아, 터키의 대표와 평화조약을 체결했다. 이로써 러시아가 전쟁에서 이탈했다.

전쟁의 종결

1917년, 미국이 참전을 결정하고 중국 등 여러 국가가 전쟁에 뛰어들면서 세 나라로 시작했던 협상국은 27개국으로 확대되었다. 1918년 11월, 독일이 투항을 선포하면서 제1차 세계대전이 끝났다.

미국의 참전

처음에는 관망하는 자세를 유지하던 미국은 1915년 이후 점차 참전하는 쪽으로 분위기가 기울었다. 그동안 미국과 독일은 끊임없이 외교 문건을 주고받았으며 서로 눈치를 보면서 매우 신중하게 완곡한 말투로 의사를 표현했다. 그러나 독일의 실수, 바로 '치머만 각서Zimmermann Note' 탓에 미국은 곧 선전포고를 결심했다. 이것은 독일의 외무장관 치머만이 주멕시코 독일 공사에게 보낸 외교 문서인데 영국이 이를 입수해서 미국에 전했다. 여기에는 미국이 독일과 전쟁을 벌일 때, 멕시코가 미국을 공격하면 그 보상으로 1848년에 미국에 빼앗긴 옛 영토 텍사스, 뉴멕시코, 애리조나를 되찾게 될 것이라는 내용이 있었다.

▌미국 병사들이 전방으로 이동하기 위해 트럭에 오르고 있다.

미국 입장에서 이것은 독일이 미국과 전쟁을 벌이라고 멕시코를 부추기는 것과 같았다. 미국 정부는 치머만 각서를 보고 크게 분노했으며 더 이상 중립을 유지할 수 없었다.

1917년 독일의 전략적 계획은 서부전선 방어에 치중하고 협상국 주변 해역에서 무제한 잠수함 공격을 실행하는 것이었다. 이것은 영국에 봉쇄당했던 독일 해군이 잠수함을 이용해서 협상국뿐 아니라 중립국의 함정까지 모

▌장갑차 위에 실은 대포

두 공격하는 계획이었
다. 이 시기 독일은 오
로지 승리를 위해 모든
것을 쏟아 붓고, 그야
말로 죽음을 두려워하
지 않고 싸우겠다는 생
각이었다. 미국은 해상
에서의 자유를 국제 관
계에서 가장 중요하게
생각했기에 독일의 무
제한 잠수함 작전은 미
국의 참전을 부추기는
꼴이 되었다.

1918년 3월, 독일이 최후의 공격을 감행하자 영국 프랑스 연합군은 즉각 임시 방어선을 구축했다.

　미국의 우드로 윌슨Woodrow Wilson 대통령은 독일과 외교 관계를 단절하고, 무역 상선을 무장하기 시작했으며 의회에 독일에 대한 선전포고를 요청하는 등 참전을 준비했다. 7월 6일, 마침내 미국이 제1차 세계대전에 뛰어들었다.

　미국 정규 육군은 멕시코 국경에서 동원한 연방 국민 수비대까지 더해서 겨우 20만 명에 불과했다. 이외에 각 주는 10만 명가량의 국민 수비대를 보유하고 있었다. 다시 말해 사실상 미국에는 제대로 된 군대가 없었다. 그래도 해군은 1916년부터 전함을 만들기 시작하고, 군수 공장에서도 수많은 무기를 생산하는 등 그나마 상황이 나았다.

　웨스트포인트 사관학교West Point Academy와 해군을 전문적으로 양성하는 아나폴리스 사관학교Annapolis Academy는 참전이 결정되자 플랫츠버그Plattsburgh의 훈련소에서 단기간의 교육과 훈련을 통해 시민군관을 배출했다. 전쟁을 준비하기 시작하고 얼마 지나지 않아 "미국이 나간다!"라는 구호가 48개 주 방방곡곡에 울려 퍼졌다.

　미국은 사방에 분산되어 있던 육군을 잘 정비해서 제1사단을 만들었다. 1917년 6월, 미국 육군 제1사단의 주력부대와 해군 육상부대가 프랑스에 도착해서 유럽 대륙을 가로질러 전장으로 향했다.

　미국 원정군을 이끄는 존 퍼싱John J. Pershing는 프랑스 쇼몽Chaumont에 사령부를 세우고 프랑스 각지에 보급 기지를 세워 군수품을 보관했다. 낭시Nancy부근의 프랑스 전선까지 진격한 미국 원정군은 10월 23일 새벽 6시 5분에 첫 공격을 시작했다. 11월 초, 미군 병사 세 명이 참호 공격 중에 전사했다. 약 2,500명으로 구성된 미국 의무醫務 부대는 캉브레 전투Battle of Cambrai 중인 영국군을 지원했다. 1917년 말까지 거의 매달 5만 명에 가까운 미군이 캐나다와 미국에서 출발해 프랑스 항구 여섯 곳과 영국의 여러 항구로 들어왔다.

미국은 전국에 총동원령을 내려서 병사, 공장, 군수품 등 전쟁을 치르는 데 도움이 되는 것이라면 가리지 않고 무엇이든 동원했다. 각지의 농장과 숲에서 훈련소가 운영되었으며 공장은 3교대로 계속 돌아갔고, 조선소 역시 불이 꺼지지 않았다.

세계대전의 끝

1918년, 러시아가 전쟁에서 빠진 후 독일은 병력을 모두 서부전선에 집중하고 3월부터 7월까지 총 다섯 차례 대규모 공격을 감행했지만 모두 특별한 성과를 거두지 못했다. 이때 미국이 참전을 결정하고 유럽에 상륙했다는 소식까지 전해지자 독일은 힘이 더 빠졌다.

7월 하순부터 8월 말까지 협상국 연합군의 끊임없는 맹공격에 독일은 9월 26일에 결국 힌덴부르크 방어선을 포기했다. 9월 29일, 독일 황제 빌헬름 2세와 힌덴부르크, 루덴도르프는 회의를 열고 더 이상 전쟁을 계속할 수 없다는 데 뜻을 모았다. 황제는 즉시 새로운 내각을 구성했으며 바덴 대공 막시밀리안 Prince Maximilian of Baden을 총리에 임명했다. 그리고 마지막으로 협상국에 정전협상을 시작하자고 제안했다.

9월 말부터 11월 초까지 불가리아, 터키, 오스트리아가 차례로 투항했다. 이와 동시에 오스트리아 합스부르크 왕가의 통치도 무너

1918년 여름, 독일군 포로들

1919년, 주요 참전국 대표들이 '베르사유 조약'을 체결하기 위해 모였다.

졌다. 1918년 10월 11일, 폴란드 의회는 이제 오스트리아의 통치에서 벗어났다고 선포했으며, 10월 28일에는 체코와 슬로바키아가 합병하고 공화국을 건립했다. 11월 2일, 헝가리가 민주 공화국 건립을 선포했다. 오스트리아에서는 10월 28일에 빈에서 노동자와 군대의 총파업과 시위가 시작된 후, 황제가 퇴위하고 결국 11월 12일에 공화국이 되었다.

한편 독일에서는 황제 빌헬름 2세가 퇴위했으며 '11월 혁명'을 거쳐 사회민주당이 임시정부를 구성한 후 공화국이 건립되었다.

11월 11일 이른 새벽, 독일 정부 대표 에르츠베르거Erzberger와 협상국 연합군의 총사령관 포슈 장군이 프랑스 동북부의 콩피에뉴Compiègne 숲 속에 있는 열차에서 정전협정에 서명했다.

협정에 따르면 독일은 반드시 15일 안에 프랑스, 벨기에, 룩셈부르크, 알자스 로렌 지역과 라인 강 좌안 지역에서 병력을 철수시켜야 했다. 또 터키, 루마니아, 오스트리아 및 아프리카에서도 이른 시일 안에 군대를 철수해야 했다. '콩피에뉴 정전협정'이 체결되면서 독일, 오스트리아, 터키, 불가리아 등으로 구성된 동맹국의 패배로 제1차 세계대전이 막을 내렸다.

제 8 장

제2차 세계대전

　제2차 세계대전은 생산력과 과학기술이 고도로 발달한 시기에 발발했기 때문에 현대화된 육군과 해군뿐 아니라 공군의 활약이 두드러졌다. 전쟁에 투입된 대량의 대포, 탱크, 전투기, 유도탄 등은 모두 현대화되었으며 종전 무렵에는 원자탄까지 동원되었다. 과학기술이 발전하면서 전쟁의 파괴력과 잔혹성은 상상하기도 어려울 정도로 커졌다.

　제2차 세계대전은 독일, 이탈리아, 일본 세 나라가 주변 지역을 침략하면서 시작되었으나 나중에는 중국, 소련, 미국, 영국 등 반파시스트 진영 대 파시스트 진영의 세계전쟁으로 확대되었다. 이들은 전쟁을 벌이는 동안 끊임없이 새로운 군사 과학 기술을 개발하고, 실전에서 검증한 후, 다시 개발했다.

　프랑스는 매우 보수적이고 군사적으로 낙후되어서 제1차 세계대전 시기에 구사했던 마케도니아 방진이나 소극적인 방어 전략 등을 고수하다가 결과적으로 독일의 공격에 무너지고 말았다. 반면에 독일과 일본은 빠른 속도를 강조한 돌격, 습격 등의 공격 방식을 선호했는데 이는 전쟁 초반에는 매우 효과적이었으나 후반으로 갈수록 소련, 중국 등의 결사적인 저항에 부딪혀 실패를 거듭했다. 연합군은 육지, 해상, 공중에서 여러 차례 대규모 작전, 예를 들어 상륙 작전, 공수 낙하 작전, 방공 작전 등을 고루 펼쳤으며 대부분 성공을 거두었다.

　큰 규모로 장기간 전쟁을 치르려면 당연히 많은 무기와 물자 소비가 필요했다. 그러다 보니 전장에 직접 나가 싸우는 병사들뿐만 아니라 후방의 국민들도 경제적으로 크게 어려움을 겪었다. 그래서 이를 해결하기 하고자 군사 경제 이론이 크게 발전하기도 했다. 또한 유도탄, 원자탄 등의 연구와 제조에 성공해서 실전에 투입되었는데 이것은 새로운 군사기술 시대의 시작을 의미하는 것이었다.

불안한 국제 정세

제1차 세계대전이 끝난 후, 영국, 프랑스, 미국 등 주요 전승국은 베르사유 체제를 확립해서 전후 국제 정세를 자국에 유리하게 만들었다. 전쟁에 패한 독일은 베르사유 조약에서 규정한 수많은 부담과 제약에 앙심을 품고 복수를 꿈꾸었다. 또 전승국인 이탈리아는 영국과 프랑스가 허락한 영토 외에 무엇도 얻은 것이 없자 무척 불만스러웠다. 또 다른 전승국인 일본은 전 세계로 더 많이 확장하고 싶어서 눈치를 보는 중이었다. 제1차 세계대전이 끝난 후, 독일, 이탈리아, 일본 등은 국력을 빠르게 회복하고 발전해서 어느덧 영국, 프랑스, 미국과 맞먹을 정도가 되었다. 이런 상황에

나치 지지자들의 거수경례를 받으며 이동 중인 히틀러

서 1929년부터 1933년까지 세계적으로 자본주의 경제 위기가 일어나면서 제국주의 국가들의 갈등이 첨예화되었고 결국 전쟁으로 확대되었다.

파시스트 정권

1920~1930년대에 빠르게 경제가 발전한 독일, 이탈리아, 일본에 극단적인 민족주의와 전체주의Totalitarianism를 핵심으로 하는 파시스트 운동이 크게 일어났다. 1922년 10월, 이탈리아에서 파시스트인 베니토 무솔리니Benito Mussolini가 정권을 장악했으며, 1933년 1월에는 역시 극단적인 파시스트이자 독일 나치당 당수인 아돌프 히틀러Adolf Hitler가 총리에 임명되었다. 일본은 1936년 3월에 군부가 내각을 장악하면서 파시스트 전제 정권이 확립되었다. 이들은 영국, 프랑스, 미국 등이 주도하는 세계를 거부하고 세계의 패권을 차지하고자 했다. 또 베르사유 체제로 형성된 국제 질서를 바꿀 수만 있다면 무력도 불사하겠다는 뜻을 거침없이 드러내며 세계 평화를 크게 위협했다.

전쟁의 근원

제2차 세계대전은 원래 파시스트 국가인 독일, 일본, 이탈리아가 주변지역으로 영토를 확장하고 패권을 차지하려고 벌인 전쟁이 점차 세계로 확대된 것이다. 그러므로 독일, 이탈리아, 일본 등 후발 제국주의 국가들에 건립된 파시스트 정권 및 그들의 팽창 야욕이 바로 전쟁의 근원이라고 말할 수 있다.

독일은 1933년부터 군수 산업을 육성해서 1934년에 이미 베르사유 조약이 제한한 군비 액수를 넘어섰다. 또 1935년에 정식으로 공군을 건립하고 의무병역제를 실시했으며 비밀리에 '국가 방위법'을 반포했는데 이 모든 행동이 베르사유 조약을 위배하는 것이었다. 1936년 3월 7일, 독일은 '로카르노 조약Pact of Locarno'과 베르사유 조약에 규정된 제한을 모두 이행하지 않겠다고 선포했으며 라인란트의 영구적인 비무장화 지역에 병력을 주둔시켰다.

나치 지지자들이 유태인 상점과 회사를 제재하자는 내용의 전단지를 뿌리고 있다.

1935년 가을, 독일 국방군은 이미 대 프랑스 전쟁 계획을 확정했으며, 오스트리아 공격과 관련된 '오토 작전Fall Otto', 그리고 체코슬로바키아 점령 계획인 '녹색 작전Fall Grün'까지 모두 세웠다. 이로써 나치 독일은 유럽 대륙에서 가장 위험한 전쟁의 근원지가 되었고, 1936년 10월, 독일과 이탈리아가 '베를린 협정'을 맺으면서 이탈리아 역시 전쟁의 근원지 중 하나가 되었다.

1927년, 일본의 총리 다나카 기이치田中義一는 회의를 열고 무력을 동원해서 중국을 침략하기로 결정했다. 또 인도, 남태평양군도, 중앙아시아와 소아시아 및 유럽 대륙까지 침략해서 일본의 영토를 확장한다는 내용의 총 87개 강령을 확정했다. 이에 따라 일본은 1931년부터 중국을 공격하기 시작했으며 중국의 곳곳에서 침략을 일삼았다. 또 1936년이 되자 태평양 및 시베리아 지역으로 침략 목표를 확대하고 미국, 소련, 중국, 영국 등의 국가와 전쟁을 벌일 때를 대비해서 구체적인 전략 방침까지 모두 확정했다. 이로써 일본은 제2차 세계대전 중 아시아 전쟁의 근원지가 되었다. 파시스트 국가인 독일, 이탈리아, 일본은 각자의 대외 확장과 침략 전쟁을 위해 동맹을 맺었다. 1936년 11월 25일, 독일과 일본이 먼저 '방공협정防共協定'('반코민테른 협정'이라고도 한다.)을 맺었으며, 다음해 11월 6일에 이탈리아가 여기에 참여했다.

세계대전의 서막

파시스트 국가들은 1930년대 세계 곳곳에서 여러 차례 전쟁을 벌였다. 일본 역시 아시아에서 주변 국가들을 침략하면서 세계전쟁의 서막을 열었다.

침략 야욕

1931년, 일본은 '만주사변滿洲事變'('918사변'이라고도 한다.)을 일으키고 중국의 동북지역 성省 세 곳을 공격했다. 다음 해 3월에는 만주국이라는 괴뢰국가를 건립하고, 상하이, 러허熱河, 차하르성察哈爾省 북부, 허베이성河北省 동부 등을 모두 침략했다. 하지만 영국, 프랑스, 미국 등은 일본의 침략 만행에 별다른 반응을 보이지 않고 내버려 두었다. 1937년 7월 7일, 일본이 중국에 전면적인 공격을 시작했다. 이에 중국인들은 항일 민족 통일전선을 결성하고 국민당과 공산당이 협력해서 반파시스트 전쟁을 벌였다. 이 중일전쟁中日戰爭은 1938년 10월에 일본군이 우한武漢, 광저우廣州를 침략한 이후부터 전략적 대치 단계에 들어섰다.

일본은 중국과 전쟁을 벌이는 동시에 소련에 대한 도발도 서슴지 않았다. 그들은 1938년 7월에 중국과 소련의 국경 지역에서 '합상호哈桑湖 사건'을 벌였으며, 1939년 5월에는 중국 헤이룽장성黑龍江省 서부와 몽골 접경 지역에서 다시 한 번 도발했다. 그러나 소련에 대한 일본의 도발은 전부 실패로 끝났다.

아시아에서뿐만 아니라 유럽 대륙에서도 전쟁의 서막이 천천히 열리고 있었다. 1935년 10월, 이탈리아가 병력 30만 명을 동원해서 아비시니아를 침입했다. 그러자 제1차 세계대전 후에 설립된 국제평화기구인 국제연맹League of Nations이 이탈리아를 침략자로 규정하고, 경제 제재에 관한 결의를 통과시켰지만, 이탈리아는 꿈쩍도 하지 않았다.

독일은 1936년 7월에 스페인에서 내전이 발발하자 1939년 4월까지 총 5만 명이 넘는 병력을 파병했다. 이탈리아 역시 스페인에 약 15만 명의 병사를 보

스페인 내전이 끝난 후. 프랑스 병사들이 도망자들을 무장해제하고 있다.

278

냈다. 이들은 스페인 반란군에 10억 달러 상당의 무기를 제공했다. 반면에 영국, 프랑스, 미국 등 국가는 스페인 내전에 관해서 중립을 선포하고 불간섭 정책을 시행했다. 심지어 영국과 프랑스는 1939년 2월 27일에 스페인과 외교 관계를 끊고 공식적으로 프랑코Franco 정부를 승인했다.

이외에 영국, 프랑스, 미국이 손 놓고 있는 동안 독일은 계속해서 전 세계를 향해 손을 뻗었으며 오스트리아와 체코슬로바키아까지 합병했다.

전쟁의 위기

1939년 봄과 여름, 유럽 대륙에 다시 한 번 긴장 상황이 발생했다.

1939년 3월 15일, 독일은 체코슬로바키아 전체를 점령하고, 21일에는 그단스크Gdańsk 위기를 만들더니 폴란드에 영토를 내놓으라고 요구했다. 또 다음 날인 22일에는 해군이 나서서 리투아니아의 메멜Memel 지역을 점령했다. 4월 1일, 독일과 이탈리아의 무력 지원을 받은 스페인 프랑코 정부군이 스페인 전 지역을 장악했으며, 7일에는 이탈리아가 알바니아를 침공했다. 5월 22일, 독일과 이탈리아가 공식적으로 군사동맹 조약을 맺었다.

독일군 최고 사령부가 작전명 '백색작전Fall Weiß', 즉 폴란드 침공 계획을 실행하려 하자 폴란드는 즉시 영국과 프랑스에 도움을 요청했다. 영국 총리 네빌 체임벌린Neville Chamberlain은 만약 독일이 폴란드를 침공한다면 영국, 프랑스의 안전은 물론이거니와 유럽 대륙 전체를 위협하게 될 거라고 생각했다. 그래서 국내외 여론과 전략적 상황 등 여러 방면에서 이 문제를 살펴본 후 몇 가지 조처를 하기 시작했다. 1939년 3월 22일, 영국과 프랑스는 외부로부터 공격받았을 때 서로 지원하기로 약속하고 이전의 동맹 관계를 더욱 공고히 했다. 3월 31일, 체임벌린은 영국과 프랑스 정부를 대표해서 만약 폴란드의 독립을 위협하는 행동이 발생한다면 영국과 프랑스가 즉각 폴란드를 지원할 것이라고 선포했다. 4월 6일, 영국과 폴란드가 임시 상호조약을 체결했다. 13일에는 프랑스와 폴란드가 상호 지원에 관한 조약을 체결했고, 두 나라는 5월 19일에 다시 정식으로 군사동맹을 맺었다.

독일 잡지에 등장한 탱크병. 독일인들은 필요하다면 유럽 전체를 점령하겠다는 뜻을 거침없이 드러냈다.

폴란드 침공

일본은 1931년에 아시아에서 전쟁을 일으켰다. 독일이 1939년 9월 1일 이른 새벽에 폴란드를 공격하고 이틀 뒤 9월 3일에 영국, 프랑스가 독일에 선전포고하면서 제2차 세계대전이 시작되었다.

전쟁 전

1939년의 봄과 여름, 두 계절 동안 영국, 프랑스, 소련이 유럽 대륙을 둘러싼 전쟁과 평화 문제에 관해서 논의를 시작했다. 세 나라는 4월 15일에 회의를 열고, 파시스트 국가들의 팽창 야욕과 침략 행위를 저지하기 위해 공동으로 대응할 것을 결의했다. 하지만 이것은 그럴듯한 말에 불과했으며 영국과 프랑스가 계속 소극적인 태도를 보인 탓에 곧이어 열린 구체적인 방침을 결정하는 회의에서는 아무런 성과도 얻지 못했다.

반면에 독일은 주요 공격 목표를 영국과 프랑스로 확정하고 이들을 무너뜨리는 것을 최우선 과제로 삼았다. 그러려면 전쟁 중 후방 안전을 확보하기 위해 소련과 관계를 개선해야 했다. 소련의 입장도 복잡하기는 마찬가지였다. 아시아에서는 일본군과 전투 중이었고, 유럽에서는 세계대전이 일촉즉발의 상황이었다. 또 그들은 회담장에 나온 영국과 프랑스가 성의없는 태도로 회담을 질질 끌더니 결국 결렬된 것에 무척 화가 난 상태였다. 그리하여 독일과 소련은 1939년 8월 23일, 모스크바에서 '독소 상호불가침 조약 German Soviet Nonaggression Pact'을 체결했다.

1938년 유럽 수뇌들이 뮌헨 회담에 참가했다. 왼쪽부터 무솔리니, 히틀러, 히틀러의 통역사와 영국 총리 체임벌린이다.

폴란드 침공

제1차 세계대전의 전승국인 폴란드는 종전 후 패전국인 독일로부터 그단스크 지역을 할양받았다. 히틀러는 저서 《나의 투쟁Mein Kampf》에 이 일에 대한 불만을 노골적으로 드러냈다. "감히 독일의 영토를 빼앗아 간 폴란드는 독일민족이 절대 용서할 수 없는 죄를 저질렀다." 그래서 그는 초반부터 폴란드를 무너뜨리기로 결정했다. 그러므로 독소 상호불가침 조약은 폴란드에 내려진 사형 판결문과 다름없었다. 히틀러는 폴란드를 침공할 구실을 만들기 위해서 고심하다가 폴란드인이 독일의 방송국을 침입했다는 말도 안 되는 연극을 연출하기까지 했다.

1939년 9월 1일 새벽 4시 45분, 독일의 160만 대군이 번개처럼 빠르게 동북쪽과 서남쪽 양쪽에서 돌격해서 폴란드를 침공했다. 일반적으로 독일의 폴란드 침공을 제2차 세계대전의 시작으로 본다.

독일의 폴란드 침공은 '전격전電擊戰 Blitzkrieg'이었다. 전격전은 당시 가장 선진화, 기계화된 전쟁 이론으로 첫 번째 공격에 전력을 투입해서 성공하는 것이 핵심이다. 이를 위해 최소한의 예비부대만 남기고 최대한 많은 병력을 투입해서 적을 무너뜨려야 한다.

독일군의 강력한 공격을 받은 폴란드는 빠른 속도로 무너졌다. 9월 28일, 폴란드 수도

▌ 1939년 9월, 폴란드 기병여단의 병사들이 독일 탱크의 전진을 저지하고 있다.

바르샤바 수비군 12만 명이 투항하고, 10월 6일에 폴란드 전군이 몰살당하면서 독일 폴란드 전쟁이 끝났다. 인구 3,400만 명, 100여만 명의 병력을 보유한 나라가 겨우 한 달 만에 자취를 감춘 것이다.

전격전

전격전은 영국의 풀러J. F. C. Fuller가 제안한 기계화 전쟁에서 시작되었다. 장갑차가 출현하고 내연 기계가 광범위하게 사용되면서 육상 전쟁이 크게 변화했다. 병력 수송 능력과 행군 속도, 방어와 공격 능력 역시 전대미문의 수준에 올랐고 이에 따라 전략과 전술도 기동성, 방어, 화력을 강화하는 데 집중했다. 특히 장갑차를 최대한 빠르게 이동시켜 마치 화재 초기에 불을 끄는 것처럼 적이 미처 준비를 마치기 전에 전략적 요지를 공격하거나 방어를 차단하는 것이 무척 중요해졌다.

1939년 폴란드를 침공한 독일은 항공병, 장갑부대를 이용해서 빠른 속도로 폴란드 부대의 방어를 뚫고 곧바로 적의 후방까지 진격해서 두 개로 나누어 버렸다. 반으로 쪼개져 포위된 폴란드군은 보급과 통신, 교통수단을 모두 상실했으며 게다가 후방까지 막혀 퇴각할 곳도 없었다. 그 바람에 수많은 폴란드 병사가 포로로 끌려갔으며 겨우 28일 후에 수도 바르샤바가 함락되고, 36일 후에는 조직적인 저항 세력이 완전히 사라졌다.

폴란드 침공에서 전격전을 사용한 것을 시작으로 독일은 이후 노르웨이, 벨기에, 네덜란드, 프랑스를 공격할 때 모두 이와 유사한 전술을 채택했다. 그래서 대규모로 탱크, 기계화 부대를 동원하고 항공병과 낙하산병이 협동 작전을 실시했으며, 빠른 돌파와 우회 포위 전술 등을 구사했으며 이를 통해 적의 저항 의지를 꺾어 놓았다. 이런 종류의 전쟁 방식을 전격전이라고 부르는데 1941년 독일이 소련을 침공했을 때 역시 이 전술로 커다란 성과를 거둘 수 있었다.

댕케르크 철수

파시스트 국가인 독일, 이탈리아, 일본은 1939년 9월부터 1942년 하반기까지 유럽, 아프리카, 아시아, 오세아니아, 태평양, 대서양 등지에서 전면적인 공격을 전개했다.

유화정책의 실패

폴란드 전쟁이 끝난 후에 독일은 겉으로는 평화적인 태도를 보이면서 비밀리에 군비를 확충하고 주력부대를 서부 전선으로 재배치하는 등 서유럽 국가를 공격할 기회를 엿보았다. 반면 영국과 프랑스는 여전히 소극적인 방어 전략을 실행하면서 마지노 방어선을 조용히 지키고 있었다. 미국은 1940년 2월에 평화회담을 시도했지만, 독일은 이마저 거절했다. 1939년 9월부터 1940년 4월까지 영국 프랑스 연합군과 독일군 사이에 실제 전투가 발생하지 않았는데 역사에서는 이 기간을 '이상한 전쟁'이라고 부른다.

1940년 봄, 히틀러는 영국 프랑스 연합군이 노르웨이를 장악할까 봐 걱정하기 시작했다. 만약 그렇게 된다면 북쪽에서 독일을 위협하거나 스웨덴을 오가는 철광 자원 수송로를 차단당할 수도 있기 때문이었다. 그래서 히틀러는 먼저 움직이기로 결정하고 4월 9일에 덴마크와 노르웨이를 동시에 공격했다. 독일이 낙하산 부대를 동원해서 노르웨이의 오슬로Oslo를 점령하자 노르웨이 국왕과 주요 정부 인사들이 7월에 영국으로 망명을 떠났다. 이렇게 해서 독일군의 전격전은 북유럽에서도 큰 승리를 거두었다.

1940년 5월 10일 새벽, 독일이 서유럽 국가들을 공격하기 시작했다. 독일의 서유럽 공격은 그동안의 유화정책이 실패했다는 의미였으므로 영국의 체임벌린 내각이 책임을 지고 물러났다. 이후 윈스턴 처칠Winston Churchill이 영국의 새로운 총리로 임명되어 보수당, 노동당, 자유당을 연합한 정부를 구성했다.

댕케르크 철수

독일군이 네덜란드, 벨기에, 룩셈부르크, 프랑스에서 동시에 전격전을 시작하자 연합군은 너무 갑작스러워 제대로 방어하지 못하고 전투마다 패배했다. 1940년 5월 20일, 독일군이 영국 프랑스 연합군과 솜 강 이남의 프랑스 주력군 사이를 오가는 교통로를 차단했다. 당시 프랑스와 벨기에 등지에서 전투를 벌이던 영국 프랑스 연합군은 전멸할 위기에 처해서 여러 번 반격을 시도했지만 모두 실패했다. 이들은 점점 뒤로 밀려서 결국 댕케르크Dunkirk 부근의 협소하고 기다란 지대까지 후퇴했다.

그런데 어찌 된 일인지 (아마도 판단착오일 것이다.) 히틀러가 추격을 정지하라는 명령을 내렸다. 이로써 영국 프랑스 연합군은 잠시나마 숨 돌릴 틈을 얻었으며 영국 정부는 작전명 다이나모Operation Dynamo, 즉 댕케르크 철수 작전을 실행했다.

▌ 댕케르크에서 철수하는 연합군

독일군에 포위당한 영국 프랑스 연합군 병사들을 안전하게 영국으로 철수시키기 위해서 영국은 당시에 가능한 모든 선박을 종류에 관계없이 소집했다. 그런데 철수가 시작되고 얼마 지나지 않아 히틀러가 자신의 실수를 깨닫고 늦었지만 다시 연합군을 추격하라는 명령을 내렸다. 독일군은 전투기를 동원해서 댕케르크와 영국 해협에 맹렬한 포격을 가했으며 어뢰정과 잠수함은 영국과 프랑스의 병력 수송 선박을 마구 공격했다.

영국과 프랑스는 온 힘을 다해서 저항하면서 공군의 엄호를 받으며 9일 낮, 9일 밤에 걸쳐 마침내 34만 명이나 되는 병력을 전부 영국 본토로 수송했다. 그들은 중장무기를 거의 모두 잃었지만, 나중에 독일에 반격할 수 있는 병력을 보존했다.

무자비한 공격: 독일

프랑스의 침몰

독일은 5월 14일에 프랑스와 벨기에 국경 지역의 스당 요새를 공격하고 마지노 방어선까지 넘어서 프랑스 국경 안으로 진격했다. 그들은 프랑스군 총사령부가 솜 강과 엔강Aisne River을 잇는 지역을 따라 구축한 방어선까지 모두 돌파했다.

1940년 6월, 독일군은 프랑스에 총공세를 펼쳐서 빠른 속도로 남하했다. 이탈리아 역시 이 기회를 놓치지 않고 선전포고 후 즉시 프랑스 남부 지역을 공격했다.

프랑스는 독일과 이탈리아의 공격을 얼마 버티지 못하고 투항했다. 독일은 프랑스를 대부분 점령했으며 그중 서남부 지역에는 패탱의 괴뢰 정부가 건립되기도 했다. 샤를르 드 골Charles De Gaulle 장군 등 애국자들은 대부분 영국으로 망명한 후, 자유 프랑스 운동을 조직해서 해외에서 대 프랑스 투쟁을 이어갔다.

런던 공습

프랑스가 함락되자 이제 영국은 홀로 전쟁을 치러야 했다. 히틀러는 영국이 식민지를 당장 독일에 넘겨야 한다는 내용의 성명을 발표했으며 독일이 유럽의 패권국이라는 것을 인정한다면 전쟁만은 피하게 해주겠다고 거만하게 위협했다. 영국 정부는 당연히 이를 거절했다.

1940년 7월에 독일은 영국 공격 작전(작전명 '바다사자')을 실행했다. 독일이 영국과 전쟁을 벌이려면 먼저 제공권을 확보한 후 병사들을 태운 수송선이 안전하게 상륙할 수 있도록 해야 했다. 그래서 독일은 약 2,500대의 전투기를 준비하고 8월 12일부터 공습을 시작했다. 주요 공격 대상은 연해 공군기지, 해군 함정, 전투기 제작 공장 등이었다.

영국의 전투기는 700대로 독일에 비해 터무니없이 적었지만, 그들은 이제 막 개발에 성공한 레

1940년 8월, 런던 공습 중 자욱한 안개 탓에 영국과 독일의 전투기가 근접해 싸우고 있다.

1941년 6월. 바르바로사 작전이 시작되었다. 독일군이 체코슬로바키아에서 만든 탱크 뒤에 숨어 대포를 피하고 있다.

이더를 보유하고 있었다. 그들은 전투기, 고사포, 레이더, 탐조등 등으로 구성된 조밀한 방공 시스템을 구축한 덕분에 독일의 대규모 공습에 효율적으로 반격할 수 있었다.

10월 중순, 공격이 계획대로 진행되지 않자 독일군은 바다사자 작전을 포기했다. 이제 그들은 소련을 공격하기로 결정하고 공군을 비롯한 대부분 병력을 동부전선으로 이동했다.

소련 공격

히틀러는 1940년 7월에 육군 총사령관 브라우히치Brauchitsch에게 소련 공격 준비를 명령했다. 얼마 후 12월에는 소련 공격 작전(작전명 '바르바로사')에 서명하고 1941년 5월 15일 이전까지 전투 준비를 마치라고 지시했다.

본격적인 소련 공격이 시작되기 전, 독일은 대량의 무기를 영국 해협에 집중 배치하는 척하며 소련이 경계심을 늦추게 만들었다. 6월 22일 새벽, 독일의 대 소련 전격전이 시작되었다. 북쪽의 무르만스크Murmansk에서 시작한 공격은 남쪽의 크림 반도에까지 전체 전선에서 계속되었고 이는 역사상 가장 큰 규모의 전투였다. 히틀러는 전격전의 방식으로 6주에서 2개월 안에 투항을 받아낼 계획이었다. 전쟁 첫날, 소련의 공항 여러 곳이 폭격당했으며 독일 공군이 순식간에 제공권을 장악했다. 소련은 3주에 걸쳐 죽을힘을 다해 저항했지만 결국 라트비아, 리투아니아, 벨라루스와 우크라이나의 대부분 지역을 포기해야 했다.

위성국가들이 하나둘씩 무너지자 소련 정부는 스탈린이 지휘하는 국방 위원회를 수립하고 국가 전시 체제를 선포했다. 얼마 후 소련은 군대를 재편하고 총동원해서 전투 준비를 완성해 마침내 7월 중순에 독일군의 공세를 조금씩 저지할 수 있게 되었다. 독일군이 모스크바로 가려면 북쪽에서는 레닌그라드Leningrad(지금의 상트페테르부르크)를, 가운데 길로는 스몰렌스크Smolensk를, 남쪽으로는 오데사Odessa를 거쳐야 했다. 하지만 레닌그라드를 장악하는 데 실패했고, 스몰렌스크는 좀처럼 무너지지 않아 거의 30일이나 전투를 벌여야 했다. 또 남쪽에서는 오데사 방어군이 2개월이나 버티는 바람에 너무 많은 병력과 시간을 낭비했다.

생각과 달리 너무 오랜 시간이 걸리기는 했지만, 독일군은 1941년 9월 말에 마침내 레닌그라드와 스몰렌스크를 장악했으며 남쪽에서는 오데사 대신 키예프를 점령했다. 이로써 모스크바로 들어가는 문들이 전부 열린 셈이 되었다. 독일은 다음 작전, 바로 겨울이 오기 전에 모스크바

▌ 1941년. 겨울옷을 입은 소련 병사가 독일군을 공격하고 있다.

를 장악한다는 내용의 작전명 '태풍'을 실행하기로 했다.

11월 6일, 독일군 병력이 코앞에 온 위급한 시기에 모스크바 사람들은 마야코프스키Mayakovskii 역에서 10월 혁명 24주년 축하행사를 거행했다. 다음 날 붉은 광장에서 열병식을 마친 군인들은 그 길로 곧장 전쟁터로 나아갔다. 생사존망의 위기에서 의연하게 전통대로 기념행사를 한 모스크바 사람들은 전 세계인들을 감동시켰다.

국민들의 응원과 지지를 받고 전쟁터로 간 병사들은 온 힘을 다해서 모스크바를 지켰다. 독일군은 계속 모스크바 코앞에서 저지당해서 매일 밤 모스크바 밖의 초연이 자욱한 전쟁터에서 잠을 자야 했다. 도시 안에 있는 모스크바 사람들 역시 많은 피와 눈물을 흘리며 힘든 세월을 견뎌야 했다. 전 세계의 이목이 집중된 모스크바 공방전은 소련의 완벽한 승리로 끝이 났다. 이로써 독일군의 불패 신화가 무너졌다.

무자비한 공격: 일본

진주만 공습

1941년 9월, 일본이 대동아공영권大東亞共榮圈의 실현을 내세우며 인도차이나를 침공했다. 미국은 이를 일본의 공개적인 선전포고로 보고 대 일본 경제 제재를 시작했다. 루스벨트 대통령은 미국에 있는 일본 자산을 모두 동결한다고 선포했으며, 곧이어 영국과 네덜란드 정부도 모두 유사한 조처를 했다. 이 세 나라는 일본과 무역을 중단했는데 특히 석유 거래를 완전히 차단했다. 당시 일본 입장에서 석유를 확보하려면 즉시 확장 전쟁을 멈추거나 네덜란드령 동인도 군도(지금의 인도네시아) 유전을 빼앗아야 했다. 후자의 경우, 미국, 영국, 네덜란드 등의 국가와 전쟁을 벌여야만 했다.

문제를 해결하기 위해 회담장에서 만난 양국 대표는 강경한 어조로 서로를 비난했다. 일본은 미국에 당장 경제 제재를 철회하고 필리핀에 병력을 증강하는 것을 멈추라고 요구했다. 이에 미국은 단칼에 일본의 요구를 거절하고 더 이상 다른 나라를 공격하지 말라고 경고했다. 양측은 여러 차례 회담했지만, 여전히 의견 일치를 보지 못했다. 12월 1일, 일본은 황실 회의를 열고, 8일에 미국, 영국, 네덜란드에 선전포고했다.

일본이 미국의 태평양 해군 기지인 진주만Pearl Harbor을 공격하면서 태평양 전쟁이 시작되었다.

일본은 미국과 여전히 회담을 벌이는 중에 비밀리에 공습을 준비했다. 심지어 공습하는 순간에도 일본 대표부가 회담 장소에 나와 있었다고 한다. 일본의 해군 사령관 야마모토山本는 독일의 전격전을 본떠 일거에 미국의 태평양 함대를 무력화시키고자 했다. 실제로 태평양에서 가장 큰 해군 기지인 오하우Oahu 섬의 진주만 해군 기지는 엄청난 타격을 입었다.

일본의 진주만 공습이 성공할 수 있었던 것은 모두 미국 정부가 경계를 늦추었기 때문이었다.

일본 거인 사무라이가 검을 휘두르며 미군 전함을 부수고 있다. 이 작품은 일본의 파시스트 침략 야욕을 풍자한 것이다.

반파시스트 동맹의 형성

파시스트 국가의 침략 만행은 점점 더 심해졌다. 유럽에서는 독일이 프랑스를 함락시키고 영국에 무자비한 공습을 퍼부었으며 소련을 침공했다. 아시아에서는 일본이 주변 지역을 침략한 것도 모자라 진주만까지 공격해서 태평양으로 전쟁을 확대했다. 독일 역시 북아프리카까지 가서 전쟁을 벌였다.

상황이 이렇다 보니 미국은 더 이상 중립적인 태도를 유지하기 어려웠으며 영국을 지원하는 것에 대해 논의하기 시작했다. 1941년 8월, 미국의 루스벨트와 영국의 처칠이 대서양의 한 군함에서 만났다. 그들은 국제 정세에 관해 이야기를 나눈 후, '대서양 헌장Atlantic Charter'을 발표했는데 여기에는 각국의 영토와 주권을 존중하며 두 나라가 소련을 지지하고 원조한다는 내용이 포함된다. 1942년 1월, 전쟁이 전 세계적인 규모로 확대되자 중국, 미국, 영국, 소련 등 26개 국가대표가 워싱턴에 모여 '연합국 공동 선언Declaration by United Nations'을 발표하고 여기에 서명했다. 이렇게 해서 세계 반파시스트 동맹이 정식으로 결정되었다.

파시스트 군사 동맹

1940년 9월 독일, 일본, 이탈리아는 베를린에서 베를린 협정에 서명했다. 여기에는 일본이 독일과 이탈리아가 유럽에 새로운 질서를 만드는 것을 인정하고 존중한다는 내용과 독일과 이탈리아가 일본이 동아시아에서 새로운 질서를 만드는 것을 인정하고 존중한다는 내용이 포함되어 있었다. 또한 전쟁이 일어나면 서로 모든 정치, 경제, 군사적 수단을 동원해 돕는다는 내용도 있었다. 이는 곧 독일, 일본, 이탈리아가 정식으로 군사 동맹을 결성했다는 의미로 이 세 나라를 추축국Axis-Powers 이라고 부른다.

독일과 이탈리아는 발칸 반도, 동지중해, 북아프리카, 중동까지 진출했으며 이를 발판으로 소련을 침공하고자 했다. 얼마 후 루마니아, 헝가리, 불가리아도 차례로 동맹에 가입해서 추축국의 일원이 되었다.

반파시스트 세력의 반격

반파시스트 세력은 방어에서 공격으로 전략을 전환하면서 승리를 이어갔다. 미군은 1942년 6월에 미드웨이 해전에서, 영국군은 1942년 11월에 엘 알라메인 전투에서 각각 승리를 거두었다. 소련군도 1943년 2월에 스탈린그라드 전투에서 승리했다.

스탈린그라드 공방전

모스크바 공방전에서 실패한 독일군은 곳곳에서 동시에 전쟁을 펼치는 방식을 버리기로 했다. 그래서 1942년 여름부터는 소련 전장의 남쪽 날개에서 중점 공격을 실시하기로 결정했다. 그들은 코카서스 지역과 스탈린그라드를 점령하려고 했는데 소련의 곡물과 석유 생산지를 장악하려는 속셈이었다. 소련의 입장에서 코카서스와 스탈린그라드를 빼앗기면 전략적 보급선이 끊어지는 것이기에 소련군은 죽을힘을 다해서 이 두 지역을 수호했다.

소련은 미리 스탈린그라드 외곽에 두 줄로 방어선을 구축하고 도시 가까운 곳에는 다시 네 줄로 방어선을 세웠다. 이렇게 촘촘한 방어선 때문에 독일군의 진격 속도는 나날이 느려졌고 한 걸음씩 전진할 때마다 큰 대가를 치러야 했다. 9월 13일, 독일군이 스탈린그라드 안으로 들어오더니 중심지를 장악했다. 그러나 소련의 스탈린그라드 수비군은 위급한 상황에도 당황하지 않고 끝까지 저항했다.

절체절명의 순간, 소련의 최정예 사단이 스탈린그라드를 지원하기 위해 왔다. 그러자 스탈린그라드 수비군의 전투력이 순식간에 강화되어 시의 중심지를 되찾게 되었다. 양측은 시내의 모든 건물,

▌ 스탈린그라드 북부 폐허 위의 독일군

모든 거리에서 쉬지 않고 계속 싸웠다. 예를 들어 기차역을 차지하기 위해서 열세 차례 넘게 교전을 벌였다고 한다. 골목마다 소련 수비군과 독일군이 모퉁이 하나를 두고 치열하게 싸웠으며 그만큼 수많은 사상자가 발생했다. 시 외곽의 방어선을 뚫고 시내로 들어가면 승리한다고 생각했던 독일군은 시내로 들어온 지 한참이 지났지만, 여전히 스탈린그라드를 완전히 장악하지 못했다. 독일군 지휘부는 보급이 원활하지 않아 골머리를 앓아야 했다. 반면에 소련군은 계속 지원군이 도착한 덕분에 효과적으로 반격할 수 있었다.

11월 중순, 소련군이 대규모 병력을 동원해서 반격을 시작했다. 그들은 독일 정예군과 제6집단군, 총 33만 명을 신속하게 포위했으며 나중에 합류한 독일 지원군까지 모두 격퇴했다.

히틀러는 제6집단군의 사령관 파울루스Paulus를 원수元帥로 임명한 후, 죽음을 각오하고 소련군의 포위를 뚫고 기적을 만들어내라고 지시했다. 그러나 방법이 없던 파울루스와 그의 병사들은 1943년 2월 초에 소련군에 투항했다.

스탈린그라드 공방전에 투입된 독일군 및 이탈리아, 루마니아, 헝가리 병력 약 150만 명이 전멸했다. 이 전투는 독일 소련 전쟁의 새로운 전환점이 되었으며 이제 소련은 방어적인 자세를 버리고 전략적으로 공격하기 시작해서 전쟁의 주도권을 차지했다.

쿠르스크 전투

스탈린그라드 공방전이 끝난 후 소련군은 서쪽으로 600여 킬로미터 정도 나아가서 매우 유리한 지형을 확보했다. 반면에 추축국 국가들의 분위기는 크게 가라앉다. 히틀러는 불리한 상황을 바꾸고 전쟁의 주도권을 다시 찾아와야 한다고 생각하고 고심 끝에 쿠르스크Kursk에서 대규모 전투를 벌이기로 결정했다. 소련군 총사령부는 이 첩보를 듣고서 일단 전략적 방어를 유지하다가 병력을 집중해서 일거에 독일군을 격퇴하기로 계획했다.

쿠르스크 전투는 제2차 세계대전 중에 가장 규모가 큰 전투

쿠르스크 전투 전날. 진지로 이동 중인 독일 탱크

였다. 양측은 승리를 위해서 할 수 있는 모든 것을 다 했다. 병력은 양측 합해서 400만여 명에 달했고, 대포는 6만 9,000개가 넘었고, 탱크가 1만 3,000대, 전투기는 1만 2,000대에 달했다.

1943년 7월 5일, 독일군은 2개 집단군을 집중 배치해서 남과 북 두 방향에서 공격을 시작했다. 소련군 총사령부는 주코프Zhukov와 바실렙스키Vasilevsky를 파견해서 2개 방면군을 각각 지휘하도록 했다.

7월 12일, 양측은 쿠르스크 부근의 프로호로프카Prokhorovka에서 대규모 탱크 전투를 시작했다. 이때 소련은 6개 방면군을 모두 투입해서 맹공격을 퍼부었고 8월 하순이 되어서야 전투가 마무리 되었다.

물론 소련도 큰 손실을 입었지만, 전쟁의 주도권을 가져오고 사기를 높이려는 독일의 계획은 완전히 수포로 돌아갔다. 소련은 전략과 전술에 대한 체계를 확립했고 전쟁의 전략적 주도권을 완전히 장악했다. 큰 타격을 받은 독일은 모든 전장에서 방어 태세에 돌입하게 되었다.

엘 알라메인 전투

1940년 말, 북아프리카 전장에서 영국군이 이탈리아 군대를 격파했다. 그러자 히틀러는 상황을 바꾸기 위해서 1941년 2월에 에르빈 롬멜Erwin Rommel이 이끄는 아프리카 군단을 파견해서 이탈리아 군대를 지원하고 영국군을 격퇴하고자 했다. 초반에 영국군은 계속 패배하며 후퇴해서 1942년 6월에는 이집트 알렉산드리아 항구에서 멀지 않은 엘 알라메인 일대까지 갔다. 더 이상 물러나면 이집트를 모두 잃게 될 것이고, 이집트를 잃으면 독일이 수에즈 운하Suez Canal를 차지해서 중동을 점령하려고 할 것이다.

벼랑 끝까지 다다른 영국은 방어 병력을 보강하고 7월과 8월에 독일군의 진격을 저지하는 데 성공했다. 이때부터 엘 알라메인 지역에서 독일과 영국의 전략적 대치가

알제리의 수도 알제Algiers. 여관 앞에서 한 프랑스 병사가 미국과 영국 병사에게 길을 가르쳐 주고 있다.

시작되었다. 8월 중순, 버나드 몽고메리Bernard Montgomery가 영국군 제8집단군의 사령관에 임명되었다. 그는 부임 즉시 병력과 장비를 보충하고 훈련을 강화해서 대규모 전투를 철저히 준비했다.

엘 알라메인 일대의 영국 병력은 순식간에 11개 사단, 5개 여단의 총 23만 명으로 증가했으며 보급품도 충분하고 병사들의 사기도 최고조에 달했다. 반면에 주력군이 대부분 소련과 전쟁을 벌이는 중인 독일군은 북아프리카에 12개 사단, 총 9만여 명밖에 투입할 수 없었다. 보급 역시 원활하지 않아 병사들의 불만이 크고, 분위기가 뒤숭숭했다.

10월 23일 밤, 영국군은 대포 1,000여 개를 집중 배치해서 독일 진지를 향해 쉴 새 없이 포탄을 퍼부었다. 대포 공격이 끝난 후부터는 총격을 시작했지만, 독일의 방어가 무척 조밀해서 두 번 진격했다가 모두 물러날 수밖에 없었다. 11월 2일, 영국은 우세한 병력과 제공권을 바탕으로 다시 한 번 공격을 시작했으며 이번에는 마침내 독일 방어선의 틈을 찾아냈다. 영국군은 이 틈으로 탱크 부대를 투입해서 적진 한가운데를 가로지른 후 독일군을 포위해서 전멸시키려고 했다. 4일, 독일은 상황이 좋지 않은 것을 직감하고 사방으로 빠르게 흩어졌다. 다행히 영국군이 추격을 포기하는 바람에 전멸되지는 않았다.

이 전투에서 독일군의 사상자는 약 2만 명, 포로로 끌려간 사람은 3만여 명이었다. 승리한 영국도 사상자가 1만 3,500명에 달했다. 엘 알라메인 전투는 제2차 세계대전의 새로운 전환점이 되었으며 북아프리카 전장의 주도권은 이제 완전히 영국이 차지하게 되었다. 이후 처칠은 엘 알라메인 전투에 대해 이렇게 이야기했다. "엘 알라메인 전투 이전에 우리는 지지 않은 전투가 없었지만, 엘 알라메인 전투 이후에 우리는 이기지 않은 전투가 없었다."

미드웨이 해전

1942년, 일본은 태평양의 미드웨이 섬을 차지해서 전진기지로 삼은 후 해상 방어선을 태평양 중부까지 확장하고자 했다. 그렇게 되면 미군을 하와이나 미국 서해안으로 쫓아내서 미국의 태평양 함대를 소멸시키고 일본 본토의 안전을 확보할 수 있기 때문이다. 1942년 5월 하순, 일본 연합함대 총사령관 야마모토 이소로쿠山本五十六는 항공모함 4척으로 구성된 제1기동함대를 파견해서 미드웨이Midway 섬을 습격하고 상륙 부대를 지원하도록 했다. 그는 또 병력 일부분을 알류샨 열도Aleutian Islands로 보내서 미군을 견제할 계획까지 세워 두었다. 그러나 미군은 일본 해군의 무선 전신 비밀암호를 모두 해독했기 때문에 야마모토 이소로쿠의 계획을 미리 알고 있었다.

미국의 태평양 총사령관 체스터 니미츠Chester Nimitz는 일본의 움직임에 대해 보고받고서 항공모함 3척과 전열함 40척을 준비해 적을 기다렸다. 또 미드웨이 섬의 방어 병력을 강화하고 동북부 인근 해역에 함대를 배치했다.

현지 시각 6월 4일 새벽, 일본군의 제1기동함대가 미드웨이 섬 서북부로부터 240해리 떨어진 곳까지 갔으며 100여 대의 전투기가 출격시켜 미드웨이 섬을 공격했다. 그러자 미리 매복 중이던 미군 함대가 일본의 제1기동 함대에 접근해서 7시 즈음에는 미군 전투기 200여 대가 출격 명령을 기다리고 있었

미드웨이 해전의 전장

다. 이때 일본 함대의 상황은 다소 어수선했다. 왜냐하면 우선 미드웨이 섬을 공격하러 갔던 일본 전투기 100여 대가 마침 돌아오고 있었고, 2차 출격할 전투기들이 항공모함 위에서 전투기에 무기를 장착하는 중이었기 때문이었다. 그런데 이때 적의 접근을 알리는 경보가 울리자 허둥대며 포탄과 어뢰를 장착하는 등 한바탕 혼란이 일어났다. 잠시후 미군 전투기의 공격이 시작되었다. 일본의 전투기도 몇 대 이륙해서 맞서 싸우려 했지만 제대로 반격하지 못했으며 일본의 제1기동함대는 항공모함 4척이 모두 격침되는 등 큰 피해를 입고 물러나야 했다. 미군도 항공모함 1척을 잃었다.

이탈리아의 투항

1943년 7월, 미국 영국 연합군이 시칠리아 섬을 점령했다. 그러자 이탈리아 파시스트 정권은 적이 코앞에 와 있다는 생각에 당황해서 어찌할 바를 몰랐다. 4년 동안 이어진 전쟁은 이탈리아의 경제를 붕괴시켰다. 내부에서 반파시스트, 반전反戰 세력이 활동하기 시작했으며 정치, 경제 방면에 모두 위기가 발생했다.

국내뿐 아니라 국외에서도 상황은 좋지 않았다. 북아프리카, 지중해 전장에서는 계속 패전 소식이 들려왔으며, 설상가상으로 동맹국인 독일과도 관계가 나빠졌다. 다양한 문제가 이리저리 얽히고설킨 국내외 상황에 반란이 일어났고 무솔리니 정부가 실각했다.

9월, 이탈리아의 새로운 정부는 영국과 미국에 투항하고 정전협정에 서명했다. 이탈리아의 투항은 파시스트 추축국 동맹의 와해를 의미했으며 이제 독일은 홀로 연합국에 맞서 싸워야 했다. 이런 상황은 나치 독일의 붕괴를 더욱 가속화했다.

게오르기 주코프 Georgy Zhukov

20세기의 걸출한 군사학자 중 한 명인 주코프는 제2차 세계대전의 과정과 결과에 모두 큰 영향을 미쳤다. 1941년 6월 22일, 독일이 소련을 침공했다. 다음 날 주코프는 소련군 총사령부의 지휘관 일곱 명 중 한 명으로 임명받았다. 그는 7월 20일, 스탈린에게 모스크바를 수호하려면 키예프를 포기해야 한다고 말했지만, 스탈린은 크게 화를 내며 "정말 생각 없이 마음대로 말하는군! 어떻게 키예프를 적에게 넘겨줄 수 있단 말인가?"라고 소리쳤다. 그러자 주코프는 더욱 당당한 목소리로 "제가 정말 생각 없이 마음대로 말한다고 여기시면 저를 내치십시오! 저를 총사령부 지휘관에서 해임하시고 차라리 최전선으로 보내주시기 바랍니다!"라고 말했다. 한바탕 격렬한 논쟁 끝에 스탈린은 주코프를 해임하고 최전선 예비 방면군의 사령관으로 파견했다. 이후의 전쟁 상황은 당시 주코프의 통찰력이 얼마나 뛰어난지 여실히 보여주었다. 만약 스탈린이 주코프의 건의를 받아들였다면 키예프에서 병사 86만 명이 전멸하는 비극은 발생하지 않았을 것이다.

한편 최전선에 파견된 주코프는 자신이 지휘하는 예비 방면군을 이끌고 옐냐Yelnya에서 전투를 벌여 독일군을 격파했다. 이후 주코프는 레닌그라드와 스탈린그라드에서 벌어진 전투에서도 걸출한 군사적 재능을 드러냈다. 1943년 1월 18일, 스탈린그라드 전투가 끝나고 주코프에게 원수의 칭호가 내려졌다. 이후 그는 레닌그라드를 포위한 독일군을 무찌르고 쿠르스크 전투를 지휘했으며 큰 성공을 거두었다.

독일과 일본의 항복

스탈린그라드 공방전 이후 소련은 그동안 고수하던 방어적인 자세에서 벗어나 적극적으로 독일을 공격했다. 미국과 영국 연합군도 북아프리카와 시칠리아 섬에서 연이어 상륙작전에 성공했으며 이탈리아를 전쟁에서 내몰았다. 또 미군은 미드웨이 해전에서 승리를 거두어 태평양 전장의 분위기를 바꾸었다.

1944년, 미국과 영국 연합군이 노르망디 상륙에 성공했다. 이제 독일은 동부전선에서 소련군을, 서부전선에서 미국 영국 연합군을 동시에 상대해야 했다. 한편 태평양 지역에서는 연합군이 주요 도서 지역에 성공적으로 상륙했으며 해군과 공군이 전략적으로 협조해서 성공적인 전투를 벌였다. 이렇게 연합군의 반격은 느린 속도지만 차근차근 파시스트 국가들을 무너뜨렸다. 이 시기에는 유럽과 아시아의 여러 점령지에서 반파시스트 저항 운동이 일어났는데 이는 연합군의 승리에 큰 도움이 되었다.

카이로 회담과 테헤란 회담

독일 소련 전장, 태평양 전장, 북아프리카 전장에서 연합군이 모두 승리를 거두면서 파시스트 제국주의 국가들은 이미 쇠락의 길을 걷고 있었다. 1943년 11월 22일부터 26일까지 중국, 미국, 영국 세 나라 대표가 대 일본 정책을 논의하기 위해 이집트 카이로에서 만났다. 그들은 회담이 끝난 후 '카이로 선언Cairo Declaration'에 서명하고 일본이 무조건 항복할 때까지 전쟁을 멈추지 않겠다는 내용의 성명을 발표했다. 당시 소련은 아시아 지역에서 일본과 전쟁 중이어서 회담에 참석할 수 없었다. 카이로 선언은 또한 일본이 중국의 영토, 다시 말해 동북 지역 3개 성, 타이완, 펑후 제도澎湖諸島를 침략했으며 이 지역을 중국에 반납해야 한다고 명확히 밝혔다. 또한 일본이 강제 점령 중이던 조선의 자유 독립적 지위를 승인했다.

카이로 회담이 끝난 후 11월 28일부터 12월 1일까지 소련의 스탈린, 미국의 프랭클린 루스벨트Franklin Roosevelt, 영국의 처칠이 이란

▌ 미국 군수공장에서 포탄피의 품질을 검사하고 있다.

의 수도 테헤란Teheran에서 만나 회담을 가졌다. 제2차 세계대전이 발발한 이후 처음으로 만난 그들은 독일을 무찌르기 위해 협력하겠다는 내용의 선언을 통과시켰다. 또 유럽에서 새로운 전장을 열어서 되도록 빠르게 파시스트 나치 독일을 무너뜨리자고 결의했다. 소련, 미국, 영국은 테헤란 회담에서 국제 사회의 중요한 문제에 관해 합의를 보았으며 다시 한 번 반파시스트 진영의 정치, 경제, 군사 방면의 협력을 확인했다. 카이로 회담과 테헤란 회담은 모두 제2차 세계대전의 과정과 결과에 큰 영향을 미쳤다.

노르망디 상륙작전

1943년 초, 미국과 영국은 카사블랑카 회담Casablanca Conference을 열고 서유럽 상륙작전을 벌이기로 합의했다. 그리고 11월에 열린 테헤란 회담에서 이에 대해 다시 한 번 확인하고 준비에 돌입했다. 미국 영국 연합군은 1944년 5월에 프랑스 북부에 상륙하기로 계획하고 연합군 최고 사령관으로 미국의 드와이트 아이젠하워Dwight Eisenhower 장군을 임명했다. 그러나 마음과 달리 상륙작전에 투입될 함정이 부족하고 다른 준비 상황도 여의치 않았기에 상륙은 6월 초로 미루어졌다.

한편 독일의 히틀러 역시 미국 영국 연합군이 영국 해협을 건너서 프랑스 북부와 벨기에, 네덜란드 일대에 상륙하리라 예측했다. 그래서 노르웨이에서부터 스페인까지 이어지는 기다란 대서양 연안에 매우 견고한 방어 거점과 야전 진지를 구축하라고 명령했다. 지뢰와 수중 장애물을 빽빽하게 배치해서 아예 상륙 자체가 불가능하게 만들라고 지시하기도 했다. 당시 독일군의 병력 대부분은 동부전선에서 소련군과 전쟁을 벌이고 있었기에 서부전선의 병력은 거의 없는 것과 다름없었다. 그래서 서부전선에서 공격을 도모하기보다는 방어에 중점을 두기로 한 것이다.

히틀러는 대서양 연안에서 연합군이 상륙할만한 지역으로 두 곳을 예상했다. 하나는 칼레Calais로 이곳은 바다가 좁은 편이고 영국 해안으로부터 거리가 37킬로미터밖에 되지 않았다. 다른 하나는 노르망디로 영국 해안으로부터 120킬로미터나 떨어져 있으며 제대로 된 항구가 부족했다. 이에 히틀러는 미국 영국 연합군이 분명히 칼레로 상륙할 것이라고 예상했으며 방어 시설 공사 역시 이 지역에 집중했다. 이때 연합군의 상륙을 저지하는 방식에 대해 독일군 사령부에서 심각한 의견 충돌이 발생했다. 한쪽은 연합군이 모래사장에 발을 내딛는 순간 전멸시켜야 한다고 주장했고, 다른 한쪽은 모두 상륙하면 대규모 부대를 동원해서 포위한 후 공격해야 한다고 주장했다. 그러나 어떤 방법을 선택할 것인가는 둘째 치고 이런 의견 충돌 자체가 군 지휘 체계와 병사들의 사기에 좋지 않은 영향을 미쳤다.

연합군은 상륙작전을 시행하기 전, 각종 방면에서 수많은 준비 작업을 진행했다. 그들은 독일이 만들어 놓은 각종 방어 시설을 정찰했으며 독일군의 이동 경로와 군용 공항을 폭격했다. 또 연합군이 칼레에 상륙한다는 거짓 정보를 일부러 흘려 독일이 칼레가 상륙 지점이라고 굳게 믿게 만들었다.

▌ 노르망디 상륙작전의 성공 후, 오마하 해변Omaha Beach에 세워진 미군 차량

6월 6일 새벽, 미국 영국 연합군이 노르망디에 상륙해서 독일의 방어선 바로 앞까지 왔다. 그들은 모래사장, 주요 교량 등을 차지했으며 전선의 양쪽 측면을 점령해서 독일이 병력 보충을 할 수 없게 만들었다. 또한 상륙작전에 동원된 100여 척의 선박 위에 대포를 설치하고 맞은편 독일군 진지에 포탄을 퍼부었다. 6시 30분이 지나자 연합군 상륙 부대는 이제 적진을 향해 돌격을 시작했고 9시에 이미 독일군 진영을 가로 질러 적을 무력화시켰다. 7월 하순, 연합군은 노르망디 해안을 완벽하게 장악했으며 이제 새로운 전장에서 벌일 육군 총공격 준비도 마쳤다.

베를린 공격

1945년 3월 말부터 4월 초까지 파시스트 나치 독일은 패망 직전의 상황까지 내몰렸다. 경제가 완전히 파산하자 국민의 불만이 점점 커져서 내부적으로도 붕괴가 머지않았다. 동부전선에서 독일과 싸운 소련군은 독일 수도 베를린에서 겨우 60킬로미터 떨어진 곳까지 진격했다. 서부전선의 미국 영국 연합군 역시 베를린에서 100킬로미터 떨어진 곳에 진지를 구축하고 베를린 공격을 준비하고 있었다.

궁지에 몰린 히틀러는 최후의 발악을 하듯이 주민들을 강제로 동원해서 베를린 동쪽에 세 겹으로 방어 진지를 쌓고 베를린 외곽을 빙 둘러서 견고한 방어 시설을 세웠다. 독일 수뇌부는 최후의 한 명이 남을 때까지 포기하지 않고 끝까지 베를린을 수호하겠다고 굳게 결심한 한편, 연합군 내부에서 의견 충돌이 생겨서 어부지리를 얻을 수 있기를 내심 바랐다.

치열한 전투가 벌어진 끝에 4월 30일 오후, 소련군이 승리의 깃발을 베를린 국회의사당 지붕 꼭대기에 꽂으면서 베를린이 함락되었다. 같은 날, 전 세계를 전쟁의 소용돌이에 휩쓸리게 만든 히틀러가 애인 에바 브라운Eva Braun와 함께 총리관저 지하실에서 자살했다. 그는 자살하기 전, 부하들에게 자신의 시신을 불태우라고 명령했다. 히틀러의 선전부장인 괴벨스Goebbels 역시 자신의 자녀 여섯 명을 모두 독살하고 부하들에게 자신과 아내를 총살하라고 명령해서 죽었다.

5월 2일 새벽, 베를린 방위 사령부의 포병대장 바이틀링Weidling이 독일군과 시민에 저항을 중지하라고 명령했다. 5일, 히틀러의 유언에 따라 나치 정부의 수뇌가 된 해군 제독 카를 되니츠Karl Dönitz는 아이젠하워가 이끄는 연합군 총사령부에 투항의 뜻을 밝혔다. 8일, 베를린 공격의 총지휘관을 맡은 주코프가 베를린에서 정식으로 독일의 무조건 항복을 받았다. 마침내 유럽의 전쟁이 끝났다.

오키나와 공격

오키나와沖繩島는 류큐 제도 중 가장 큰 섬으로 일본 본토와 타이완 사이에 위치했다. 일본 규슈九州에서 약 630킬로미터 정도 떨어져 있으며, 북부는 산, 남부는 주로 구릉이 많다. 이곳은 예전부터 일본 본토의 병풍이라 불릴 정도로 전략적으로 매우 중요했기 때문에 일본은 군용 공항과 항구를 건설하고 병력을 주둔시켜 방어에 최선을 다했다.

1945년 초에 필리핀의 루손 섬을 점령한 미군은 이제 오키나와를 공격해서 일본 본토로 들어가는 전초기지로 삼기로 결정했다. 이에 일본은 오키나와의 방어를 더욱 강화했으며 많은 병력과 무기를 집중 배치해서 미국의 공격을 대비했다.

▌ 미군이 대형 작전 전함을 이용해서 장비를 오키나와로 옮겨오고 있다.

3월 18일, 미국 공군이 일본 규슈, 시코쿠四國와 당시 일본의 통치를 받던 타이완을 공격했다. 23일부터는 오키나와 주변의 섬들을 포격해서 일부 공항과 방어 시설을 파괴했고 연해에 주둔하고 있던 일본군 전함을 침몰시켰다.

4월 1일 새벽, 본격적인 오키나와 공격이 시작되었다. 3일 후, 미군은 섬의 허리를 끊고 남북을 나누어 공격했으며 6월 23일에 오키나와 전체를 점령했다.

오키나와 전쟁은 미국과 일본이 태평양 전장에서 벌인 전투 중 가장 규모가 크고, 기간이 길며, 양측의 피해 정도가 큰 결전이었다. 이제 미국은 일본 본토를 들어가는 길을 확보했다.

일본의 무조건 항복

미군은 1944년부터 일본 본토에 대규모 공습을 감행했으며 주로 일본 군수 산업을 무너뜨리는 데 주력했다. 수많은 일본인이 사망했으며 수천만 명이 살 곳을 잃었다. 1945년 8월 6일과 9일, 미국은 히로시마廣島와 나가사키長崎에 원자폭탄을 투하했다.

1945년 9월 2일, 도쿄에 정박한 미군 전함 미주리호에서 항복 문서 조인식이 열렸다. 더글러스 맥아더Douglas MacArthur가 연합국 대표로 서명했다.

1945년 8월 8일, 소련이 일본에 선전포고하고 다음 날 백만 명이 넘는 소련군이 서쪽, 동쪽, 북쪽에서 동시에 중국 동북 지역, 네이멍구內蒙古, 조선 북부를 향해 진격했다. 그들은 무려 4,000킬로미터나 되는 전선을 구축하고 일본에 공세를 퍼부었다.

8월 9일, 일본의 최고 전쟁 지도회의와 내각회의는 '포츠담 선언Potsdam Declaration'을 받아들이는 문제에 관해 논쟁을 벌였다. 일본 천황 히로히토裕仁는 10일에 정식으로 포츠담 선언을 받아들인다고 선포하고 15일에 항복 조서를 방송했다. 그리고 17일에 동북아시아, 동남아시아, 남아시아 각지와 태평양 도서 곳곳에 흩어져 있는 330만 일본군에게 평화롭게 투항하라고 명령했다. 8월 30일, 미군이 도쿄 및 그 근방에 상륙해서 일본을 점령했으며, 일본은 9월 2일에 정식으로 항복 조인서에 서명했다. 이로써 제2차 세계대전이 반파시스트 진영의 승리로 마무리되었다.

포츠담 회담

파시스트 국가인 일본은 태평양 전장에서 미군과 전투를 벌였으나 패배했다. 유럽 대륙의 전쟁이 먼저 끝나면서 전 세계인의 관심은 이제 동쪽으로 쏠렸다. 수백만 명의 미국과 영국 연합군이 태평양 전장으로 이동했고 소련군 역시 아시아 동북부에 집결하기 시작했다. 이제 파시스트 일본의 붕괴는 시간문제였다.

승리를 눈앞에 둔 연합국은 전후 세계 평화를 유지하는 문제에 대해 논의하기 위해 미국의 해리 트루먼Harry S. Truman, 영국의 처칠(7월 28일 후부터는 신임총리 클레멘트 애틀리Clement Richard Attlee가 참석했다.), 중국의 장제스蔣介石가 만났다. 이들은 1945년 7월 17일부터 8월 2일까지 독일의 포츠담에서 전후 처리해야 할 각종 문제, 특히 독일을 어떻게 처리할 것인가에 대해 회담했다. 또 당시는 아직 일본이 투항하기 전이었기 때문에 세 지도자는 회담 기간에 일본의 무조건 투항을 촉구하는 포츠담 선언을 발표했다.

제 9 장

현대 전쟁

　과학기술이 비약적으로 발전하면서 세계의 교류가 끊임없이 심화, 확대되었으며 전쟁 발발과 확대에도 큰 영향을 미쳤다. 이제 전쟁은 전통적인 냉병기 전쟁에서 열병기 전쟁으로 전환되었을 뿐만 아니라 전쟁의 규모와 위력 역시 예전과 비할 수 없을 정도로 커졌다.

　두 번의 세계대전을 거치면서 인류 사회는 고도의 기술 혁명을 경험했다. 핵, 컴퓨터, 항공, 마이크로 전자, 레이저 등 일련의 새로운 기술이 신속하게 발전했으며 군사 영역에 응용되어 전쟁 수단과 스타일에 거대한 변화가 발생했다.

　핵무기가 발전하면서 핵무기 제조론과 핵 위협론이 대두되었고 이는 미국과 소련 두 나라가 서로를 견제하는 기본 원리가 되었다. 이제 국제 사회에서는 다른 나라보다 더 뛰어난 핵 기술을 보유한 것만으로도 국제 외교 관계에서 우위를 점할 수 있게 되었다.

　1970년대 이후에 미국, 소련 사이에 핵위기가 출현한 이후로 핵무기를 방패로 삼고 전쟁을 연구하는 것이 일반적인 상황이 되었다. 특히 새로운 고급 기술 무기를 사용하는 국지적인 전쟁이 빈번해졌다. 미국과 소련은 군사 과학 연구를 국가의 중점 과제로 삼았다. 미군은 공중과 지상을 일체화하는 전쟁 이론을 제안했으며 소련군은 빠른 속도를 강조하고 큰 대형과 입체적인 작전 이론을 주로 강조했다.

　이와 동시에 미국과 소련 사이에 공군 역량 발전을 중심으로 하는 군비 경쟁이 격화되었다. 미국은 우주전쟁 계획을 제시해서 핵 경쟁으로 말미암은 경색 국면을 타파하려고 했으며 이를 통해서 소련에 우세를 점하고자 했다. 소련 역시 우주 전쟁을 준비하며 미국과 균형을 맞추려고 했다. 서구 유럽 국가도 연합해서 유럽우주기구European Space Agency를 창설했으며 20세기 안에 세계 제3위의 우주 강국이 되고자 했다.

1970년대 이전의 중동 전쟁

1940년대 말부터 지금까지 이슬람 국가들과 이스라엘 사이의 충돌과 전쟁은 쉬지 않고 계속되었으며 중소 규모의 군사 충돌은 셀 수도 없을 정도로 많았다. 대규모의 전쟁만 다섯 차례인데 1948년의 팔레스타인 전쟁, 1956년의 수에즈 운하 전쟁, 1967년의 6월 전쟁, 1973년의 욤 키푸르 전쟁, 1982년의 레바논 전쟁이 그것이다.

팔레스타인 전쟁

팔레스타인 전쟁, 또는 이스라엘 독립 전쟁이라고 불리는 이 전쟁이 바로 제1차 중동 전쟁이다.

1948년 5월 14일에 이스라엘 임시 정부 총리인 벤 구리온Ben Gurion은 텔아비브Tel Aviv에서 정식으로 이스라엘 국가의 성립을 선포했다. 미국은 즉각 이를 인정하고 소련도 17일에 이를 승인한다고 선포했다. 이스라엘은 이렇게 강국들의 환영을 받으며 건립되었지만, 팔레스타인 지역의 아랍인들은 정작 자신의 나라를 건립하지 못했기에 이를 도저히 받아들일 수 없었다. 5월 15일 아랍 국가들, 다시 말해 이집트, 이라크, 레바논, 요르단이 동맹을 맺고 차례로 출병해서 팔레스타인 지역으로 진격했다. 그들이 이스라엘에 전쟁을 선포하면서 제1차 중동 전쟁이 발발했다.

전쟁 초반, 아랍 연합군은 연이어 승리하고 이스라엘은 계속 끌려 다니는 양상을 보였다. 이에 미국은 유엔 안전보장이사회를 조종해서 4주간의 정전을 결의했고 이스라엘

팔레스타인 전쟁 중, 이스라엘 지프가 네게브 Negev 사막을 가로지르고 있다.

은 이 틈을 이용해서 군비를 확충하고 군대를 재배치했다. 정전 기한이 끝나자 이스라엘 군대는 먼저 중부 연해 평원과 북부를 공격하기 시작했다. 통일된 지휘관이 없는 아랍 국가들은 겨우 열흘 만에 1,000여 평방킬로미터의 토지를 잃었다. 이때 이스라엘에 보급품과 지원 병력이 필요해지자 미국이 다시 나서서 7월 15일에 무기한 정전 방안을 통과시켰다. 3개월 후 10월 15일에 이스라엘이 다시 아랍 국가들을 공격했으며 이 전쟁은 1949년 3월까지 계속 이어졌다. 아랍 국가들은 각각 이스라엘과 평화조약을 체결했다.

이스라엘은 이 전쟁을 통해서 팔레스타인의 5분의 4에 해당하는 토지를 가져갔고 100만 아랍인은 유랑자가 되어 요르단, 가자, 시리아와 레바논 등지를 떠돌게 되었다. 이로부터 팔레스타인의 난민 문제가 발생한 것이다. 이때부터 팔레스타인과 이스라엘 양측의 갈등 역시 끊임없이 계속되었다.

수에즈 운하 전쟁

수에즈 운하 전쟁은 제2차 중동 전쟁으로 이스라엘에서는 시나이 전투라고 부른다.

1956년 7월 26일에 이집트 정부는 영국과 프랑스로부터 수에즈 운하Suez Canal를 돌려받아서 국유화했다. 같은 해에 11월 29일, 영국과 프랑스의 지지 아래 이스라엘이 이집트 시나이 반도Sinai Peninsula를 침공했으며, 영국과 프랑스는 31일에 운하 통행의 자유와 안전 보장 문제를 이유로 들어 이집트를 공격했다.

1956년 10월 29일 오후, 이스라엘 전투기가 시나이 반도 위의 상공에서 이집트와 전쟁을 시작했다. 11월 30일, 영국과 프랑스가 이집트 공군 기지를 폭격해 전투기 260대를 무력화시켰다.

이스라엘은 100여 시간 동안 시나이 반도를 폭격한 끝에 운하에 도착

1956년 11월, 이집트 침입이 시작되자 영국의 전함, 상륙정과 군대 운송 헬기가 포트사이드Port Said를 향했다.

했다. 이때 소련이 나서서 중재했으니 다행이지 안 그랬으면 이집트의 수도 카이로까지 진격할 기세였다. 얼마후 이집트는 소련과 15년 조약을 체결했다.

이 전쟁에 대해서 미국과 영국, 프랑스 사이에 갈등이 존재했다. 그래서 영국 프랑스 군대는 12월 22일에 이집트 영토에서 철수했으며 이스라엘 군대는 1957년 3월에 비로소 전부 이집트에서 빠져나왔다. 이 전쟁은 침략자의 실패로 끝이 났다.

6월 전쟁

6월 전쟁은 1967년 6월 5일에 시작된 전쟁으로 65전쟁이라고도 불린다. 이스라엘이 '6일 전쟁Six-Day War'이라고도 부르는 이 전쟁이 제3차 중동 전쟁이다.

1967년 5월, 이스라엘은 이집트를 전쟁에 끌어내기 위해서 거짓 정보를 흘렸다. 이스라엘이 이미 시리아 국경에 병력을 집중하고 있으며, 5월 17일에 시리아를 공격할 것이라는 소문을 낸 것이다. 소련은 이 정보를 얻은 후에 제대로 검증하지도 않고 이집트에 전달했으며 이것이 진짜 정보라고 믿고서 2개 사단을 시나이 반도에 파병한 후 총동원령을 발표했다. 5월 19일, 이번에는 이스라엘이 총동원령을 내리고 시나이 반도에 병력을 집결했다. 이튿날 이집트는 아카바 만Gulf of Aqaba을 봉쇄했고 미국과 이스라엘은 이집트의 행동이 이스라엘에 대한 침략 행위라며 비난한 후 곧 군사 행동을 취하겠다고 선포했다. 이때 소련은 이집트를 지원하면서도 이익 관계 때문에 미국과 비밀리에 접촉했다.

5월 26일, 이스라엘은 이집트가 이스라엘 공격을 준비하고 있다고 알리고 미국은 이 내용을 즉시 소련에 전했다. 이에 소련은 이집트에 절대 먼저 전쟁을 벌여서는 안 된다고 설득했으며 이집트 역시 먼저 총탄을 쏘는 일은 없을 것이라고 약속했다.

■ 1967년 시나이 반도에서 이스라엘의 공격을 받은 비행기의 잔해

1967년 6월 5일 새벽, 이스라엘 공군이 이집트, 시리아, 요르단 등 아랍 국가들에 대규모 공격을 감행했는데 이것이 바로 6월 전쟁이다. 저녁 무렵이 되자 이스라엘은 아랍 국가들에 네 차례 공습했으며, 공습 실시 30분 만에 이번에는 육군 부대가 아랍 국가들을 대거 공격했다. 얼마 지나지 않아서 이스라엘군이 가자 지구를 점령

했고 곧이어 시나이 반도의 아리시Arish, 아부 아게이라Abu Ageila 등지로 진입했다. 6월 8일, 이스라엘 군대가 시나이 반도에 집결한 이집트 군대를 전멸시켰다. 또 이집트 잔당을 수에즈 운하의 동안으로까지 밀어 버렸는데 이후 시나이 반도는 이스라엘 군대에 전부 점령당했다.

이집트를 공격한 지 얼마 지나지도 않았는데 이스라엘군은 또 요르단을 공격했다. 이스라엘군은 6월 7일까지 제닌Jenin, 나블루스Nablus, 예루살렘 동쪽 지역과 요르단 강 서안 및 요르단이 관할하는 지역을 모두 점령했다. 또 6월 9일에 시리아를 향해서 대규모 공격을 시작했고, 6월 10일에는 골란고원Golan Heights의 대부분과 다마스쿠스로 통하는 몇 개의 주요 고속도로를 점령했다. 더하여 레바논으로 오가는 송유관까지 차지했다. 6월 11일, 시리아와 이스라엘이 정전 협정에 서명하면서 제3차 중동 전쟁이 끝났다.

1970년대 이후의 중동 전쟁

욤 키푸르 전쟁

1973년 10월 6일, 이집트와 시리아가 잃어버린 땅을 되찾고자 꼼꼼하게 준비한 후 이스라엘을 공격했다. 이것이 바로 제4차 중동 전쟁으로 욤 키푸르Yom Kippur 전쟁, 10월 전쟁, '라마단 전쟁'으로도 부른다.

이집트와 시리아는 육상 부대와 해군, 공군의 주력 부대를 모두 이스라엘 군대가 점령한 시나이 반도(서부전선), 골란 고원(북부전선)에 집중하고 공격을 감행했다. 이집트군은 그날 수에즈 운하를 건너서 이스라엘 군대의 바 레브 방어선Bar Lev line을 무너뜨리고 잃었던 땅을 수복했다. 시리아군도 티베리아스 호수Lake Tiberias를 장악했다. 전쟁 초반부터 불리했던 이스라엘은 신속히 예비 부대를 동원해서 총병력을 40만 명까지 늘렸다. 먼저 북부전선에서 공군으로 시리아군 진지를 공습했으며 16일에는 병력을 서부전선으로 이동해서 집중 배치했다. 이스라엘의 정찰 돌격 대대는 이집트군으로 변장하고 후방까지 깊이 진입했다. 그들은 이집트의 지대공地對空 미사일SAM: surface-to-air missile 진지를 파괴하는 등 큰 공을 세웠다.

▌ 1973년 10월에 이집트 군대의 소련식 탱크가 수에즈 운하를 통과한 후 시나이 사막을 향해 진군하고 있다.

10월 22일에 유엔 안전보장이사회가 양측에 전쟁을 멈출 것을 호소하는 결의문을 통과시켰다. 이에 이집트와 이스라엘은 22일에, 시리아는 24일에 각각 정전에 동의했다. 또 양측은 수에즈 운하에서 병력 철수 협정에 서명했다.

레바논 전쟁

네 번의 중동 전쟁을 거쳐서 이스라엘은 팔레스타인 영토를 대부분 점령했다. 1964년에 첫 번째 팔레스타인 민족평의회PNC: Palestinian National Council에서 팔레스타인해방기구PLO: Palestine Liberation Organization가 성립되었다. 이 조직이 이끄는 게릴라 부대들은 주로 시리아, 레바논 등의 국가 등에 널리 퍼져 있었다. 1970년, 팔레스타인해방기구의 총본부가 레바논 국경 안으로 잠입해 들어갔다. 1973년 제4차 중동 전쟁 이후 팔레스타인해방기구는 항상 이스라엘 후방, 골란 고원과 가자 지구 등 지역에서 게릴라전을 펼치고 이스라엘 군대 진지를 습격했으며 이스라엘 군대의 레이더 시설과 군대의 화약창고를 모두 파괴했다. 이스라엘은 이에 대해 크게 화를 내며 언젠가 한 차례 전쟁을 벌여 레바논 국경 안에서 활동하는 팔레스타인 해방기구의 무장 역량을 소탕하고자 했다.

1976년 10월에 시리아는 3만 명의 부대를 파견해서 레바논에 주둔시켰다. 레바논은 다른 중동 지역 국가에 비해서 기독교 인구가 많고 세력도 큰 국가였다. 1981년 4월, 레바논에 주둔한 시리아군은 팔레스타인해방기구와 연합해서 무장한 후 기독교 세력과 무력 충돌했다. 이스라엘은 이 기회를 놓치지 않고 때 많은 전투기를 보내어 시리아 군대와 팔레스타인해방기구의 진지를 폭격했다. 시리아는 곧 방공 미사일 부대를 레바논 국경 내에 배치하고 이스라엘에 보복할 준비를 했으며 이스라엘은 이 미사일 부대를 파괴하고자 했다.

1982년에 1973년 유엔이 중동 정전결의문을 채택하면서 이스라엘군은 시나이 반도에서 철수했으나 레바논에 계속 앙심을 품고 있었다. 그런데 이 혼란한 시기 1982년 4월에 포클랜드 전쟁Falklands War이 발발해서 전 세계의 이목이 그쪽으로 집중되었다. 또 이란 이라크 전쟁Iran-Iraq War이 진행 중이라서 전체 이슬람 세계도 사분오열하게 되었다. 게다가 레바논 내부에서까지 파벌 투쟁이 발생하자 이집트는 1979년 3월에 이스라엘과 '이집트 이스라엘 평화조약Egyptian-Israeli Peace Treaty'을 체결했다. 1982년 6월 초 팔레스타인해방기구 중 레바논에 거점을 둔 급진파 테러 조직 아부 니달Abu Nidal(ANO)이 영국 주재 이스라엘 대사를 암살하려다가 실패하고 중상을 입힌 사건이 발생했다. 이스라엘은 이를 빌미로 레바논을 공격했으며 이렇게 제5차 중동 전쟁이 발발했다.

이 전쟁은 미국의 중재 아래 5개월의 회담을 거쳐 휴전했으며 레바논과 이스라엘이

1982년 6월, 갈릴리 평화작전Operation Peace for Galilee. 이스라엘의 무장 부대가 미국식 차량 장비와 함께 남부 레바논으로 진격하고 있다.

모두 군대를 철수하는 것으로 일단락되었다. 그러나 결과적으로 이스라엘의 레바논 침략 목표가 완성된 셈이었다.

한국 전쟁의 발발

한국 전쟁은 제2차 세계대전 후에 규
모가 큰 지역 전쟁 중 하나였다. 이 전쟁
은 처음에 시작할 때는 내전이었으나 거의
10여 개 국가의 군사들이 참전하면서 국제 전
쟁으로 변모했다.

▌ 전쟁 중에 피난 가는 한국인들

전쟁 발발

제2차 세계대전이 끝난 후, 원래 일본 식민지였던 조선이 북위 38도 선을
경계로 두 개로 나뉘었다. 소련과 미국은 각각 북쪽과 남쪽에 군대를 주둔시켜 한반도의
일본 무장 세력을 소탕하고 일본식 식민지 정치, 경제 잔재를 없애려고 했다. 이 두 나
라는 한반도 문제를 유엔에 제출했으며 유엔은 소련과 미국이 관할 지역에서 동시에 선
거를 시행하라고 결정했다. 그런 다음 두 나라의 군대는 한반도에서 철수해서 한민족이
직접 국가를 다스리도록 한 것이다.

1948년 5월, 남한에서 단독으로 대통령 선거를 해서 친미 성향의 이승만이 대통령으
로 선출되었다. 1948년 8월, 남한에서 대한민국의 건국을 선포했으며, 같은 해 9월에는
북한에서 공산주의 국가인 조선민주주의인민공화국이 수립되었다. 한반도에 서로 적대
적인 사상을 지닌 정부가 생긴 것이다. 그러나 대한민국 헌법 및 조선민주주의인민공화
국의 헌법에 따라서 남한과 북한은 한반도에 오로지 한 국가만 존재한다고 여겼으며 언
젠가 반드시 통일을 이루리라 생각했다.

남과 북에 각각 정부가 성립된 후, 양측의 갈등이 나날이 첨예해져서 1949년 한 해에
만 38선 위에서 1,000차례가 넘는 무장충돌이 발생했다.

1950년 6월 7일에 조선민주주의인민공화국 지도자 김일성은 한민족 모두에게 8월 5일
부터 8일까지 한반도 전체 선거를 치르고 국가의 평화적인 통일을 이루자고 호소했다.
또 그는 이를 위해서 6월 15일부터 17일까지 해주海州에서 회담을 열 것을 제안했다. 6월
11일, 조선민주주의인민공화국의 대표 3명이 38선을 건너서 대한민국의 각 정당 지도자
에게 평화 통일 국가의 호소문을 건넨 후 곧바로 대한민국 정부에 체포되었다.

1950년, 한국 전쟁이 발발했다. 6월 25일 새벽, 스탈린의 동의를 얻은 후에 조선민주
주의인민공화국의 총리이자 조선인민군 사령관 김일성이 38선을 넘으라고 명령했다. 당

시 대한민국의 군대는 전쟁 준비를 하지 않았기 때문에 애초에 대적할 힘이 없었으며 3일 후에 수도 서울이 함락되었다.

인천상륙작전

당시 미국 대통령이던 트루먼은 북한군이 38선을 넘은 지 3일째 되는 날 즉시 참전을 결정하고 맥아더 장군에게 총사령관을 맡겼다.

전쟁 초기, 조선인민군은 전투마다 계속 연승행진을 했고 6월 28일에 서울을 차지했다. 7월 20일에 대전, 7월 24일에 목포, 7월 31일에 진주를 각각 점령했으며 대한민국 국군은 부산의 낙동강 일대까지 밀려 내려갔다. 이때 미군 제25사단이 남방 방위선을 사수하고 더 이상 후퇴하지 말라는 명령을 받았다. 한편 맥아더 장군은 8월 6일에 도쿄에서 다른 고위급 장군들과 회의를 하고 인천 상륙 작전을 제안했다.

이에 9월 15일, 미국과 영국 두 나라는 300여 척의 전함과 500여 대의 전투기가 엄호하는 가운데 상륙작전을 성공적

▌ 1950년 9월 15일, 미군이 인천에 상륙했다.

으로 수행했다. 이들은 북한군의 후방을 습격해서 잃었던 인천항과 부근의 도서 지역을 모두 되찾았다. 9월 22일에 부산 방어선까지 철수했던 연합군은 이 기세를 타고 반격을 시작해서 9월 27일에 인천 상륙 부대와 부산 부대가 수원 근방에서 합류해서 하루 만에 서울을 되찾았다.

중국의 참전

북한군이 38선 이북으로 후퇴하자 맥아더 장군은 계속 이들을 추격해서 이들을 한반도에서 몰아내고자 했다. 9월 27일, 미국 참모장 연석회의와 대통령 트루먼 역시 모두 맥아더의 건의에 동의했다. 그러나 트루먼 대통령은 맥아더에게 중국과 소련이 참전한다면 더 이상 북한을 추격하지 말라고 조건을 달았다. 다음 날 미군은 38선을 넘어 10월

1일에 북한 진영에서 전투를 벌였다.

10월 1일, 맥아더는 미군과 국군에 38선을 넘어서 북으로 진격하라는 명령을 내렸다. 그는 추수감사절(11월 23일) 이전에 북한 전 지역을 점령하고 북한군을 전멸시킬 수 있다고 생각했다.

1950년 7월 6일, 중화인민공화국의 총리이자 외교부장인 저우언라이 周恩來가 중국 정부를 대

▌ 트럭에 오르는 미군을 바라보는 한국의 어린이

표해서 성명을 발표했다. 유엔 안전보장이사회에서 6월 27일에 대한민국을 돕자고 결의했는데 이것은 미국의 조종 아래 이루어진 것으로 이는 유엔 헌장을 위반한다는 내용이었다.

9월 30일, 미국이 한반도에서 점차 침략 전쟁을 일으키려 한다고 생각한 중국 정부는 더 이상 참지 못하고 경고했다. "중국인은 외국의 침략을 용인할 수 없으며 제국주의자들이 이웃국가 국민을 침략하고 그 땅에 주둔하는 것을 좌시할 수 없다!" 중국 정부는 10월 상순에 중국 정부는 조선민주주의인민공화국의 요구와 지역 상황에 근거해서 미국에 반대하며 북한을 지원하기로 결정했다.

10월 8일에 마오쩌둥 毛澤東은 동북 변방군을 중국인민지원군으로 전환할 것을 명령하고 펑더화이 彭德懷를 사령관 겸 정치위원으로 임명했다. 10월 19일, 중국인민지원군이 압록강을 건너서 한반도에 들어갔다.

한반도 정전

전쟁의 확대

중국인민지원군이 조선으로 들어간 후, 제2차 전투가 바로 1950년 10월 25일에 막이 올랐다. 그날 중국인민지원군의 제40군 제118사단은 북진北鎭 지역에서 적군에 대한 돌연 공격을 시작했으며 한 시간 정도 걸려서 온정溫井을 점령했고 모든 적군을 섬멸했다. 이 전투는 또한 중화인민공화국 항미원조 전쟁이 정식으로 시작됨을 알리는 것이었다. 중화인민공화국 정부는 이 전쟁을 위급한 이웃국가를 돕고 국가의 안전을 위한 전쟁으로 규정했다.

비록 맥아더는 제1차 전투가 참패하고 중국의 출병이 그저 상징성에 불과하다고 생각했으나 동시에 유엔군을 전부 섬멸할 위험이라고 인정했다. 이 때문에 중국 둥베이 지역을 대규모 폭격해야만 한다고 건의했다. 그러나 미국 트루먼 정부는 여전히 제2차 세계대전이 막 끝난 상황에서 중국과 전쟁을 벌이는 것이 제3차 세계대전을 촉발할 가능성이 있다고 여겼기에 전쟁을 조선 한반도에 제한하고자 했다. 이후 중국의 참전으로 트루먼 정부는 정책을 다시 한 번 바꿔서 한반도의 통일을 나중에 다시 이야기할 문제로 미뤘고 이렇게 해서 한 번에 한반도를 통일하겠다는 이전의 책략을 포기하게 되었다.

11월 24일에 맥아더는 청천강淸川江 이북의 중국 조선 군대를 공격하고 미군 병사들로 하여금 집으로 돌아가서 성탄절을 보내게 하겠다고 선포했다. 중국인민지원군은 먼저

맥아더 장군(가장 앞에 앉아 있는 사람)이 한국 유엔군 최전선부대를 시찰하고 있다.

적을 확인하고 적군을 유인해서 전투 시작선으로 들어오게 한 후에 11월 25일에 제2차 전투를 발동했다. 중국군은 서부전장에서 지원군 제38군, 42군을 사용해서 좌익으로부터 미군 제8집단군의 종심을 돌격했다. 미국 한국 연합군은 전체 전선에서 남쪽으로 38선까지 철수하게 되었고 12월 5일에 평양平壤을 포기했다. 1950년 12월 31일에 중국 조선 군대가 제3차 전투를 시작했다. 그들은 38선 이남 80킬로미터 지역까지 밀고 갔으며 서울은 중국인민지원군 제50군과 조선인민군 제1군단에 의해서 점령되었다.

이때의 미국은 이미 자신이 한반도의 늪에 빠졌고 스스로 빠져나올 수 없다는 것을 깨달았으며 자신이 하나의 낯선 전장에서 앞이 보이지 않는 전쟁을 벌이고 있음을 알아차렸다. 이 때문에 미국은 1951년 1월 13일에 정전 협정을 제안했다. 제4차 전투와 제5차 전투 후에 쌍방은 7월 10일에 정전협정에 동의하고 회담 테이블 앞에 앉았다.

정전협상

1951년 6월 주 유엔 소련 대표는 미국과 한국, 중국 쌍방의 협상을 통해서 7월 10일에 개성開城에서 정전회담을 시작하자고 제안했다.

전체 회담을 세 단계로 나눈다. 7월 10일부터 8월 23일까지가 첫 단계인데 쌍방은 회담 과정 문제에 관해서 다섯 가지 협의에 도달했다. 1. 협정의 체결 목적·성격·적용, 2. 군사분계선과 비무장지대DMZ, 3. 정화停火 및 정전의 구체적 조치, 4. 전쟁 포로에 관한 조치, 5. 쌍방관계 정부들에 대한 건의다. 그래서 이 담판은 군사와 정치의 두 가지 성질을 모두 지니게 되었다.

1951년 10월 25일부터 1952년 10월 8일까지 판문점에서 두 번째 단계의 회담을 진행했다. 쌍방은 두 번째, 세 번째, 다섯 번째의 세 가지 문제를 차례로 해결하고 협의했다. 그러나 네 번째 의사과정을 논의할 때 미국이 스스로 돌아오기를 원하는 경우를 주장하면서 회담이 중단되었다. 10월~11월에 미군은 상감령上甘嶺 지역에서 대규모 공격을 벌이고 실패하자 양측은 다시 회담을 진행했다.

1953년 4월 26일부터 7월 27일까지 세 번째 단계의 회담이 진행되었다. 쌍방은 바로 포로문제에서 협의에 도달했다. 담판 기간에 미국은 끊임없이 군사 공세를 폈고 공공연히 세균 무기를 사용했다. 조중 양국 군대는 갱도와 야전 공사를 결합한 방어 진지에 의거해서 여러 차례 국부적으로 이어진 상대방의 공격을 깨부수었고 여러 차례 반격 전투를 진행했다.

1953년 7월 27일에 조선인민군의 최고사령관 김일성과 중국인민지원군 사령관 펑더화이가 동맹을 맺고 국제연합군 총사령관 클라크Mark Wayne Clark가 한국휴전협정Korean War

▌ 1953년 7월 27일 한국휴전협정이 판문점에서 정식으로 체결되었다.

Armistice Agreement 및 추가의정서에 서명하면서 한국 전쟁이 끝났다.

베트남 내전

1961년부터 1975년까지 계속된 베트남 전쟁은 남南베트남과 미국이 북北베트남 및 베트남민족해방전선Vietnamese National Liberation Front: NLF과 벌인 전쟁이다. 베트남 전쟁은 제2차 세계대전 이후 미군이 가장 많은 병력을 투입한 전쟁이었다.

베트남 분열

베트남은 제2차 세계대전 이전에 프랑스의 식민지였으며 세계대전 중에는 일본에 점령되었다. 1945년에 전쟁이 끝난 후, 호찌민Ho Chi Minh이 지휘하는 베트민Viet Minh이 베트남민주공화국을 수립했다. 그러자 프랑스는 베트남 응우옌 왕조Nguyen dynasty의 마지막 황제인 바오다이Bao Dai를 앞세워 남부의 사이공Saigon에 또 다른 국가를 세웠다. 이후 베트남민주공화국(북베트남)과 프랑스는 베트남 전역을 두고 장장 9년에 걸쳐 전쟁을 벌였다. 1954년, 중국의 지원을 받은 북베트남은 디엔비엔푸Điện Biên Phủ 전투에서 큰 승리를 거두었으며 이로써 프랑스가 베트남에서 완전히 물러났다. 베트남은 1954년의 제네바 협정에 따라 북위 17도 선을 기준으로 남북이 나뉘어 북베트남은 호찌민이, 남쪽은 바오다이 황제가 통치했다. 그런데 1955년, 남쪽 베트남에서 미국의 지원을 받은 총리 응오딘지엠Ngo Dinh Diem이 반란을 일으켜 바오다이 황제를 축출했다. 그는 베트남공화국Republic of Vietnam(남베트남)을 건립하고 국민투표로 대통령에 당선되었다.

냉전 시대에 미국 대통령 아이젠하워는 동남아시아를 잠재적인 전장으로 보았다. 그는 북베트남의 공산주의가 남베트남에 전파될까 봐 걱정한 나머지 계속 응오딘지엠을 지

▌베트남 전장의 미국 병사

원하며 그의 독단적인 통치까지 모른 척 눈감아주었다. 하지만 미국의 이런 행동은 결과적으로 남베트남이 북베트남에 뒤처지게 하였다. 북베트남은 대규모의 농업 개혁을 실현했고 토지를 농민들에게 나누어 주어 남베트남 주민들이 부러워하게 만들었다. 당시 아이젠

▌보급품을 운송해 온 미군 헬기

하워의 비망록에는 이렇게 쓰여 있었다. "만약 지금 전국선거가 시행된다면 공산주의가 승리할 것이다." 실제로 제네바 협정에 따라 1956년에 베트남 전역에서 선거할 예정이었으나 양측이 서로 견제하며 합의를 이루지 못해 무산되었다.

전쟁의 시작

1959년, 북베트남 중앙위원회는 남베트남을 무장통일하기로 결정하고 많은 병력을 남베트남으로 보냈다. 1960년, 남베트남에 베트남민족해방전선이 결성되었는데 이들은 베트남 공산당 중앙위원회의 지휘 아래 응오딘지엠의 정부를 반대했다. 같은 해에 '중소논쟁中蘇論爭'이 일어나면서 중국과 소련은 국제 공산주의 운동에 더 많은 역할을 하고자 했다. 그래서 적극적으로 북베트남의 남베트남 공격을 지지했다. 한편 미국 대통령 케네디와 그의 참모들은 베트남 문제를 잘 처리함으로써 전 세계에 미국의 국력과 반공산주의 진영의 강한 면모를 드러내기로 결정했다.

이 시기 베트남민족해방전선은 이미 남부의 촌락 대부분을 차지한 상태였다. 응오딘지엠 정부는 심각한 정치적 부패 탓에 민심을 잃은 지 오래여서 베트남민족해방전선의 세력 확대를 저지하지 못했다. 1961년 5월, 미국은 응오딘지엠 정부의 붕괴를 막기 위해서 '그린베레Green Beret'라고 불리는 특수 부대를 남베트남에 진입시켰고 이로부터 베트남 전쟁이 시작되었다.

베트남 전쟁

미국의 참전

1962년 2월 8일, 미국은 사이공에 군사 사령부를 세움으로써 베트남 전쟁에 개입한다는 사실을 만방에 알렸다. 사이공 군사 사령부는 폴 하킨스Paul Harkins 장군이 지휘했다. 4월 30일, 미국은 타운 계획을 선포했는데 이는 농촌 인구를 정해진 지역으로 이주시켜서 게릴라와 일반 주민을 분리하는 계획이었다. 하지만 전략 타운이 세워지고 얼마 지나지 않아 베트남민족해방전선의 활동가들이 전략 타운에 잠입했기 때문에 그 효과가 미비했다.

전쟁의 확대

미군이 남베트남에서 좀처럼 성과를 거두지 못하자 대통령을 비롯한 각계 인사들은 무척 조바심이 났다. 1963년 말, 미국 대통령 린든 존슨Lyndon Johnson은 회의에서 응오딘지엠 정권만으로 사회주의 물결을 막는 것은 사실상 불가능하며, 상황을 객관적으로 보았을 때 베트남 전역이 곧 호찌민의 수중에 들어갈 것이라고 말했다. 또 이런 상황이 "매우 만족스럽지 않으며, 반드시 바꾸어야 한다."라고 강조했다.

1963년 11월 1일, 미국은 남베트남에서 군사 반란을 일으킨 후, 응오딘지엠을 죽이고 새로운 꼭두각시 대통령으로 쯔엉 반 민Duong Van Minh을 내세웠다. 그리고 전쟁을 확대할 구실을 찾기 시작했다.

남베트남 정부군은 베트남민족해방전선과 싸워 줄줄이 패했다. 베트남민족해방전선은 민간에서 '베트콩Viet Cong 게릴라 부대'라고 불렀다. 남베트남 정부군은 북베트남이 베트콩 게릴라 부대에 보낸 보급품을 탈취하고 더 이상 지원

▮ 북베트남 방공부대원이 미국 비행기를 기관총으로 소사하고 있다.

하지 못하게 만들기 위해 북베트남 연안의 해군기지를 습격했다. 이 작전에는 미국 해군의 함정이 동원되고 레이더와 위치 추적 기술 등 많은 현대 군사 기술이 사용되었다.

1964년 7월, 베트남 전쟁의 중대한 분수령이 된 '통킹 만 사건Gulf of Tonkin Incident'이 일어났다. 북베트남과 미국은 서로 상대방이 의도적으로 사건을 일으켰다고 생각하며 강경한 반응을 보였다. 이에 북베트남과 베트콩 게릴라부대는 베트남 전역에 흩어져 있는 미군 기지에 보복성 공격을 가했다. 8월 7일, 미국 의회는 침략을 저지하기 위해서라면 대통령이 어떠한 조치도 취할 수 있다는 내용의 통킹만 결의안을 가결시켰다. 이것은 사실상 대통령이 선전포고를 하지 않아도 전쟁을 벌일 수 있는 권리를 주는 결정이었다.

1965년 2월, 기습 공격을 당한 미군이 보복성 공격을 시작했다. 그들은 집중포격과 초토화 작전을 이용해서 베트콩의 근거지인 남베트남의 북부 지역을 무자비하게 폭격했다. 동시에 남베트남에 병력을 계속 증강했다.

통킹 만 사건

1964년 7월 31일, 북베트남의 어뢰정 3척이 중립지역인 통킹 만에서 임무 수행 중이던 미국 구축함 매독스 호USS Maddox를 어뢰와 기관총으로 공격했다. 이에 매독스 호는 역시 주변에서 임무 중이던 미군 항공모함과 함께 즉각 반격을 시작해서 북베트남의 어뢰정 한 척을 격침하고 나머지 두 척에도 큰 타격을 입혔다. 8월 4일에는 매독스 호와 터너죠이 호USS Turner Joy가 함께 이동하던 중에 레이더 신호의 추격을 받은 터너죠이 호가 기습 공격을 당했다. 매독스 호와 터너죠이 호는 즉각 대응 공격을 벌였으며 미국은 북베트남 해군기지를 폭격해서 보복했다.
그런데 1971년에 언론이 이 사건의 조작 가능성을 제기했다. 이후 베트남전 미국 국방장관이던 로버트 맥나마라Robert S. McNamara도 1995년에 쓴 회고록에서 이 전투가 미국의 자작극이었음을 고백했다.

베트남 게릴라전과 미국의 실패

남베트남 게릴라전

미군과 남베트남 정부군은 전투를 하면 할수록 더 많은 저항에 부딪혀야 했다. 남베트남에서는 민간 가정집이 곧 하나의 전투 단위였다. 그들은 집안에 방공호를 파고, 집 주변에는 방공 동굴을 만들었으며 식량 창고와 소를 숨겨 놓을 수 있는 동굴까지 팠다. 작은 마을들은 각각 요새화되었으며 아무리 작은 마을이라도 반드시 민병과 향토 게릴라 부대가 있었다. 겉으로 매우 평화로워 보이는 시골 마을도 땅 밑에 지하 동굴을 구축해서 게릴라 활동에 적극 이용했다.

이런 마을의 주민들은 전투가 벌어졌을 때 각각 맡은 바를 정확히 나누어 놓았다. 예를 들어 게릴라 부대와 민병대는 항상 보초를 서고 낯선 사람이 있지는 않은지 살피다가 상황이 발생하면 즉각 전투에 들어갔다. 1965년 이후, 전쟁이 확대되면서 게릴라 부대 대원이 북베트남 정부의 정규군으로 전환되기 시작했다. 이들은 최전선에 가서 미국과 전투를 벌였다.

1968년 1월 말에 북베트남은 새해 테트Tet 축제에 대규모 공격을 시작했다. 베트콩의 '신년 공세Tet offensive'라 불리는 이 전투에서 미국은 큰 타격을 받았다. 북베트남도 역시 사망자 3만여 명, 부상자 약 4만 명이 발생했지만 5월이 되면서 금세 공격 능력을 회복했다. 미국인들은 베트콩의 신년 공세에 속수무책으로 당하고 돌아온 미군을 보고 깜짝 놀랐다. 그동안 린든 존슨 대통령은 북베트남군의 군사 역량이 점점 쇠약해지고 있으니 전쟁이 금방 끝날 것이라고 말해왔다. 하지만 그의 말과 달리 북베트남은 여전히 힘이 넘쳤으며 군사적 역량을 갖추었으니 전쟁이 언제 끝날지는 아무도 모르는 일이었다.

▌전쟁 중 미국 병사들이 참회의 기도를 올리고 있다.

미국 정부의 고위층에서도 베트남 전쟁에 대한 회의가 생겼다. 20만 6,000명을 증병해서 북베트남군을 전멸시키겠다는 미군의 계획은 공허하기 짝이 없었다. 그리하여 증병에 찬성하던 린든 존슨 대통령마저 증병 포기 의사를 밝혔다.

1968년 3월 31일, 미국의 대통령 린든 존슨은 모든 공격을 멈추라고 호소하고, 앞으로 미군이 베트남에서 차례로 철수하겠다고 밝혔다. 그리고 다음 대통령 선거에 도전하지 않겠다고 선포했다.

베트남에서 빠져나오기

남베트남의 무장 세력의 끈질긴 저항과 게릴라 부대와 민간인들의 끈끈한 협동 작전 탓에 미국은 베트남에서 엄청난 인적, 물적 자원을 소비하고도 예상한 효과를 거두지 못했다. 또 전쟁 후반으

전쟁 후반인 1975년에 북베트남군이 사이공의 주요 공항을 공격했다.

로 갈수록 참전을 비난하는 목소리가 커져서 국내에 반전 운동이 크게 일어났다. 1969년 1월에 리처드 닉슨Richard Nixon이 대통령으로 취임하자 군중 수만 명이 워싱턴에서 '닉슨은 제1호 전범', '닉슨은 억만장자들의 꼭두각시'라고 쓴 피켓을 높이 들고 시위했다. 시위가 얼마나 격렬했던지 닉슨은 취임식에서 방탄 처리가 된 유리 보호막 뒤에 숨어 취임연설을 했다.

국내외에서 강한 반대와 압박에 부딪힌 닉슨은 국가 안전사무국의 헨리 키신저Henry Kissinger에게 베트남에서 철수할 방법을 찾으라고 명령했다. 이에 키신저는 적극적으로 교섭을 시작했다.

키신저는 우선 베트남 정부와 소련에 회담을 제의했다. 1969년 6월 8일에 닉슨 대통령은 미드웨이 섬을 방문해서 8월 말이 되기 전에 베트남에서 미군 2만 5,000명을 철수하겠다고 말했다. 하지만 미국은 이처럼 첫 번째 철수 계획을 발표하고도 여전히 기적을 바랐다. 1969년 11월 3일, 닉슨은 백악관에서 전국으로 방송되는 텔레비전 연설을 했다. 그는 이 연설에서 "전쟁을 하는 동시에 회담하고, 베트남화(化)Vietnamization하면서 철수하겠다."라고 말했다. 그가 말한 베트남화는 베트남에서 미군을 단계적으로 철수시켜서 베트남 전쟁을 베트남인들에게 맡긴다는 뜻이었다. 그러나 이 연설은 오히려 반대 여론만 더 키운 셈이 되었다. 하는 수 없이 미국은 빠른 속도로 철군했으며 대신 남베트남 정권의 역량을 강화했다.

1973년 1월 27일, 미국은 베트남 민주공화국에 관한 파리 협정을 체결함으로써 미국이 베트남에서 전개한 군사행동이 실패했음을 인정했다.

걸프 전쟁

걸프, 즉 페르시아 만Persian Gulf은 서아시아 중부에 위치했으며 주변에 세계 주요 산유국이 있어서 전략적으로 매우 중요한 곳이다. 1990년 8월, 이 지역에서 제2차 세계대전 이후 가장 큰 규모의 전쟁이 발발했다. 이 전쟁은 냉전이 종식된 후 국제 질서에 큰 영향을 미쳤다. 또 고도로 발달한 군사 과학, 치밀한 전략과 전술, 현대화된 군대 조직 등이 실전에 적용되었으며 더 많은 발전을 이끌었다.

| 이라크 대통령 사담 후세인

전쟁의 기원

쿠웨이트는 제1차 세계대전 전에 오스만 제국의 일부분이었다. 그러다가 제1차 세계전쟁 기간에 영국이 잠시 점령했으며 이후 독립했다. 그러나 이후에도 영국은 1960년대부터 쿠웨이트에 병력을 주둔시켜서 이라크를 견제하는 등 여전히 쿠웨이트에 영향력을 행사했다.

이라크는 이란 이라크 전쟁을 치르느라 주변의 이슬람 국가들에 많은 부채를 졌는데 그중에는 쿠웨이트로부터 빌린 140억 달러도 있었다. 이라크는 석유수출국기구OPEC: Organization of the Petroleum Exporting Countries가 석유 생산량을 제한해야 한다고 주장했는데 유가가 오르면 여기에서 얻은 수입으로 부채를 상환하려고 했기 때문이다. 그러나 반대로 쿠웨이트는 석유 생산량을 더 증가시켜서 유가를 하락시켰는데, 이는 원유 가격을 빌미로 이라크와의 국경 분쟁을 해결하려는 것이었다. 이라크의 사담 후세인Saddam Hussein 대통령은 쿠웨이트가 원유 시장에 물량을 과잉 공급하여 유가를 하락시키는 바람에 이라크 경제가 파탄의 위기에 처했다고 신랄하게 비판했다. 또 쿠웨이트가 이란 이라크 전쟁 기간에 이라크 국경 안에 군사 기지를 건립한 것을 밝히며 크게 질책했다. 그러면서 이라크가 이슬람 국가들과 이란의 분쟁을 줄이는 일종의 완충 지역의 역할을 하고 있으니 쿠웨이트와 사우디아라비아가 차관을 면제해주어야 한다고 주장했다.

이란 이라크 전쟁 기간에 이란은 페르시아 만에 있는 이라크의 항구를 모두 파괴해서 해외 무역을 불가능하게 만들었다. 이란 이라크 전쟁이 다시 벌어질 것이라고 확신하는 이라크 사람들은 앞으로의 전쟁에서 승리하려면 더 많은 항구와 만灣이 필요하다고 생각했다. 특히 전장에서 멀고 안전하다면 금상첨화인데 이 때문에 쿠웨이트가 그들의 목표가 되었다.

경과

1990년 8월 2일, 이라크가 탱크와 보병을 동원해서 쿠웨이트를 공격했다. 이라크의 쿠웨이트 침공은 세계 대부분 국가의 격렬한 반대와 비난을 받았다. 이 공격은 미국에 출병의 빌미를 제공했다. 1990년 11월 29일, 유엔 안전보장이사회는 제678호 결의를 통과하고 이라크에 1991년 1월 15일 이전에 쿠웨이트에서 철수하라고 경고했다. 또한 1월 16일 이후에는 유엔 가입국들이 직접 이라크를 쿠웨이트에서 내쫓을 수 있다고 밝혔다.

이라크는 안전보장이사회의 제678호 결의를 거절했다. 그러자 1991년 1월 17일 새벽 2시에 다국적군의 전투기가 이라크를 공습하고 작전명 사막의 폭풍을 실행에 옮기면서 걸프 전쟁이 시작되었다.

전쟁은 크게 두 단계로 나눌 수 있는데 그 첫 단계는 공중전이었다. 양측은 공중전을 통해서 쿠웨이트 전장의 제공권을 차지하고, 이후 벌어질 육상 전투에 대비하고자 했다. 꼬박 열하루 동안 공습한 끝에 다국적군이 하늘을 제압했다. 이때 이라크군은 매우 소극적인 자세로 지하에 숨거나, 위장 전술을 구사하는 등의 방어에 치중하면서 병력과 전투력을 보존했다. 그러면서도 이스라엘, 사우디아라비아, 바레인 국경을 향해서 스커드미사일scud missile을 계속 쏘았다. 이를 통해 다국적군이 계속 공중전에 주력해서 더 많은 전투기와 스커드미사일을 동원하게 하려는 속셈이었다. 그러나 이라크가 발사한 스커드미사일은 대부분 원래의 목표물에서 벗어나서 떨어지거나 미국의 방공 미사일에 의해 격추되었다.

두 번째 단계는 육상 전투 단계인데 육상에서도 먼저 공격한 쪽은 미국이었다. 1월 24일 오후, 미국 제7군과 제18공군 낙하산 부대가 공중 기동력과 장갑차 돌격 전술을 이용해서 결전을 벌였다. 당시 미국은 이라크군의 오른쪽을 기습하는 일명 '레프트 훅left hook' 전술을 성공적으로 실행했다. 미국의 전략에 말려든 이라크군은 바스라Basra 이남 지역에 포위되었다.

미국의 공습이 무려 38일 동안 이어지면서 이라크의 손실은 처참할 정도였다. 지휘체계가 무너지고 보급이 끊어졌으며 방어

▌ F-15 전투기

시스템이 와해되었
다. 그들은 주요 공
격 방향조차 제대로
설정할 수 없을 정도
로 피해를 입었지만
그 와중에도 사우디
아라비아, 이스라엘,
바레인 등을 향해 쉬
지 않고 미사일을 발
사했다. 또 페르시아
만에 어뢰 1,167개를

▌ 영국의 제1장갑사단의 한 태의 탱크가 사막을 가로질러서 쿠웨이트 서부로 향하고 있다.

설치했으며, 미국의 해군 전함 2척을 모두 폭파했다. 이라크는 이렇게 끝까지 저항했으
나 패전을 피할 수는 없었다. 1991년 2월 26일, 이라크 대통령 사담 후세인은 정전을 받
아들였다. 28일 새벽 8시, 다국적군은 공격 정지를 선포하고 장장 100시간에 걸친 육상
전투가 마침내 끝났다.

이라크 전쟁

이라크 전쟁은 미국이 국내외에 일어난 거센 반대 여론을 딛고 벌인 전쟁이다. 이 전쟁은 현대 국제 사회 전체를 뒤흔들었으며 정치, 군사, 경제, 외교, 문화 등 다양한 방면에서 새로운 시각과 사고를 제시했다. 현대인들은 이 전쟁을 통해서 인류 사회에 대해 더욱 깊이 생각하게 되었다.

▌공수부대 병사가 야간 낙하산 임무를 수행하고 있다.

근본 원인

2003년 3월 20일, 미국과 영국은 이라크가 대규모 살상 무기를 숨겨 놓고 비밀스럽게 테러리스트를 지지한다는 이유로 유엔 안전보장이사회를 열고 군사 행동을 결정했다. 이 결정에 대해 국내외에서 수많은 반대 여론이 일어났지만, 미국은 아랑곳하지 않고 기어코 전쟁을 일으켰다. 대체 왜 그랬을까?

냉전이 끝나자 국제 사회에 힘의 균형이 무너져 미국이 군사, 과학, 경제 등의 방면에서 유일한 초강대국이 되었다. 그들은 국제 사회에서 미국의 패권을 유지하는 것을 목표로 설정한 후 이에 알맞은 국가 안전 전략을 확립했다. 그리고 미국과 그 동맹국의 안전을 보호할 것, 미국의 경제를 확대 발전시킬 것, 전 세계에 미국식 민주주의를 확대하는 것의 세 가지 구체적인 목표도 설정했다.

911테러 이후, 미국은 반 테러리즘을 내세워 아프가니스탄과 이라크에서 전쟁을 일으키고 이를 빌미로 중동에 병력을 주둔시켰다. 당시 미국이 일으킨 전쟁은 모두 미국의 세계 패권적 지위와 관련 있었다. 미국은 전쟁을 통해서 이라크라는 눈엣가시를 뽑아 버려야 향후 미국의 이익을 보호할 수 있다고 굳게 믿었다. 또

▌이라크 탱크 위에 앉은 미군 병사

이를 통해 이슬람 세계에서 미국의 이익을 보호하고 유럽과 아시아 대륙을 잇는 전략적 요새를 장악해서 러시아, 유럽, 중국, 인도 등 여러 강국을 전략적으로 견제할 수 있으니 일석이조였다.

전쟁의 발발

2003년 3월 20일, 미국 영국 연합군이 이라크에 정식으로 선전포고하자 호주와 폴란드도 연합군에 참여하겠다는 의사를 밝혔다. 미국의 대통령 조지 부시는 먼저 이라크 대통령 사담 후세인과 그 가족들에게 48시간 안에 이라크를 떠나라고 요구했다. 이후 48시간이 흐르고 사담 후세인이 별 반응을 보이지 않으면서 군사 행동이 시작되었다.

미군 제3보병사단이 쿠웨이트 북서쪽 사막에서 바그다드를 향해 진격했는데 여기에는 미국의 제101공중 돌격사단과 제82낙하산 부대 일부도 합류했다. 또 이라크 남동쪽에서는 미국 해군의 육지전 부대인 제1원정대와 영국 원정군(제4장갑여단, 제7장갑여단으로 조성된 제1장갑사단 및 해군 육지전 부대 일부 포함)이 함께 공격을 시작해서 이라크를 오가는 해상 경로를 확보했다.

경과

약 한 달 동안 벌어진 이라크 전쟁은 크게 네 단계로 나누어 볼 수 있다.

우선 미국 영국 연합군은 이라크 현지 시각으로 2003년 3월 20일부터 이라크에 대규모 공습을 시작했다. 전쟁이 시작된 후 연합군은 십여 개 도시와 항구에 각종 정밀 유도 미사일 2,000여 개를 쏟아 부었으며 그중 500개는 함정 및 잠수함에서 발사한 토마호크 미사일Tomahawk Missile이었다. 미국 대통령 부시는 전쟁이 시작된 직후 전국으로 방송되는 텔레비전 연설을 했다. 그는 사담 후세인 정권을 무너뜨릴 전쟁이 시작되었으며, 전쟁이 속전속결로 끝날 거라고 강조했다. 사담 후세인 역시 전국으로 방송되는 연설을 통해서 침략자 미국에 저항하고 영토에

▌ 이라크 전쟁

▌ 이라크 군대

서 몰아내자고 호소했다.

그 후 이라크의 거센 저항, 기다란 보급 경로 탓에 부시 대통령이 약속한 속전속결은 이미 실현되기 어려운 지경에 이르렀다. 육상 공격은 별다른 성과를 내지 못했으며 전쟁이 길어지면서 이라크 중부지역에서 이라크군과 연합군의 격전이 계속 이어졌다. 또 요르단 등지로 갔던 이라크인이 매일 수백 명씩 돌아와 나라를 위해 참전했다.

전환. 연합군은 육지에서 별다른 성과가 없자 뛰어난 군사 과학기술과 기계화 부대를 갖춘 공군을 동원했다. 병력을 여러 갈래로 나누어 이라크 남부의 바스라 등 중요 거점 도시와 전략적 요지를 폭격해서 장악했으며 바그다드를 포위했다. 4월 8일, 연합군이 북부와 남부 양쪽에서 바그다드를 향해 전진했으며 바그다드 남동부의 군용 공항인 알 라시드Al Rashid를 차지했다. 얼마 후 마침내 미군 탱크가 바그다드에 입성해서 사드르 시티Sadr City를 점령했다. 미군이 바그다드와 티크리트Tikrit까지 들어오자 이라크의 지도자들은 국민에게 "함께 희생하자!"라고 비장하게 호소했다.

종전. 2003년 4월 15일, 미국은 이라크 전쟁에서 주요 군사 행동이 마무리되었으며 연합군이 이라크 전 지역을 장악했다고 선포했다. 무력을 동원해서 사담 후세인 정권을 무너뜨린다는 목표를 달성하는 데 꼬박 40여 일이 걸렸으며 약 5,000여억 달러가 들어갔다. 그런데 어찌 된 일인지 미국은 여전히 이라크 전쟁의 늪에 빠져서 아직도 제힘으로 걸어 나오지 못하고 있다.

전쟁 이후

연합군이 이라크를 점령하면서 오랫동안 이어오던 사담 후세인의 독재 정치가 끝났다. 그래서 미군이 바그다드로 진격했을 때 길 가 양쪽에 늘어선 이라크인들은 환호성을 지르며 미군을 환영했다. 전쟁이 완전히 끝난 후 미국을 비롯한 여러 나라의 원조를 받은 이라크는 경제가 어느 정도 회복되었으나 여전히 발전의 기미는 보이지 않았다. 전쟁 전이나 후나 여전히 실업자가 많고, 주민들의 생명과 일상생활은 안전을 보장받지 못했다.

미군 전사자는 2008년에 이미 4,000명을 넘어섰는데 이는 911테러 당시 사망자의 수와 비슷하다. 이 전쟁으로 3만여 명이 부상했고, 많은 사람이 신체적, 정신적인 장애에 시달리며 살아가고 있다. 미국은 이 전쟁에 군비 5,000억 달러를 투입했는데 이는 베트남 전쟁 당시 사용한 군비 6,630억 달러에 조금 못 미치는 액수다.

세계전쟁 연대표

기원전

기원전 1595년:	바빌론 멸망
기원전 1296년 또는 1280년:	이집트 히타이트 평화조약 체결
기원전 722년:	아시리아의 이스라엘 정복
기원전 671년:	아시리아의 이집트 정복
기원전 655년:	아시리아 제국 멸망
기원전 538년:	페르시아의 신바빌론 정복
기원전 525년:	페르시아의 이집트 정복
기원전 500~449년:	그리스 페르시아 전쟁
기원전 490년:	마라톤 전투
기원전 480년:	테르모필레 전투, 살라미스 해전
기원전 431~404년:	펠로폰네소스 전쟁
기원전 421년:	고대 그리스, 스파르타 '니키아스 조약' 체결. 펠로폰네소스 전쟁 종결
기원전 399년:	스파르타 키나돈 반란
기원전 395~387년:	코린스 전쟁
기원전 390년:	갈리아의 로마 침공
기원전 371년:	루크트라 전투
기원전 362년:	만티니아 전투
기원전 334년:	알렉산드로스의 동방원정
기원전 333년:	이수스 전투
기원전 332년:	마케도니아의 이집트 침공. 알렉산드리아 건설
기원전 327년 또는 326년:	마케도니아의 인도 침공
기원전 264년~241년:	제1차 포에니 전쟁
기원전 216년:	칸나이 전투(제2차 포에니 전쟁)
기원전 215년~205년:	제1차 마케도니아 전쟁

기원전 202년:	자마 전투, 제2차 포에니 전쟁 종결
기원전 200년~197년:	제2차 마케도니아 전쟁, 로마의 그리스 침공
기원전 171년~168년:	제3차 마케도니아 전쟁, 로마의 마케도니아 점령
기원전 149년~146년:	제3차 포에니 전쟁
기원전 91년~88년:	이탈리아 동맹 전쟁
기원전 73년~71년:	고대 로마 스파르타쿠스의 반란
기원전 58년~51년:	갈리아 전쟁, 로마의 갈리아 합병
기원전 48년:	파르살루스 전투

기원후

9년:	토이토부르크 숲 전투
43년:	고대 로마의 영국 정복
66년~70년:	제1차 유대 전쟁
132년~135년:	제2차 유대 전쟁
378년:	아드리아 전투
410년:	서고트인의 로마 점령
451년:	흉노족의 갈리아 침략
476년:	서로마 제국 멸망
676년:	통일 신라 건국
1066년:	노르만 정복
1248년~1254년:	제1차 십자군 전쟁
1337년:	백년전쟁 발발
1346년:	크레시 전투
1358년:	프랑스 농민 반란
1381년:	영국 테일러 반란
1453년:	비잔티움 제국 멸망
1475년:	백년전쟁 종결
1480년:	몽골의 러시아 지배 종식
1524년~1525년:	독일 농민 반란
1566년~1581년:	네덜란드 혁명
17세기 초:	네덜란드의 인도네시아 침공. 프랑스, 영국, 네덜란드의 북아메리카 식민지 건립
1640년:	영국 혁명
1775년~1783년:	북아메리카 독립 전쟁

1789년:	프랑스 혁명
1799년:	나폴레옹의 '안개달 쿠데타'
1804년:	아이티 독립
1830년:	프랑스 '7월 혁명'
1831년:	프랑스 리옹 노동자 반란.
1844년:	시칠리아 노동자 반란
1848년~1849년:	유럽 혁명
1853년~1856년:	크림 전쟁
1857년~1859년:	인도 독립 운동
1861년~1865년:	미국 남북 전쟁
1870년~1871년:	프로이센 프랑스 전쟁
1870년대 초:	이탈리아 통일
1871년:	독일 통일
1881년~1899년:	수단 마흐디 운동
1882년:	독일, 이탈리아, 오스트리아 삼국동맹 체결
1905년~1908년:	인도 민족해방운동
1907년:	영국, 프랑스, 러시아 삼국협상
1910년:	일본의 조선 침략
1910년~1917년:	멕시코 혁명
1914년~1918년:	제1차 세계대전
1917년 11월:	러시아 10월 혁명
1918년 11월:	독일 11월 혁명
1931년 9월:	만주사변
1935년~1936년:	아비시니아 독립운동
1936년~1939년:	스페인 반파시스트 민족운동
1939년 9월:	제2차 세계대전 발발
1940년 가을:	브리튼 전쟁
1941년 6월:	독소 전쟁 발발
1941년 12월:	태평양 전쟁 발발
1942년:	모스크바 공방전
1942년 6월:	미드웨이 해전
1942년 7월:	스탈린그라드 공방전
1944년 6월:	노르망디 상륙작전, 유럽 전쟁 시작
1948년:	이스라엘 건국, 제1차 중동 전쟁

1950년~1953년:	한국 전쟁
1960년대 초:	베트남 전쟁
1973년:	제4차 중동 전쟁
1990년 8월:	걸프 전쟁
2003년 3월:	이라크 전쟁

역사가 기억하는 세계 100대 전쟁

발행인 / 이 병 덕
편저자 / 리   저
옮긴이 / 송 은 진
발행처 / 도서출판 꾸벅
등록날짜 / 2001년 11월 20일
등록번호 / 제 8-349호
주소 / 경기 파주시 한빛로 11
전화 / 031) 946-9152
팩스 / 031) 946-9153

isbn / 978-89-90636-75-1
잘못된 책은 구입하신 서점이나 본사에서 교환해 드립니다.

이 도서의 국립중앙도서관 출판시도서목록(CIP)은 서지정보유통지원시스템 홈페이(http://seoji.nl.go.kr)와 국가자료
공동목록시스템(http://www.nl.go.kr/kolisnet)에서 이용하실수 있습니다.(CIP제어번호 : CIP2014032991)